U0783101

知识产权疑难问题
专家论证

2014~2015

程永顺 ◎ 主编

北京务实知识产权发展中心 ◎ 主办

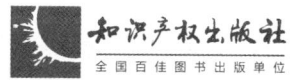

知识产权出版社

全国百佳图书出版单位

图书在版编目（CIP）数据

知识产权疑难问题专家论证. 2014～2015/程永顺主编. —北京：知识产权出版社，2016.5

ISBN 978－7－5130－4193－5

Ⅰ. ①知… Ⅱ. ①程… Ⅲ. ①知识产权—研究 Ⅳ. ①D913.04

中国版本图书馆 CIP 数据核字（2016）第 102224 号

内容提要

本书为系统梳理知识产权领域的典型疑难问题并组织专家对疑难问题进行论证分析的知识产权实务图书。本书针对具体案例中存在的知识产权典型疑难问题，采用专家论证的形式，针对提出的问题展开讨论，并出具有价值的可供参考的意见和建议，具有很强的实践指导意义。

责任编辑：卢海鹰　王玉茂		责任校对：董志英	
封面设计：张　冀		责任出版：刘译文	

知识产权疑难问题专家论证（2014～2015）

程永顺　主编

北京务实知识产权发展中心　主办

出版发行：知识产权出版社有限责任公司	网　　址：http://www.ipph.cn
社　　址：北京市海淀区西外太平庄 55 号	邮　　编：100081
责编电话：010－82000860 转 8541	责编邮箱：wangyumao@cnipr.com
发行电话：010－82000860 转 8101/8102	发行传真：010－82000893/82005070/82000270
印　　刷：北京科信印刷有限公司	经　　销：各大网络书店、新华书店及相关专业书店
开　　本：720mm×1000mm　1/16	印　　张：24.5
版　　次：2016 年 5 月第 1 版	印　　次：2016 年 5 月第 1 次印刷
字　　数：453 千字	定　　价：78.00 元
ISBN 978-7-5130-4193-5	

序一

由程永顺先生主编、北京务实知识产权中心主办的《知识产权疑难问题专家论证》系列文集自 2010 年问世以来，已经出版了六集，早已蜚声中国知识产权业界。

我作为一名知识产权法律研究人员、学者、教授，从北京务实知识产权中心成立之初，就多次受邀参加中心组织的知识产权专题论证，可以说是一个北京务实知识产权中心专题论证活动的积极参与者和见证者。十来年的实际参与，对于我的法律学术研究、教学、立法实践等工作获益匪浅。程永顺先生约我为《知识产权疑难问题专家论证》系列文集第七集写个序，感到义不容辞，也正是一个表达自己亲身体会的机会，就想从一个参与者的角度谈一谈自己的心得和感受，或许对读者和同仁阅读本文集有所裨益。

《知识产权疑难问题专家论证》系列文集前六集的序言都是由来自司法界从事多年或者曾经从事过知识产权审判的法官撰写的，按照出版顺序为孔祥俊、罗东川、杨健民、陈锦川、周根才、宋健，他们在知识产权司法界内曾经担任过或者现在仍然担任着知识产权审判工作的领导重任。他们对于本系列文集进行评价或许更有权威性、更有发言权，因为他们是本系列文集的最主要读者、最主要的服务对象——知识产权司法工作者的代表。在他们撰写的序言中，不约而同地对我国在知识产权纠纷案件审理过程中，以专家咨询、专家顾问、专家论证、专家意见、专家陪审、专家鉴定、专家证人等多种形式，引入专家学者的智慧和学识的尝试和实践，做出全面回顾和评价。在他们撰写的序言中，也对程永顺先生领导的北京务实知识产权中心，自 2005 年12 月创立以来，充分利用这一由非官方、非营利的民间研究机构搭建的学术研究和信息交流平台，接受社会各界的委托，组织专家开展知识产权法律专题论证、出具法律意见书，而且将其中一部分专家论证会形成的法律意见书分册编辑出版供社会各界共享，给予客观地肯定和赞扬。

我国的法律体系深受以成文法为主的大陆法系的影响，明显区别于采用案例法与成文法并存并重的英美法系。随着时代的发展，世界范围内大陆法系和英美法系之间互相借鉴、互相交融已经成为一个不可变更的历史发展趋势，其重要表现之一就是日益重视典型案例的分析、总结、归纳、整理，并且用以影响、引导立法和执法的实践，在知识产权法律制度中体现得尤为明显。

我国也不例外，作为一个实际例证就是已经逐步建立起相应的案例指导制度。在我国尽管指导性案例并不是法律体系的渊源，对以后相关案件的审理亦不具备法律效力，只具有一定的参考价值和事实约束力，但是对统一法律适用和裁判尺度，促进司法公正，确保公平正义，减少乃至避免"同案不同判"，具有十分重要的现实意义。

2005年10月26日，最高人民法院文件法发布《最高人民法院人民法院第二个五年改革纲要（2004—2008）》提出："建立和完善案例指导制度，重视指导性案例在统一法律适用标准、指导下级法院审判工作、丰富和发展法学理论等方面的作用。"2010年11月26日，《最高人民法院关于案例指导工作的规定》发布，正式建立案例指导制度。2015年5月13日，《〈最高人民法院关于案例指导工作的规定〉实施细则》印发，进一步细化了这一制度。

2005年12月创立的北京务实知识产权中心，是伴随我国案例指导制度的孕育应运而生的，与我国案例指导制度相互呼应，然而又有所不同。我国案例指导制度所说的指导性案例，是指裁判已经发生法律效力，并符合以下条件的案例：（一）社会广泛关注的；（二）法律规定比较原则的；（三）具有典型性的；（四）疑难复杂或者新类型的；（五）其他具有指导作用的案例。北京务实知识产权中心所关心和受托进行论证的案例，与前述的指导性案例的条件基本相同，明显的不同之处在于，指导性案例必须是"裁判已经发生法律效力"的案例，而北京务实知识产权中心受托进行论证的案例，更多的是属于尚未产生"已经发生法律效力"司法裁判的案例。从这一意义上说，北京务实知识产权中心的案件论证在我国案例指导制度中可以说是承担着"先行者"或"探路人"的任务。经过北京务实知识产权中心论证的案件，后来被最高人民法院认定为指导性案例的不乏其例，也可以客观地验证这一结论。

在北京务实知识产权中心组织的知识产权专题论证中，从一开始就贯彻了这样一个原则：提倡、允许参加论证的专家提出、保留自己的不同意见，并且在最后形成的论证意见书中体现出来。在《知识产权疑难问题专家论证》系列文集收集的案例中，也保持了这一做法。我认为在案件的专题论证中，坚持这一原则是非常必要的、难能可贵的。在法治比较健全的发达国家，特别是英美法系国家的司法判决书中，公开载明参加审判的法官之间对案件判决本身存在的不同意见，至少已有数十年以上的历史，早已司空见惯。但是，在我国的司法判决书中这种情况却仅仅是近几年来出现的个别尝试，还比较罕见。随着我国司法体制改革的启动和推进，逐步建立、完善司法人员的办案责任制，公开审判和裁判文书的推进，在判决书中公开办案法官的不同意见的做法进一步得到认可和肯定。笔者认为这也是法治建设发展和司法文明的重要进步。

在北京务实知识产权中心组织的知识产权专题论证中，涉及一些专业技术的案件，通常会邀请相关领域的专业技术专家参加，首先就相关的专业技术问题进行介绍，其次再请法律专家从法律层面发表意见，技术专家和法律专家一起进行论证，最后将技术专家和法律专家的论证意见综合整理形成论证意见书。我认为这一做法是非常好的。技术专家和法律专家各有所长，各有自己的专业领域，大家在一起对一个案件分别从技术和法律的不同视角进行剖析，提出意见，开阔思路，相得益彰。当然，参加专题论证的技术专家能够初晓一些相关的法律知识，法律专家能够具备一些相关领域的技术基础，技术专家与法律专家之间的交流和探讨会更深入、更充分、更方便。

参加疑难案件的法律论证给人的总体感觉是，如同医生给求医治病的患者看病一样，错综复杂，责任重大，必须认真负责、谨慎小心。如果说，医生看病除了必须要具备基本的医学知识和技能以外，还必须信守基本的医德，那么作为参加案件法律论证的法律专家，除了必须要具备基本的相关法学知识以外，也同样必须信守基本的职业道德，坚持以事实为根据、以法律为准绳、诚实、信用、公平、公正等基本原则。

参加疑难案件的法律论证，如同参加疑难病症的会诊，是一个很好的学习机会，向来自不同领域、具有不同专长、不同经历的专家学习的机会，依靠的是众人的智慧，集思广益，大家各尽所长、各抒己见、互相争论、互相启发，才能取得比较全面、比较客观的共识。

法律属于上层建筑，是维护社会基本正常秩序、保障社会基本生存环境、维持社会有序发展的基本工具。作为法律工作者的基本职责就是运用法律去实现法律应有的社会职能。法律的活力在于运用，法律的研究、制定目的是为了运用。对疑难案件的法律论证就是一种具体的法律运用形式，也是对法律工作者运用法律能力和水平的一种考核。在疑难案件的法律论证中，不仅要重视实体法的公正，还要重视程序法的公正，程序公正是实体公正的前提和保证。

作为一个法律工作者，参加疑难案件的法律论证，首要前提是要对相关法律制度熟悉、理解，不仅应该熟知相关法律规范，而且应该对相关法律制度的立法宗旨、法律规范的制定、修改背景有比较深刻、比较全面的了解和认识，这对于准确理解、运用相关法律规范是至关重要的。偏离法律的立法宗旨，不顾案情的实际差异，机械地套用法条，并不是对法律的敬畏，其实是对法律的亵渎。

这里所说的相关法律制度，不仅指知识产权法律制度范围内的各个法律制度，如专利法、商标法、版权法、反不正当竞争法、植物新品种保护条例、集成电路布图设计保护条例、知识产权海关保护条例、地理标志保护规定等及相应的立法解释、司法解释，还包括民商法、行政法、刑法、外贸法等法律中相关的实体法律规范及相应的立法解释、司法解释，以及民事诉讼法、行政诉讼法、刑事诉讼法等法律中相关的程序法律规范及相应的立法解释、司法解释。在一个知识产权疑难案件的法律论证中，往往会涉及多种类型知识产权的交叉、竞合，也常常会出现民事、行政、刑事交叉、竞合的情况。

作为一个法律工作者，参加疑难案件的法律论证，最好能够事先对国内外相关案例有所了解。在参考、借鉴国外相关案例时，必须充分了解和注意到国外与我国相关法律制度、社会环境、风俗习惯、价值观念等方面存在的差异。

作为一个法律工作者，参加疑难案件的法律论证，注意积累并具备相应的社会知识和管理经验是非常重要的，包括从事法律实务的经验。在疑难案件的法律论证中，自己深深感到，之所以能够比较切合实际地、而不是单纯囿于学理地提出一些见解，确实是受益于在专门从事知识产权法律研究和教学工作之前，十余年来在电子工业领域的企业、研究所、工业局等多种不同类型的单位的不同岗位上从事多种管理和业务工作的经历，特别是1985年以来作为国内首批专利代理人从事专利代理和管理业务的多年实践。

作为一个法律工作者，参加疑难案件的法律论证，特别是知识产权涉及一些专业技术疑难案件的法律论证，具备一些理工科的技术背景和思维习惯、思维方法，尤其是缜密的推理和严密的逻辑思维，是非常有益的。在疑难案件的法律论证中，自己也深深感到，恢复高考以后有机会考进大学学习无线电工程专业知识所形成的理工科思维习惯，对于毕业以后的工作，乃至现在仍在从事的知识产权法学研究和教学，确实深受其益。虽然所论证的疑难案件涉及的专业技术绝非仅仅限于IT（信息技术）领域，但是理工科思维习惯很容易帮助实现对其他技术领域的触类旁通，促使将自己的技术视野逐步扩展到机械、化工、医药、生物等多个领域。

实践证明，《知识产权疑难问题专家论证》系列文集的出版发行，不仅对于我国的知识产权立法（包括修法）、司法审判、行政执法、管理和运用，起到了积极的推动作用，而且对于我国的知识产权法学研究、教学和人才培养，也是一套不可多得的、理论联系实际比较典范的实用教材；不仅对于从事知识产权立法（包括修法）工作的官员、法律工作者，从事知识产权保护工作的法官、检察官、行政管理和行政执法官员、律师、专利代理人等相关人员，具有重要的参考价值，而且对于从事知识产权法学研究、教学和人才培养的学者，正在学习或者进修知识产权法律和/或知识产权管理的学生、研究生、在职人员，也会很有启迪和教益。

以上大多是自己几年来参加北京务实知识产权中心知识产权疑难案件法律论证积累的一孔之见，仅供读者和同仁参考、批评、指教。

中国社会科学院法学研究所　研究员、教授、博士生导师
中国科学院大学　法律与知识产权系主任
李顺德
2016 年 3 月 26 日

序二

（一）

我在 1982 年 1 月从北京师范大学毕业后，根据组织分配进入北京市高级人民法院研究室工作。由于在大学期间学习的是政治经济学专业，对法律一窍不通，在研究室的工作始于为领导、同事抄写、校对各种文稿、书稿。那时，我对身边的领导、同事非常钦佩，在我的心目中，他们个个都是法律方面的专家。

1985 年初，我从研究室转到经济审判庭，开始了与知识产权相关的审判工作。当时，我国知识产权审判工作才刚刚起步，法官更多的时间是在学习相关法律知识，了解相关信息。遇到新问题，会虚心地向有关专家求教，并经常寻找机会参加各种培训班，聆听专家、学者讲课。从那时起，我对法律专家的崇拜之情有增无减。

到了 20 世纪 80 年代末 90 年代初，法院受理的专利、商标、技术成果权等知识产权纠纷案件数量开始逐年增加。那时候，每当法院受理了相关案件，不仅会引起社会同行们的关注，法官们也会十分关注。在开始审理这些案件时，法官们会非常小心翼翼，反复研究讨论，对于一些有影响的案件，一方面，经常会全庭法官一起讨论，甚至争论；另一方面，合议庭也会广泛听取各方专家意见。汤宗舜、郑成思、郭寿康、段瑞春、高卢麟、赵元果、应明、田力普、刘春田、刘佩智、王学正、董葆霖、邹忭、沈尧曾、沈仁干、尹新天、何山、许超、李明德、李顺德等专家、学者都曾是我们反复咨询的对象。在我的脑海中，知识产权审判是离不开专家、学者智慧的。

1996 年 3 月，在总结知识产权审判经验的基础上，北京市高级人民法院在知识产权审判方面推出了三项新的举措：一是聘请一批年轻的知识产权专家、学者（包括张平、郭禾、张玉瑞、周林、杨建兵等）到北京第一、第二中级人民法院担任陪审员，参与知识产权案件的审判，并不断向法官传授相关法律知识；二是聘中华全国专利代理人协会专家委员会（后改名为北京紫图知识产权司法鉴定中心）作为北京市法院系统知识产权审判技术鉴定单位；三是聘请了 21 名（后又增加了 5 名）在专利、商标、版权、科技领域的权威专家、学者作为北京法院系统的知识产权咨询顾问。随后几年，聘请专家、学者担任法院知识产权审判顾问的做法被许多法院所效仿。

在做知识产权法官的二十多年中（包括 1996 年 3 月至 1999 年 1 月借调在最高人民法院知识产权庭工作 3 年，任专利审判组组长），我一直十分重视与知识产权专家、学者沟通、请教，听取他们对案件中涉及的众多法律问题的法律意见，不仅针对具体案件中遇到的问题经常召开专家论证会，还经常到专家家中拜访求教，使许多争议大、影响广的案件最终成为经典判例，如"惰钳式门"发明专利无效案、"优化五笔字型"发明专利侵权案、中国印刷研究所与四通公司等技术成果侵权案、"康乐磁"商标侵权案、"钻孔压浆成桩法"发明专利权归属案、"人参精口服液"知名商品包装、装潢不正当竞争案等。这些案件的成功审判确实离不开众多知识产权专家、学者的指引。

（二）

2005 年 3 月，我提前从法院退休后，有律师找我，希望我能为日本法院、美国法院正在审理中的两件专利侵权案件（其中一件是中国深圳朗科科技有限公司在美国得克萨斯州东区法院诉 PNY（Paris and New York）科技公司专利侵权案，另一件是日本东京高等法院审理的打印机墨盒专利侵权案）出具法律意见书，我根据自己的法律知识，应约写了法律意见，据说为案件审理起到了一些关键性作用。

2005 年 12 月，我成立了北京务实知识产权发展中心，这是一家非官方、非营利的民间研究机构。中心的建立旨在为知识产权相关工作的人士提供一个学术研究和信息交流的平台。发挥各方知识产权专家、学者的学术研究专长，接受各级政府、组织、行业协会和企业的专项委托，开展知识产权实务研究工作，发布知识产权保护相关信息。通过高质量的、独立的研究和信息发布，推动全社会对知识产权法的认识和理解，促进我国知识产权保护事业的发展，对社会的经济发展与繁荣作出贡献。中心注重实务方面的研究，着力解决知识产权保护中遇到的实际问题，研究成果为法律、政策的制订和决策者，为企业管理者提供了决策参考。中心除拥有专门的研究人员外，还聘请了一批长期从事知识产权工作、有丰富知识产权工作经验的官员、学者、律师、代理人及企业管理人员，利用业余时间开展研究工作，发表研究成果，共享相关信息。

北京市民政局为务实中心确定的业务范围很宽泛，组织专家开展知识产权专题论证、针对知识产权保护中遇到的疑难复杂问题出具法律意见书就是其中一项。2006年以来，务实中心接受委托开展的专题论证开始逐年增多，所涉及的法律问题的范围也越来越广泛。专家论证会出具法律意见书也逐年增多。

在从事知识产权保护的研究工作中，我越来越感到，在中国，知识产权法律制度的建立时间并不长，除知识产权纠纷案件本身涉及很多复杂的技术问题外，在审判知识产权案件的司法实践中，还会不断出现新情况、新问题。这些问题不仅涉及法律的完善，更涉及对法律条款的理解。其实，法官办案不仅要追求好的社会效果，也要追求好的法律效果，还希望通过审理案件，完善、推动立法，而要做到这一点，不仅需要法官的勤奋、努力和探索精神，更离不开众多知识产权专家的智慧与指导。

为了使更多的行政执法人员及司法人员了解专家学者们对一些知识产权疑难问题的论证信息，我们将一部分由务实中心组织的专家论证会形成的法律意见书分册编辑出版，并将有关部门看到相关法律意见之后作出的判决书、裁定书、行政决定书等一并登出（不论法律意见书的观点是否被采纳），以便同行共享这些专家的学术观点、智慧成果，引发深层次的思考。

（三）

为了使广大读者更好地把握本书专家论证意见的真谛，现作几点说明：

（1）北京务实知识产权发展中心经常组织参与专家论证的专家、学者有几十人，他们均以知识产权专业见长，同时又有侧重，注重钻研学术、关注司法实务。其中有些是退休或者在任的法官，有些是退休或者在职的政府官员，也有一些在校的教授、导师或者从事知识产权代理工作的律师、专利商标代理人。他们大多可以被同行称为"老专利""老商标""老版权""老法官"，不仅参加了相关立法、修法，而且常年站在知识产权教学、保护第一线。这是一批关心中国知识产权法律变化、掌握相关信息、实务求真、正义执言、敢于讲真话、讲实话的知识产权热心人。

有少部分专家、学者虽然参加了专家研讨，但不愿公开姓名，为稳妥起见，我们尊重他们的意愿，在相关的法律意见中删去了他们的姓名。

（2）与技术鉴定（司法鉴定）结论不同，法律意见更侧重于专家在法律方面发表的意见及研究成果。法律意见书并非证据，也不需要进行质证。实际上，它是一种供相关人员参考的材料，使相关人员能够了解立法背景，理解法律条文，向其传递相关信息，并作为决策参考。作为专家应当熟悉法律条文，了解立法背景，掌握较多法律实施及实例等信息。法律规定本身比较原则、抽象，实践中，具体问题如何适用原则、抽象的法律，需要专家进行解说，这对于目前知识产权专业法官、行政执法人员普遍年轻、经验不足所造成的缺欠，应当说是一种很好的补充，使他们能了解立法背景，扩大知识面，增加信息量，拓展思考问题的角度和空间。当然，法律意见的质量也有高低，关键是要看专家论证的基本案情是否客观，专家阅读的相关材料是否全面，专家本身是否与专业对口，这些读者们可以凭个人的眼光加以甄别。

在编辑入册的专家意见书中，也有一些论证涉及专业技术问题，但这些法律意见书一定是由技术专家与法律专家共同完成的论证，是在技术专家阐述完技术问题之后，再由法律专家从法律层面就相关问题进行的法律论证。

（3）作为一名知识产权方面的专家，一定只是在某一个领域具有专门知识，而不是具备各个领域专业知识的人，否则，就不能称其为专家。因此，专家们发表的观点、看法也会有局限性，不一定都是正确的。但是，只有认真阅读并研究了专家的观点，才知道这些观点到底对不对，是否真正符合法律本意。即使不对，也应当知道它"错"在哪里。

需要指出的是，参加北京务实知识产权发展中心组织的论证会的专家绝不是、也不应当是一方当事人（或者委托人）的代理人；会议纪要或者专家意见也不是某一案件中一方当事人的代理词或者辩护词。

另需说明的是，本书中包括了与案件相关的行政机关所作的裁定、决定及法院的裁判文书。为了保证相关文件，特别是裁判文书的真实性，以增强本书的研究价值、参考价值，我们基本上保持了相关文件和裁判文书的原貌。因为，按照法律规定，对法律文书的任何变更，均只能由原审法院依照法定程序，以裁定的方式进行。本书编者无权更改。但对于有的法律文书原件或复印件不清楚，难免出现个别错误，一经发现，我们将在后续出版的辑中予以更正。

我相信，作为从事与知识产权保护工作有关的法官、行政执法官员、律师们，在繁忙的工作中抽出一点时间，认真读一读这些法律意见，一定会有所收获。

程永顺

2015 年 7 月

目　录

专　利　权

案例03　"审查指南版本适用问题"专家研讨会会议纪要　　　64

【论证要点】

审查指南的不同版本应当如何正确适用？

案例04　深圳市赛格导航科技股份有限公司诉广汽丰田汽车有限公司等侵犯发明专利纠纷案专家研讨会法律意见书　　　80

【论证要点】

① 广汽丰田公司和九五一九零公司的行为是否构成侵犯专利权？是否属于共同侵权？

② 本案审理过程中在司法鉴定和事实认定方面是否存在瑕疵？是否足以证明被告行为侵犯了原告系争发明专利的专利权？

③ 若被告行为构成侵犯专利权，应承担何种侵权责任？一审法院的判决结果是否扩大了原告系争专利的保护范围？

④ 一审法院考虑到搭载G－BOOK智能副驾系统的车辆生产、销售数量大，获利多，其金额远超过原告所请求的人民币200万元，全额支持了赛格公司的损害赔偿请求，是否合理？

案例05　关于"药品专利保护疑难问题"专家研讨会专家意见书　　　156

【论证要点】

① 对于药品专利申请中的补充实验数据问题，1993年版《审查指南》与2006年版《审查指南》各自所规定的审查标准有何区别？

② 专利申请人依据1993年版《审查指南》是否享有在申请日后补交

实验数据来证明发明技术方案具有所述的用途和/或使用效果的权利?

③ 在允许专利申请人补充实验数据的情况下,应当如何审查专利申请人提交的补充实验数据的证据?

④ 如何从法理角度厘清补交实验数据与先申请原则之间的关系?

【论证要点】

① 广东省消防局出具的关于深圳蓝盾公司申请事项的回函及关于北京市第二中级人民法院调查函的书面回复、国家固定灭火系统和耐火构件质量监督检验中心出具的 2001 - 0439 号《检验报告》以及赵华利证言的证明力?

② 本案中,深圳蓝盾公司是否享有先用权?

③ 蓝盾北京分公司与蓝盾创展公司是否具有主张先用权抗辩的主体资格?

商 标 权

【论证要点】

① 在中国现行商标制度下,对于违反诚实信用,在不相同或者不相类似的商品上抢注他人显著性较强的尚未被认定为驰名商标的注册商标的情形应当如何解决?

② 应当如何正确认识《商标法》《保护工业产权巴黎公约》《与贸易有关的知识产权协议》及《关于驰名商标保护规定的联合建议》中

关于驰名商标保护的含义，澄清驰名商标的认定标准？

③ 为了营造公平、稳定、有序的市场竞争环境，应当如何正确认识《商标法》第 31 条规定的内容，并借鉴此次《商标法》修改（征求意见稿）第 34 条对现行《商标法》第 31 条修改的内容，对商标恶意抢注行为进行严格限制？

④ 应当如何正确理解适用《商标法》第 41 条第 1 款的有关规定，在《商标法》适用时强调贯彻诚实信用原则，杜绝商标注册中的恶意抢注行为？

案例 08　关于谢汝周等涉嫌假冒注册商标罪一案中的商标问题
【论证要点】

① 关于假冒注册商标罪的构成要件有哪些，《刑法》第 213 条所规定的"在同一种商品上使用与其注册商标相同的商标"应如何理解？

② 本案中，杜高公司生产、销售含有多米诺公司 A200 旧主板的喷码机及改装墨水箱的 E50 喷码机的行为是否构成假冒注册商标罪？

著　作　权

案例 09　关于"吴全林涉嫌侵犯著作权罪案"的法律意见书　
【论证要点】

① 依据我国《著作权法》的相关规定，对已有绘画、摄影等作品进

行拼接、组合所形成的合成作品属何种作品，此类作品的作者拥有何种权利？应当如何受到保护？

② 本案中，新际公司及全盛公司所使用的窗帘布合成图案，其权属究竟如何界定？作品登记的效力如何认定？各地版权局的作品登记证与国家版权局的著作权登记证的效力有何区别？

③ 我国著作权刑事保护的立法本意是什么？本案中的情形是否属于我国《刑法》关于侵犯著作权犯罪所规定的情形？《刑法》第217条关于侵犯著作权罪第1项中所规定的"其他作品"的范围是什么，具体是指哪些作品？

技术合同

【论证要点】

① 我国《药品管理法》第14条规定"无《药品经营许可证》的，不得经营药品"的立法本意是什么？

② 本案合作协议中关于"销售""销售推广"的合作条款是否违反了我国《药品管理法》的有关规定？

③ 本案协议中有关新药知识产权归属的约定是否违反药品管理的法律法规？

④ 本案三方合作协议书及其补充协议、结算协议的性质如何界定？效力是怎样的？

⑤ 本案合作协议是否可以认定为委托生产药品协议？

⑥ 关于《合同法》第52条第（5）项所规定的"违反法律、行政法规的强制性规定"中"强制性规定"具体是指哪些情形，"行政法规"的范围如何理解的问题

⑦ 从探究我国"产学研"一体化合作模式，以及当前我国药品审批制度改革，《药品管理法》修改以及研究建立药品上市许可人制度的背景出发，对于此类因制度原因造成的研发机构与药品生产企业特殊的合作模式，由此产生的纠纷应当如何公平合理地妥善解决？

专　利　权

案例 01

大赛璐化学工业株式会社与塞拉尼斯（南京）
化工有限公司专利侵权纠纷专家研讨会法律意见书

务实（2011）第 003 号

受北京市立方（广州）律师事务所委托，北京务实知识产权发展中心于
2011 年 3 月 9 日举行了"大赛璐化学工业株式会社与塞拉尼斯（南京）化工
有限公司专利侵权纠纷专家研讨会"，原国家知识产权局条法司司长尹新天，
国家知识产权局医药生物发明审查部部长、专利审查研究员、中国知识产权
研究会理事会理事、中国知识产权培训中心兼职教授张清奎，中国社会科学
院法学研究所研究员、博士生导师、中国知识产权法研究会副理事长李顺德，
中国人民大学法学院教授、博士生导师、中国知识产权研究会理事郭禾，清
华大学法学院副教授、中华全国律协知识产权业务委员会委员、北京市律师
协会专利专业委员会委员陈建民，中国人民大学副教授张广良，北京务实知
识产权发展中心主任程永顺等资深知识产权法律专家、学者参加了研讨。

研讨会由北京务实知识产权发展中心主任程永顺主持。与会专家在认真
审阅北京市立方（广州）律师事务所提供的与本案有关的材料，了解案件相
关背景情况的基础上，围绕在涉及产品制造方法发明专利的侵权诉讼中，原
被告双方举证责任的分配、法院依申请采取证据保全或调查取证等措施的条
件以及本案中推定法则的适用等问题进行了深入研讨，并充分发表了各自的
意见。

一、背景情况（根据委托方提供材料整理）

（一）争议双方及涉案专利基本情况介绍

1. 争议双方基本情况

大赛璐化学工业株式会社是一家日本公司，原名大世吕化学工业株式会
社（以下简称"大世吕会社"），后更名为大赛璐化学工业株式会社（以下简

称"大赛璐会社"）。塞拉尼斯公司生产设施位于北美洲、欧洲和亚洲，塞拉尼斯（南京）化工有限公司（以下简称"塞拉尼斯（南京）公司"）是其在中国设立的公司。大赛璐会社与塞拉尼斯公司都是化工业的领先者，是全球知名的乙酰基产品制造商，生产乙酰基产品链中的基础化学品如醋酸等，广泛用于消费品和工业品。

2. 涉案专利基本情况

大世吕会社于 1994 年 7 月 7 日向中华人民共和国专利局提交了名称为"生产高纯乙酸的方法"的发明专利申请，优先权日为 1993 年 7 月 8 日。该申请于 1995 年 3 月 1 日公开，2001 年 6 月 13 日公告授权，专利号为：ZL94108223.7。2007 年 8 月 24 日，中华人民共和国国家知识产权局依据权利人的申请，变更专利权人名称为大赛璐会社，即本案原告。

涉案专利的权利要求书记载如下：

1. 一种生产高纯乙酸的方法，其特征是包括使甲醇和/或乙酸甲酯的水溶液在反应器中与一氧化碳连续反应的步骤，同时从在生产乙酸的各加工步骤中分离出来并循环到反应器中的至少一种工艺流体中回收乙醛，使在反应器中的反应流体中乙醛的浓度维持在 1500ppm 或更低的水平。

2. 按照权利要求 1 的生产高纯乙酸的方法，其中所述的回收乙醛的处理是工艺流体的蒸馏和/或萃取或萃取蒸馏。

3. 按照权利要求 1 的生产高纯乙酸的方法，其中铑化合物和甲基碘分别用作催化剂和促进剂。

（二）专利侵权纠纷的基本情况介绍

1. 大赛璐会社起诉塞拉尼斯（南京）公司等侵权的基本情况

大赛璐会社在市场上发现了塞拉尼斯（南京）公司生产的高纯乙酸产品，经初步分析认为该产品的生产工艺涉嫌侵犯其专利权，遂委托他人向其经销商广州迎峰化工有限公司（以下简称"迎峰公司"）购买塞拉尼斯（南京）公司生产的高纯乙酸产品。2008 年 3 月 4 日，迎峰公司依约在粤海（番禺）石油化工储运开发有限公司（以下简称"粤海公司"）所有的粤海石化小虎石化库交付相关产品，大赛璐会社将购买的产品交付通标标准技术服务有限公司上海分公司进行检验，以上过程均经广州市广州公证处、上海市黄埔公证处公证。

此后，大赛璐会社将通标标准技术服务有限公司上海分公司的检验结果以及其他有关资料交付北京九州世初知识产权司法鉴定中心，并委托其进行专利侵权鉴定，该中心作出京九司鉴中心 [2008] 知鉴字第 83 号司法鉴定报告书（以下简称"83 号鉴定报告书"），认为，"权利要求 1 的四个技术特征，塞拉尼斯（南京）化工有限公司的乙酸生产工艺有两个技术特征与之相同，两个技术特征与之等同"。

2009 年 1 月 20 日，大赛璐会社以塞拉尼斯（南京）公司在生产高纯乙酸产品过程中使用了涉案方法专利，其经销商迎峰公司销售、粤海公司存储以侵权方法专利直接获得的产品为由，向广州市中级人民法院提起诉讼，指控三被告侵犯了涉案方法专利，请求法院判令被告停止侵权，销毁依照涉案专利直接获得的产品、半成品以及实施涉案专利的专用设备及工具，赔偿经济损失人民币 1.8 亿元，并承担诉讼费用。

2. 法院证据保全情况

大赛璐会社认为，涉案专利名涉及一种高纯乙酸的生产工艺流程，为确定塞拉尼斯（南京）公司生产高纯乙酸的方法与涉案专利的权利要求是否一致，有必要了解塞拉尼斯（南京）公司生产高纯乙酸的方法，而大赛璐会社无法直接进入塞拉尼斯（南京）公司的生产经营现场进行调查取证，且塞拉尼斯（南京）公司在知悉本案诉讼后可能采取更改设备、工艺和毁灭账册、技术资料等行为导致相关证据的灭失和以后难以取得，故大赛璐会社在起诉时还提交证据保全申请，请求法院对被告的生产经营场所进行证据保全工作，包括对生产乙酸的设备、厂房进行拍照、录像；复制乙酸生产工艺流程图、管路和设备布置图、设备装置清单、工厂布置图等图纸；复制乙酸生产反应器中反应流体的乙醛含量分析记录资料等；复制乙酸生产设备的技术标准说明书、操作标准说明书和技术转让文件中的工艺说明资料、与反应流体中乙醛浓度管理相关的技术资料以及与排放物中乙醛、乙醛浓度相关的资料；提取乙酸生产反应器中的反应流体样品，并将该样品提交具有相关资质的机构以测定其乙醛浓度；复制乙酸产品生产和销售的账册、记录、报表等，并对调查取证过程制作询问笔录。

针对原告的起诉和证据保全请求，广州市中级人民法院受理并作出（2009）穗中法民三初字第 117 号裁定书，裁定：（1）复制或者扣押塞拉尼斯（南京）公司乙酸生产工艺流程有关资料；（2）复制或者扣押塞拉尼斯（南京）公司乙酸生产反应器中反应流体的乙醛含量的有关分析检测资料；（3）提取塞拉尼斯（南京）公司乙酸生产反应器中反应流体样品，并将该样品提交具有相关资质的检验机构检测以确定其乙醛浓度。

2009 年 10 月 15 日和 16 日，广州市中级人民法院法官赴塞拉尼斯（南京）公司的生产经营场所执行该裁定，但塞拉尼斯（南京）公司拒不配合，阻挠法官进入生产场所，法官未能当场保全相关证据，只制作了保全笔录，笔录记载，被告承诺将在证据交换时提交有关生产工艺资料。

此外，大赛璐会社还请求法院向南京市主管国税局调取塞拉尼斯（南京）公司在国税局自 2007 年 5 月至 2009 年 1 月的企业所得税及增值税的相关资料，作为计算损害赔偿额的依据。

3. 本案证据交换情况

2010 年 9 月，大赛璐会社向法院提交了《申请法院调查取证申请书》，请求人民法院对被告塞拉尼斯（南京）公司进行调查取证工作，包括：（1）调取被告塞拉尼斯（南京）公司乙酸生产工艺流程有关资料；（2）调取被告塞拉尼斯（南京）公司乙酸生产反应器中反应流体的乙醛含量的有关分析检测资料；（3）提取被告塞拉尼斯（南京）公司乙酸生产反应器中反应流体样品，并将该样品提交具有相关资质的检验机构检测以确定其乙醛浓度；（4）对被告塞拉尼斯（南京）公司生产乙酸的现场进行勘验，对相关设备、厂房进行拍照、录像，对相关人员进行询问并制作笔录。

2010 年 10 月 15 日，法院组织原被告双方进行证据交换。在证据交换中，大赛璐会社补充提交了相关证据，塞拉尼斯（南京）公司提交了一些证据，其中一份为由其委托北京紫图知识产权司法鉴定中心作出的北京紫图［2010］知鉴字第 38 号鉴定意见书（以下简称"38 号鉴定意见书"），该 38 号鉴定意见书是塞拉尼斯（南京）公司用大赛璐会社提供的上述 83 号鉴定报告书中的相同检材，委托另外的鉴定机构所作的鉴定意见，该鉴定意见书的结论是"乙酸产品、设备照片、相关专利三者之间不存在法律上的关联性。根据这三者仅能得出塞拉尼斯（南京）公司曾经销售过乙酸；该公司具有生产乙酸的一系列专利技术；该公司具有化工设备的结论，并不能断然得出塞拉尼斯（南京）公司生产的乙酸是采用其相关专利方法所生产的结论"；"无法从中确认生产所述产品的方法和工艺，所以无法与 ZL94108223.7 专利进行对应技术特征的对比"。在此次证据交换中，塞拉尼斯（南京）公司没有提交任何其实际生产乙酸的工艺方法以及该方法与专利方法异同性比较的证据材料。

证据交换后，塞拉尼斯（南京）公司要求再次举证，并于 2010 年 12 月 31 日提交了证据材料，但同样没有提供任何其实际生产乙酸的工艺方法以及该方法与专利方法异同性比较的证据材料。被告又提交了一份北京紫图知识产权司法鉴定中心作出的北京紫图［2010］知鉴字第 56 号鉴定意见书（以下简称"56 号鉴定意见书"），同样是用大赛璐会社 83 号鉴定报告书中的检材委托另外的鉴定机构作的鉴定意见，认为依据大赛璐会社提供的照片，不能排除抽样处理设备的存在，也不能确认脱乙醛塔的存在，不能得出脱乙醛后的物料流回反应器的结论。塞拉尼斯（南京）公司还提供了三位专家的意见。

专家认为，塞拉尼斯（南京）公司存在使用不同于原告的专利方法的可能性，并不必然采用原告的专利方法；以及依据通标检测报告中显示的乙酸产品 PMT 值，不能得出乙酸生产过程中反应液中乙醛浓度的结论。

目前本案尚在一审过程中。

二、研讨会依据的材料

北京务实知识产权发展中心接受委托后，将委托方北京市立方（广州）律师事务所提交的相关材料送交专家阅读。本次研讨会依据的材料包括：

1. ZL94108223.7 发明专利登记簿副本、权利要求书、说明书。

2. 北京九州世初知识产权司法鉴定中心出具的京九司鉴中心［2008］知鉴字第 83 号《司法鉴定报告书》。

3. 大赛璐会社向广州市中级人民法院提交的民事起诉状及证据清单、2010 年 10 月 15 日补充证据材料清单。

4. 关于证据保全的相关资料：

4.1 大赛璐会社提交的证据保全申请书；

4.2 广州市中级人民法院（2009）穗中法民三初字第 117 号民事裁定书；

4.3 广州市中级人民法院笔录。

5. 大赛璐公司于 2010 年 9 月提交的《申请法院调查取证申请书》。

6. 塞拉尼斯（南京）公司提交的证据：

6.1 塞拉尼斯（南京）公司于 2010 年 10 月 15 日、2010 年 12 月 31 日提交的证据清单；

6.2 北京紫图知识产权司法鉴定中心作出的北京紫图［2010］知鉴字第 38 号《鉴定意见书》；

6.3 北京紫图知识产权司法鉴定中心作出的北京紫图［2010］知鉴字第 56 号《鉴定意见书》。

三、研讨会的主要议题

根据委托方的委托及提交的材料，专家研讨会主要围绕下述问题进行了研讨：

1. 涉及产品制造方法发明专利的侵权诉讼中，原告、被告双方的举证责任应如何分配？

2. 在何种情况下，法院可以依申请采取证据保全或调查取证等措施？

3. 本案是否可以适用推定法则？

四、专家意见

与会专家围绕上述问题进行了热烈讨论，充分发表了意见。经过归纳整理，形成以下法律意见。

（一）关于涉及产品制造方法发明专利的侵权诉讼中，原被告双方举证责任的分配问题

与会专家认为，专利权人提起专利侵权诉讼，必须符合我国《中华人民共和国民事诉讼法》（以下简称《民事诉讼法》）第119条的起诉条件，特别是第（3）项规定的要"有具体的诉讼请求和事实、理由"。

从举证责任角度而言，我国民事诉讼中的证据问题涉及以下几个方面：第一，《民事诉讼法》中关于举证责任的基本原则是"谁主张，谁举证"。第二，《民事诉讼法》还对举证责任的倒置作出规定，但仅限于法律明确规定的情形。根据现行《专利法》第61条第1款、最高人民法院于1992年7月14日发布的《关于适用〈中华人民共和国民事诉讼法〉若干问题的意见》第74条以及最高人民法院于2001年12月21日发布的《关于民事诉讼证据的若干规定》（以下简称《证据规定》）第4条第1款的相关规定，只有因新产品制造方法发明专利引发的专利侵权诉讼，才涉及举证责任的倒置。第三，应当对举证责任倒置和举证责任的转移予以区分。举证责任的转移实质上是"谁主张，谁举证"原则的延伸。在涉及产品制造方法发明专利的侵权诉讼中，经常会涉及举证责任转移问题。第四，在诉讼过程中，法院可以综合考虑各方当事人举证的难易程度以及公平原则，合理分配各方当事人的举证责任。第五，应当明确举证责任和提交证据的责任在法理和实践中是两个完全不同的概念。对于提交证据的责任，《证据规定》第75条规定，有证据证明一方当事人持有证据无正当理由拒不提供，如果对方当事人主张该证据的内容不利于证据持有人，可以推定该主张成立，这在法理上称之为"举证妨碍"。上述民事诉讼中的证据规则在涉及产品制造方法发明专利的侵权诉讼中都可能会涉及。

与会专家认为，专利法对方法专利的保护比较特殊，就目前来看，专利法对于方法专利的保护存在一定的先天不足，导致方法专利寻求专利法的保护比产品专利的难度要大。而我国的实践也表明，方法专利侵权诉讼中，原告胜诉的案件并不多见，特别是对测量方法、使用方法这类不涉及产品或使用专利方法直接涉及的产品中没有保留相应物理痕迹的方法专利而言，其本身的属性导致了其在寻求专利保护的过程中权利人必然面临举证困难的问题，因此，有必要在专利保护，尤其是在诉讼过程中，适当平衡专利权人和被控侵权人的举证义务，以实现公平、合理的司法价值取向。

与会专家回顾了我国三次《专利法》修改过程中对涉及产品制造方法发明专利的举证责任制度的变迁：

（1）1985年4月1日实施的《专利法》第60条第2款规定，在发生侵权纠纷的时候，如果发明专利是一项产品的制造方法，制造同样产品的单位或者个人应当提供其产品制造方法的证明。在专利制度建立初期，对于方法专利举证责任的规定较为笼统、宽泛，只要是涉及产品制造方法的专利，被告就负有证明其产品制造方法的举证责任。

（2）1992年《专利法》的第一次修改借鉴了当时尚未通过的《与贸易有关的知识产权协议》（TRIPS）的相关规定。据此，1993年1月1日起施行的《专利法》第60条第2款规定，在发生侵权纠纷的时候，如果发明专利是一项新产品的制造方法，制造同样产品的单位或者个人应当提供其产品制造方法的证明。TRIPS第34条的规定旨在防止专利权人滥用诉权，通过侵权诉讼企图获取对方制造方法和商业秘密的行为。而《专利法》的此次修改也将"新产品"作为举证责任倒置的一个前提条件，因为已有产品的制造方法可能是公知的，因此，要求专利权人承担举证责任符合"谁主张，谁举证"的基本原则。此次修改根据我国司法制度的实际情况，以TRIPS第34条为依据，规定了涉及新产品制造方法专利侵权纠纷中举证责任倒置的条件，要求被控侵权人以提供获取相同新产品的制造方法的方式，来证明其没有使用专利方法，若不提供其获取相同新产品的制造方法，应被视为使用专利方法获取的。

（3）2001年7月1日实施的《专利法》第57条第2款规定，专利侵权纠纷涉及新产品制造方法的发明专利的，制造同样产品的单位或者个人应当提供其产品制造方法不同于专利方法的证明。根据该条款的规定，在涉及新产品制造方法发明专利侵权纠纷中，被控侵权人只需要说明其所使用的方法与涉案专利方法的实质区别即可，例如，缺少其中的一个或几个必要技术特征，即足以证明其所使用的方法没有落入涉案专利方法的保护范围，而无需将其所使用的方法予以全盘披露。该规定可以避免原告滥用诉权，侵犯他人的商业秘密，进而给被告造成不必要的损失。当然，也不排除在某些情况下，只有将其所使用的方法全盘披露，才足以证明其所采用的方法不同于涉案专利方法，其并未侵犯专利权人的方法专利。也有专家认为，该条规定不仅要求被控侵权人说明其所使用的方法，还需要进一步说明其所使用的方法与专利权人的专利方法之间的区别，被告所承担的举证责任的程度更高了。

（4）2009年10月1日实施的《专利法》第61条第1款规定，专利侵权纠纷涉及新产品制造方法的发明专利的，制造同样产品的单位或者个人应当提供其产品制造方法不同于专利方法的证明。此规定延续了 2001 年《专利法》的相关规定，未作修改。但是，从 1992 年《专利法》第一次修改以来一直延续下来的关于"新产品"的含义问题，却一直没有在法律中作出明文规定，一般将"新产品"解释为在国内没有公开使用过或公开销售过的产品。最高人民法院于 2009 年 12 月 21 日发布的《关于审理侵犯专利权纠纷案件应用法律若干问题的解释》对"新产品"进行了说明，第 17 条规定，产品或者制造产品的技术方案在专利申请日以前为国内外公众所知的，人民法院应当认定该产品不属于《专利法》第 61 条第 1 款规定的新产品。该规定与《专利法》第 22 条第 2 款和第 5 款的规定基本一致，也就是说，对"新产品"的判断采用的是专利的"新颖性"标准。

与会专家指出，法律以及司法解释的上述演变体现了两点精神：其一，力求公平、合理地保护双方当事人利益，这从所有涉及方法专利的侵权纠纷均实行举证责任倒置，到涉及新产品制造方法专利侵权纠纷时，方才实行举证责任倒置的变化中可见一斑。其二，力求在双方当事人举证责任的能与不能之间进行协调、平衡。《证据规定》第 7 条规定，"在法律没有具体规定，依本规定及其他司法解释无法确定举证责任承担时，人民法院可以根据公平原则和诚实信用原则，综合当事人举证能力等因素确定举证责任的承担"，一方面促使专利权人尽自己最大的能力履行自己的举证责任，而另一方面，也应考虑到如果仅仅因为专利权人没有能力进行举证而驳回专利权人的诉讼请求或判决专利权人败诉，导致其专利权无法获得应有的保护，对专利权人是不公平的，也不利于社会矛盾的解决。

在对涉及产品制造方法发明专利的相关制度的演变历程进行梳理后，与会专家指出，衡量方法专利时，首先要对其最终形成的直接产品予以确认。相关的制造方法应与特定的最终形成产品相对应，密切相关。与会专家还对产品制造方法进行了区分，并对不同类型的产品制造方法的举证责任的程度进行了探讨。总的来说，涉及产品制造方法的专利一般都是会获得产品的专利，从专利的技术方案所解决的技术问题着手，可以分为两种情况：一种是该专利方法的实施能够在产品中留下相应的物理痕迹；另一种是专利方法的使用并不会在相关产品中留下物理痕迹，例如涉及工艺改进的方法专利，它们有的可以优化生产流程，有的可以降低对设备的技术要求或降低成本、提高利润，有的可以提高产量或产品性能，有的可以减少产品杂质，有的可以降低毒性或减少污染，但是在使用专利方法直接获得的产品中，并不会留下使用专利方法的痕迹。就前者而言，可以增加原告的举证责任，由其证明相关技术特征或物理痕迹的存在；而对于后者，全部由原告承担举证责任对原告来说往往是非常困难的，甚至是不可能的，原告只能尽可能地把产生相关结果的过程中的主要手段进行举证，在此基础上，再通过向法院申请证据保全或现场勘验。但是，无论哪种情形，原告都应当向法官说明：涉案方法专利对使用专利方法直接获得的产品的影响是什么，如产品的性能是否发生变化，发生什么样的变化，涉案方法专利对降低成本、提高效率等有何影响等。对于在相关产品无法体现专利方法痕迹的，还可以对体现专利方法特色的特殊设备或中间产物的特征或特殊效果予以说明。

与会专家认为，就本案而言，第一，原被告双方对"高纯乙酸"是否属于新产品没有争议，双方均认可高纯乙酸不属于专利法中所称的"新产品"。但是，也有与会专家指出，如果能够证明之前的高纯乙酸的纯度或浓度无法达到使用专利方法所能达到的纯度或浓度，则也可能在专利权人主张后认定证明该高纯乙酸属于"新产品"，涉案专利方法则可以被视为新产品的制造方法，从而适用举证责任倒置的相关规则。

第二，在方法专利所产生的产品不是新产品的情况下，就一般方法专利的举证责任而言，原告应就侵权的各个构成要件承担举证责任，包括侵权行为及侵权结果。如果专利方法在使用专利方法直接获得的产品中存有痕迹的，例如一个或几个特殊技术特征，则原告首先要证明相关技术特征等物理痕迹的存在；如果专利方法在使用专利方法直接获得的产品中未留痕迹的，应提供其他证明。例如本案中，原告可以采用专利方法必备的特殊反应设备以及工艺过程中特殊的检测指标等作为使用其专利方法的等效"物理痕迹"，可以申请法院调查取证，进行现场验证。本案中，原告对其所购买的被告生产的产品进行了技术鉴定，对被告的生产设备进行拍照，并委托第三方对工艺过程中特殊的检测指标进行了技术鉴定，在完成上述初步举证的基础上，申请法院进行证据保全和现场勘验，这是符合相关法律规定的，应当认定其已尽到了举证义务。

（二）关于法院依申请采取证据保全或调查取证等措施的条件问题

《民事诉讼法》第 64 条第 2 款规定，当事人及其诉讼代理人因客观原因不能自行收集的证据，或者人民法院认为审理案件需要的证据，人民法院应当调查收集。《最高人民法院关于适用〈中华人民共和国民事诉讼法〉若干问题的意见》第 73 条规定，依照民事诉讼法第 64 条第 2 款规定，由人民法院负责调查收集的证据包括：（1）当事人及其诉讼代理人因客观原因不能自行收集的；（2）人民法院认为需要鉴定、勘验的；（3）当事人提供的证据互相矛盾、无法认定的；（4）人民法院认为应当由自己收集的其他证据。《证据规定》第 3 条第 2 款规定，当事人因客观原因不能自行收集的证据，可申请人民法院调查收集。第 17 条规定，若申请调查收集的证据属于国家有关部门保存并须人民法院依职权调取的档案材料的，或者涉及国家秘密、商业秘密、个人隐私材料的，或者当事人及其诉讼代理人确因客观原因不能自行收集的其他材料的，当事人及其诉讼代理人可以申请人民法院调查收集证据。

与会专家认为，根据我国《民事诉讼法》《专利法》以及相关的司法解释的规定，在涉及产品制造方法发明专利的侵权诉讼中，在符合法律规定的条件下，当事人可以依法向法院提交证据保全申请或请求法院进行调查取证的申请。证据保全意味着被申请人有责任确保相关证据不被销毁或转移，避免日后无法取得，而由法院进行调查取证。法院基于当事人提供的初步证据，根据公平、合理、效率的原则，可以裁定采取证据保全或依申请进行调查取证、现场勘验等措施，但这并不意味着在涉及产品制造方法发明专利的侵权诉讼中，方法专利的权利人无需承担任何举证责任，只要说明被控侵权人侵犯其专利方法，而专利权人无法获知其所实际采用的方法，法院就一概应当进行证据保全或进行调查取证、现场勘验。

与会专家还指出，在当前中国司法实践中，如果法院不采取证据保全或调查取证、现场勘验措施，很多案件往往难以继续进展。这也是大量涉及产品制造方法专利的侵权诉讼中，原告败诉的重要原因之一。

就涉及产品制造方法发明专利侵权纠纷而言，原告应当充分证明被告侵权的可能性以及其请求法院采取证据保全或调查取证措施、现场勘验的合理性。合理性和可能性都是很抽象的概念，在实践中，往往需要结合具体案情将合理性和可能性具体化。例如，原告可以首先证明被告的产品与原告采用专利方法制造出来的产品具有相同的特征或者与实施其专利方法产生某些相同的效果。原告也可以自行委托技术鉴定，自行委托鉴定未必一定是司法鉴定，证明原告对被告侵权行为的怀疑具有合理依据。如果原告能够完成初步举证责任，则法院可以考虑采取证据保全或调查取证措施。

有的与会专家指出，就普通民事案件而言，原告提出的初步证据使法院对被告侵权行为的存在产生合理怀疑，其对"合理怀疑"的判断往往是基于常识。由于专利案件具有很强的技术性，对于"合理怀疑"的判断应当是以"本领域普通技术人员"为标准，也就是说，专利侵权纠纷中，原告提出的初步证据使具有本领域一般知识的普通用技术人员对于被告侵权行为的存在产生了合理怀疑即可。由于法官往往不具备相关领域的技术背景，可以借助于具有技术背景的人民陪审员的技术知识进行判断。与此同时，法院还应依据原告有关证据保全或调查取证的申请理由，确定法院进行证据保全或调查取证的范围，即应限于本案审理所必要的证据，如果超过相应范围，则可能会对被申请人的其他合法权利造成损害。

（三）关于本案中推定法则的适用问题

与会专家一致认为，在本案中，原告已经尽力举证，申请法院进行证据保全和调查取证的依据也比较充分，法院根据原告提交的初步证据所证明的合理怀疑，裁定对被告的相关资料进行证据保全。但是，在法院执行裁定的过程中，被告以涉及企业商业秘密应请示总部为由，拒不配合，依据《证据规定》第75条的规定，可以判决由被告承担不利的后果，被告的"举证妨碍"行为应承担相应的不利后果。

有的专家指出，对抗拒法院执行裁定的行为，应予以相应制裁，情节严重者，可以予以拘留。对于有证据证明一方当事人持有证据无正当理由拒不提供者，应该适用推定法则，以维护民事诉讼的正常秩序，维护法律制度在全社会的权威发挥推定法则的社会价值以及对公众的引导作用。

以上意见系基于委托方提供的资料、根据专家学者发言归纳整理作出，仅供参考。

北京务实知识产权发展中心
2011 年 3 月 24 日

附件 01 −1

"生产高纯乙酸的方法" 发明专利权利要求书

授权公告日：2001 年 6 月 13 日

专利号：ZL94108223.7

授权公告号：CN1067046C

申请日：1994 年 7 月 7 日

申请号：94108223.7

专利代理机构：中国专利代理（香港）有限公司

专利权人：大世吕化学工业株式会社

代理人：张元忠

地址：日本友阪府

发明人：清水雅彦　秋田和之　梶川泰照　上野贵史　辻康雄　森本好昭

审查员：唐铁军

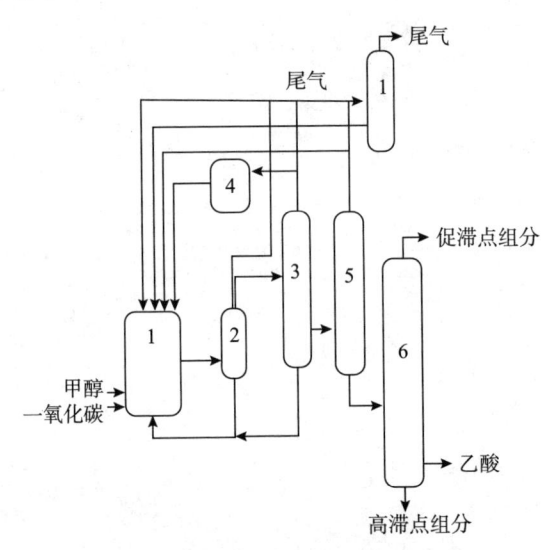

权利要求书

1. 一种生产高纯乙酸的方法，其特征是包括使甲醇和/或乙酸甲酯的水溶液在反应器中与一氧化碳连续反应的步骤，同时从在生产乙酸的各加工步骤中分离出来并循环到反应器中的至少一种工艺流体中回收乙醛，使在反应器中的反应流体中乙醛的浓度维持在 1500ppm 或更低的水平。

2. 按照权利要求 1 的生产高纯乙酸的方法，其中所述的回收乙醛的处理是工艺流体的蒸馏和/或萃取或萃取蒸馏。

3. 按照权利要求 1 的生产高纯乙酸的方法，其中铑化合物和甲基碘分别用作催化剂和促进剂。

附件 01 – 2

广州市中级人民法院民事裁定书

[（2009）穗中法民三初字第 117 号]

原告：大赛璐化学工业株式会社。住所地：日本国大阪市北新区梅田三丁目 4 – 5。

被告：塞拉尼斯（南京）化工有限公司。住所地：江苏省南京化学工业园区 B07 – 01 地块。

法定代表人：John Gallagher。

被告：广州迎峰化工有限公司。住所地：广东省广州市越秀区福路医国后街一号 A 座 1405 室。

法定代表人：邓惠浩。

被告：粤海（番禺）石油化工储运开发有限公司。住所地：广东省广州市南沙区黄阁镇粤海路 1 号。

法定代表人：张雷。

本院在受理原告大赛璐化学工业株式会社诉被告塞拉尼斯（南京）化工有限公司、广州迎峰化工有限公司、粤海（番禺）石油化工储运开发有限公司侵犯专利号为 ZL94108223.7、名称为"生产高纯乙酸的方法"的发明专利权纠纷一案中，原告大赛璐化学工业株式会社向本院提出证据保全申请，请求对被告塞拉尼斯（南京）化工有限公司进行如下证据保全：1. 对被告生产乙酸（冰醋酸）的现场及生产工艺流程进行勘验，对相关设备、厂房进行拍照、录像；2. 复制或者扣押被告乙酸生产工艺相关文件，生产操作相关技术文件和资料，包括乙酸生产工艺相关的文件，生产操作相关技术文件和资料，包括乙酸生产工艺流程图、管路和设备布置图、设备装置清单、工厂布置图、生产设备的技术标准说明文件和技术转让文件中的工艺说明资料、与反应流体中乙醛浓度管理相关的技术资料以及与排放物中乙醛、乙醛浓度相关的资料；3. 复制或者扣押被告反应器中的反应流体的乙醛含量分析记录资料；

4. 提取被告乙酸生产反应器中的反应流体样品，并将该样品提交具有相关资质的机构以测定其乙醛浓度；5. 对被告乙酸生产工艺情况进行询问并制作询问笔录。

本院认为：原告大赛璐化学工业株式会社的申请，部分符合法律规定。依照《中华人民共和国民事诉讼法》第74条、《最高人民法院关于民事诉讼证据的若干规定》第24条的规定，裁定如下：

一、复制或者扣押被告塞拉尼斯（南京）化工有限公司乙酸生产工艺流程的有关资料。

二、复制或者扣押被告塞拉尼斯（南京）化工有限公司乙酸生产反应流体的乙醛含量的有观点分析检测资料。

三、提取被告塞拉尼斯（南京）化工有限公司乙酸生产反应器中反应流体样品，并将该样品提交具有相关资质的检验机构检测以确定其乙醛浓度。

本裁定送达后立即执行。

审　判　长　陈伟民
审　判　员　王　维
代理审判员　刘　婕
2009 年 8 月 17 日
书　记　员　毛宇灵

案例 02

关于"导体轨道结构的制造方法"发明专利
无效行政纠纷案专家研讨会法律意见书

务实（2013）第 003 号

受德国 LPKF 激光和电子股份公司委托，北京务实知识产权发展中心于 2013 年 3 月 29 日召开了"'导体轨道结构的制造方法'发明专利无效行政纠纷案专家研讨会"。中国社会科学院法学研究所研究员、博士生导师、中国科学院大学法律与知识产权系主任、中国知识产权研究会副理事长李顺德，北京紫图知识产权司法鉴定中心主任、北京市司法鉴定协会知识产权专业委员会原主任闻秀元，中国政法大学知识产权所所长、民商法学院教授、博士生导师来小鹏，原国家知识产权局专利局化学审查部及化学审查一部部长、现任医药生物发明审查部部长、专利审查研究员、中国知识产权研究会常务理事、中国知识产权培训中心兼职教授张清奎，医药生物发明审查部综合处处长姜晖，北京务实知识产权发展中心主任、原北京市高级人民法院民三庭副庭长程永顺等资深知识产权法律专家、学者参加了研讨。原北京大学知识产权学院教授、博士生导师、北京大学国际知识产权中心主任郑胜利等出具了书面意见。

研讨会由北京务实知识产权发展中心主任程永顺主持。

与会专家在认真审阅委托方提供的与本案有关的材料、了解案件相关背景情况的基础上，围绕在专利无效审查程序中，专利复审委员会是否能够仅依据怀疑而直接宣告专利权无效？其是否应当就其怀疑所导致结果的具体情形承担举证责任；在专利无效行政诉讼中，为了证明专利权有效，法院是否允许专利权人提交新的证据予以证明；依据《专利法》第 26 条第 4 款及《审查指南》第二部分第 2 章第 3.2.1 节的有关规定，本专利权利要求范围概括是否得当等与本案相关的法律问题进行了深入研讨，并充分发表了各自的意见。

一、背景情况

（一）"导体轨道结构的制造方法"发明专利及其无效审查的基本情况

1. "导体轨道结构的制造方法"发明专利的基本情况

2002 年 6 月 19 日，德国 LPKF 激光和电子股份公司（以下简称"LPKF 公司"）向中国国家知识产权局专利局申请了名称为"导体轨道结构的制造方法"、申请号为"02812609.2"的发明专利（以下简称"本专利"），优先权日为 2001 年 7 月 5 日，该申请于 2007 年 7 月 11 日授权公告。本发明涉及用于制造不导电承载材料上的导体轨道结构的方法。其权利要求书（见附件 2－1）载明：

"1. 用于制造不导电的承载材料上的导体轨道结构的方法，其中所述导体轨道结构由金属晶核以及后续在金属晶核上涂覆的金属化层构成，所述金属晶核通过电磁辐射实现的精细分布地包含在所述承载材料中的不导电金属化合物的断裂而形成，其特征在于，高度热稳定的、在含水的酸性或碱性金属化电解液中稳定且不溶解的、不导电的基于尖晶石的较高阶氧化物或者结构类似尖晶石的简单的 d－金属氧化物或其混合物或者混合金属化合物被掺入所述承载材料中，所述承载材料被加工成构件或作为涂层涂覆在构件上，并且在要产生导体轨道结构的区域内借助电磁射线分离出重金属晶核，然后该区域被化学还原金属化。

2. 如权利要求 1 所述的方法，其特征在于，借助于电磁射线同时分离出重金属晶核，并通过蚀损来形成一个增附表面。

3. 如权利要求 1 或 2 所述的方法，其特征在于，尖晶石含有铜。

4. 如权利要求 1 或 2 所述的方法，其特征在于，不导电承载材料除至少含有无机氧化物外还至少含有热稳定的有机金属螯合络合物。

5. 如权利要求 1 或 2 所述的方法，其特征在于，不导电承载材料是热塑性塑料。

6. 如权利要求 1 或 2 所述的方法，其特征在于，不导电承载材料是硬塑性塑料。

7. 如权利要求 1 或 2 所述的方法，其特征在于，不导电承载材料含有一种或多种无机填充物质。

8. 如权利要求 7 所述的方法，其特征在于，不导电承载材料含有硅酸和/或硅酸衍生物作为填充材料。

9. 如权利要求 1 或 2 所述的方法，其特征在于，使用激光器的电磁射线。

10. 如权利要求 1 或 2 所述的方法，其特征在于，使用具有 248nm 波长的激光器的电磁射线。

11. 如权利要求 1 或 2 所述的方法，其特征在于，使用具有 308nm 波长的激光器的电磁射线。

12. 如权利要求 1 或 2 所述的方法，其特征在于，使用具有 355nm 波长的激光器的电磁射线。

13. 如权利要求 1 或 2 所述的方法，其特征在于，使用具有 532nm 波长的激光器的电磁射线。

14. 如权利要求 1 或 2 所述的方法，其特征在于，使用具有 1064nm 波长的激光器的电磁射线。

15. 如权利要求 1 或 2 所述的方法，其特征在于，使用具有 10600nm 波长的激光器的电磁射线。"

在本专利说明书中以一个具体的实施例进行了说明：

在一台挤压机中用 70% 质量分数的聚对苯二甲酸丁二醇酯（polybuthylen-therephthalat）和 25% 质量分数的热解硅酸，以 90m^2/g 的 BET 表面积（用布鲁璃厄－埃梅特－泰勒法测定的催化剂表面积）和 5% 的含铜尖晶石 PK3095（Ferro 公司出品）合成。颗粒以喷铸方法被加工成一个构件，例如一个外壳。此外壳然后在要形成导体轨道的区域内以一定的强度照射激光射线，激光射线由一台二极管激励的 Nd：YAG 激光器（掺钕钇铝石榴石激光器）产生，所采用的激光强度形成与被构造的晶核相连接的很小的联结蚀损。在含有软化水的超声净化槽中进行短时间处理之后，此外壳被悬挂在通用的化学还原镀铜槽中。在被照射的区域中形成导体轨道。

还要指出，在本领域中认为金属与非金属，如碳化物、氧化物或硫化物的简单的无机结合是稳定的，并且仅在高能量供给的情况下在基本金属中同时可馈送还原介质时才适用。此外，在环境空气中，尤其在非贵重金属情况下，形成的金属与空气中的氧气会立即发生反应形成金属氧化物。令人惊奇的是按照本发明，具有精细分布地嵌入塑料基体中的尖晶石结构的金属氧化物在常规环境空气中可用 Nd：YAG 激光器剥离出来并还原成金属。在能量很高、然而非常短的激光脉冲作用下同时形成的塑料的气态分解产物覆盖在形成的金属晶核上，形成足够的屏蔽作用。

2. 本专利无效审查的基本情况

2011 年 9 月 26 日与 2011 年 12 月 5 日，请求人刘喜云及成春荣分别向国家知识产权局专利复审委员会提出了无效宣告请求。专利复审委员会依法组成合议组对两个无效宣告请求案进行审理。根据《专利审查指南 2010》的相关规定，决定对两个无效宣告请求案进行合并审理。

专利权人于 2012 年 2 月 14 日提交了意见陈述书，并提交了权利要求书的修改替换页，专利权人在授权公告的权利要求书的基础上删除了权利要求 1 中的一个并列技术方案。即删除了"高度热稳定的、在含水的酸性或碱性金属化电解液中稳定且不溶解的、不导电的基于尖晶石的较高阶氧化物或者结构类似尖晶石的简单的 d－金属氧化物或其混合物或者混合金属化合物被掺入所述承载材料中"中"或者混合金属化合物"的内容。

权利要求 1 被修改为："用于制造不导电的承载材料上的导体轨道结构的方法，其中所述导体轨道结构由金属晶核以及后续在金属晶核上涂覆的金属化层构成，所述金属晶核通过电磁辐射实现的精细分布地包含在所述承载材料中的不导电金属化合物的断裂而形成，其特征在于，高度热稳定的、在含水的酸性或碱性金属化电解液中稳定且不溶解的、不导电的基于尖晶石的较高阶氧化物或者结构类似尖晶石的简单的 d－金属氧化物或其混合物被掺入所述承载材料中，所述承载材料被加工成构件或作为涂层涂覆在构件上，并且在要产生导体轨道结构的区域内借助电磁射线分离出重金属晶核，然后该区域被化学还原金属化。"

2012 年 2 月 23 日，在口头审理过程中，请求人提出了一些无效理由，包括权利要求得不到说明书的支持。

在此基础上，专利复审委员会认为，《专利法》第 26 条第 4 款规定，权利要求书应当以说明书为依据，说明要求专利保护的范围。权利要求的概括不能超出说明书公开的范围，如果本领域技术人员从说明书公开的内容无法概括得出权利要求的技术方案，那么该权利要求没有以说明书为依据，因而不符合《专利法》第 26 条第 4 款的规定。

本专利权利要求 1 请求保护一种用于制造不导电的承载材料上的导体轨道结构的方法，其中限定了"高度热稳定的、在含水的酸性或碱性金属化电解液中稳定且不溶解的、不导电的基于尖晶石的较高阶氧化物或结构类似尖晶石的简单的 d－金属氧化物或其混合物"在电磁辐射下断裂形成金属晶核。在本专利说明书中，仅在实施例部分公开了一种以 5% 的比例掺杂的含铜尖晶石 PK3095（Ferro 公司出品），PK3095 的化学式为 $CuCr_2O_4$，即亚铬酸铜，然而，尖晶石是一个上位概念，指的是以 $MgAl_2O_4$ 为代表的一种 AB_2X_4 型化合物的晶体结构，其中 A 离子可以是 Mg、Fe、Mn、Co、Ni、Zn 等，B 离子可以是 Al、Ga、In、Fe、Co、Cr 等，X 可以是 O、S、Se、F、Te，由于含有元素不同，具有尖晶石结构的各种化合物的物理、化学性质也各有不同，在电磁辐射下的性质也各不相同。本领域技术人员无法根据说明书中公开的一种具有尖晶石结构的氧化物概括得出，所有符合条件的基于尖晶石的较高阶氧化物或结构类似尖晶石的简单的 d－金属氧化物均能够实现在电磁辐射下断裂而分离出金属晶核，从而实现发明目的。出于并不是所有的具有较高热稳定性、且不溶解于酸性或碱性金属化电解液的不导电具有尖晶石结构的氧化物都能够借助电磁射线分离出重金属晶核，这一类氧化物在电磁射线下的性质难于预先确定，并且本专利说明书中仅仅公开了一个实施例 PK3095，本领域技术人员无法根据说明书公开的内容概括得到权利要求 1 的技术方案，因此，权利要求 1 没有以说明书为依据，不符合《专利法》第 26 条第 4 款的规定。

专利权人认为：（1）权利要求 1 中所述的添加物在权利要求 1 中已经被进一步限定成"高度热稳定的、在含水的酸性或碱性金属化电解溶液中稳定且不溶解的、不导电的"并且"从这些物质必须能够裂解出重金属晶核"，经过这两重限定的上述添加物就能够应用于制造导体轨道结构，从而实现本专利的发明目的。

（2）虽然本专利的添加物可以裂解以得到重金属晶核是已知的，然而本专利的核心在于权利要求 1 中的添加物通过裂解和选择性的金属化来制造导体轨道结构的应用，这种应用没有被公开过。因此在本专利的实施例中仅举出这些添加物的一个示例即可。

对此，专利复审委员会认为，首先，权利要求 1 中限定的是"高度热稳定的、在含水的酸性或碱性金属化电解液中稳定且不溶解的、不导电的基于尖晶石的较高阶氧化物或结构类似尖晶石的简单的 d－金属氧化物或其混合物"，从这些金属氧化物中借助电磁射线分离出重金属晶核，并没有限定"从这些物质必须能够裂解出重金属晶核"，"在要产生导体轨道结构的区域内借助电磁射线分离出重金属晶核"是制造导体轨道结构的方法中的一个步骤，并不是对材料的限定，因此专利权人的所述意见没有依据；其次，如前文所述，尖晶石结构是一个上位概念，其为立方晶系，面心立方点阵，对于本领域技术人员来说，耐热的、耐酸碱且不导电的尖晶石结构的化合物有很多，在电磁辐射下的表现也各不相同，本领域技术人员无法确认所有的符合本专利权利要求 1 限定的尖晶石结构的化合物或混合物都可以在电磁辐射下裂解出重金属晶核，可见本专利权利要求 1 要求了过大的保护范围，没有以说明书为依据；最后，本专利中所述的耐热、耐酸碱且不导电的尖晶石结构的化合物或混合物并不一定都能在电磁辐射下裂解得到重金属晶核，因此，如果本专利想要保护这种能够通过裂解和金属化来制造导体轨道机构的应用，就应当选择合适的、能够实现本专利发明目的的物质进行限定，然而在本专利说明书中仅仅公开了一个实施例 PK3095（$CuCr_2O_4$），因此导致本专利权利要求要求保护的技术方案无法得到说明书的支持，因此不符合《专利法》第 26

条第 4 款的规定。

由于权利要求 2～15 均直接或间接地引用权利要求 1，基于同样的理由，从属权利要求 2～15 也没有以说明书为依据，因而也不符合《专利法》第 26 条第 4 款的规定。基于上述理由，专利复审委员会作出第 18680 号无效宣告请求审查决定，宣告 02812609.2 号发明专利权全部无效。

（二）一审行政诉讼的基本情况

LPKF 公司不服国家知识产权局专利复审委员会第 18680 号无效宣告请求审查决定向北京市第一中级人民法院提起行政诉讼，一审法院于 2012 年 10 月 15 日受理此案。

LPKF 公司认为，首先，根据现有技术和公知常识，以及 LPKF 公司在诉讼阶段提供的实验证据，在本专利公开的技术内容基础上，能够确认权利要求 1 限定的"高度稳定的、在含水的酸性或碱性金属化电解液中稳定且不溶解的、不导电的基于尖晶石的较高阶氧化物或者结构类似尖晶石的简单的 d - 金属氧化物或其混合物"在电磁射线下都会裂解而释放出重金属晶核。因此，权利要求 1 能够得到说明书的支持。其次，专利复审委员会在第 18680 号决定中未能提供任何一种不能实现发明目的的尖晶石氧化物，故其主张"不是所有具有尖晶石结构的氧化物都能够借助电磁射线分离出重金属晶核"，没有依据。最后，本专利的发明点在于将现有能分裂出重金属晶核的金属化合物应用到制备导体轨道中，这得到了说明书的支持，作为开拓性应用，应该得到更宽的保护范围。综上，第 18680 号决定认定事实、适用法律错误，LPKF 公司请求法院撤销第 18680 号决定。

专利复审委员会认为，本专利权利要求 1 概括了过大的保护范围，其技术方案无法得到说明书的支持。综上，第 18680 号决定认定事实清楚、适用法律正确，审理程序合法，审查结论正确，请求法院予以维持。

庭审中，LPKF 公司又提交了其他国外专利文本及部分翻译内容、域外实验报告及公证认证手续和翻译件、北京京洲科技知识产权司法鉴定中心的[2012] 知鉴字第 026 号司法鉴定意见书、《激光原理与应用》等公开出版物节选复印件等新证据，用以证明多种尖晶石均可实现本专利。专利复审委员会和无效宣告请求人均认为上述证据不是作出第 18680 号决定的依据，对上述证据的真实性、合法性、关联性均不予认可。一审法院支持了上述主张，对上述证据不予采信。

庭审中，LPKF 公司明确表示如果权利要求 1 被认定为不符合 2001 年《专利法》第 26 条第 4 款的规定，其放弃对权利要求 2 及权利要求 4～15 主张专利权有效。

一审法院认为，2001 年《专利法》第 26 条第 4 款规定，权利要求书应当以说明书为依据，说明要求专利保护的范围。权利要求的概括不能超出说明书公开的范围，如果本领域技术人员从说明书公开的内容无法概括得出权利要求的技术方案，那么该权利要求没有以说明书为依据。

权利要求 1 请求保护一种用于制造不导电的承载材料上的导体轨道结构的方法，其中限定了"高度热稳定的、在含水的酸性或碱性金属化电解液中稳定且不溶解的、不导电的基于尖晶石的较高阶氧化物或结构类似尖晶石的简单的 d-金属氧化物或其混合物"在电磁辐射下断裂形成金属晶核。而在本专利说明书中，仅在实施例部分公开了一种以 5% 的比例掺杂的含铜尖晶石 PK3095（Ferro 公司出品），PK3095 的化学式为 $CuCr_2O_4$，即亚铬酸铜。本案中各方当事人均认可"尖晶石"是一个上位概念，指的是以 $MgAl_2O_4$ 为代表的一种 AB_2X_4 型化合物的晶体结构，其中 A 离子可以是 Mg、Fe、Mn、Co、Ni、Zn 等，B 离子可以是 Al、Ga、In、Fe、Co、Cr 等，X 可以是 O、S、Se、F、Te。权利要求 1 要求保护的"尖晶石的较高阶氧化物或结构类似尖晶石的简单的 d-金属氧化物或其混合物"成分复杂，元素组合方式多样。无法确认本领域技术人员不需要付出劳动，即能在所有的符合本专利权利要求 1 限定的尖晶石结构的化合物或混合物中，都通过电磁辐射下裂解出重金属晶核。因此，相对于说明书记载的内容，本专利权利要求 1 要求的保护范围过大，不符合 2001 年《专利法》第 26 条第 4 款的规定。LPKF 公司还主张本专利的开拓性发明将现有能分裂出重金属晶核的金属化合物应用到制备导体轨道中，应该得到更宽的保护范围，既与权利要求 1 记载的内容不相符，也无相关法律依据。因此，对 LPKF 公司主张本专利权利要求 1 的内容得到了说明书支持，一审法院不予认可。

另外，关于本专利中权利要求 3 是否符合 2001 年《专利法》第 26 条第 4 款的规定的问题，一审法院认为，权利要求 3 要求保护如权利要求 1 或 2 所述的方法，其特征在于，尖晶石含有铜。虽然权利要求 3 进一步限定了尖晶石含有铜，但"尖晶石的较高阶氧化物或结构类似尖晶石的简单的 d-金属氧化物或其混合物"元素组合方式多样，仅在说明书中公开了一个尖晶石为亚铬酸铜的实施例的情况下，本领域技术人员仍然难以实现权利要求 3 所述的所有技术方案。因此，权利要求 3 的概括仍然脱离说明书记载的内容，过于宽泛，不符合 2001 年《专利法》第 26 条第 4 款的规定。

鉴于 LPKF 公司已明确表示如果权利要求 1 被认定为不符合 2001 年《专利法》第 26 条第 4 款的规定，其放弃对权利要求 2 及权利要求 4～15 主张专利权有效。一审法院对第 18680 号决定认定其他权利要求也不符合 2001 年

《专利法》第 26 条第 4 款之规定的合法性，予以确认。

北京市第一中级人民法院根据《中华人民共和国行政诉讼法》（以下简称《行政诉讼法》）第 54 条第（1）项之规定，判决维持中国专利复审委员会第 18680 号无效宣告请求审查决定。

目前，本案正处于二审上诉阶段。

（三）关于本专利的技术说明

1. 本专利权利要求 1 所保护的尖晶石物质的范围远小于专利复审委员会和一审法院所认为的范围

尖晶石是一种具有 AB_2X_4 结构的化合物。首先，由于权利要求 1 所要求保护的是"基于尖晶石的较高阶氧化物"，分子式中的 X 只能是 O。所以，本专利所保护的尖晶石的结构通式为 AB_2O_4。其次，符合 AB_2O_4 结构通式的物质的数量实际上是很有限的。

从 O_4^{2-} 中可以得到带 8 个单位负电荷的阴离子。因此，为了达到电荷数的平衡，必须从 AB_2 中得到带 8 个单位正电荷的阳离子。所以，从化合价的角度看，A 与 B 元素的搭配只有三种可能：正二价配正三价（2:3）、正四价配正二价（4:2）、正六价配正一价（6:1）。

据此，我们可以列出属于每一种搭配的尖晶石氧化物。

（1）$A^{2+} + 2B^{3+}$（2:3）：正二价配正三价

MgB_2O_4	$B = Al, Ti, V, Cr, Mn^{3+}, Rh^{3+}, Fe$
ZnB_2O_4	$B = Al, Ga, V, Cr, Mn^{3+}, Fe, Co, Rh^{3+}$
CdB_2O_4	$B = Ga, Cr, Mn, Fe, Rh$
CoB_2O_4	$B = Al, V, Cr, Mn, Co$
CuB_2O_4	$B = Al, Mn^{3+}, Fe^{3+}, Co, Rh^{3+}, Cr$
ACr_2O_4	$A = Fe, Mn, Ni$
FeB_2O_4	$B = Ga, Fe$
$Fe^{+3}Ni^{+2}Fe^{+3}O_4$	
AFe_2O_4	$A = Co, Ni$

（2）$A^{4+} + 2B^{2+}$（4:2）：正四价配正二价

AMg_2O_4	$A = Ti, V^{4+}, Sn$
ACo_2O_4	$A = Ti, V^{4+}, Sn$
AZn_2O_4	$A = Ti, V^{4+}, Sn$

（3）$A^{6+} + 2B^{1+}$（6:1）：正六价配正一价

$W^{6+}Na_2^{1+}O_4$

上述罗列的通过元素化合价分析的可能组合应当说是完整的。虽然从理论上说，单从化合价搭配（即2:3、4:2和6:1）的角度看，看似还有更多种可能性。但事实上，由于元素所含有的电子的形态等原因，这些理论上看似可行的物质实际上并不存在。

此外，根据本专利权利要求1的内容，本专利所保护的也并不是所有的"基于尖晶石的较高阶氧化物"。这些氧化物还必须满足一定的条件，即（1）含有重金属（因为只有含有重金属的尖晶石氧化物才有可能释放出重金属晶核）；（2）高度热稳定；（3）在含水的酸性或碱性金属化电解液中稳定且不溶解；以及（4）不导电。

由此可见，在A和B元素中必须至少有一个是重金属元素。因此，上表中的$MgAl_2O_4$和$ZnAl_2O_4$等尖晶石可以被排除，因为Mg、Zn和Al都不是重金属。另外，Fe_3O_4也应当被排除，因为它具有轻微的导电性。

综上所述，本专利所要求实际保护的尖晶石的数量实际上不超过50个。

2. 专利权人已经证明：多个具有代表性的尖晶石都可以释放出重金属晶核

在自然科学领域，如果想要绝对地证明某一个命题适用于某一类别中的所有个体，经常是不可能的。唯一的方法是穷尽所有个体。但是，除非某一类别中只存在个数很少的个体，这一方法是不可行的。例如，为了证明"所有的柑橘属水果都含有维生素C"这一命题，是不可能考察每一个柑橘属水果的。

在自然科学领域通常采用的方法是先将某一类别分为若干个子类别，然后从每一个子类别中考察具有代表性的个体。如果某一命题对所有被考察的个体均成立，则可以得出结论：该命题很有可能对整个类别而言都是成立的。因此，在上例中，相关领域的技术人员会首先把柑橘属水果分为若干种类，然后从各个种类中选出具有代表性的个体再予以考察。

所以，如果某一专利的保护范围涵盖了一类物质，也不应该要求专利权人穷尽该类别中的每一个物质；专利权人只需要证明其有合理的理由要求保护该一整类物质即可。

在本案中，专利的保护范围涵盖了高度热稳定的、在含水的酸性或碱性金属化电解液中稳定且不溶解的、不导电的基于尖晶石的较高阶氧化物。在相关工业领域，尖晶石在很长一段时间内都被用来作为塑料着色的原料。当该领域中的人需要使用尖晶石时，他们经常根据尖晶石的颜色来称呼它们。因此，将尖晶石按颜色分类是合理的。

颜色可以以色谱的方式来呈现。专利权人在德国所做的验证试验表明，黑色、蓝色、绿色、黄色、红棕色等颜色的尖晶石都可以用来实施本专利且这些尖晶石的颜色均匀地分布在色谱的各个位置。因此，专利权人有理由相信，所有被定义的尖晶石都是可实施的。

二、研讨会依据的材料

北京务实知识产权发展中心接受委托后，将委托方提交的相关材料送交专家阅读。本次研讨会依据的材料包括：

1. "导体轨道结构的制造方法"发明专利（ZL02812609.2）授权公告文本（含权利要求书、说明书）；

2. 国家知识产权局专利复审委员会第 18680 号无效宣告请求审查决定书；

3. 北京市第一中级人民法院（2012）一中行初字第 3286 号行政判决书；

4. 关于涉案专利的技术说明及其附图。

三、研讨会的主要议题

根据委托方的委托及提交的材料，专家研讨会主要围绕下述问题进行了研讨：

1. 在专利无效审查程序中，专利复审委员会是否能够仅依据怀疑而直接宣告专利权无效？其是否应当就其怀疑所导致结果的具体情形承担举证责任？

2. 在专利无效行政诉讼中，为了证明专利权有效，法院是否允许专利权人提交新的证据予以证明？

3. 依据《专利法》第 26 条第 4 款及《专利审查指南 2010》第二部分第 2 章第 3.2.1 节的有关规定，本专利权利要求范围概括是否得当？

四、专家意见

与会专家围绕上述问题进行了热烈讨论，充分发表了意见。经过归纳整理，形成以下法律意见：

（一）在专利无效审查程序中，专利复审委员会是否能够仅依据怀疑而直接宣告专利权无效？其是否应当就其怀疑所导致结果的具体情形承担举证责任？

专家们认为，关于专利无效审查过程中的举证责任问题，就一般情形而言，应当参照《中华人民共和国专利法实施细则》（以下简称《专利法实施细则》）第 65 条第 1 款的规定由"请求宣告专利权无效或者部分无效"的请求人"向专利复审委员会提交专利权无效宣告请求书和必要的证据"，该无效宣告请求书"应当结合提交的所有证据，具体说明无效宣告请求的理由，并指明每项理由所依据的证据"。这一规定与《民事诉讼法》和《行政诉讼法》

中规定的"谁主张、谁举证"的一般举证规则是一致的。只是《行政诉讼法》第32条对行政机关所负有的举证责任提出了更高的要求。

在具体的审查实践中，对于专利复审案件和专利无效案件两种不同类型的案件对于由谁负有举证责任、举证证明的程度两方面因素的考察存在一定的区别。对于专利复审案件来说，在专利申请阶段主要是由专利申请人提出应当授予专利权的主张，为了获得专利授权，则首先应由专利申请人负有相应的举证责任，这也符合诉讼法中"谁主张、谁举证"的一般举证规则。而审查员一般是由本领域的技术人员担任，并代表着社会公众利益进行审查，但审查员毕竟无法对专利申请中涉及的技术问题通过实验等手段充分加以验证。因此，在专利申请阶段，对于审查员从本领域普通技术人员角度出发针对专利申请的合理怀疑，应由专利申请人对该怀疑提供相应的证据加以澄清，这是由专利审查的性质决定的，比较而言审查员的举证责任相对较轻。

对专利无效案件来说，专利复审委员会进行的无效审查，从本质上看是无效宣告请求人与专利权人平等民事主体之间的纠纷解决机制，无效宣告请求人对其提出的无效理由应当负有举证责任；获得授权的专利，特别是经过实质审查的发明专利，应当视为已经经过了专利申请阶段审查员提出的合理怀疑的考验，因此，无效宣告请求人负有更重的举证责任。

当然本案还是存在一定的特殊之处，虽然专利复审委员会作出的无效审查决定性质是行政决定，但是在中国目前的司法实践中还是倾向于将其定位为准司法程序。从本质上看，专利无效审查应当被认为是无效宣告请求人与专利权人平等民事主体之间的纠纷解决机制，专利复审委员会应当居于类似法院的居间裁判的地位。当然，从《专利法》的规定来看，专利复审委员会同时还代表国家和社会公众的利益，其也可以依职权宣告专利无效。本案的特点在于其的确也是首先由无效宣告请求人提出具体的无效理由和证据而启动，专利复审委员会在无效审查过程中也引用了无效请求人提出的关于本专利权利要求不满足《专利法》第26条第4款的无效理由，但是其无效审查决定的作出并没有以无效请求人提供的证据为依据，甚至是在没有引述具体证据的前提下，直接依据其所认为的技术常识作出了判断。在本案的专利无效审查过程中，从无效理由的角度，专利复审委员会扮演了居间裁判的角色，而在具体证据的适用上更是代表了社会公众利益。

在专利无效程序中，无论专利复审委员会是接受请求宣告专利无效还是依职权宣告专利无效，专利复审委员会作出维持专利有效或者宣告专利无效的审查决定都应当有证据加以支持，这是专利无效制度的基本前提，如果连证据都没有，仅凭猜测和怀疑便作出无效决定肯定是不合适的。对于无效请求人而言，即使请求人提出的无效理由是基于本技术领域的常识，亦需举证证明该知识或技术确实属于相关技术领域的常识，只有《最高人民法院关于民事诉讼证据的若干规定》第9条明确规定的对于诸如"众所周知的事实""自然规律及定理""根据法律规定或者已知事实和日常生活经验法则能推定出的另一事实等事实"才是无需举证证明的事实。依据《行政诉讼法》第32条的规定，专利复审委员会对其作出无效宣告审查决定的具体行政行为应当提供作出该具体行政行为的证据，证据可以是由无效宣告请求人提出的，也可以是由专利复审委员会提出，但不能没有证据仅依据怀疑作出。如果在专利无效审查阶段专利复审委员会没有对此类事实提出举证要求并依法进行审查，则其在之后的行政诉讼中将会承担举证不能的不利后果。

从涉案技术的技术领域划分来看，专家们认为，涉案专利技术属于国际专利分类 H05K 3/10，从类别上划分属于电学领域，具体细类属于"其中将导电材料按照形成所要求的导电图案的方式涂覆至绝缘支承物上的用于制造印刷电路的设备或方法"。在专利无效审查时，审查员主要考量的基于尖晶石结构的金属氧化物材料的属性又主要涉及物理、材料领域。而本案在分析金属氧化物化合价的排列组合方面主要涉及的是化学领域，更进一步说，所涉及的是晶体化学领域。而专利方法实际应用的技术领域又涉及高能物理和集成电路等技术领域，因此本专利是多学科、多领域技术交叉研究的结果。无论从技术研发的角度来看，还是专利申请审查的角度来看，其涉及的技术问题均具有一定的复杂性，不是哪一个领域的专业技术人员能够直接定性作出判断的。在目前技术领域被越来越精细划分的前提下，对于交叉学科中涉及的复杂技术问题，如何选取本领域普通技术人员的视角是一个非常值得探讨的问题。由于所属交叉学科的技术人员数量本身就十分有限，特别是在该技术领域申请国技术水平可能也十分局限的情况下，如何考量本领域普通技术人员便十分困难。如果本领域普通技术人员是哪一类技术人员都不容易作出判断，那么从一般的技术常识出发对所述具体实施方式的概括是否恰当便难以作出判断。从专利审查的角度来看，如果本领域普通技术人员很难选定，那么至少应当充分考虑到交叉学科技术领域的复杂性，不能简单地认为专利国际分类所属技术领域的普通技术人员就是本领域普通技术人员，尽可能了解交叉学科的全面的情况下再得出结论，而不能笼统地仅从主观判断出发直接定性得出结论。

具体到本专利无效审查中的分析过程来看，专利复审委员会认为"由于含有元素不同，具有尖晶石结构的各种化合物的物理、化学性质也各有不同，在电磁辐射下的性质也各不相同"，这种判断是笼统且不负责任的。从客观的角度来说，含有不同元素的化合物的物理、化学性质必然是不同的，理论上不可能存在由不同元素构成的物理、化学性质完全相同的化合物。举例而言，Fe_3O_4、Fe_2O_3同是由铁元素和氧元素构成的，其仍然具有不同的物理、化学性质；甚至同是碳元素的石墨和金刚石还具有不同的物理、化学性质。自然界的物质被划分为一定的类型，比如本案中涉及的尖晶石结构的金属氧化物或者d-金属氧化物等某一类物质必然是其具有类似的物理、化学性质才将其划分为一类，而科学技术领域的具体应用往往是利用了某一类物质的某种特殊属性。笼统地以一类化合物由于含有不同元素，而具有不同的物理、化学性质为由宣告专利无效显然是不恰当的。

此外，专家们认为，在最近的专利审查实践中，专利复审委员会依据《专利法》第26条第3款、第4款宣告专利无效的情形很多，而此类条款在国外的审查实践中却很少适用。专利复审委员会以酌定的方式直接宣告专利无效的做法本身是不合理的，目前国家知识产权局和有关法院也开始认识到大量适用《专利法》第26条第3款、第4款宣告专利无效问题的严重性，对于此类案件的审查与审理应当慎之又慎。

（二）在专利无效行政诉讼中，为了证明专利权有效，法院是否允许专利权人提交新的证据予以证明？

专家们认为，在专利无效程序审理中，应当充分考虑到专利权一旦被宣告无效，则该专利权自始无效，宣告专利无效的决定或裁决一经生效，专利权人没有后续补救手段这一重要因素。而对于无效宣告请求人而言，即使其无效请求没有得到支持，还可以依据新的无效理由或证据，通过提出新的无效请求予以弥补。在司法实践中，法院在审理专利无效案件时，往往允许专利权人提交新的证据而不允许无效宣告请求人提交，正是出于这方面的考虑。

《行政诉讼法》只规定了在行政诉讼期间行政机关原则上不得调查取证并补充新的证据，并未对原告提供新证据作出限制。从《最高人民法院关于行政诉讼证据若干问题的规定》第2条"原告或者第三人提出其在行政程序中没有提出的反驳理由或者证据的，经人民法院准许，被告可以在第一审程序中补充相应的证据"的规定看，原告在行政诉讼中也是可以提出其在行政程序中没有提出的证据的。由于行政主体在具体行政行为中处于主导地位，行政诉讼法的立法目的就是为了保障作为原告的公民、法人或其他组织的合法权益不受违法行政行为的侵害，故行政诉讼程序具有救济价值。从效率的角度讲，虽然不鼓励原告在行政诉讼中无正当理由随意提出新的证据，但是为了实现行政诉讼对原告合法权益的救济，实现司法活动所追求的公平和客观真实的目标，原告在行政诉讼中提交的新证据是应当被考虑的。实践中，法院在行政诉讼中对原告新提交的证据予以采信也很常见。

（三）依据《专利法》第 26 条第 4 款及《专利审查指南 2010》第二部分第 2 章第 3.2.1 节的有关规定，本专利权利要求范围概括是否得当？

专家们认为，根据《专利法》第 26 条第 4 款和《专利审查指南 2010》第二部分第 2 章第 3.2.1 节规定，从公开具体实施方式或实施例的角度来看，专利申请并不要求必须公开一个以上的实施例，允许只公开一个实施方式或者实施例的情形。只要公开的实施例的确能够覆盖专利权利要求所要求保护的范围，这种情形也是满足《专利法》第 26 条第 4 款要求的。实施例不在于数量的多少，而在于其是否能够涵盖权利要求保护的范围。如果本领域技术人员从具体的实施例中很容易联想到等同的替代方式或明显的变型方式都具备相同的性能或用途，这种情况下在说明书中并不需要举出很多实施例。即使只有一个实施例的情形，只要本领域普通技术人员的确很容易联想到类似的材料都能实现相同的性能或功能则应当认为权利要求的这种概括是恰当的。如果情况相反，本领域普通技术人员在了解说明书中具体实施例的内容后，对于权利要求书中所主张范围的材料是否可行仍需要付出创造性劳动进行筛选、甄别才能加以判断，那么一个孤立的实施例可能难以支撑权利要求较为宽泛的保护范围。

就具体的涉案技术来看，专家们认为，从技术上讲，本专利权利要求 1 所保护的尖晶石物质的范围远远小于专利复审委员会理解的范围。尖晶石是一种具有 AB_2X_4 结构的化合物。由于本专利权利要求 1 所要求保护的是“基于尖晶石的较高阶氧化物”，分子式中的 X 只能是 O，而不是专利复审委员会笼统认为的“X 可以是 O、S、Se、F、Te”。所以，本专利所保护的尖晶石的结构通式为 AB_2O_4。在这一结构通式下，符合此类 AB_2O_4 结构通式的物质的数量实际上是很有限的。从 O_4^{2-} 中可以得到带 8 个单位负电荷的阴离子。因此，为了达到电荷数的平衡，必须从 AB_2 中得到带 8 个单位正电荷的阳离子。所以，从化合价的角度看，A 与 B 元素的搭配只有三种可能：正二价配正三价（2:3），正四价配正二价（4:2），正六价配正一价（6:1）。根据化合价可以列出属于每一种搭配的尖晶石氧化物，共包含约 50 种。此外，根据权利要求 1，本专利权利要求保护的范围也并不是所有的“基于尖晶石的较高阶氧化物”，这些氧化物还应当符合一定的条件，如高度热稳定、在含水的酸性或碱性金属化电解液中稳定且不溶解等条件。在排除不满足上述条件的化合物后，本专利实际要求保护的尖晶石数量仅为 40 余种。

而根据专利复审委员会在无效审查决定中的评述，“尖晶石是一个上位概念，指的是以 $MgAl_2O_4$ 为代表的一种 AB_2X_4 型化合物的晶体结构，其中 A 离子可以是 Mg、Fe、Mn、Co、Ni、Zn 等，B 离子可以是 Al、Ga、In、Fe、Co、Cr 等，X 可以是 O、S、Se、F、Te，由于含有元素不同，具有尖晶石结构的各种化合物的物理、化学性质也各有不同，在电磁辐射下的性质也各不相同。"依据这种非常笼统的表述，看似尖晶石的种类非常多，本专利权利要求保护的范围非常宽。而这明显是非本领域技术人员在不了解尖晶石这种材料的前提下笼统地作出的判断，以此宣告专利无效显然是不合适的。

就化合物的保护而言，如果仅从保护化合物种类的数量来看，2012 年底加拿大最高法院认定辉瑞公司"伟哥"药品专利无效案是体现专利权利要求保护范围过宽的典型案例，辉瑞公司在加拿大的"伟哥"专利权的保护领域分为 7 个部分，该专利权利要求用通式概括出来要求保护的化合物种类达到 260 乘以 10 的 18 次方种化学成分。相比之下，对于本专利来说，其实际要求保护的化合物种类尚不足 50 种，仅就数量上而言，还远远算不上很宽的范围。

具体到本专利权利要求 3 来看，权利要求 3 的内容为"如权利要求 1 或 2 所述的方法，其特征在于，尖晶石含有铜"，而含铜的尖晶石只有 6 种（$CuAl_2O_4$、$CuMn_2O_4$、$CuFe_2O_4$、$CuCo_2O_4$、$CuRh_2O_4$、$CuCr_2O_4$）。在本专利的具体实施方式中已经公开了其中一种 $CuCr_2O_4$ 的前提下，本专利权利要求 3 要求的保护范围仅仅涵盖了 6 种具体实施方式，其范围其实是非常有限的，并非如专利复审委员会无效理由中所提及的很多种具体实施方式。以本领域技术人员的角度出发，从权利要求 3 要求保护的范围来看，其概括也应当认为是合理的。对于该领域的普通技术人员来说，公开了 $CuCr_2O_4$ 的技术内容，显而易见会联想到其他 5 种情形，这完全符合《专利审查指南 2010》第二部分第 2 章第 3.2.1 节的有关规定。

此外，专家们还认为，本案中，专利复审委员会的无效决定中存在一个明显的逻辑错误。专利复审委员会认为，"由于权利要求 2～15 均直接或间接地引用权利要求 1，基于同样的理由，从属权利要求 2～15 也没有以说明书为依据，因而也不符合《专利法》第 26 条第 4 款的规定"，这种评述方式混淆了专利审查与专利侵权判定时所依据的两种不同判断标准。专利审查与专利侵权判定的标准是不同的，二者的逻辑顺序正好相反。在专利审查时，主要是判断专利申请与现有技术之间的区别，只要二者存在区别，一般来说，可以认为其满足了《专利法》关于新颖性的要求；当区别达到一定程度可以认为其满足了《专利法》关于创造性的要求。而当专利侵权判定时，其逻辑顺序却正好相反，主要是判断被控侵权技术与专利技术之间的共同点，权利要求保护的范围越宽，被控侵权技术才越有可能落入专利要求的保护范围。在专利审查过程中，如果权利要求 1 的范围很宽，则有可能得不到说明书的支持，但如果从属权利要求越多，则其限制越多，权利要求保护的范围也会越来越窄，应当越来越可能得到说明书的支持。只有在认定专利侵权的时候，才会涉及由于未落入权利要求 1 的保护范围，则由于权利要求 2～15 均直接或间接地引用权利要求 1，基于同样的理由，也未落入从属权利要求 2～15 的保护范围。专利复审委员会的无效审查决定混淆了上述两种不同判断标准的逻辑顺序，上述结论明显是错误的。

以上意见系基于委托方提供的材料、根据专家学者的意见归纳整理作出，仅供参考。

北京务实知识产权发展中心
2013 年 4 月 9 日

附件 02 – 1

"导体导轨结构的制造方法" 发明专利权利要求书

授权公告日：2007 年 7 月 11 日

专利号：ZL02812609.2

申请日：2002 年 6 月 19 日

申请号：02812609.2

专利代理机构：中国国际贸易促进委员会专利商标事务所

专利权人：LPKF 激光和电子股份公司

代理人：李勇

地址：德国加尔布森

发明人：格哈德·瑙恩多夫　　霍斯特·维斯柏罗克

审查员：吕良

权利要求书

1. 用于制造不导电的承载材料上的导体轨道结构的方法，其中所述导体轨道结构由金属晶核以及后续在金属晶核上涂覆的金属化层构成，所述金属晶核通过电磁辐射实现的精细分布地包含在所述承载材料中的不导电金属化合物的断裂而形成，其特征在于，高度热稳定的、在含水的酸性或碱性金属化电解液中稳定且不溶解的、不导电的基于尖晶石的较高阶氧化物或者结构类似尖晶石的简单的 d – 金属氧化物或其混合物或者混合金属化合物被掺入所述承载材料中，所述承载材料被加工成构件或作为涂层涂覆在构件上，并且在要产生导体轨道结构的区域内借助电磁射线分离出重金属晶核，然后该区域被化学还原金属化。

2. 如权利要求 1 所述的方法，其特征在于，借助于电磁射线同时分离出重金属晶核，并通过蚀损来形成一个增附表面。

3. 如权利要求 1 或 2 所述的方法，其特征在于，尖晶石含有铜。

4. 如权利要求 1 或 2 所述的方法，其特征在于，不导电承载材料除至少含有无机氧化物外还至少含有热稳定的有机金属螯合络合物。

5. 如权利要求 1 或 2 所述的方法，其特征在于，不导电承载材料是热塑性塑料。

6. 如权利要求 1 或 2 所述的方法，其特征在于，不导电承载材料是硬塑性塑料。

7. 如权利要求 1 或 2 所述的方法，其特征在于，不导电承载材料含有一种或多种无机填充物质。

8. 如权利要求 7 所述的方法，其特征在于，不导电承载材料含有硅酸和/或硅酸衍生物作为填充材料。

9. 如权利要求 1 或 2 所述的方法，其特征在于，使用激光器的电磁射线。

10. 如权利要求 1 或 2 所述的方法，其特征在于，使用具有 248nm 波长的激光器的电磁射线。

11. 如权利要求 1 或 2 所述的方法，其特征在于，使用具有 308nm 波长的激光器的电磁射线。

12. 如权利要求 1 或 2 所述的方法，其特征在于，使用具有 355nm 波长的激光器的电磁射线。

13. 如权利要求 1 或 2 所述的方法，其特征在于，使用具有 532nm 波长的激光器的电磁射线。

14. 如权利要求 1 或 2 所述的方法，其特征在于，使用具有 1064nm 波长的激光器的电磁射线。

15. 如权利要求 1 或 2 所述的方法，其特征在于，使用具有 10600nm 波长的激光器的电磁射线。

附件 02 -2

国家知识产权局专利复审委员会
第 18680 号无效宣告请求审查决定

案件编号：第 4W101196 号、第 4W101322 号

决定日：2012 年 5 月 22 日

专利名称：导体轨道结构的制造方法

国际分类号：H05K3/10

第一无效宣告请求人：刘喜云

第二无效宣告请求人：成春荣

专利权人：LPKF 激光和电子股份公司

专利号：02812609.2

申请日：2002 年 6 月 19 日

优先权日：2001 年 7 月 5 日、2001 年 12 月 19 日

授权公告日：2007 年 7 月 11 日

第一无效宣告请求日：2011 年 9 月 26 日

第二无效宣告请求日：2011 年 12 月 5 日

法律依据：《专利法》第 26 条第 4 款

决定要点：权利要求的概括不能超出说明书公开的范围，如果本领域技术人员从说明书公开的内容无法概括出权利要求的技术方案，那么该权利要求没有以说明书为依据，因而不符合《专利法》第 26 条第 4 款的规定。

一、案由

本无效宣告请求涉及国家知识产权局于 2007 年 7 月 11 日授权公告的，名称为"导体轨道结构的制造方法"的 02812609.2 号发明专利，其申请日为 2002 年 6 月 19 日，优先权日为 2001 年 7 月 5 日、2001 年 12 月 19 日，专利权人为 LPKF 激光和电子股份公司。

授权公告的权利要求书内容如下：

"1. 用于制造不导电的承载材料上的导体轨道结构的方法，其中所述导体轨道结构由金属晶核以及后续在金属晶核上涂覆的金属化层构成，所述金属晶核通过电磁辐射实现的精细分布地包含在所述承载材料中的不导电金属化合物的断裂而形成，其特征在于，高度热稳定的、在含水的酸性或碱性金属化电解液中稳定且不溶解的、不导电的基于尖晶石的较高阶氧化物或者结构类似尖晶石的简单的 d－金属氧化物或其混合物或者混合金属化合物被掺入所述承载材料中，所述承载材料被加工成构件或作为涂层涂覆在构件上，并且在要产生导体轨道结构的区域内借助电磁射线分离出重金属晶核，然后该区域被化学还原金属化。

2. 如权利要求 1 所述的方法，其特征在于，借助于电磁射线同时分离出重金属晶核，并通过蚀损来形成一个增附表面。

3. 如权利要求 1 或 2 所述的方法，其特征在于，尖品石含有铜。

4. 如权利要求 1 或 2 所述的方法，其特征在于，不导电承载材料除至少含有无机氧化物外，还至少含有热稳定的有机金属螯合络合物。

5. 如权利要求 1 或 2 所述的方法，其特征在于，不导电承载材料是热塑性塑料。

6. 如权利要求 1 或 2 所述的方法，其特征在于，不导电承载材料是硬塑性塑料。

7. 如权利要求 1 或 2 所述的方法，其特征在于，不导电承载材料含有一种或多种无机填充物质。

8. 如权利要求 7 所述的方法，其特征在于，不导电承载材料含有硅酸和/或硅酸衍生物作为填充材料。

9. 如权利要求 1 或 2 所述的方法，其特征在于，使用激光器的电磁射线。

10. 如权利要求 1 或 2 所述的方法，其特征在于，使用具有 248nm 波长的激光器的电磁射线。

11. 如权利要求 1 或 2 所述的方法，其特征在于，使用具有 308nm 波长的激光器的电磁射线。

12. 如权利要求 1 或 2 所述的方法，其特征在于，使用具有 355nm 波长的激光器的电磁射线。

13. 如权利要求 1 或 2 所述的方法，其特征在于，使用具有 532lun 波长的激光器的电磁射线。

14. 如权利要求 1 或 2 所述的方法，其特征在于，使用具有 1064nm 波长的激光器的电磁射线。

15. 如权利要求 1 或 2 所述的方法，其特征在于，使用具有 10600nm 波长的激光器的电磁射线。"

针对上述发明专利权（下称本专利），刘喜云（下称第一请求人）于2011年9月26日向专利复审委员会提出无效宣告请求（无效案号4W101196，下称第一无效请求），并提交了如下证据：

证据1-1：中国发明专利申请CN1234960A的公开说明书复印件，公开日为1999年11月10日，共2份，每份8页；

证据1-2：国际专利申请W001/23189Al的公开说明书复印件及其中文译文，公开日为2001年4月5日，共2份，每份26页；

证据1-3：M. A. Ahmed etc，Laser induced structural and transport proper-tics change in Cu-Zn ferrites，J Mater Sci（2007）42：4098-4109，全文及其中文译文，共2份，每份15页；

证据1-4：谐振腔可调锁模激光器，《激光及红外》，1987年12期，第47页，共2份，每份1页；

证据1-5：《激光器件及其应用》，候学元、钱焕文主编，山东大学出版社，1997年8月第1版第1次印刷，共2份，每份2页。

第一请求人认为：（1）权利要求1～15包含了含义不清楚的词语，其确定的保护范围不清楚，不符合《专利法》第26条第4款的规定；（2）权利要求1～15相对于证据1-1与公知常识的结合不具备创造性，不符合《专利法》第22条第3款的规定；（3）权利要求1～15相对于证据1-1与证据1-2以及公知常识的结合不具备创造性，不符合《专利法》第22条第3款的规定；（4）权利要求1～15概括了本领域技术人员不能从说明书公开的内容得到或概括得出的内容，没有以说明书为依据，不符合《专利法》第26条第4款的规定；其中使用证据1-3、1-5证明权利要求1没有以说明书为依据，证据1-4证明权利要求10～15没有以说明书为依据；（5）本专利说明书未对发明作出清楚、完整的说明，以致本领域技术人员无法实现该发明，不符合《专利法》第26条第3款的规定；（6）权利要求1缺少必要技术特征，不符合《专利法实施细则》第20条第2款的规定。

经形式审查合格，专利复审委员会受理了第一无效请求，于2011年10月24日向双方当事人发出无效宣告请求受理通知书，并随无效宣告请求受理通知书将第一请求人提交的无效宣告请求书及其附件清单所列附件的副本转送专利权人，要求专利权人在一个月内陈述意见，并告知专利权人，若对中文译文的内容有异议，应当在一个月内提出，否则视为无异议。

针对上述无效宣告请求，专利权人于2011年12月8日向专利复审委员会提交了意见陈述书，专利权人认为：（1）权利要求1～15中的用语对于本领域技术人员来说均是清楚的，因而权利要求的保护范围也是确定的，因此符合专利法有关权利要求应当清楚的规定；（2）独立权利要求 1 相对于证据 1－1 具有显著区别，本领域普通技术人员从证据 1－1 出发缺乏动机来提高钯配合物或含钯的重金属配合物热稳定性，因此在证据 1－1 的基础上结合所谓的公知常识，将钯配合物替换成热稳定性较好的无机氧化物，是与证据 1－1 中的教导完全背离的，因此权利要求 1 相对于证据 1－1 和公知常识的结合具备创造性，其从属权利要求也相应地具备创造性；（3）基于同样的理由，由于证据 1－2 没有给出将具有尖晶石结构的亚铬酸铜通过激光照射进行裂解以分离出重金属核的技术启示，因而本领域技术人员也没有动机在证据 1－1 的基础上结合证据 1－2 以及公知常识得到权利要求 1 的技术方案，因此权利要求 1 相对于证据 1－1、1－2 和公知常识的结合具备创造性，其从属权利要求也相应地具备创造性；（4）本专利的核心在于所述添加物通过裂解和选择性的金属化来制造导体轨道结构，从而实现本专利的发明目的，因此本专利的权利要求能够得到说明书的支持；权利要求 1 中所述的添加物在权利要求 1 中已经被进一步限定成"高度热稳定的、在含水的酸性或碱性金属化电解溶液中稳定且不溶解的、不导电的"并且"从这些物质必须能够裂解出重金属晶核"，经过这两重限定的上述添加物就能够应用于制造导体轨道结构，从而实现本专利的发明目的；虽然本专利的添加物可以裂解以得到重金属核是已知的，然而本专利的核心在于权利要求 1 中的添加物通过裂解和选择性的金属化来制造导体轨道结构的应用，这种应用没有被公开过，因此在本专利的实施例中仅举出这些添加物的一个示例即可；虽然在本专利中没有明确指出这种掺入量，但是本领域技术人员通过简单的选择添加物的掺入量，就可以使得具有足够的金属核密度，从而能够制造导体轨道；（5）本领域普通技术人员可以选择相应的物质选择相应的最佳的裂解条件，因此在本专利说明书中仅仅公开一个实施例就足够了，已经充分公开本专利；（6）本专利独立权利要求 1 是方法权利要求，本专利的方法独立权利要求能够实现一种简单而可靠的制造导体轨道结构的方法，因此权利要求 1 并不缺少必要技术特征。

针对本专利，成春荣（下称第二请求人）于 2011 年 12 月 5 日向专利复审委员会提出无效宣告请求（无效案号 4W101322，下称第二无效请求），并提交了如下证据：

证据 2－1a：授权公告号为 CN1326435C 的发明专利说明书复印件，共 2 份，每份 7 页，即本专利的授权公告文本；

证据 2－1b：公开号为 CN1518850A 的发明专利申请公开说明书复印件，共 2 份，每份 8 页，即本专利的公开文本；

证据2-2：本专利审查过程中第一次审查意见通知书及专利权人答复该审查意见通知书的意见陈述书复印件，共2份，每份9页；

证据2-3：B. N. TIWARI etc, Electrical transport in copper chromite catalyst, Journal of Materials Science 19（1984）3350-3354，全文复印件，共2份，每份5页；

证据2-4：Ram Prasad etc, Applications and Preparation Methods of Copper Chromite Catalysts: A Review, Bulletin of Chemical Reaction Engineering & Catalysis, 2011, p. 1-p. 51, 全文复印件，共2份，每份3页；

证据2-5：美国专利 US5599592A 说明书复印件及其部分内容的中文译文，公开日为1997年2月4日，共2份，每份9页；

证据2-6：授权公告号为 CN1195888C 的发明专利说明书复印件，授权公告日为2005年4月6日，共2份，每份8页；

证据2-7：中国发明专利申请 CNI234960A 的公开说明书复印件，公开日为1999年11月10日，共2份，每份8页（即证据1-1）。

其中，在第二请求人的无效请求书中提交了证据2-3及证据2-4的部分内容的中文译文。

第二请求人认为：（1）本专利的授权文本的权利要求1与公开文本的权利要求1相比，技术方案中新增了并列的技术特征，并且删除了原有的技术特征，所作修改超范围，不符合《专利法》第33条的规定，由此其从属权利要求2～15也不符合《专利法》第33条的规定；（2）权利要求1～15没有清楚地限定要求保护的范围，不符合《专利法》第26条第4款的规定；（3）权利要求1～15没有得到说明书的支持，不符合《专利法》第26条第4款的规定；其中使用证据2-3、2-4用来证明权利要求1没有以说明书为依据；（4）说明书公开不充分，不符合《专利法》第26条第3款的规定；（5）权利要求1～15相对于证据2-5、2-6、2-7以及公知常识的结合不具备创造性，不符合《专利法》第22条第3款的规定。

经形式审查合格，专利复审委员会受理了第二无效请求，于2011年12月30日向双方当事人发出无效宣告请求受理通知书，并随无效宣告请求受理通知书将第二请求人提交的无效宣告请求书及其附件清单所列附件的副本转送专利权人，要求专利权人在一个月内陈述意见，并告知专利权人，若对中文译文的内容有异议，应当在一个月内提出，否则视为无异议。

2011年12月31日，第二请求人补充提交证据及无效宣告理由如下：

证据2-8：S. Roy and J_ Ghose, Syntheses and studies on some copper chromitc spinel oxide composites; Material Research Bulletin, Vol, 34, No, 7, pp. 1179－1186，1999，全文及其部分内容的中文译文，共 2 份，每份 8 页。

第二请求人补充的理由是：（1）证据 2－8 揭示了 $CuCr_2O_4$ 是一种半导体，本专利说明书实施例中公开的含铜尖晶石 PK3095 并不是不导电的物质，因此本领域技术人员无法从说明书公开的内容得到或概括得到权利要求 1 所述的技术方案，权利要求 1 及其从属权利要求没有得到说明书的支持；（2）由于在本专利说明书中没有公开与其技术方案相对应的具体实施例，因此本专利的说明书公开不充分，不符合《专利法》第 26 条第 3 款的规定。

针对上述无效宣告请求，专利权人于 2012 年 2 月 14 日向专利复审委员会提交了意见陈述书，并提交了权利要求书的修改替换页。专利权人在授权公告的权利要求书的基础上，删除了权利要求 1 中的一个并列技术方案"或者混合金属化合物"。专利权人认为：（1）本专利在审查过程中的修改符合《专利法》第 33 条的规定，没有超出原说明书和权利要求书记载的范围；（2）本领域技术人员已知，存在一系列简单的金属化合物（即单金属氧化物），例如 Fe_3O_4，其也具有尖晶石结构，因此权利要求 1～15 对于本领域普通技术人员是清楚的，符合《专利法》第 26 条第 4 款的规定；（3）由于半导体在室温条件下被看作是不导电的，因此权利要求 1～15 能够得到说明书的支持，因此符合《专利法》第 26 条第 4 款的规定；（4）基于与前述同样的理由，本专利说明书公开充分，符合专利法第 26 条第 3 款的规定；（5）由于独立权利要求 1 相对于证据 2－5、2－6 均具有明显区别，因此对于本领域普通技术人员来说由证据 2－5、2－6 得到本专利的权利要求 1 的技术方案是非显而易见的，因此权利要求 1 具备创造性，符合《专利法》第 22 条第 3 款的规定，其从属权利要求 2～15 也相应地符合《专利法》第 22 条第 3 款的规定。

专利复审委员会依法成立合议组对两个无效宣告请求案进行审理。根据《专利审查指南 2010》相关规定，决定对两个无效宣告请求案进行合并审理。

合议组于 2012 年 2 月 23 日向双方当事人发出无效宣告请求口头审理通知书，定于 2012 年 3 月 22 日对本案进行口头审理。合议组于 2012 年 2 月 23 日向第一请求人发出转送文件通知书，将专利权人于 2011 年 12 月 8 日提交的意见陈述书转送第一请求人，并于同日向第二请求人发出转送文件通知书，将专利权人于 2012 年 2 月 14 日提交的意见陈述书以及权利要求书替换页转送第二请求人。

口头审理如期举行，第一、第二请求人以及专利权人均委托代理人参加了口头审理。在口头审理中，双方当事人对对方出庭人员的身份和资格没有异议，对合议组成员的变更没有异议，对变更后的合议组成员和书记员没有回避请求。由于专利权人代理人对于 4W101322 案出具的授权委托书不符合相关规定，合议组要求其在指定时间内提交合格的授权委托书。

在口头审理中，合议组明确告知第一、第二请求人及专利权人本案的审理适用 2001 年《专利法》及其实施细则。

鉴于专利权人于 2012 年 2 月 14 日提交了权利要求书的修改文本，其中对授权公告的权利要求 1 删除了一个并列技术方案，该修改符合《专利审查指南 2010》的相关规定，因此合议组告知第一、第二请求人以及专利权人本次口头审理以专利权人于 2012 年 2 月 l4 日提交的权利要求书作为审查基础，第一、第二请求人对此表示均无异议。本次审查基础的权利要求 1～15 内容如下：

"1. 用于制造不导电的承载材料上的导体轨道结构的方法，其中所述导体轨道结构由金属晶核以及后续在金属晶核上涂覆的金属化层构成，所述金属晶核通过电磁辐射实现的精细分布地包含在所述承载材料中的不导电金属化合物的断裂而形成，其特征在于，高度热稳定的、在含水的酸性或碱性金属化电解液中稳定且不溶解的、不导电的基于尖晶石的较高阶氧化物或者结构类似尖晶石的简单的 d－金属氧化物或其混合物被掺入所述承载材料中，所述承载材料被加工成构件或作为涂层涂覆在构件上，并且在要产生导体轨道结构的区域内借助电磁射线分离出重金属晶核，然后该区域被化学还原金属化。

2. 如权利要求 1 所述的方法，其特征在于，借助于电磁射线同时分离出重金属晶核，并通过蚀损来形成一个增附表面。

3. 如权利要求 1 或 2 所述的方法，其特征在于，尖晶石含有铜。

4. 如权利要求 1 或 2 所述的方法，其特征在于，不导电承载材料除至少含有无机氧化物外还至少含有热稳定的有机金属整合络合物。

5. 如权利要求 1 或 2 所述的方法，其特征在于，不导电承载材料是热塑性塑料。

6. 如权利要求 1 或 2 所述的方法，其特征在于，不导电承载材料是硬塑性塑料。

7. 如权利要求 1 或 2 所述的方法，其特征在于，不导电承载材料含有一种或多种无机填充物质。

8. 如权利要求 7 所述的方法，其特征在于，不导电承载材料含有硅酸和/或硅酸衍生物作为填充材料。

9. 如权利要求 1 或 2 所述的方法，其特征在于，使用激光器的电磁射线。

10. 如权利要求 1 或 2 所述的方法，其特征在于，使用具有 248nm 波长的激光器的电磁射线。

11. 如权利要求 1 或 2 所述的方法，其特征在于，使用具有 308nm 波长的激光器的电磁射线。

12. 如权利要求 1 或 2 所述的方法，其特征在于，使用具有 355nm 波长的激光器的电磁射线。

13. 如权利要求 1 或 2 所述的方法，其特征在于，使用具有 532nm 波长的激光器的电磁射线。

14. 如权利要求 1 或 2 所述的方法，其特征在于，使用具有 1064nm 波长的激光器的电磁射线。

15. 如权利要求 1 或 2 所述的方法，其特征在于，使用具有 10600nm 波长的激光器的电磁射线。"

第一请求人在口审当庭提交证据 1-3、1-4 的原件，并当庭提交公知常识性证据 1-6 原件及复印件。第一请求人明确其无效宣告理由为：（1）权利要求 1~15 包含了含义不清楚的词语，其确定的保护范围不清楚，不符合《专利法实施细则》第 20 条第 1 款的规定；（2）权利要求 1~15 相对于证据 1-1 与公知常识的结合不具备创造性，不符合《专利法》第 22 条第 3 款的规定；（3）权利要求 1~15 相对于证据 1-1 与证据 1-2 以及公知常识的结合不具备创造性，不符合《专利法》第 22 条第 3 款的规定；（4）权利要求 1~15 概括了本领域技术人员不能从说明书公开的内容得到或概括得出的内容，没有以说明书为依据，不符合《专利法》第 26 条第 4 款的规定；其中使用证据 1-3、1-5 证明权利要求 1~15 没有以说明书为依据，证据 1-4 证明权利要求 10~15 没有以说明书为依据；（5）本专利说明书未对发明作出清楚、完整的说明，以致本领域技术人员无法实现该发明，不符合《专利法》第 26 条第 3 款的规定；（6）权利要求 1 缺少必要技术特征，不符合《专利法实施细则》第 21 条第 2 款的规定，当庭提交的公知常识性证据 1-6 用于证明权利要求 1-15 没有以说明书为依据，不符合《专利法》第 26 条第 4 款的规定。

证据 1-6：《激光化学》，孔繁敖编著，中国科学技术大学出版社，1990 年 9 月第 1 版第 1 次印刷，封面、书名页、版权页、目录页、第 244-245 页。

合议组当庭将第一请求人提交的证据 1-6 的复印件转交给专利权人，并要求第一请求人于庭后补交证据 1-5 的原件。

专利权人当庭表示对证据 1-1、1-2、1-3、1-4 以及证据 1-6 的真实性没有异议，对证据 1-2、1-3 的译文的准确性没有异议。

第二请求人在口审当庭明确其无效宣告理由为：（1）授权公告时的权利要求 1~15 超出了原说明书和权利要求书记载的范围，不符合《专利法》第 33 条的规定；（2）权利要求 1~15 没有清楚地限定要求保护的范围，不符合

《专利法实施细则》第20条第1款的规定；（3）权利要求1～15没有得到说明书的支持，不符合《专利法》第26条第4款的规定；其中使用证据2-3、2-4用来证明权利要求1没有以说明书为依据；（4）说明书公开不充分，不符合《专利法》第26条第3款的规定；（5）权利要求1～15相对于证据2-5、2-6、2-7以及公知常识的结合不具备创造性，不符合《专利法》第22条第3款的规定。第二请求人当庭明确表示放弃使用证据2-4，并提交证据2-3、2-8的原件，补充提交公知常识性证据2-9、2-10原件及复印件。

证据2-9：《世界最新英汉双解无机化学辞典》［专著］The facts on file dictionary of inorganic chemistry，（美）John Daintith 编著，唐宗薰主译，世界图书出版西安公司，2008年，封面页、版权页，第590-591页；

证据2-10：《中国大百科全书》物理学（Ⅰ）［专著］，中国大百科全书总编辑委员会《物理学》编辑委员会，中国大百科全书出版社编辑部编，中国大百科全书出版社，1987年，书名页、版权页、第15、157-158、290页。

合议组当庭将第二请求人于2011年12月31日补充提交的意见陈述和证据2-8以及当庭提交的证据2-9、2-10转交专利权人。

专利权人当庭表示对证据2-la、2-lb、2-2、2-3、2-5、2-6、2-7、2-8、2-10的真实性没有异议，对证据2-3、2-5、2-8的译文的准确性没有异议，并认为证据2-9不能作为公知常识性证据，且超出举证期限。

第二请求人认为证据2-9用来证明物质的物理化学性质，且物理特性是不随时间而变化的。

以此为基础，双方当事人充分陈述了意见。第一、第二请求人均明确其具体意见陈述与其书面意见一致。

口头审理结束后，第一请求人于指定期限内提交了证据1-5的原件，专利权人于指定期限内提交了4W101322号无效宣告案的合格的授权委托书。

至此，合议组经合议后认为本案事实已经清楚，现依法作出审查决定。

二、决定的理由

1. 关于审查基础

在无效宣告程序中，专利权人于2012年2月14日提交了权利要求书的修改替换页，所作修改为删除权利要求1中的一个并列的技术方案，上述修改符合《专利审查指南2010》第四部分第三章第4.6节关于无效宣告程序中对于修改方式的规定，因此，本决定以专利权人于2012年2月14日提交的权利要求1～15，以及本专利授权公告时的说明书第1～4页、说明书摘要作为审查基础。

2. 关于《专利法》第26条第4款

《专利法》第26条第4款规定，权利要求书应当以说明书为依据，说明要求专利保护的范围。

权利要求的概括不能超出说明书公开的范围，如果本领域技术人员从说明书公开的内容无法概括得出权利要求的技术方案，那么该权利要求没有以说明书为依据，因而不符合《专利法》第26条第4款的规定。

权利要求1请求保护一种用于制造不导电的承载材料上的导体轨道结构的方法，其中限定了"高度热稳定的、在含水的酸性或碱性金属化电解液中稳定且不溶解的、不导电的基于尖晶石的较高阶氧化物或结构类似尖晶石的简单的d–金属氧化物或其混合物"在电磁辐射下断裂形成金属晶核。在本专利说明书中，仅在实施例部分公开了一种以5%的比例掺杂的含铜尖晶石PK3095（Ferro公司出品），PK3095的化学式为$CuCr_2O_4$，即亚铬酸铜，然而，尖晶石是一个上位概念，指的是以$MgAl_2O_4$为代表的一种AB_2X_4型化合物的晶体结构，其中A离子可以是Mg、Fe、Mn、Co、Ni、Zn等，B离子可以是Al、Ga、In、Fe、Co、Cr等，X可以是O、S、Se、F、Te，由于含有元素不同，具有尖晶石结构的各种化合物的物理、化学性质也各有不同，在电磁辐射下的性质也各不相同。本领域技术人员无法根据说明书中公开的一种具有尖晶石结构的氧化物概括得出，所有符合条件的基于尖晶石的较高阶氧化物或结构类似尖晶石的简单的d–金属氧化物均能够实现在电磁辐射下断裂而分离出金属晶核，从而实现发明目的。出于并不是所有的具有较高热稳定性、且不溶解于酸性或碱性金属化电解液的不导电具有尖晶石结构的氧化物都能够借助电磁射线分离出重金属晶核，这一类氧化物在电磁射线下的性质难以预先确定，并且本专利说明书中仅仅公开了一个实施例PK3095，本领域技术人员无法根据说明书公开的内容概括得到权利要求1的技术方案，因此权利要求1没有以说明书为依据，不符合《专利法》第26条第4款的规定。

专利权人认为：（1）权利要求1中所述的添加物在权利要求1中已经被进一步限定成"高度热稳定的、在含水的酸性或碱性金属化电解溶液中稳定且不溶解的、不导电的"并且"从这些物质必须能够裂解出重金属晶核"，经过这两重限定的上述添加物就能够应用于制造导体轨道结构，从而实现本专利的发明目的。（2）虽然本专利的添加物可以裂解以得到重金属核是已知的，然而本专利的核心在于权利要求1中的添加物通过裂解和选择性的金属化来制造导体轨道结构的应用，这种应用没有被公开过。因此在本专利的实施例中仅举出这些添加物的一个示例即可。

对此，合议组认为：首先，权利要求1中限定的是"高度热稳定的、在含水的酸性或碱性金属化电解液中稳定且不溶解的、不导电的基于尖晶石的较高阶氧化物或结构类似尖晶石的简单的 d-金属氧化物或其混合物"，从这些金属氧化物中借助电磁射线分离出重金属晶核，而并没有限定"从这些物质必须能够裂解出重金属晶核"，"在要产生导体轨道结构的区域内借助电磁射线分离出重金属晶核"是制造导体轨道结构的方法中的一个步骤，并不是对材料的限定，因此专利权人的所述意见没有依据；其次，如前文所述，尖晶石结构是一个上位概念，其为立方晶系，面心立方点阵，对于本领域技术人员来说，耐热的、耐酸碱且不导电的尖晶石结构的化合物有很多，在电磁辐射下的表现也各不相同，本领域技术人员无法确认所有的符合本专利权利要求 1 限定的尖晶石结构的化合物或混合物都可以在电磁辐射下裂解出重金属晶核，可见本专利权利要求 1 要求了过大的保护范围，没有以说明书为依据；最后，本专利中所述的耐热、耐酸/碱且不导电的尖晶石结构的化合物或混合物并不一定都能在电磁辐射下裂解得到重金属晶核，因此如果本专利想要保护这种能够通过裂解和金属化来制造导体轨道机构的应用，就应当选择合适的、能够实现本专利发明目的的物质进行限定，然而在本专利说明书中仅仅公开了一个实施例 PK3095（$CuCr_2O_4$），因此导致本专利权利要求要求保护的技术方案无法得到说明书的支持，因此不符合《专利法》第 26 条第 4 款的规定。

权利要求 2～15 均直接或间接地引用权利要求 1，基于同样的理由，从属权利要求 2～15 也没有以说明书为依据，因而不符合《专利法》第 26 条第 4 款的规定。基于上述理由，合议组作出以下决定。

三、决定

宣告 02812609.2 号发明专利权全部无效。

当事人对本决定不服的，可以根据《专利法》第 46 条第 2 款的规定，自收到本决定之日起 3 个月内向北京市第一中级人民法院起诉。根据该款的规定，一方当事人起诉后，另一方当事人作为第三人参加诉讼。

合议组组长　张媛媛
主　审　员　田　宁
参　审　员　孟　超

附件02-3 北京市第一中级人民法院行政判决书

[(2012) 一中知行初字第3286号] (略)

附件02-4

北京市高级人民法院行政判决书

[(2013) 高行终字第577号]

上诉人 (原审原告): LPKF激光和电子股份公司。

法定代表人: 贝恩德·朗厄, 董事。

法定代表人: 凯·本茨, 董事。

委托代理人: 孙喜, 北京市立方律师事务所律师。

委托代理人: 陈增新, 北京市立方律师事务所律师。

被上诉人 (原审被告): 中华人民共和国国家知识产权局专利复审委员会。

法定代表人: 张茂于, 副主任。

委托代理人: 田宁, 中华人民共和国国家知识产权局专利复审委员会审查员。

委托代理人: 王伟艳, 中华人民共和国国家知识产权局专利复审委员会审查员。

原审第三人: 成春荣。

委托代理人: 雷　芳。

原审第三人: 刘喜云。

委托代理人: 李晓蕾。

委托代理人: 高　爽。

上诉人LPKF激光和电子股份公司 (以下简称"LPKF公司") 因发明专利权无效行政纠纷一案, 不服北京市第一中级人民法院 (2012) 一中知行初字第3286号行政判决, 向本院提出上诉。本院于2013年2月17日受理后,依法组成合议庭，于 2013 年 4 月 15 日公开开庭审理了本案。上诉人 LPKF 公司的委托代理人孙喜、陈增新，被上诉人中华人民共和国国家知识产权局专利复审委员会（以下简称"专利复审委员会"）的委托代理人田宁、王伟艳，原审第三人成春荣及其委托代理人雷芳，原审第三人刘喜云的委托代理人李晓蕾、高爽到庭参加了诉讼。本案现已审理终结。

北京市第一中级人民法院经审理查明如下事实：

本专利系第 02812609.2 号名称为"导体轨道结构的制造方法"的发明专利，其申请日为 2002 年 6 月 19 日，授权公告日为 2007 年 7 月 11 日，专利权人为 LPKF 公司。本专利授权公告的权利要求书如下：

"1. 用于制造不导电的承载材料上的导体轨道结构的方法，其中所述导体轨道结构由金属晶核以及后续在金属晶核上涂覆的金属化层构成，所述金属晶核通过电磁辐射实现的精细分布地包含在所述承载材料中的不导电金属化合物的断裂而形成，其特征在于，高度热稳定的、在含水的酸性或碱性金属化电解液中稳定且不溶解的、不导电的基于尖晶石的较高阶氧化物或者结构类似尖晶石的简单的 d－金属氧化物或其混合物或者混合金属化合物被掺入所述承载材料中，所述承载材料被加工成构件或作为涂层涂覆在构件上，并且在要产生导体轨道结构的区域内借助电磁射线分离出重金属晶核，然后该区域被化学还原金属化。

2. 如权利要求 1 所述的方法，其特征在于，借助于电磁射线同时分离出重金属晶核，并通过蚀损来形成一个增附表面。

3. 如权利要求 1 或 2 所述的方法，其特征在于，尖晶石含有铜。

4. 如权利要求 1 或 2 所述的方法，其特征在于，不导电承载材料除至少含有无机氧化物外还至少含有热稳定的有机金属螯合络合物。

5. 如权利要求 1 或 2 所述的方法，其特征在于，不导电承载材料是热塑性塑料。

6. 如权利要求 1 或 2 所述的方法，其特征在于，不导电承载材料是硬塑性塑料。

7. 如权利要求 1 或 2 所述的方法，其特征在于，不导电承载材料含有一种或多种无机填充物质。

8. 如权利要求 7 所述的方法，其特征在于，不导电承载材料含有硅酸和/或硅酸衍生物作为填充材料。

9. 如权利要求 1 或 2 所述的方法，其特征在于，使用激光器的电磁射线。

10. 如权利要求 1 或 2 所述的方法，其特征在于，使用具有 248nm 波长的激光器的电磁射线。

11. 如权利要求 1 或 2 所述的方法，其特征在于，使用具有 308nm 波长的激光器的电磁射线。

12. 如权利要求 1 或 2 所述的方法，其特征在于，使用具有 355nm 波长的激光器的电磁射线。

13. 如权利要求 1 或 2 所述的方法，其特征在于，使用具有 532nm 波长的激光器的电磁射线。

14. 如权利要求 1 或 2 所述的方法，其特征在于，使用具有 1064nm 波长的激光器的电磁射线。

15. 如权利要求 1 或 2 所述的方法，其特征在于，使用具有 10600nm 波长的激光器的电磁射线。"

2011 年 9 月 26 日，刘喜云以本专利不符合 2001 年 7 月开始实施的《中华人民共和国专利法》（以下简称《专利法》）第 26 条第 4 款规定等理由，请求专利复审委员会宣告本专利无效，同时提交了中国发明专利申请 CN1234960A 的公开说明书复印件等 6 份证据。经形式审查合格，专利复审委员会受理了刘喜云的无效宣告请求后，将相关文件转送了 LPKF 公司。LPKF 公司于 2011 年 12 月 8 日向专利复审委员会提交了意见陈述书，认为本专利权利要求 1～15 中的用语对于本领域技术人员来说均是清楚的，权利要求的保护范围也是确定的，因此符合《专利法》第 26 条第 4 款的规定。

2011 年 12 月 5 日，成春荣以本专利不符合《专利法》第 26 条第 4 款规定等理由，请求专利复审委员会宣告本专利无效，并提交了授权公告号为 CN1326435C 的发明专利说明书复印件等证据。经形式审查合格，专利复审委员会受理了成春荣的无效宣告请求后，将相关文件转送了 LPKF 公司。LPKF 公司于 2012 年 2 月 14 日向专利复审委员会提交了意见陈述书，并提交了权利要求书的修改替换页。LPKF 公司在授权公告的权利要求书的基础上，删除了权利要求 1 中的一个并列技术方案"或者混合金属化合物"。LPKF 公司认为本专利在审查过程中的修改符合《专利法》第 33 条的规定，没有超出原说明书和权利要求书记载的范围；本领域技术人员已知，存在一系列简单的金属化合物也具有尖晶石结构，因此权利要求 1～15 对于本领域普通技术人员是清楚的，符合《专利法》第 26 条第 4 款的规定；由于半导体在室温条件下被看作是不导电的，因此权利要求 1～15 能够得到说明书的支持，符合《专利法》第 26 条第 4 款的规定；基于与前述同样的理由，本专利说明书公开充分，符合《专利法》第 26 条第 4 款的规定。

专利复审委员会决定对两个无效宣告请求案进行合并审理。2012 年 3 月 22 日，专利复审委员会对本案进行口头审理。在口头审理中，各方当事人对对方出庭人员的身份和资格均没有异议。专利复审委员会认为 LPKF 公司于 2012 年 2 月 14 日提交的权利要求书修改文本，删除授权公告的权利要求 1 中一个并列技术方案，符合相关规定，决定以 LPKF 公司修改后的权利要求书作为审查基础，刘喜云、成春荣对此均无异议。因此，专利复审委员会进行口头审理的审查基础的权利要求 1 为："1. 用于制造不导电的承载材料上的导体轨道结构的方法，其中所述导体轨道结构由金属晶核以及后续在金属晶核上涂覆的金属化层构成，所述金属晶核通过电磁辐射实现的精细分布地包含在所述承载材料中的不导电金属化合物的断裂而形成，其特征在于，高度热稳定的、在含水的酸性或碱性金属化电解液中稳定且不溶解的、不导电的基于尖晶石的较高阶氧化物或者结构类似尖晶石的简单的 d－金属氧化物或其混合物被掺入所述承载材料中，所述承载材料被加工成构件或作为涂层涂覆在构件上，并且在要产生导体轨道结构的区域内借助电磁射线分离出重金属晶核，然后该区域被化学还原金属化。"

2012 年 5 月 22 日，专利复审委员会作出第 18680 号无效宣告请求审查决定（以下简称第 18680 号决定）。专利复审委员会在该决定中认定：

修改后的权利要求 1 请求保护一种用于制造不导电的承载材料上的导体轨道结构的方法，其中限定了"高度热稳定的、在含水的酸性或碱性金属化电解液中稳定且不溶解的、不导电的基于尖晶石的较高阶氧化物或结构类似尖晶石的简单的 d－金属氧化物或其混合物"在电磁辐射下断裂形成金属晶核。在本专利说明书中，仅在实施例部分公开了一种以 5% 的比例掺杂的含铜尖晶石 PK3095（Ferro 公司出品），PK3095 的化学式为 $CuCr_2O_4$，即亚铬酸铜。然而，尖晶石是一个上位概念，指的是以 $MgAl_2O_4$ 为代表的一种 AB_2X_4 型化合物的晶体结构，其中 A 离子可以是 Mg、Fe、Mn、Co、Ni、Zn 等，B 离子可以是 Al、Ga、In、Fe、Co、Cr 等，X 可以是 O、S、Se、F、Te。由于含有元素不同，具有尖晶石结构的各种化合物的物理、化学性质也各有不同，在电磁辐射下的性质也各不相同。本领域技术人员无法根据说明书中公开的一种具有尖晶石结构的氧化物概括得出，所有符合条件的基于尖晶石的较高阶氧化物或结构类似尖晶石的简单的 d－金属氧化物均能够实现在电磁辐射下断裂而分离出金属晶核，从而实现发明目的。由于并不是所有的具有较高热稳定性且不溶解于酸性或碱性金属化电解液的不导电具有尖晶石结构的氧化物都能够借助电磁射线分离出重金属晶核，这一类氧化物在电磁射线下的性质难于预先确定，并且本专利说明书中仅仅公开了一个实施例 PK3095，本领域技术人员无法根据说明书公开的内容概括得到权利要求 1 的技术方案，因此权利要求 1 没有以说明书为依据，不符合《专利法》第 26 条第 4 款的规定。

LPKF 公司认为：（1）权利要求 1 中所述的添加物在权利要求 1 中已经被进一步限定成"高度热稳定的、在含水的酸性或碱性金属化电解溶液中稳定且不溶解的、不导电的"并且"从这些物质必须能够裂解出重金属晶核"，经过这两重限定的上述添加物就能够应用于制造导体轨道结构，从而实现本专利的发明目的。（2）虽然本专利的添加物可以裂解以得到重金属核是已知的，然而本专利的核心在于权利要求 1 中的添加物通过裂解和选择性的金属化来制造导体轨道结构的应用，这种应用没有被公开过。因此在本专利的实施例中仅举出这些添加物的一个示例即可。对此，专利复审委员会认为：首先，权利要求 1 中限定的是"高度热稳定的、在含水的酸性或碱性金属化电解液中稳定且不溶解的、不导电的基于尖晶石的较高阶氧化物或结构类似尖晶石的简单的 d-金属氧化物或其混合物"，从这些金属氧化物中借助电磁射线分离出重金属晶核，而并没有限定"从这些物质必须能够裂解出重金属晶核"，"在要产生导体轨道结构的区域内借助电磁射线分离出重金属晶核"是制造导体轨道结构的方法中的一个步骤，并不是对材料的限定，因此 LPKF 公司所述意见没有依据；其次，尖晶石结构是一个上位概念，其为立方晶系，面心立方点阵，对于本领域技术人员来说，耐热的、耐酸/碱且不导电的尖晶石结构的化合物有很多，在电磁辐射下的表现也各不相同，本领域技术人员无法确认所有的符合本专利权利要求 1 限定的尖晶石结构的化合物或混合物都可以在电磁辐射下裂解出重金属晶核，可见本专利权利要求 1 要求了过大的保护范围，没有以说明书为依据；最后，本专利中所述的耐热、耐酸/碱且不导电的尖晶石结构的化合物或混合物并不一定都能在电磁辐射下裂解得到重金属晶核，因此，如果本专利想要保护这种能够通过裂解和金属化来制造导体轨道机构的应用，就应当选择合适的、能够实现本专利发明目的的物质进行限定，然而在本专利说明书中仅仅公开了一个实施例 PK3095（$CuCr_2O_4$），导致本专利要求保护的技术方案无法得到说明书的支持，因此不符合《专利法》第 26 条第 4 款的规定。

从属权利要求 2～15 均直接或间接地引用权利要求 1，基于同样的理由，从属权利要求 2～15 也没有以说明书为依据，因而不符合《专利法》第 26 条第 4 款的规定。

基于上述事实和理由，专利复审委员会决定宣告本专利全部无效。

LPKF 公司不服专利复审委员会作出的第 18680 号决定并提起诉讼，请求撤销第 18680 号决定。LPKF 公司在诉讼中提交了其他国外专利文本及部分翻译内容、域外实验报告及公证认证手续和翻译件、北京京洲科技知识产权司法鉴定中心的［2012］知鉴字第026号司法鉴定意见书、《激光原理与应用》等公开出版物节选复印件等新证据，用以证明多种尖晶石均可实现本专利。专利复审委员会与成春荣、刘喜云均认为上述证据不是作出第18680号决定的依据，对上述证据的真实性、合法性、关联性均不予认可。原审法院对上述证据未予采信。此外，LPKF公司明确表示如果权利要求1被认定为不符合《专利法》第26条第4款的规定，其放弃权利要求2及权利要求4~15有效的主张。

北京市第一中级人民法院认为，LPKF公司在诉讼中以成春荣系专利代理人为由主张其无权提起专利无效请求于法无据。专利复审委员会作出第18680号决定未违反听证原则。本专利权利要求1请求保护一种用于制造不导电的承载材料上的导体轨道结构的方法，其中限定了"高度热稳定的、在含水的酸性或碱性金属化电解液中稳定且不溶解的、不导电的基于尖晶石的较高阶氧化物或结构类似尖晶石的简单的d-金属氧化物或其混合物"在电磁辐射下断裂形成金属晶核。而在本专利说明书中，仅在实施例部分公开了一种以5%的比例掺杂的含铜尖晶石PK3095（Ferro公司出品），PK3095的化学式为$CuCr_2O_4$，即亚铬酸铜。权利要求1要求保护的"尖晶石的较高阶氧化物或结构类似尖晶石的简单的d-金属氧化物或其混合物"成分复杂，元素组合方式多样，无法确认本领域技术人员不需要付出劳动，即能在所有的符合本专利权利要求1限定的尖晶石结构的化合物或混合物中，都通过电磁辐射下裂解出重金属晶核。因此，相对于说明书记载的内容，本专利权利要求1要求的保护范围过大，不符合《专利法》第26条第4款的规定。本专利权权利要求3虽然进一步限定了尖晶石含有铜，但"尖晶石的较高阶氧化物或结构类似尖晶石的简单的d-金属氧化物或其混合物"元素组合方式多样，仅在说明书中公开了一个尖晶石为亚铬酸铜的实施例的情况下，本领域技术人员仍然难以实现权利要求3所述的所有技术方案。因此，权利要求3不符合《专利法》第26条第4款的规定。此外，鉴于LPKF公司已明确表示如果权利要求1被认定为不符合《专利法》第26条第4款的规定，其放弃对权利要求2及权利要求4~15主张专利权有效，且经审查专利复审委员会认定其他权利要求不符合《专利法》第26条第4款并无不当。综上，专利复审委员会作出的被诉决定审查程序合法，认定事实清楚，适用法律正确。北京市第一中级人民法院根据《中华人民共和国行政诉讼法》第54条第（1）项之规定，判决：维持中华人民共和国国家知识产权局专利复审委员会于2012年5月22日作出的第18680号无效宣告请求审查决定。

LPKF公司不服原审判决并向本院提起上诉，请求撤销原审判决和第

18680 号决定。LPKF 公司的主要上诉理由为：专利复审委员会作出被诉决定没有承担相应的举证责任，其决定理由明显与本领域的技术常识不符，没有从本领域技术人员的角度出发，没有基于本领域的公知常识和现有技术进行考量，没有全面理解本专利的整体内容，原审法院没有采纳 LPKF 公司诉讼中提交的证据也是错误的，本专利权利要求 1、3 能够得到说明书的支持，符合《专利法》第 26 条第 4 款的规定。

专利复审委员会与成春荣、刘喜云服从原审判决。

本院经审理查明，原审判决查明事实清楚，证据采信得当，且有第 18680 号决定书、本专利授权公告文本公开文本、口头审理记录表及当事人陈述、笔录等证据在案佐证，证据充分，本院对原审法院查明的事实予以确认。

在本院审理过程中，LPKF 公司补充提交了一份新证据材料，其中记载 2013 年 3 月 13 发生在德国的一次实验，该实验用了 PS22 – 5096PK 颜料进行如同本专利权利要求 1 所述的实验，其中 PS22 – 5096 PK 系不同于含铜尖晶石的一种尖晶石。LPKF 公司用该证据材料证明所有如本专利所述的"高度热稳定的、在含水的酸性或碱性金属化电解液中稳定且不溶解的、不导电的基于尖晶石"均可用于实施权利要求 1 所述的技术方案。专利复审委员会与成春荣、刘喜云均认为该证据不是被诉决定的依据，与本案缺乏关联性故不应被采信。

本院认为：

根据《中华人民共和国立法法》第 84 条并参照国家知识产权局制定的《施行修改后的专利法的过渡办法》的规定，本案应适用 2001 年 7 月 1 日实施的《专利法》进行审理。《专利法》第 26 条第 4 款规定："权利要求书应当以说明书为依据，说明要求专利保护的范围。"权利要求的概括不能超出说明书公开的范围，如果本领域技术人员从说明书公开的内容无法得出或者概括得出权利要求的技术方案，则该权利要求没有以说明书为依据。

本案中，权利要求 1 请求保护一种用于制造不导电的承载材料上的导体轨道结构的方法，其中限定了"高度热稳定的、在含水的酸性或碱性金属化电解液中稳定且不溶解的、不导电的基于尖晶石的较高阶氧化物或结构类似尖晶石的简单的 d – 金属氧化物或其混合物"在电磁辐射下断裂形成金属晶核。"尖晶石"是一个上位概念，指的是以 $MgAl_2O_4$ 为代表的一种 AB_2X_4 型化合物的晶体结构，其中 A 离子可以是 Mg、Fe、Mn、Co、Ni、Zn 等，B 离子可以是 Al、Ga、In、Fe、Co、Cr 等，X 可以是 O、S、Se、F、Te。权利要求 1 要求保护的"尖晶石的较高阶氧化物或结构类似尖晶石的简单的 d – 金属氧化物或其混合物"成分复杂，元素组合方式多样，而本专利说明书中仅公开了一种以 5% 的比例掺杂的含铜尖晶石 PK3095 实施权利要求 1 所述技术方案的一个实施例，其中 PK3095 的化学式为 $CuCr_2O_4$，即亚铬酸铜。LPKF 公司在诉讼中补充了一些证据材料证明部分尖晶石可以用于实施权利要求 1 所述的技术方案。但是，即使 LPKF 公司在诉讼中补充提交的证据材料真实可靠，也只是在本专利申请日以后 LPKF 公司通过实验证明这些尖晶石可以用于实施权利要求 1 所述的技术方案，不能证明在本专利申请日前 LPKF 公司就已经通过实验确认这些尖晶石可以用于实施权利要求 1 所述的技术方案，而现有证据并不能证明在本专利申请日前本领域技术人员已经普遍知晓这些尖晶石可以用于实施权利要求 1 所述的技术方案。因此，原审法院未采纳 LPKF 公司在诉讼中补充提交的证据材料并无不当，基于同样的理由本院对 LPKF 公司在诉讼中补充提交的证据材料亦不予采纳。LPKF 公司有关原审法院应当采纳 LPKF 公司诉讼中提交的证据材料的上诉理由缺乏依据，本院不予支持。

事实上，即使 LPKF 公司在诉讼中补充提交的证据材料中所涉尖晶石可以用于实施权利要求 1 所述的技术方案，也并不表明其他尖晶石可以用于实施权利要求 1 所述的技术方案，LPKF 公司也未提供有效证据证明在本专利申请日前本领域技术人员已经普遍知晓其他尖晶石可以用于实施权利要求 1 所述的技术方案。实际上具有尖晶石结构的各种化合物的物理、化学性质各有不同，在电磁辐射下的性质也各不相同，本领域技术人员如果不需要付出创造性劳动，无法确认所有符合本专利权利要求 1 限定的尖晶石结构的化合物或混合物都在电磁辐射下裂解出重金属晶核。显然，相对于说明书记载的内容，本专利权利要求 1 的保护范围过大，违反了《专利法》第 26 条第 4 款的规定。本专利权利要求 3 虽然在权利要求 1 或 2 的基础上限定了尖晶石含有铜，但"尖晶石的较高阶氧化物或结构类似尖晶石的简单的 d－金属氧化物或其混合物"元素组合方式多样，在本专利说明书仅公开一个尖晶石为亚铬酸铜的实施例的情况下，本领域技术人员仍然难以实现权利要求 3 所述的所有技术方案。因此，权利要求 3 的概括仍然远远大于说明书记载的内容，不符合《专利法》第 26 条第 4 款的规定。原审法院与专利复审委员会认定本专利的权利要求 1、3 不符合《专利法》第 26 条第 4 款的规定，并在此基础上认定权利要求 2 及权利要求 4～15 均不符合《专利法》第 26 条第 4 款的规定是恰当的，LPKF 公司有关本专利权利要求 1、3 符合《专利法》第 26 条第 4 款规定的上诉理由缺乏事实及法律依据，本院不予支持。

此外，发明专利的申请人在提出专利申请时，负有证明其提出的专利申请符合《专利法》第 26 条第 4 款规定的义务，即使该发明专利申请被授予专利权，也并不意味着其完全符合《专利法》第 26 条第 4 款规定。在专利复审委员会审查已经授权的发明专利是否符合《专利法》第 26 条第 4 款规定时，专利权人仍然负有证明其发明专利符合《专利法》第 26 条第 4 款规定的义务。本案中，在专利复审委员会审查本专利是否符合《专利法》第 26 条第 4 款规定时，作为专利权人的 LPKF 公司并未完成证明本专利符合《专利法》第 26 条第 4 款规定的义务，专利复审委员会据此认定本专利不符合《专利法》第 26 条第 4 款规定并无不当。LPKF 公司有关专利复审委员会作出被诉决定没有承担相应举证责任的上诉理由缺乏依据，本院不予支持。

综上，LPKF 公司的上诉主张缺乏事实和法律依据，其上诉请求本院不予支持。原审判决认定事实清楚，适用法律正确，依法应予维持。依据《中华人民共和国行政诉讼法》第 61 条第（1）项之规定，判决如下：

驳回上诉，维持原判。

一审、二审案件受理费人民币各 100 元，均由 LPKF 激光和电子股份公司负担（均已缴纳）。

本判决为终审判决。

审　判　长　刘晓军
代理审判员　袁相军
代理审判员　马　军
　　2013 年 4 月 25 日
书　记　员　张见秋

中华人民共和国最高人民法院行政裁定书

[（2014）知行字第 34 号]

再审申请人（一审原告、二审上诉人）：LPKF 激光和电子股份公司。住所地：德意志联邦共和国奥斯特里德路 7 号，加尔布森。

法定代表人：贝恩德·朗厄，公司董事。

法定代表人：凯·本茨，公司董事。

委托代理人：蒋洪义，北京市联德律师事务所律师。

委托代理人：牛艳玲，北京市联德律师事务所专利代理人，住北京市海淀区西土城路 6 号。

被申请人（一审被告、二审被上诉人）：中华人民共和国国家知识产权局专利复审委员会。住所地：北京市海淀区北四环西路 9 号银谷大厦。

法定代表人：张茂于，副主任。

委托代理人：杨存吉，国家知识产权局专利复审委员会审查员。

被申请人（一审第三人）：成春荣，住上海市浦东新区巨峰路 176 弄 1 05 号 402 室。

被申请人（一审第三人）：刘喜云，住湖南省茶陵县潞水镇下坊村塘冲 079 号。

委托代理人：孙向民，北京润平知识产权代理有限公司专利代理人，住北京市昌平区回龙观镇龙腾苑心区二区。

委托代理人：高爽，北京润平知识产权代理有限公司职员，住天津市南开区卫津路 94 号。

再审申请人 LPKF 激光和电子股份公司（以下简称"LPKF 公司"）因与被申请人中华人民共和国国家知识产权局专利复审委员会（以下简称"专利复审委员会"）、成春荣、刘喜云发明专利权无效行政纠纷一案，不服北京市高级人民法院于 2013 年 4 月 25 日作出的（2013）高行终字第 577 号行政判决，向本院申请再审。本院依法组成合议庭对本案进行了审查，现已审查终结。

LPKF 公司申请再审称：（1）第 18680 号无效宣告请求审查决定（以下简称"第 18680 号决定"）和一审、二审判决违反了确定专利权保护范围和评价权利要求是否以说明书为依据的法律标准。在评价权利要求是否以说明书为依据时，应当以每一项权利要求所要求保护的技术方案作为评价对象，而不能仅以权利要求中记载的某一项技术特征的内容作为评价对象。本专利权利要求 1 共有 3 项技术特征对权利要求 1 方法中所采用的相关材料进行了限定，即"所述金属晶核通过电磁辐射实现的精细分布地包含在所述承载材料中的不导电金属化合物的断裂而形成"（以下简称"技术特征 1"），"高度热稳定的、在含水的酸性或碱性金属化电解液中稳定且不溶解的、不导电的基于尖晶石的较高阶氧化物或者结构类似尖晶石的简单的 d - 金属氧化物或其混合物被掺入所述承载材料中"（以下简称"技术特征 2"），"在要产生导体轨道结构的区域内借助电磁射线分离出重金属晶核"（以下简称"技术特征 3"）。技术特征 1 限定了金属晶核是通过不导电金属化合物的断裂而形成的，这就说明，该特征所限定的不导电金属化合物是能够在电磁辐射下分离出金属晶核的。技术特征 1 是从性能的角度将不导电金属化合物限定为能够分离出金属晶核的物质。技术特征 2 则从材质的角度将上述不导电金属化合物进一步限缩为尖晶石类物质。技术特征 3 在形式上属于一项工艺方法特征，而非纯粹的材料特征，但其间接限定了本专利权利要求 1 方法中所选用的材料，即本专利权利要求 1 方法中所选用的材料必须能够借助电磁射线分离出重金属晶核，否则，将无法实施该步骤，而不能实施该步骤的技术方案，当然不属于本专利权利要求 1 的保护范围。上述 3 项必要技术特征，已经将本专利权利要求 1 方法中所采用的相关材料，共同限定为"能够借助电磁射线分离出重金属晶核的尖晶石类物质"。凡是在电磁辐射下不能分离出重金属晶核的尖晶石类物质，均不属于本专利权利要求 1 要求保护的范围，不能据以评价本专利权利要求 1 是否以说明书为依据。第 18680 号决定仅仅因为怀疑、猜测技术特征 2 所限定的尖晶石类物质中可能包含有不能分离出重金属晶核的尖晶石类物质，而未考虑这些不能分离出重金属晶核的物质（如果有的话）已被技术特征 1 和技术特征 3 排除出权利要求 1 的保护范围，就认定本专利权利要求 1 得不到说明书支持。第 18680 号决定所采用的这种评价方法及其所得出的评价结论，违反了 2000 年修正的《中华人民共和国专利法》（以下简称《专利法》）第 26 条第 4 款的规定，缺乏事实和法律依据。（2）本专利权利要求 1 技术特征 2 本身已经记载了对尖晶石材料选择的多项限定条件，基于这些限定条件，该特征已经被合理地缩小到"以说明书为依据"的程度。LPKF公司在本案一审、二审中已经提交相关实验证据对此予以进一步验证。（3）本专利权利要求3进一步限定"尖晶石含有铜"，从而大大缩小了其材料选择范围。本专利说明书实施例公开了一种具体的含铜尖晶石，基于该实施例公开的内容，本领域技术人员可以合理地确认，有限的其他几种含铜尖晶石也完全可以在电磁辐射下分离出重金属晶核，并实现本专利的发明目的。第18680号决定认定本专利权利要求3"没有以说明书为依据"，不符合事实。（4）在本专利权利要求3已对尖晶石材料附加了进一步限定特征的情况下，第18680号决定对此未作任何评价就将本专利权利要求3混同于其他从属权利要求，笼统认定"基于同样的理由，从属权利要求2～15也没有以说明书为依据"，并宣告其无效，实质上是漏审了本专利权利要求3的附加技术特征。（5）第18680号决定和一审、二审判决违反了专利无效审查中的证据规则。本专利系一项已经通过实质审查并获得授权的发明专利，说明实审程序的审查员已经认定本专利的权利要求不存在"没有以说明书为依据"的缺陷。本案作为后续的无效宣告请求审查程序，无效宣告请求人若要推翻实审程序审查员在先作出的上述审查结论，主张本专利的权利要求存在"没有以说明书为依据"的缺陷，则应提供相应证据予以证明，而不能仅凭主观的猜测和怀疑去推翻实审程序的审查结论。事实上，无效宣告请求人在本案中始终没有提出任何客观证据证明符合本专利权利要求1限定的尖晶石结构的化合物或混合物中至少有一种不能在电磁辐射下分离出重金属晶核。另外，在本案一审、二审行政诉讼程序中，LPKF公司补充提供的相关实验证据可以进一步验证本专利权利要求1限定的尖晶石结构的化合物或混合物可以在电磁辐射下分离出重金属晶核，进而排除关于权利要求是否以说明书为依据的猜测和怀疑。二审判决完全不考虑LPKF公司补充提供的验证证据，亦未要求无效宣告请求人或专利复审委员会提供相反证据，就简单地维持第18680号决定，违反了与《专利法》第26条第4款相关的举证原理，没有事实和法律依据。综上，LPKF公司请求依法提审本案，撤销第18680号决定和一审、二审判决。

专利复审委员会提交意见称：（1）在本专利说明书仅仅公开了一个实施例的情况下，概括了过大保护范围的本专利权利要求1的技术方案无法得到说明书的支持，不符合《专利法》第26条第4款的规定。对于LPKF公司在一审、二审诉讼程序中提交的新证据，其并不能证明本专利权利要求1符合《专利法》第26条第4款的规定，也不是第18680号决定作出的依据，请求法院不予考虑。（2）本专利权利要求3的概括仍然脱离说明书记载的内容，第 18680 号决定依据与本专利权利要求 1 基本相同的理由，认为本专利权利要求 3 不符合《专利法》第 26 条第 4 款的规定是正确的，不存在漏审的问题。综上，请求依法驳回 LPKF 公司的再审申请。

刘喜云提交意见称：（1）本专利权利要求 1 的技术特征 1 和技术特征 3 对权利要求 1 的保护范围有限定作用，但对尖晶石类氧化物的选择范围并无明确的限定作用。技术特征 1 仅是对金属晶核的来源有限定，而且是来源于不导电金属化合物，不导电金属化合物不等同于尖晶石类氧化物，前者的范围显然大得多。技术特征 3 是一个操作方法，并不是对材料选择范围的限定。（2）本专利权利要求 1 技术特征 2 是针对其用途所必需的，与尖晶石类氧化物是否能在电磁辐射下分离出重金属晶核完全没有关系。满足技术特征 2 限定的尖晶石类氧化物也不保证能够在电磁辐射下分离出重金属晶核。技术特征 2 对尖晶石类氧化物的选择有限定作用，但是该限定并未使本专利权利要求 1 可以得到说明书的支持。由于说明书仅公开了一个实施例，本专利权利要求 1 又概括了较宽的保护范围，本领域技术人员难以预见本专利权利要求 1 限定的全部尖晶石类氧化物都能够在电磁辐射下分离出金属晶核。因此，权利要求 1 得不到说明书的支持。（3）本专利权利要求 3 进一步限定尖晶石含有铜，但权利要求 3 的含铜尖晶石类氧化物的范围仍然很大，本领域技术人员难以预见权利要求 3 限定的全部尖晶石类氧化物都能够在电磁辐射下分离出金属晶核。因此，权利要求 3 得不到说明书的支持。（4）本专利权利要求 1 和权利要求 3 得不到说明书支持的理由是相同的，专利复审委员会并不存在对权利要求 3 的漏审。（5）无论是无效宣告请求审查程序还是实质审查程序，对于《专利法》第 26 条第 4 款的问题，专利权人都应当负有举证责任，两个程序的判断标准是统一的，不会因为阶段不同而加重审查员或者无效宣告请求人的举证责任。权利要求得不到说明书的支持是本专利客观存在的问题，该问题并不会因为举证责任而消除。对于《专利法》第 26 条第 4 款的审查，只要本领域技术人员有理由怀疑就可以了，并不需要提出反证。（6）专利的保护范围应当与其贡献相一致。判断是否符合《专利法》第 26 条第 4 款应当以说明书为依据，不能补充新的证据，否则任何一个申请人都可以先概括一个很宽的范围，然后再补充证据，这样就会严重损害社会公众的利益。LPKF 公司补充的实验证据不论其真实与否都不能作为判断《专利法》第 26 条第 4 款的依据。综上，刘喜云请求依法驳回 LPKF 公司的再审申请。

本院认为，本案争议焦点问题是：本专利权利要求 1 是否符合《专利法》第 26 条第 4 款的规定；本专利权利要求 3 是否符合《专利法》第 26 条第 4

款的规定；关于适用《专利法》第26条第4款的举证责任分配问题。

（一）本专利权利要求1是否符合《专利法》第26条第4款的规定

《专利法》第26条第4款规定："权利要求书应当以说明书为依据，说明要求专利保护的范围。"权利要求书以说明书为依据就是要求权利要求所要求保护的技术方案应当是所属技术领域的技术人员能够从说明书充分公开的内容中得到或概括得出的技术方案，并且不得超出说明书公开的范围。

本案中，LPKF公司主张，本专利权利要求1中的技术特征1、技术特征2和技术特征3已经将权利要求1方法中所采用的相关材料共同限定为"能够借助电磁射线分离出重金属晶核的尖晶石类物质"。凡是在电磁辐射下不能分离出重金属晶核的尖晶石类物质，均不属于本专利权利要求1要求保护的范围，不能据以评价本专利权利要求1是否以说明书为依据。对此，本院认为，上述3项特征无疑对本专利权利要求1的保护范围均具有限定作用，但对权利要求1方法中所用尖晶石类材料是否具有限定作用还需要具体分析。技术特征1位于权利要求的前序部分，限定了金属晶核来源于不导电金属化合物的断裂，而且不导电金属化合物本身比技术特征2限定的被掺入承载材料中的尖晶石类材料的范围更大，所以技术特征1并不对本专利权利要求1方法中所用尖晶石类材料具有限定作用。技术特征2具体限定了被掺入承载材料中的物质，即高度热稳定的、在含水的酸性或碱性金属化电解液中稳定且不溶解的、不导电的基于尖晶石的较高阶氧化物或者结构类似尖晶石的简单的d–金属氧化物或其混合物，这属于对本专利权利要求1方法中所用尖晶石类材料的直接限定。技术特征3限定了要在产生导体轨道结构的区域内借助电磁射线分离出重金属晶核。LPKF公司主张该特征将本专利权利要求1方法中所用尖晶石类材料进一步限缩为能够借助电磁射线分离出重金属晶核的尖晶石类物质，该理由不能成立。原因在于：首先，本专利权利要求1中的技术特征2对权利要求1方法中所用尖晶石类材料进行了明确限定，判断本专利权利要求1是否以说明书为依据，主要看本领域技术人员根据说明书公开的内容是否有理由怀疑此限定所包含的尖晶石类材料中存在不能借助电磁射线分离出重金属晶核的物质，从而不能解决本发明所要解决的技术问题。如果存在，则本专利权利要求1未能得到说明书的支持。LPKF公司应在技术特征2中具体选择合适的、能实现本发明目的的尖晶石类材料进行限定。其次，技术特征3是一个方法步骤特征，强调的是分离出重金属晶核这个步骤，并没有限定本专利权利要求1方法中所用尖晶石类材料是否可以分离出重金属晶核。综上，本专利权利要求1所限定的尖晶石类材料的范围，为技术特征2

所限定的范围，LPKF 公司关于该范围为技术特征 1、技术特征 2、技术特征 3 共同限定的再审申请理由不能成立。

就本专利权利要求 1 所限定的尖晶石类材料的范围，本院认为，本领域技术人员不能从说明书充分公开的内容中得到或概括得出，因此，本专利权利要求 1 不能得到说明书的支持。理由如下：首先，尖晶石本身是一种 AB_2X_4 型化合物的晶体结构，而本专利权利要求 1 所限定的是一个类别，即尖晶石类材料，除了基于尖晶石的较高阶氧化物，还有结构类似尖晶石的简单的 d–金属氧化物或者混合物。技术特征 2 定语部分所限定的"高度热稳定的、在含水的酸性或碱性金属化电解液中稳定且不溶解的、不导电的"，多是为实现本专利发明目的所进行的限定，与是否可以分离出重金属晶核没有必然联系。基于本案现有证据，本领域技术人员无法确定本专利权利要求 1 所限定的尖晶石类材料的具体范围。其次，本案关键不在于确定本专利权利要求 1 所限定的尖晶石类材料的具体数量，而在于本领域技术人员根据说明书充分公开的内容能否得出或概括得出本专利权利要求 1 的技术方案。在本专利说明书中，仅在实施例部分公开了一种含铜尖晶石 PK3095，化学式为 $CuCr_2O_4$，即亚铬酸铜。除此之外，在说明书中没有公开其他实施例，也没有说明尖晶石类物质有哪些共同的性质或不同尖晶石之间的一般关系，本领域技术人员在说明书公开内容的基础上，无法通过常规的实验或者分析方法得到本专利权利要求 1 的技术方案。在尖晶石类材料在电磁射线下的性质难以预先确定的基础上，本领域技术人员有理由怀疑并不是所有的符合本专利权利要求 1 所限定的尖晶石类材料都可以分离出重金属晶核，从而实现发明目的。综上，本专利权利要求 1 得不到说明书的支持，不符合《专利法》第 26 条第 4 款的规定。

（二）本专利权利要求 3 是否符合《专利法》第 26 条第 4 款的规定

本专利权利要求 3 在权利要求 1 的基础上进一步限定了尖晶石含有铜。本院认为，首先，根据本案现有证据，本领域技术人员仍然无法确定含铜尖晶石类材料的具体范围。其次，根据本专利说明书公开的内容，本领域技术人员仍然无法合理确认其他的含铜尖晶石是否可以分离出重金属晶核。综上，本专利权利要求 3 同样得不到说明书的支持，不符合《专利法》第 26 条第 4 款的规定。

LPKF 公司还主张专利复审委员会没有对本专利权利要求 3 是否得到说明书的支持进行具体评述，存在漏审。对此，本院认为，本专利权利要求 3 在权利要求 1 的基础上，进一步限缩了尖晶石材料的选择范围，存在可以得到说明书支持的可能，专利复审委员会没有具体评述有所不当。但考虑到专利复审委员会认定结论正确，而且本案一审、二审法院已经对本专利权利要求3是否得到说明书支持进行了具体评述，LPKF公司以此项理由要求再审本案，本院不予支持。

（三）关于适用《专利法》第26条第4款的举证责任分配问题

LPKF公司主张无效宣告请求人应举证证明存在一种本专利权利要求1所限定的尖晶石类材料不能分离出重金属晶核，在没有举证的情况下，不能仅凭怀疑和猜测就轻率推翻实质审查的结论。对此，本院认为，LPKF公司此项主张不能成立。理由在于：首先，在专利无效宣告程序中，无效宣告请求人主张相关权利要求不符合《专利法》第26条第4款的规定，有责任充分说明理由，同时，无效宣告请求人可以根据具体情况决定是否提供相应证据。专利权人在无效宣告程序中同样有责任就相关权利要求符合《专利法》第26条第4款的规定充分说明理由，也可以提交相应证据。在对专利是否符合《专利法》第26条第4款规定的审查中，并不要求无效宣告请求人一定提供在概括的权利要求中存在一种不能解决发明要解决的技术问题的反证，只要充分说明或提供相应证据证明，使本领域技术人员有理由怀疑该上位概括中包含不能解决发明要解决的技术问题并达到相同的技术效果的方案即可。其次，专利复审委员会的审查结论是基于本领域技术人员的一种合理推断，并不是无端的猜测。如前所述，根据本专利说明书公开的内容，本领域技术人员无法合理确认权利要求1和3所限定的尖晶石类材料是否都可以分离出重金属晶核，从而解决本发明要解决的技术问题，并达到相同的技术效果。

关于LPKF公司在一审、二审程序中补充提交的相关实验验证证据，本院认为，即使这些证据的真实性没有问题，但仍无法证明本专利权利要求1和3可以得到说明书的支持。首先，这些实验验证证据仅能证明接受实验的尖晶石类材料可以分离出重金属晶核，但根据说明书公开的内容，本领域技术人员仍然无法确定其他能分离出重金属晶核的尖晶石类材料的范围。其次，《专利法》第26条第4款要求本领域技术人员根据说明书充分公开的内容在专利申请日之前就可以得到或概括得出权利要求的技术方案。LPKF公司提交的实验验证证据形成于本专利申请日之后，根据现有证据，无法确认这些实验所依据的条件是否超出了说明书。公开的内容或超出了本领域技术人员在申请日之前的知识水平和认知能力。因此，一审、二审法院未采纳LPKF公司提交的相关实验验证证据并无不当，LPKF公司相关申请再审理由不能成立。综上，LPKF公司的再审申请不符合《中华人民共和国行政诉讼法》第63条第2款、《最高人民法院关于执行〈中华人民共和国行政诉讼法〉若干问题的解

释》第 72 条规定的条件，依据《最高人民法院关于执行〈中华人民共和国行
政诉讼法〉若干问题的解释》第 74 条之规定，裁定如下：

驳回 LPKF 激光和电子股份公司的再审申请。

审 判 长　周　翔
代理审判员　郎贵梅
代理审判员　周云川
2014 年 11 月 19 日
书 记 员　张　博

案例03

"审查指南版本适用问题" 专家研讨会会议纪要

务实（2013）第006号

在专利授权、确权程序中，涉及不同版本的审查指南的过渡适用问题。目前专利审查（特别是复审和无效审查）实践中普遍采取的做法是，将2006年版《审查指南》追溯适用于在1993年版和2001年版《审查指南》施行期间提出的专利申请以及根据该申请授予的专利权。这种将新版审查指南溯及既往的做法，在一定程度上损害了专利申请人或专利权人依据旧版审查指南可望取得或者已经取得的合法权益，在专利审查和审判实践中引起了较大争议。

为了从法理角度对上述追溯适用的做法进行研究、分析，并就审查指南应当如何过渡适用这个具有普遍性的专利法律适用问题，提出可供实务部门和专利工作者借鉴、参考的意见和建议，北京务实知识产权发展中心于2013年5月20日召开了"'审查指南版本适用问题'专家研讨会"，召集业内专家畅所欲言、各抒己见。参与研讨的专家、学者有中国人民大学知识产权学院院长、博士生导师、中国知识产权法学研究会会长刘春田，中国社会科学院法学研究所研究员、博士生导师、中国科学院大学法律与知识产权系主任、中国知识产权研究会副理事长李顺德，原国家工商行政管理总局法规司司长王学政，原国家知识产权局条法司副司长、中国知识产权培训中心教授文希凯，北京大学知识产权学院常务副院长、博士生导师张平，中国政法大学教授、博士生导师张今，中国人民大学副教授、原北京市第一中级人民法院知识产权庭法官张广良，北京务实知识产权发展中心主任、原北京市高级人民法院民三庭副庭长程永顺等。

研讨会由北京务实知识产权发展中心主任程永顺主持。

与会专家在认真审阅有关材料、了解相关背景情况的基础上，围绕审查指南的版本适用以及相关的法律问题进行了深入研讨，并充分发表了各自的意见。

一、背景情况介绍

（一）专利审查实践中普遍存在将审查指南追溯适用的做法

我国在专利审查领域迄今已经制定并公布施行过 1993 年版、2001 年版、2006 年版和 2010 年版的审查指南（以下分别简称"93 版指南""01 版指南""06 版指南"和"10 版指南"）。

由于专利审查往往需要较长的周期，如果在一项专利申请的审查期间发生了指南版本的更换，则对该申请的后续审查将涉及如何适用指南版本的问题。另外，按照早期的指南版本进行审查并获得授权的专利，如果在指南版本发生更换后被请求宣告无效，则其在无效审查程序中也会涉及如何适用指南版本的问题。

在 10 版指南之前，国家知识产权局在发布新版指南时，均规定旧版指南同时废止，并将新版指南追溯适用于之前所提出的专利申请和根据该申请授权的专利。例如，国家知识产权局第 12 号局长令在公布 01 版指南自 2001 年 10 月 18 日起施行时，规定 93 版指南同时废止；国家知识产权局第 38 号局长令在公布 06 版指南自 2006 年 7 月 1 日起施行时，规定 01 版指南同时废止，而且 06 版指南中所附的《施行修订后审查指南的过渡办法》，明确规定"2006 年 7 月 1 日之前提出的专利申请和根据该申请授予的专利权，除以下规定的事项之外，自 2006 年 7 月 1 日起也适用修订后的审查指南的规定"。

仅在 10 版指南发布施行时，国家知识产权局没有规定 06 版指南同时废止，也没有将 10 版指南溯及既往，而是将 10 版指南适用于自 2009 年 10 月 1 日（即 2008 年修订的专利法的生效日）起提出的专利申请和根据该申请授予的专利权，而对于在 2009 年 10 月 1 日提出的专利申请和根据该申请授予的专利权，则统一适用 06 版指南。因此，目前 06 版指南和 10 版指南处于并行适用的状态。

由此可见，在 10 版指南施行前，国家知识产权局（包括专利复审委员会，下同）对于指南版本的适用标准是：新版指南施行后，前一版指南即废止，对于在旧版指南施行期间提出的专利申请或者授权的专利，在进行后续的实审、复审或者无效审查时，均不再适用当初申请时所依据的旧版指南，而是适用进行实审、复审或者无效审查时所施行的新版指南，即 01 版指南施行后，被追溯适用于之前依据 93 版指南已经提出的专利申请和根据该申请授予的专利权，06 版指南施行后，被追溯适用于之前依据 93 版指南或 01 版指南已经提出的专利申请和根据该申请授予的专利权。

（二）将审查指南追溯适用所导致的不利后果

在 2008 年《专利法》第三次修改前，各版专利法对于专利授权条件的规定基本上是相同的，但是，不同版本的审查指南针对其中部分专利授权条件所规定的具体审查标准，却明显存在宽严尺度上的差异。

（1）针对《专利法》第 33 条规定的"修改不得超范围"这项授权条件，06 版指南规定了比 93 版指南和 01 版指南更加严格的审查标准。对此，原国家知识产权局专利局机械发明审查部部长吴观乐先生，曾在《中国专利代理》杂志 2010 年第 4 期上发表文章指出："2006 年 7 月 1 日前授权的专利，只要对授权文件进行过修改，多半将不符合 2006 年 7 月 1 日起施行的审查指南有关修改超范围的判断标准，因此对于这些专利，如果以修改超范围作为无效宣告请求的理由，按照 2006 年 7 月 1 日起施行的审查指南有关修改超范围的判断标准，这些专利多半难逃被宣告专利权无效的厄运，这将会使不少 2006 年 7 月 1 日前授权的发明专利处于极不稳定的状态。"

（2）针对化学发明申请与审查中涉及的提供实验数据问题，01 版和 06 版指南规定了与 93 版指南不同的审查标准。根据 93 版指南，对于专利申请文件中存在的未记载有必需的实验数据这项缺陷，申请人可以通过在申请日后补交实验数据予以克服，但根据 01 版和 06 版指南，上述缺陷则不能通过补交实验数据予以克服。也就是说，针对这个问题，01 版和 06 版指南规定了比 93 版指南更加严格的审查标准。对此，国家知识产权局专利局医药生物发明审查部部长张清奎先生，曾在《中国发明与专利》杂志 2006 年第 10 期发表文章"审查指南化学部分的修改重点"，其中明确指出"上次审查指南修改时（即 01 版指南），将'说明书中给出了具体的技术方案，但没有提供实验数据，而该方案又必须依赖实验结果加以证实才能成立'的情况由不具备实用性改为公开不充分。由于在审查实践中，不具备实用性的缺陷往往可以通过补交一些实验数据加以证实而得到克服，而公开不充分的缺陷是不允许通过补充实验数据加以克服的，……这就给审查实践带来了较大的变化"。

由于不同版本的审查指南针对部分专利授权条件所规定的审查标准宽严不一，所以，目前专利审查实践中普遍采用的将新版指南所规定的更严格的审查标准，追溯适用于此前依据旧版指南中较宽松的审查标准提出的专利申请和根据该申请授予的专利权，将会导致以下不利于专利申请人或专利权人的后果。

（1）依据旧版指南提出并符合其审查标准的专利申请，在新版指南施行后才进入实审阶段，因被追溯适用更严格的新版指南而得不到授权。

（2）依据旧版指南被授权的专利，在新版指南施行后被他人请求宣告无效，因在无效审查程序中被专利复审委员会追溯适用更严格的新版指南而宣告无效。

（三）研讨会的参考案例

1. 将新版指南进行追溯适用的专利复审、无效案例

在筹备研讨会期间，北京务实知识产权发展中心检索到几十个涉及指南版本适用争议的专利复审、无效案例，实审部门和专利复审委员会在这些案例中普遍采用了将审查指南进行追溯适用的做法，并因此作出不利于专利申请人或专利权人的审查结论。研讨会从中选取了以下 4 个案例作为参考。

（1）第 11291 号无效宣告审查决定案。

该案涉及《专利法》第 33 条规定的"修改不得超范围"这项授权条件。如上文所述，针对这项授权条件，06 版指南规定了比 93 版和 01 版指南更加严格的审查标准。

涉案专利于 1999 年 5 月 18 日提出申请，并于 2002 年 1 月 28 日（当时适用 01 版指南）对权利要求书进行了修改。审查员依照 01 版指南的标准，认为修改后的权利要求书符合 01 版指南的规定，于 2004 年 6 月 23 日对该申请予以公告授权。06 版指南施行后，他人以"修改超范围"为由，请求宣告涉案专利无效。专利复审委员会对本案适用 06 版指南，06 版指南对修改问题规定了更为严格的审查标准，认定专利权人在 2002 年所进行的上述修改不符合 06 版指南的规定，宣告涉案专利全部无效。

（2）第 9189 号复审请求审查决定案。

涉案专利申请的申请日为 1998 年 9 月 28 日，当时适用 93 版指南。该申请的说明书未记载能够证实发明的用途和效果的实验数据。

按照 93 版指南的规定，上述缺陷属于不具有实用性的情形，可以通过在申请日之后补充实验数据来克服。因此，申请人在实质审查阶段补充提交了有关的实验数据。

在对该涉案专利申请进行审查期间，01 版指南发布施行，93 版指南被废止。审查员适用 01 版指南对涉案专利申请进行实质审查。

根据 01 版指南的相关规定，涉案专利申请存在未提供必需的实验数据这一缺陷，属于说明书公开不充分的情形，不能通过在申请日之后补充实验数据来克服。

审查员于 2005 年 1 月 14 日，适用 01 版指南驳回了涉案专利申请。申请人对此提出复审请求，并主张涉案专利申请在 1998 年提交，应当按照 93 版指南进行审理，因 01 版指南对于补充实验数据的规定发生了改变，若依据 01

版指南对涉案专利申请进行审查，明显不合理。

专利复审委员会在复审时亦适用01版指南，对该案作出第9189号复审决定，维持了原驳回结论，并针对申请人提出的指南版本适用问题，提出以下观点：

"国家知识产权局公告（第78号公告）规定：'2001年7月1日之前提出的专利申请和根据该申请授予的专利权，除另有规定的以外，自2001年7月1日起也适用修订后的专利法及其实施细则的规定'，而本申请不属于国家知识产权局公告（第78号公告）中规定的例外，应当适用修改后的2001年版专利法及其实施细则的规定。并且2001年10月18日公布的国家知识产权局局长令（第12号）明确宣布，2001年的《审查指南》于公布之日起施行，而1993年3月10日发布的《审查指南》及其以后发布的审查指南公报同时废止。因此，对本申请的审查应当依据2001年版专利法及其实施细则以及2001年版《审查指南》进行。"

（3）第13236号复审请求审查决定案。

涉案专利申请的申请日为1999年8月30日，当时施行93版指南。该申请的说明书同样未记载能够证实发明的用途和效果的实验数据。

该申请同样在01版指南发布施行后才进入实审程序，审查员追溯适用01版指南而拒绝接受申请人在申请日后补交的实验数据，并以缺乏实验数据为由认定该申请属于公开不充分，进而驳回了该申请。

申请人于2005年11月28日提出复审请求，强调涉案专利申请系于1999年提出，不应适用01版指南。

专利复审委员会于2008年4月29日，适用当时施行的06版指南，对该案作出第13236号复审决定，维持了原驳回结论，并针对申请人提出的指南版本适用问题，提出以下观点：

"关于《审查指南》（以下简称'指南'）的适用，1993年版指南已于2001年10月18日废止，同时实行2001年版指南（参见2001年10月18日国家知识产权局第12号令），而2006年7月1日起则施行2006年版新指南，2001年版指南同时废止（参见2006年5月24日国家知识产权局第38号令），因此本申请于2003~2005年实质审查过程中适用2001年版指南、2006年7月1日后适用2006年版指南并无不妥。"

（4）第9860号复审请求审查决定案。

涉案专利申请的申请日为2000年10月10日，当时施行93版指南。该申请的说明书同样未记载能够证实发明的用途和效果的实验数据。

该申请同样在01版指南发布施行后才进入实审程序，审查员追溯适用01

版指南而拒绝接受申请人在申请日后补交的实验数据，并以缺乏实验数据为由认定该申请属于公开不充分，进而驳回了该申请。

申请人于 2004 年 1 月 19 日提出复审请求，强调涉案申请的申请日为 2000 年 10 月 10 日，当时施行的 93 版指南中，不存在 2001 年施行的审查指南所规定的说明书未提供证明医药用途效果的实验证据将构成公开不充分的情形，申请人无从得知申请专利时必须提供审查员所指的实验数据，如果根据 01 版指南的规定对 2000 年提交的申请作出审查，对申请人是不公平的。

专利复审委员会于 2006 年 12 月 21 日，对该案适用当时施行的 06 版指南，作出第 9860 号复审决定，维持了原驳回结论，并针对申请人提出的指南版本适用问题，指出：

"根据国家知识产权局第 12 号局长令的规定，2001 年版《审查指南》自 2001 年 10 月 18 日公布之日起施行，1993 年 3 月 10 日发布的《审查指南》及其后发布的审查指南公报同时废止，因此，本申请的实质审查和发出《复审通知书》时适用 2001 年颁布的《审查指南》是正确的。

根据国家知识产权局第 38 号局长令的规定，2006 年版《审查指南》自 2006 年 7 月 1 日起施行，2001 年 10 月 18 日公布的《审查指南》及其后发布的审查指南公报同时废止。因此，本复审决定需适用 2006 年版《审查指南》"。

2. 不将新版指南进行追溯适用的专利复审、无效案例

北京务实知识产权发展中心在检索相关案例的过程中，只找到一例不将新版指南进行追溯适用的案例，即第 15069 号无效宣告请求审查决定案。

在目前能够查阅到的涉及指南版本适用问题的众多案例中，该案是唯一一例适用专利申请时施行的指南版本，而且，在后续的行政诉讼程序中，该项审查决定及其关于指南版本适用问题的观点，也已得到人民法院支持。但是，在该项审查决定生效后，专利复审委员会后来在处理其他涉及指南版本适用问题的案件时，却并未沿用其在该案中提出并得到法院支持的指南版本适用标准，而是继续执行将新版指南追溯适用的做法。

该案的基本案情如下：

涉案专利的申请日为 2000 年 1 月 12 日，当时适用 93 版指南。在 06 版指南施行后，他人对涉案专利提出无效宣告请求，并依据 06 版指南的规定，主张涉案专利的说明书未给出能够证实发明用途与效果的实验数据，存在公开不充分的缺陷。

本案的争议点在于，涉案专利的说明书未记载能够证实发明用途与效果的实验数据，但这些数据已记载在说明书所引用的优先权文件中。根据 93 版

指南的相关规定，该优先权文件属于引证文件，其所记载的实验数据构成涉案专利说明书内容的一部分。而根据 01 版和 06 版指南的相关规定，该优先权文件所记载的实验数据不能构成涉案专利说明书内容的一部分。

无效请求人依据提出无效请求时施行的 06 版指南的规定，主张涉案专利的说明书未给出能够证实发明用途与效果的实验数据，存在公开不充分的缺陷，应被宣告无效。

专利权人则辩称，本案应当适用涉案专利申请时施行的 93 版指南，故其优先权文件中记载的涉案专利化合物的药理活性及数据，构成涉案专利说明书内容的一部分，故涉案专利不存在缺乏实验数据的无效情节。

专利复审委员会于 2010 年 6 月 24 日，依据 93 版指南对该案作出第 15069 号无效宣告请求决定，维持专利权有效。专利复审委员会在该案中认为应当适用申请时的指南版本的理由如下：

"本案的申请日为 2000 年 1 月 12 日，其申请时所依据的生效的审查指南为国家知识产权局（原专利局）于 1993 年 3 月 10 日公布的审查指南（以下简称 93 版审查指南），……审查指南对引证文件的要求在 2001 版和 2006 版审查指南中规定的更加严格。因此，就引证文件来说，如果在申请时适用较为宽松要求的 93 版审查指南，而在无效阶段适用较为严格的 2001 版或 2006 版审查指南对专利权人来说是不公平的。"

3. 人民法院的相关判例

针对前述第 15069 号无效宣告请求审查决定案，在后续行政诉讼程序中，北京市第一中级人民法院作出（2010）一中知行初字第 3548 号生效判决，支持了专利复审委员会在该案中不将 06 版指南溯及既往的做法。

在该判决中，人民法院针对审查指南新旧版本的过渡适用问题，明确提出了以下审判立场：

"《审查指南》属于国家知识产权局发布的规章，对新旧版本《审查指南》的适用应当符合《立法法》第 84 条的规定。在本专利的国际申请、国际公布和进入中国国家阶段期间，生效的审查指南仍为 93 版指南。虽然原告主张在其提出本案的无效宣告请求后，93 版和 01 版指南均已作废，故应当适用 06 版指南。但是，在新法生效的同时规定旧法作废是新旧法律衔接适用的必然要求，但这并不意味着旧法从此就在任何情况下均不再适用。在本专利提出申请时，01 版和 06 版指南尚未发布，专利权人无法在撰写申请文件时预知此后发布的审查指南将对申请文件的撰写形式作出何种调整，自然也无法对尚未发布的未知审查指南预先予以遵守。由于 01 版和 06 版指南对申请文件关于引证文件的撰写要求比 93 版指南中规定的更加严格，所以，如果在本案中适用 06 版指南中更加严格的相关规定，对专利权人的合法权益势必造成不利影响。因此，本案应当适用 93 版指南的相应规定。"

（四）《立法法》关于"法不溯及既往"的规定

《立法法》第 84 条规定："法律、行政法规、地方性法规、自治条例和单行条例、规章不溯及既往，但为了更好地保护公民、法人和其他组织的权利和利益而作的特别规定除外。"

《立法法》第 2 条还规定："法律、行政法规、地方性法规、自治条例和单行条例的制定、修改和废止，适用本法。国务院部门规章和地方政府规章的制定、修改和废止，依照本法的有关规定执行。"

（五）历次专利法修改后的相关过渡适用规定

1. 1992 年第一次改法后的过渡适用

1992 年 9 月 4 日，第七届全国人大常委会第 27 次会议通过的《关于修改〈中华人民共和国专利法〉的决定》，明确规定了新法不溯及既往：本决定施行前提出的专利申请和根据该申请授予的专利权，适用修改以前的专利法的规定。

1993 年 1 月 1 日起施行的《专利法实施细则》第 96 条，也明确规定了新的细则不溯及既往：本细则施行前提出的专利申请和根据该申请授予的专利权，适用修改前的专利法的规定和修改前的专利法实施细则的相应规定。

2001 年 6 月 22 日颁布的《最高人民法院关于审理专利纠纷案件适用法律问题的若干规定》第 7 条明确规定，对于原告根据 1993 年 1 月 1 日以前提出的专利申请和根据该申请授予的方法发明专利权提起的侵权诉讼，人民法院在实体审理中依法适用方法发明专利权不延及产品的规定。即 1992 年《专利法》和 2000 年《专利法》关于方法专利权的保护范围延及产品的规定，不溯及当事人在 1993 年 1 月 1 日之前依据 1984 年《专利法》提出的专利申请和根据该申请授予的方法发明专利权，这与第七届全国人大常委会《关于修改〈中华人民共和国专利法〉的决定》中，关于"在 1993 年 1 月 1 日前提出的专利申请和根据该申请授予的专利权仍然适用 1984 年专利法"的规定，是完全相符的。

2. 2000 年第二次改法后的过渡适用

全国人大常委会的修改决定以及修改后的专利法和专利法实施细则，均未对新、旧专利法及其实施细则之间的过渡适用问题作出规定。

但国家知识产权局于 2001 年 6 月 25 日发布《施行修改后专利法及其实施细则的过渡办法》（国家知识产权局第 78 号公告），其中规定："2001 年 7 月 1 日之前提出的专利申请和根据该申请授予的专利权，除另有规定的以外，自 2001 年 7 月 1 日起也适用修改后的专利法及其实施细则的规定。"

根据第 78 号公告的上述规定，国家知识产权局 2001 年 10 月 18 日在发布施行 01 版指南时，规定之前的 93 版指南同时废止，并将 01 版指南溯及既往。同样，国家知识产权局 2006 年 7 月 1 日在施行 06 版指南时，规定之前的 01 版指南同时废止，并将 06 版指南溯及既往。

但是，第 78 号公告将 2000 年专利法及其实施细则整体上溯及既往，包括溯及于在 1993 年 1 月 1 日前提出的专利申请和根据该申请授予的专利权，上述规定内容，与有关上位法的规定发生抵触，因为第七届全国人大常委会《关于修改〈中华人民共和国专利法〉的决定》早已明确规定"在 1993 年 1 月 1 日前提出的专利申请和根据该申请授予的专利权仍然适用 1984 年专利法"的规定，而且，1993 年 1 月 1 日起施行的《专利法实施细则》第 96 条，也明确规定，"在 1993 年 1 月 1 日前提出的专利申请和根据该申请授予的专利权仍然适用 1984 年专利法及其实施细则"。

因此，第 78 号公告将新法溯及既往的规定，以及渊源于第 78 号公告的将 01 版和 06 版指南溯及既往的做法，与上述高阶位的法律和行政法规的相关规定，并不相符。

3. 2008 年第三次改法后的过渡适用

全国人大常委会的修改决定未对新、旧专利法之间的过渡适用问题作出规定，但国家知识产权局 2009 年 9 月 29 日发布的《施行修改后的专利法的过渡办法》，明确规定新法整体上不溯及既往。2010 年 1 月 21 日发布的《施行修改后的专利法实施细则的过渡办法》，也明确规定新细则整体上不溯及既往。同理，国家知识产权局根据修改后的专利法及其实施细则制定的 10 版指南，也没有溯及既往。

二、专家意见

本次研讨会围绕审查指南的不同版本应当如何正确适用这个核心问题，展开了深入讨论，与会专家充分发表了各自的观点和意见。

经过充分讨论，与会专家普遍认为，专利法所规定的专利授权条件比较原则，审查指南对这些授权条件规定了可操作的、具体化的审查标准。对于某些部分专利授权条件，不同版本的审查指南规定的审查标准宽严尺度不等，如果将新版指南所规定的更加严格的审查标准，追溯适用于当事人之前依据较为宽松的旧版指南提出的专利申请和根据该申请授予的专利权，将会使部分符合旧版指南的专利申请，在进入实审程序后因被追溯适用更严格的新版指南而得不到授权，或者使部分已经依据旧版指南获得授权的专利，在后续的无效请求审查程序中因被追溯适用更严格的新版指南而宣告无效，从而损害和剥夺专利申请人或专利权人的合法权益。任何新法、新规范的颁布实施，都不能剥夺当事人此前依据旧法、旧规范已做出的特定民事行为所产生的可期待利益或已取得的既得利益，这是基本的法理，也是我国《立法法》中确立的"法不溯及既往"原则的一项基本内容。目前专利审查实践中普遍采用的将审查指南溯及既往的做法，是不符合法理的，也违反了《立法法》第84条所规定的"法不溯及既往"原则。

为此，与会专家建议，有关部门在专利审查实践中，应当尽快纠正上述溯及既往的做法，明确对于任何一项专利申请以及根据该申请授予的专利权，在后续的所有审查、审判程序中，均应适用其提出申请时所依据的审查指南版本，只有在适用后来施行的新版指南能够产生更有利于专利申请人或专利权人的结果的情况下，才能将更有利的规定溯及于在其施行前已提出的专利申请和根据该申请授予的专利权。

➢ 刘春田教授提出了如下意见和建议

（1）今天研讨的问题实际上不是单纯的专利法问题，而是基本的法理问题，是法律的效力问题。从法理上把这些问题搞清楚了，就不应该出现今天所讨论的审查指南溯及既往的现象。法不溯及既往，这在法理上应该是没有什么争议的，无论是发达国家、发展中国家，只要是声称有法的社会，都应该遵循这一原则，这是任何声称有法的社会的普世价值。

（2）法律的基本功能是对人的行为进行规范和指导，公众可以根据法律来预测自己行为的结果，但是，公众只能根据自己行为发生时施行的法律来预测行为的结果，并据此规范自己的行为，以趋利避害，没有任何理由要求公众根据行为发生时尚未存在的将来的法律来预测和规范自己的行为，这是不可能做得到的。公众因信赖法律的预测功能而依据现行法律从事特定的行为，其由此产生的权益，应当是稳定的、受保障的。法不溯及既往，就是要使公众依据现行法律从事特定行为所产生的合法权益，获得保障，使公众信赖法律，并遵其为行为准则。

（3）法不溯及既往，就是从旧而不从新，旧行为适用旧规则，新行为适用新规则，这是法律适用的基本原则。实践中也有例外，但这些例外必须是为了更好地保护当事人的权益，比如，对于程序上的规定，可以从新而不从旧，或者从新更有利于当事人时，也可以从新而不从旧。但是，如果从新将会损害当事人按照旧规则能够取得或者已经享有的权益，那是绝对不应当从新的。这是法不溯及既往的基本精神，也是任何一个理性的社会、讲法制的社会，都应当遵从的普世价值和基本道理。

（4）要正确理解法律的废止，旧的法律因新法生效而废止，仅意味着今后的行为要按照新法的规定来办，不能再按旧法办，但是，按照旧法已经做出的旧行为，仍然要用当时所适用的旧法去衡量和处理，不能拿新法回过头去衡量和处理旧行为。

（5）通过修改审查指南，不断完善专利的授权条件，这是一个好事，体现专利水平的提高，是社会的进步。但是，权利人在旧版指南施行期间，按照旧版指南提出专利申请，就应当享有旧版指南所赋予的相应权益，无论审查标准以后怎么变，这些权益都不应当因为标准本身的改变或旧标准的废止而丧失，而被剥夺，所以，旧的申请就应当适用旧的标准，新的申请就应当适用新的标准，不应当用新标准去审查、评价权利人在旧标准施行期间所做出的民事行为，不能用新标准去限制、剥夺权利人在合法情况下获得的权益。

（6）审查指南的追溯适用问题看似小，但是后果大，专利制度是一种财产制度，权利人按照旧版指南本来可以获得或者已经获得的财产，突然因为指南的版本更新，就导致权利人的权利丧失，财产归零，使社会的财产关系处于不稳定状态，这对社会发展是不利的，对经济秩序是不利的。

（7）指南新版本追溯适用的做法，是一个不合法理的简单、具体的错误，纠正起来并不困难，国家知识产权局现在也比较重视社会反响，如果大家对这个问题态度比较明确，立场比较统一，国家知识产权局应该能接受并自行纠正。也可以通过法院进行处理，对于这种法理上很明确的东西，法院更容易理解和接受，只要法院在案件审判中坚持否定这种追溯适用的错误做法，也可以督促纠错。

➤ 王学政司长提出如下意见和建议

（1）关于一个新规定是不是适用于之前的旧行为，这个问题既简单，又有点复杂。说简单，是因为法不溯及既往的重要性和意义毋庸置疑，它应该是一个现代国家，特别是文明国家的标志。说复杂，是因为在特定情况下，可能又要溯及既往，不是单纯地从旧，而是从旧兼从轻，前提是溯及既往要有利于保护当事人的合法权益，这也是《立法法》第84条在但书部分作出的明确规定。

（2）专利的审查授权和商标的核准注册具有同样的性质，都属于民事权利的确权、确认程序，和行政审批行为不一样。行政审批行为是以审查时处于有效状态的规定作为审批依据的，而在民事权利的确认程序中，当事人在权利获得之前的申请阶段就会形成两项附带权利，一项是申请权，涉及申请日的先后所产生的权益，另一项是期待权，即只要符合条件就能够获得授权。国家知识产权局在发布施行新版指南时即废止旧版指南，并按照新版指南来审理过去提出的申请，这比较符合行政机关的逻辑思维，但在保护当事人的民事权利方面，考虑得不够，实际上对当事人的申请权、期待权都有侵害。

（3）审查指南不仅是专利审查部门规范自身审查行为的依据，也是当事人申请和取得专利权的重要指引。在旧版指南施行期间，当事人按照旧版指南的规定这样操作其专利申请，本来可以期待按照旧版指南获得授权的，没想到突然出现了新版指南，改为要那样操作，当事人又不可能按照新版指南重新更改当初的操作，这时如果按照新版指南来否定当初的申请行为，当然会损害他的期待权，导致不公平、不合理的结果，这是不利于当事人的，也不利于专利事业的发展。

（4）从刚才介绍的案例来看，这件事还涉及信赖保护问题，申请人信赖旧版指南并将其作为申请专利的指引，就应当保护申请人由此所形成的利益。申请人既然已经按照旧版指南申请专利并获得了授权，形成了固定的民事权益，就不能因为规定后来变了，申请人的专利权因为不符合改变后的新规定，就会被无效，既得的民事权利就没有了，这种做法显然是对民事权利的侵害，既不合理，也不合法。

（5）国家知识产权局对 10 版指南不溯及既往，说明他们已经看到版本适用问题的特殊性，已经看到过去的追溯适用做法带来的弊端，再经过社会、专家、当事人的呼吁和反映，国家知识产权局应该会从法理上逐步认清这个问题，并纠正过去的错误做法，重新确立合乎法理的审查指南版本适用规则。

➤ 张平教授提出了以下意见和建议

（1）对于审查指南的法律属性，实践中有争论，有人认为它只是审查员的操作手册。但审查指南确实很重要，在具体办理专利申请、授权、确权事务时离不开审查指南，所以审查指南版本的正确适用，关乎专利权人和专利申请人的切身利益。我在这个问题上完全同意刚才的专家意见。

（2）关于第 78 号公告，我认为应该及时地进行纠正，这个问题事关对专利权人权利的保护，不能不了了之，或者漠视它。怎么解决？现在可以在法院行政诉讼当中解决这个问题。国家知识产权局没有纠正之前，可以在法院的行政诉讼中指出第 78 号公告与上位法之间的冲突，法官可以进行自由裁量。

（3）专利法是保护专利权权益的法律，专利法及其配套的审查指南的实施，都应当以有利于保护专利权为出发点。但是，现行的审查指南追溯适用造成了权利不稳定，这是因为政府部门的朝令夕改造成的不稳定，不是因为专利权人自己造成的。应当尽快将这个问题反映给国家知识产权局。

（4）关于审查指南版本的过渡适用问题，虽然涉及的是民事权利，但也可以参照一下刑法修改后的过渡适用规则，在刑法领域，新法和旧法之间遵循从旧兼从轻的过渡适用原则。涉及民事权益的法律法规的过渡适用，也应该依照从旧兼从轻的原则。

> 张广良副教授提出了以下意见和建议

（1）首先完全同意刚才三位老师提出的看法。审查指南在专利授权确权的审判实践当中，是被法院作为审判依据使用的，所以不管其形式如何，实质上已具有部门规章的性质和地位。《立法法》第2条规定，"国务院部门规章和地方政府规章的制定、修改和废止，依照本法的有关规定执行"，所以审查指南不同版本的过渡适用，也可以广义地称为新法、旧法适用问题，也要遵循《立法法》第84条所规定的法不溯及既往原则，只有在更有利于保护当事人权益的情况下，才能溯及既往。

（2）关于新法、旧法的过渡适用，实践当中除了《立法法》有规定之外，还有实体从旧、程序从新的规则。像刚才所介绍的93版指南在补充实验数据问题上与后来发布的几版指南之间的重大差异，以及06版指南与之前的两版指南之间在"修改是否超范围"的审查标准上的重大差异，都涉及权利能否获得，或者已获得的权利是否有效，应该是实体上的问题，应该适用申请时的旧版指南。在这种关系到当事人权益的得失有无的重大问题上，审查指南是不应该溯及既往的。

（3）对于实践中出现的错误地进行追溯适用的问题怎么解决？如果在行政诉讼当中涉及这种问题，法院解决起来相对比较简单，像刚才所介绍的北京市第一中级人民法院的判例，法院已经明确表达了不能将新版指南中更严格的规定进行追溯适用，对于过去申请的专利应当适用申请时的指南版本的审判立场，所以，当事人对于因为专利复审委员会追溯适用新版指南而使自己合法权益遭受损害的专利无效、复审案件，完全可以起诉到法院，法院可以以适用法律不当为由进行撤销。

> 文希凯教授提出了以下意见和建议

（1）我同意刚才各位专家的意见，法律应该不溯及既往，不能侵犯权利人的既得利益。从专利法修改来讲，从一开始就实行新申请从新、旧申请从旧、实体问题从旧、程序问题从新的原则。专利法迄今已修改三次，每次"人大修改决定"都规定了修改条文的施行日期，但从未废止1984年法，一直延续到现在，修改后只是重新公布。从审查指南的修改来讲，也已前后修改过三次，以前都是新版指南发布施行，旧版指南同时废止。但现在2010版指南发布时，2006版指南也并不废止了，理由是专利法及其实施细则都未废止，要与专利法及其实施细则一致。

（2）作为部门规章的审查指南，其修改应该与专利法及其实施细则的修改一致，也应当遵循和符合"新申请从新、旧申请从旧、实体问题从旧、程序问题从新"的原则。为方便和改进审查工作，程序和手续方面的规定可以补充，但实体问题的修改不能超越专利法及其实施细则修改的范围。刚才介绍的4个涉及追溯适用的案例，与此原则不符，影响了当事人的利益。根据介绍，吴观乐部长和张清奎部长都有公开文章，表明专利局不少人了解在修改范围和补充实验数据问题上，新旧审查指南之间的审查标准有很大差异，但不知为何未引起重视。我认为重要的是，与本问题有关的《专利法》第33条和《专利实施细则》的相关条文从来没有修改过。如果审查指南的相关修改伤筋动骨，触及当事人的切身利益，是不符合专利法的修改原则的，专利复审委员会在案件审理中应注意防范。以补充实验数据问题为例，如果在93版指南中，缺乏实验数据属于实用性审查范畴，是允许补充的，则01版和06版指南若将这个问题归入公开是否充分的审查范畴，补充数据就成了修改超范围，自然会被驳回。由于按照93版指南，申请人享有补充数据的权利，当时并无01版或06版指南的规定，申请人无从知道，由此驳回其申请实际上就是剥夺了当事人原来已享有的权利，是不合理的。

（3）专利审查指南的制定和修改依《国家知识产权局规章制定办法》进行，由审查业务管理部归口负责。尽管现在实践中发生了这些不当的追溯适用案件，但并不表明国家知识产权局不实行新申请从新、旧申请从旧的原则，当事人的既得利益是必须受到尊重和保护的。专利法赋予当事人的合法权利，新版指南不能剥夺，这是基本的法理。鉴于审查指南关于追溯适用的不当规定涉及面广，后果严重，应当尽早向国家知识产权局领导反映，引起他们重视，予以改正。

➢ 张今教授提出了以下意见和建议

（1）我完全同意各位老师已经讲过的意见。法无溯及力，不仅是立法原则，也是法律适用原则。当然也有溯及既往的例外，但正如《立法法》第84条所规定，溯及既往要以有利于当事人为前提。

（2）国家知识产权局2009年发布的《施行修改后的专利法的过渡办法》，其中第2条明确规定了新法不溯及既往的原则。同时规定了几种溯及既往的情况，但这些条款溯及既往，其结果都是对专利权人或专利申请人有利的，不会发生因溯及既往而损害当事人合法权益的问题。

（3）审查指南是专利法律体系的重要组成部分，审查指南的适用，也属于法律适用的范畴，也要遵循法不溯及既往的原则。实践中为什么会发生溯及既往的错误？可能是有关部门没有把它当作法律性的东西，而是单纯把它当作统一工作标准的工具，用来规范和解决不同审查员在实际审查过程中执行标准不一的问题，所以从审查部门的思维习惯出发，统一标准以后，有了新版就用新版，像刚才介绍的案例那样，发生了不应该出现的将新的审查标准进行追溯适用的情况，导致了对申请人或专利权人不公平的结果。

（4）时间标准在专利审查中特别重要，我们在评价专利申请的新颖性和创造性时，都是以申请日这个特定时间界限的技术状态为标准的，同样道理，我们在审查申请人的专利申请行为时，例如修改是不是超范围问题、能否补充实验数据问题等，这些情况是不是符合授权的要求，当然也要按照确定的时间标准来衡量，要以申请人提出专利申请的时间、作出修改的时间为时间界限，根据该时间点上的有效规定的授权标准来进行判断。新版审查指南公布后将它追溯适用于之前的专利申请，就等于把申请人的申请日往后推了。

（5）应该怎么去纠正目前的追溯适用做法？一方面，可以通过司法程序，法院可以在相关专利行政案件的审判中不支持这种追溯适用的做法，而是适用申请人提出专利申请时的指南版本来维护当事人的合法权益；另一方面，也需要直接向国家知识产权局提出意见，建议其自行改正。

➤ 李顺德教授提出了以下意见和建议

（1）我看大家的意见是比较一致的，我跟大家的观点差不多，审查指南版本的适用问题处理不好，显然会造成一些不好的后果，包括对权利人的合法权益不能有效的保障。这些问题应该及时把它梳理出来，反映上去，能够及时得到纠正是非常必要的。

（2）从刚才介绍的这些案例中反映出来的问题，值得有关部门重视。而且现在讨论这些问题有非常现实的意义，现在专利法又在修改，审查指南将来也要修改，将来还会产生如何正确适用的问题，要以已经发生的问题为鉴，避免今后再走弯路。

➤ 程永顺主任提出了以下意见和建议

（1）对这件事的讨论，专家们的观点完全一致，没有不同意见。

（2）在作为研讨会参考的案例材料中，我看到有两个涉及补充实验数据问题的案例，专利复审委员会在进行追溯适用时提到，93版指南和01版指南对于这个问题的原则是一致的，两版指南并无冲突。但事实上，张清奎部长已经公开发表文章指明两版指南之间的明显差异，适用93版指南，申请人就可以通过补充实验数据来克服说明书中缺乏数据的缺陷，如果追溯适用01版或06版指南，这样的专利申请就会被认定为公开不充分，不能通过补充数据来克服，专利申请就会被驳回。这是执行不同版本中出现的问题，我觉得国家知识产权局和专利复审委员会首先要正视这个客观事实，正视不同版本指南在执行中出现的客观差异，以及这些差异给当事人权益造成的影响，只有正视事实，正视问题，才能解决问题。

（3）我听到有人提出过这样一种说法，当初的审查标准定错了，后来纠正过来了，所以要对以前的申请也追溯适用纠正后的新标准。这种说法是不符合法理的。法律（当然也包括审查指南这样的部门规章或称规范性文件）一经发布实施，不管对错，都是产生效力的，法的效力就体现在，无论是依法行事还是违法行事，都会产生确定的法律权益或者惩罚后果，这样才会形成法律秩序。旧法因新法生效而废止，仅仅意味着旧法不再执行，并不意味着过去按照旧法做的事都不算数了，依据旧法所形成的法律秩序，新法也是要予以维护的，这样才能形成法律秩序的稳定性。而且，标准没有对与错，只有宽和严。法律标准的宽和严是相对的，新旧法律的交替更迭本身就反映了社会的进步，新法一般都是优于旧法的，但不能因为新法更好就可以用新法去否定过去依据旧法已经形成的法律秩序和法律权益。

（4）这个问题怎么解决？法院在审理行政案件的过程中，有权对审查指南的适用进行监督，符合法律规定的部门规章就执行，不符合法律规定的部门规章就不执行，并予以指明，甚至可以判决之后发司法建议，建议有关部门更改修正错误的部门规章，这也是发挥行政审判对具体行政行为进行监督的职能作用。通过我们的讨论，把大家的意见整理出来，作为会议纪要送给最高人民法院，送给北京法院，也送给国家知识产权局和专利复审委员会，给有关部门参考，并在实践中解决此问题，纠正不妥的做法。不符合法理的做法，大家认识清楚了，最终总能通过一定的途径得到纠正。

以上意见系根据专家学者的意见归纳整理作出，仅供参考。

北京务实知识产权发展中心
2013 年 6 月 5 日

案例 04

深圳市赛格导航科技股份有限公司诉广汽丰田汽车有限公司等侵犯发明专利纠纷案专家研讨会法律意见书

务实（2014）第 004 号

受 TOYOTA 自动车株式会社委托，北京务实知识产权发展中心于 2014 年 4 月 24 日在北京务实知识产权发展中心会议室举办了"深圳市赛格导航科技股份有限公司诉广汽丰田汽车有限公司等侵犯发明专利纠纷案专家研讨会"。原国家知识产权局条法司司长尹新天，中国社会科学院法学研究所研究员、博士生导师、法学所知识产权中心主任，知识产权法研究室主任、中国知识产权研究会常务副会长李明德，北京大学法学院教授、博士生导师、原知识产权学院秘书长、原北京大学国际知识产权中心主任郑胜利，中国人民大学法学院教授、博士生导师、中国知识产权法学研究会秘书长郭禾，中国政法大学民商经济法学院教授、博士生导师、知识产权法研究所所长来小鹏，北京务实知识产权发展中心主任程永顺等资深知识产权法律专家、学者参加了研讨。中国社会科学院法学研究所研究员、博士生导师、中国科学院大学法律与知识产权系主任、中国知识产权研究会副理事长李顺德出具了书面意见。

研讨会由北京务实知识产权发展中心主任程永顺主持。专家在认真审阅委托方的代理人提供的与本案有关的材料、了解案件相关背景情况的基础上，围绕本案被告的行为是否构成共同侵权，如果构成侵权，应当如何承担侵权责任，以及本案审理过程中涉及的鉴定、事实认定等相关问题进行了深入研讨，并充分发表了各自的意见。

一、背景情况

（一）系争专利基本情况

2006 年 11 月 23 日，深圳市赛格导航科技股份有限公司（以下简称"赛格公司")就 ZL200610157027.7"一种交互式的行车导航和车载安防系统"（以下简称"系争专利"）向国家知识产权局提出发明专利申请，并于 2009 年 8 月 26 日获得该发明专利权。目前，该专利处于有效的法律状态。其权利要求书载明：

"1. 一种交互式的行车导航和车载安防系统，包括远程控制中心和用户终端，其特征在于，

所述远程控制中心包括用于整合和分析信息并生成相关数据的地理信息系统，用于自动规范和存储来自所述地理信息系统的结果数据，并为呼叫中心提供数据支持的智能信息系统，以及用于提供交互界面、与用户终端进行信息沟通的呼叫中心；

所述用户终端包括车载终端和导航仪，所述车载终端包括 CPU、第一 GPS 模块、移动通信模块和第一数据接口模块，所述 CPU 通过串口扩展技术分别与第一 GPS 模块、移动通信模块、第一数据接口模块进行通信；

所述第一 GPS 模块用于处理接收得到的信号并将其传送给 CPU；

所述移动通信模块用于与远程控制中心进行通信；

所述第一数据接口模块用于与带有相应数据接口的导航仪进行通信；

所述导航仪包括双 CPU 架构、第二 GPS 模块、存储器、第二数据接口模块和输入输出设备，所述车载终端与导航仪通过数据接口模块实现一体化连接；

所述车载终端通过移动通信网络与所述远程控制中心交互信息。

2. 根据权利要求 1 所述的交互式的行车导航和车载安防系统，其特征在于，所述数据接口包括无线数据接口和有线数据接口；所述无线数据接口包括蓝牙数据接口和红外数据接口；所述有线数据接口包括 RS 232 串口数据接口。

3. 根据权利要求 2 所述的交互式的行车导航和车载安防系统，其特征在于，所述车载终端还包括手柄，所述导航仪还包括输入输出控制。

4. 根据权利要求 3 所述的交互式的行车导航和车载安防系统，其特征在于，所述车载终端中的所述 CPU 通过串口扩展技术与所述手柄进行通信；

所述车载终端中的所述手柄用于操作控制车载终端。

5. 根据权利要求 4 所述的交互式的行车导航和车载安防系统，其特征在于，所述车载终端还包括复杂可编程逻辑控制器，用于扩展多个输入输出接口以实现汽车的安防控制。

6. 根据权利要求 5 所述的交互式的行车导航和车载安防系统，其特征在于，所述安防控制包括油路检测、报警检测、灯检测和锁油门控制。

7. 根据权利要求 1 所述的交互式的行车导航和车载安防系统，其特征在于，所述导航仪中的所述双 CPU 架构用于进行信号处理，并通过所述第二数据接口模块与车载终端进行通信；

所述导航仪中的所述第二 GPS 模块用于处理接收得到的 GPS 定位信息，并将其传送给 CPU；

所述导航仪中的所述存储器包括闪存和/或微硬盘，用于烧录导航仪运行的操作系统；

所述导航仪中的所述输入输出设备包括触摸屏、安全数码记忆卡和通用串行总线接口。

8. 根据权利要求 1 所述的交互式的行车导航和车载安防系统，其特征在于，所述移动通信网络包括 GSM、GPRS 和 CDMA。

9. 根据权利要求 1～7 中任一项所述的交互式的行车导航和车载安防系统，其特征在于，系统中的数据流程包括：

1）导航仪和车载终端自由交互信息；

2）远程控制中心整合和实时更新原始信息；

3）用户终端向远程控制中心上传用户信息；

4）远程控制中心接收并实时处理用户信息，结合远程控制中心的原始信息，整合为服务建议；

5）远程控制中心将服务建议以可视信息和/或语音信息的形式提供给用户终端。

10. 一种交互式的行车导航和车载安防方法，车载终端与导航仪一体化连接后构成的用户终端与远程控制中心交互信息，其特征在于，所述交互信息包括如下步骤：

1）用户终端向远程控制中心发送'服务请求'；

2）远程控制中心接受请求，并回复'接受服务'，建立用户终端和远程控制中心之间的服务连接；

3）用户终端将其从 GPS 卫星提取的数据上传至远程控制中心；

4）远程控制中心将其获得的动态数据发送至用户终端，更新用户终端的数据；

5）用户终端向远程控制中心提出个性要求，并对远程控制中心发送的动态数据给出反馈和评价意见；

6）远程控制中心接收并实时处理用户需求和意见，将整合的'服务建议'结果作为一个可视的和/或语音信息，提供给用户终端；

7）用户终端如果对远程控制中心的服务满意，则完成其与控制中心的交互，根据实时数据实施动态导航，否则，将其意见和要求反馈，重复步骤5）和步骤6）的操作继续交互，直至达到用户终端的目标。"

（二）发明专利侵权纠纷的基本情况

1. 起诉与答辩

2010年8月3日，赛格公司以深圳大兴通商汽车有限公司（以下简称"大兴通商公司"）和广汽丰田汽车有限公司（以下简称"广汽丰田公司"）侵犯系争专利为由，将两被告诉至广东省深圳市中级人民法院。深圳市中级人民法院在2010年10月13日进行了第一次庭审，后于2011年4月19日以"与本案处理结果存在法律上的利害关系"为由，追加北京九五一九零信息技术有限公司（以下简称"九五一九零公司"）为本案第三被告。

赛格公司诉称：其拥有的第200610157027.7号发明专利处于有效的法律状态，依法应受到保护。被告通过印制宣传彩页、网络等方式，对G－BOOK智能副驾系统进行大量宣传，并将该智能副驾系统运用在凯美瑞240G、200G车型上。2010年3月27日，原告委托代理人姚骏在被告大兴通商公司处购买了一辆型号为凯美瑞200G G－BOOK的汽车。经使用该辆汽车上的G－BOOK智能副驾系统，原告发现其使用的导航方法与系争专利中的交互式行车导航方法完全相同，广汽丰田公司生产制造的丰田凯美瑞200G G－BOOK汽车上的导航系统及使用的导航方法完全落入原告专利的保护范围。被告为生产经营目的，许诺销售、销售、制造了侵犯原告专利权的产品，并使用了原告的专利交互式导航方法，获得了巨额的利润，其行为已经严重侵害了原告的专利权。广汽丰田公司与九五一九零公司共同实施了针对原告专利权的侵权行为，应当连带承担侵权责任。

据此，原告请求一审法院判令：三被告立即停止对原告系争专利的侵犯；被告大兴通商公司停止销售、许诺销售搭载有G－BOOK智能副驾系统的车辆；被告广汽丰田公司停止生产、销售、许诺销售搭载有G－BOOK智能副驾系统的车辆，停止使用原告专利所要求保护的"交互式的行车导航和车载安防方法"；被告九五一九零公司停止使用"交互式的行车导航和车载安防系统"以及"交互式的行车导航和车载安防方法"；三被告删除宣传资料（包括网页）上关于使用专利方法和系统的相关信息；被告广汽丰田公司和九五一九零公司连带赔偿原告经济损失人民币200万元以及原告制止三被告侵权行为所支付的合理费用人民币40万元；三被告承担本案的诉讼费用。

被告大兴通商公司辩称，其销售的涉案汽车产品有合法来源，其不知道、也没有能力知道所销售的汽车产品是否属于侵权产品。根据我国《专利法》的规定，其不应该承担赔偿责任。原告要求其承担原告为制止侵权所支出的费用和损失均没有事实和法律依据，故请求法院驳回原告的诉讼请求。

广汽丰田公司辩称，其生产的凯美瑞汽车所使用的 G－BOOK 系统早已是现有技术，且未落入原告专利保护范围，原告要求 200 万元的赔偿和 40 万元的合理支出缺乏依据，请求法院驳回原告的诉讼请求。

九五一九零公司辩称，原告并未提供任何证据证明其实施了侵权行为，且原告在第一次庭审近半年后才申请追加九五一九零公司为本案第三被告，原告增加、变更诉讼请求，明显违反法律规定。

2. 本案相关司法鉴定

2011 年 7 月 27 日，原告向一审法院提交了《鉴定申请书》。

2011 年 9 月 19 日，原告、被告双方共同抽签选定上海市知识产权司法鉴定中心为本案鉴定机构。一审法院委托上海市知识产权司法鉴定中心就被告九五一九零公司"电信级的专业呼叫中心"与被告广汽丰田公司制造的凯美瑞轿车中用户终端（包括车载终端和导航仪）系统及方法所采用的技术方案与系争专利的权利要求 1、权利要求 10 的技术特征是否相同或等同作出鉴定。一审法院提交给鉴定机构的资料包括（2011）深证字第 97344 号和第 79487 号公证书、国家知识产权局第 16536 号无效宣告请求审查决定书等。

（2011）深证字第 97344 号公证书是对九五一九零公司网页资料的公证，其附件内容载明：2008 年 12 月 30 日，九五一九零公司与丰田汽车（中国）投资有限公司正式签署了 G－BOOK 服务基本合同。九五一九零公司的 CEO 在接受采访时表示，九五一九零公司现在的服务对象包括汽车厂商、终端的改装厂商和通信导航仪制造商等，其所提供的服务包括安全服务、导航定位服务、信息服务等。目前其所提供给丰田汽车的服务属于定制服务。只要用户购买了终端制造商和改装厂商与其有合作关系的产品，就能搭载其服务，而非协议方的终端产品，则不能享受服务。

（2011）深证字第 79487 号公证书对赛格公司代理人同选民、汪平购买凯美瑞汽车、对该车导航系统的现场操作、两个部件的拆卸过程进行了公证。拆卸后的两个部件由公证员进行现场封存，封存后两个部件由申请人（即本案原告）保存。

国家知识产权局第 16536 号无效宣告请求审查决定书（以下简称"第 16536 号决定"）系针对广汽丰田公司于 2010 年 9 月 10 日就系争专利向专利复审委员会提出的无效宣告请求作出。该无效决定最终对系争专利权利要求 1～10 均维持有效。

在该无效决定中，合议组认为：在本专利中，导航仪、具有安防功能的车载终端与远程控制中心以及通过车载终端与远程控制中心实现常规的安防功能都是现有技术，……本专利的改进在于将现有的导航仪、车载终端与远程控制中心三者整合在一起实现交互式的导航和安防，其中导航仪与车载终端之间通过各自的数据接口实现信息交互，车载终端与控制中心之间通过车载终端的移动通信模块实现信息交互。

证据 2（第 200410155318.3 号中国发明专利）公开了一种多功能智能车载导航监控系统，包括多个用于接收卫星定位系统信号实现车辆定位导航的车载移动终端，还包括通过无线网络与所述车载移动终端实现数据交换并对其进行监控的监控调度管理中心，所述车载移动终端包括：用于接收卫星定位系统信号的卫星接收模块，用于提供电子地图，并将所述卫星定位系统信号与所述电子地图结合的地理信息系统，用于将所述地理信息系统输出的电子地图和定位信息显示出的多媒体显示器设备，用于对车辆控制的车辆控制模块，用于监测车辆状态的车辆状态监测模块，用于实现所述车载移动终端和所述监控调度管理中心数据交换的无线通信模块，与所述卫星接收模块、无线通信模块、多媒体显示设备、车辆控制模块、车辆状态监测模块相连的主控制模块，所述主控制模块用于控制所述卫星接收模块、无线通信模块、多媒体显示设备、车辆控制模块、车辆状态监测模块。其中的车载移动终端是将各个模块集成在一起，与本专利中分为两个具有相对独立功能的车载终端和导航仪的结构不同；证据 2 中的主控制器和从 CPU 既要用于对 GPS 模块进行控制，同时主控制器还要对无线通信模块、车辆控制模块、车辆状态检测模块等进行控制，这与本专利中导航仪的双 CPU 均用于导航仪的控制也不同。

2012 年 11 月 8 日，上海市知识产权司法鉴定中心出具了上知司鉴字〔2011〕第 1203 号司法鉴定意见书（以下简称"第 1203 号意见书"），认为：九五一九零公司"电信级的专业呼叫中心"与广汽丰田公司制造的凯美瑞轿车中用户终端（包括车载终端和导航仪）系统所采用的技术方案与系争专利的权利要求 1 中的技术特征相同；广汽方法 1 与权利要求 10 中的技术特征相同；广汽方法 2 与权利要求 10 中的技术特征既不相同，也不等同。

3. 一审判决

深圳市中级人民法院于 2013 年 12 月 6 日作出（2010）深中法民三初字第 309 号民事判决书，认为双方争议焦点主要包括：鉴定机构自行勘验是否属于程序违法；被控广汽产品是否落入专利权权利要求 1 保护范围；被控广汽方法是否落入专利权权利要求 10 的保护范围。

（1）关于鉴定机构自行勘验是否属于程序违法，一审法院认为，本案原告请求保护专利权利要求 1 及权利要求 10 涉及结构及方法，对被控广汽产品、广汽方法是否具备专利权利要求 1 及权利要求 10 的所有技术特征，是否落入专利权利要求 1 及权利要求 10 的保护范围进行勘验，不但需要对用户终端（包括车载终端和导航仪）本身进行分析，同时还需要将用户终端（包括车载终端和导航仪）装入原告公证购买的被控凯美瑞轿车，进行实际操作之勘验。为查明被控产品车载终端有无 GPS、该 GPS 是否工作，确保被告九五一九零公司客观应答，上海市知识产权司法鉴定中心于 2012 年 8 月 14 日自行勘验有一定的合理性，但其在事前、事后均未告知一审法院，有不妥之处。第 1203 号意见书没有引用 8 月 14 日勘验结论，该勘验未对鉴定意见产生实质影响，本案也没有证据证明鉴定机构除该勘验外有其他不当行为，被告提出应认定第 1203 号意见书无效没有事实及法律依据，一审法院将结合其他证据综合审查、判断，决定是否采信第 1203 号意见书的相关内容。

（2）关于被控侵权的广汽产品是否落入专利权利要求 1 的保护范围，一审法院认为，双方分歧主要集中在广汽产品导航仪包括多 CPU 架构，而原告专利所述导航仪包括双 CPU 架构，二者是否属于相同或等同的技术特征；广汽产品是否具备"所述 CPU 通过串口扩展技术分别与第一 GPS 模块、移动通信模块、第一数据接口模块进行通信"的技术特征；广汽产品车载终端是否具有 GPS 模块，该 GPS 模块是否工作，包括处理接收得到的信号并将其传送给 CPU。

首先，关于导航仪的多 CPU 架构与双 CPU 架构，一审法院认为，所谓 CPU，也即微处理器、中央处理单元，是计算机的核心部分，用于指挥和干预计算机完成相关工作。根据第 1203 号意见书记载，广汽产品导航仪具有多 CPU 架构，在广汽产品导航仪的电路板中有两个主 CPU，还有其他多个通用的 CPU 芯片或具有 CPU 的技术特征的芯片。按照专利权利要求 1 记载，所述导航仪包括双 CPU 架构，但专利权利要求并没有限定其导航仪只能有不超过两个 CPU，也即没有限定，除双 CPU 架构不能再有 CPU，且采用多 CPU 架构，属于本领域普通技术人员无需创造性劳动即能想到。据此，一审法院认为，二者的上述技术特征属于相同技术特征。

其次，关于广汽产品是否具备"所述 CPU 通过串口扩展技术分别与第一 GPS 模块、移动通信模块、第一数据接口模块进行通信"的技术特征，一审法院认为，第 1203 号意见书记载：两个集成电路利用扩展串行接口实现数据通信，数据接口模块利用串口扩展技术与带有相应数据接口的导航仪进行通信。鉴定机构在书面答疑中称：车载终端中含有 1 个 GPS 模块，GPS 与 CPU 之间的接口为 RxADC、SBI，属于扩展的串行接口。本质上 RxADC 是接收信号接口，SBI 是系统总线接口。实现这两种接口的技术较复杂，为减小系统的体积和满足汽车中电磁兼容的要求，通常采用扩展的串行接口技术。在 MSM6500 中含有的移动通信模块通过内部总线与 CPU 连接，本领域技术人员普遍认知，并行连接的导线连接数目远比串行连接的导线数目多、占用的 PCB 面积更大。所以在模块之间的连接上不仅要考虑电磁干扰问题，还要考虑有效降低系统体积，通常采用串口连接方式。被告广汽丰田公司虽然对上述鉴定意见提出质疑，但没有提交任何反证证明其产品模块之间为并口连接而非串口连接，据此，一审法院认为，可以采信鉴定机构相关鉴定意见。

最后，关于广汽产品车载终端是否具有 GPS 模块，该 GPS 模块是否工作，包括处理接收得到的信号并将其传送给 CPU，一审法院认为，根据专利权利要求 1 以及第 16536 号决定，权利要求 1 的用户终端包括车载终端和导航仪，车载终端和导航仪中各有一个 GPS，分别被称为第一 GPS 模块、第二 GPS 模块，第一 GPS 模块用于处理接收得到的信号并将其传送给 CPU，该 GPS 的功能是用于安防。尽管鉴定机构现场勘验未能有效证实广汽产品车载终端中具有处于工作状态的 GPS 模块，但不能以此推定广汽产品车载终端中就一定没有处于工作状态的 GPS 模块。一审法院认为，第 1203 号意见书明确记载，鉴定组查实，广汽产品其物理结构主要包括集成电路 MSM6500、RFR6500 和数据接口电路。相关芯片内含 GPS 等模块，该 GPS 模块用于处理接收得到的位置信号并将其传送给 CPU，向"远程服务中心"提供车辆位置信息；原告陈述，广汽产品的车载终端的移动通信模块和 GPS 模块是由 MSM6500 + RFR6500 构成，RFR6500 是构成 GPS 模块的重要组成部分，是 GPS 模块中的 GPS 信号接收模块，被告广汽丰田公司亦承认，RFR6500 芯片是用来接收 GPS、CDMA、PCS 等信号的射频接收集成电路，也即被告广汽丰田公司实际承认 RFR6500 芯片是 GPS 模块的一部分，该意见与原告之陈述相互印证。一审法院据此确认，广汽产品车载终端中存在独立于导航仪的 GPS 模块，也即与专利权利要求 1 所对应的第一 GPS 模块。广汽丰田公司《丰田导航系统用户手册》第 277 页"位置追踪服务"记载："如果您的汽车被盗而寻求帮助时，通过公安、您和话务员的三方电话联系公安，并可请求'公安'搜寻车辆；必须由您直接向公安报警，虽然通过三方电话的报告有效，但话务员无法代替您通知。"鉴定机构认为，根据上述《丰田导航系统用户手册》的记载，当车辆被非注册用户使用时，注册用户可以通过公安报警向（远程服务中心）话务员提出请求，获得当前车辆位置。此时，能够发送用于安防的车辆位置信息，即也能实现第 16536 号决定中认定的"车载终端上的 GPS 模块用于安防"的功能。权利要求 1 作为一个"产品"类别的权利要求，广汽产品在物理结构层面上具有了与该专利权利要求相同的结构特征，这种结构特征可以实现相同的功能、达到相同的效果，只要广汽产品具有这种物理结构就不应排除其车载终端上的 GPS 处于工作状态。对于鉴定机构的上述意见，本院予以确认，也即从物理结构层面，广汽产品车载终端具有独立于导航仪的 GPS 模块，且该 GPS 模块能够工作。

综合，一审法院认定广汽产品具备专利权利要求 1 的所有技术特征，落入专利权利要求 1 的保护范围。

（3）关于被控广汽方法是否落入专利权利要求 10 的保护范围，一审法院认为，专利权利要求 10 属于存在步骤顺序的方法发明，其步骤本身以及步骤之间的顺序均应对专利权的保护起到限定作用。现有证据不能证明广汽方法步骤、顺序与专利权利要求 10 的步骤、顺序完全一致，故广汽方法不落入专利权利要求 10 的保护范围。

（4）鉴于被告广汽丰田公司生产、销售 G－BOOK 智能副驾系统产品及九五一九零公司所提供的服务落入原告专利权利要求 1 的保护范围，且被告搭载有 G－BOOK 智能副驾系统的车辆生产、销售数量大、获利多，其金额原超过原告所请求的 200 万元，故对原告的损害赔偿请求予以全额支持。

据此，一审法院判决：

（1）广汽丰田公司停止生产、销售、许诺销售搭载有 G－BOOK 智能副驾系统的车辆，九五一九零公司停止为被告广汽丰田公司生产、销售、许诺销售搭载有 G－BOOK 智能副驾系统的车辆提供远程控制中心服务，大兴通商公司停止销售、许诺销售搭载有 G－BOOK 智能副驾系统的车辆；

（2）三被告删除载有 G－BOOK 智能副驾系统相关信息的宣传资料；

（3）广汽丰田公司、九五一九零公司于本判决生效之日起 10 日内赔偿赛格公司经济损失人民币 200 万元，并支付其为维权所支出的合理费用人民币 20 万元。

4. 本案被告对于鉴定结论的质疑

一审判决作出后，三被告均不服一审判决，向广东省高级人民法院提起上诉。其中，三被告对于第 1203 号意见书的鉴定结论均提出了质疑，主要包括：

（1）作为一审法院委托的鉴定机构，其与赛格公司于 2012 年 8 月 14 日私自进行了第二次现场勘验，但其在事前、事后均未告知一审法院，一审法院在一审判决中对此亦予确认。该行为违反司法鉴定的相关规定。

（2）本次委托鉴定共指定了七位鉴定组成员，但在法院组织的 2012 年 7 月 18 日的现场勘验中，只有四位鉴定组成员参加，有三位鉴定成员既没有参加现场勘验，经法院通知，亦拒绝出庭作证。该行为亦违反司法鉴定的相关规定。

（3）鉴定组成员经过两次勘验均没有发现广汽产品的车载终端具有工作的 GPS，但在鉴定意见中却记载："不应排除其车载终端上的 GPS 处于工作状态"，"勘验过程不意味着车载终端中的 GPS 没有提供定位信息，其中的 GPS 工作了，只是没有反映出来而已"。鉴定结论与勘验结果完全相反。

（4）鉴定组成员根据（2011）深证字第 79487 号公证书认定九五一九零公司"电信级专业呼叫中心"的结构与权利要求 1 中远程控制中心的结构相同，但在 2013 年 5 月 27 日庭审中，出庭的鉴定组成员明确表示鉴定人没有能力对"电信级专业呼叫中心"的结构进行调查，只能根据公证书的内容进行推断。

（5）鉴定结论认为，在模块之间的连接上不仅要考虑电磁干扰问题，还要考虑有效降低系统体积，通常采用串口连接方式，但鉴定组成员并没有对此进行勘验或实际测试即推导出该结论。

此外，被告还对（2011）深证字第 79487 号公证书记载的拆卸下来的两个部件经封存后交由赛格公司保管的行为的公正性提出质疑。九五一九零公司则认为，原告在第一次庭审结束近半年后才申请追加其为第三被告，违反了《最高人民法院关于民事诉讼证据的若干规定》，超过法定时限增加、变更诉讼请求。

本案目前处于二审上诉阶段。

二、研讨会依据的材料

北京务实知识产权发展中心接受委托后，将委托方提交的相关材料送交专家阅读，本次研讨会依据的材料包括：

1. 第 200610157027.7 号"一种交互式的行车导航和车载安防系统"发明专利的授权公告文本；

2. 国家知识产权局专利复审委员会第 16536 号无效宣告请求审查决定书；

3. 上海市知识产权司法鉴定中心上知司鉴字［2011］第 1203 号司法鉴定意见书；

4. 广东省深圳市中级人民法院（2010）深中法民三初字第 309 号民事判决书。

三、研讨会的主要议题

根据委托方的委托及提交的材料，专家研讨会主要围绕下述问题进行了研讨：

1. 广汽丰田公司和九五一九零公司的行为是否构成侵犯专利权？是否属于共同侵权？

2. 本案审理过程中在司法鉴定和事实认定方面是否存在瑕疵？是否足以证明被告行为侵犯了原告系争发明专利的专利权？

3. 若被告行为构成侵犯专利权，应承担何种侵权责任？一审法院的判决结果是否扩大了原告系争专利的保护范围？

4. 一审法院考虑到搭载 G－BOOK 智能副驾系统的车辆生产、销售数量大，获利多，其金额远超过原告所请求的人民币 200 万元，全额支持了赛格公司的损害赔偿请求，是否合理？

四、专家意见

专家围绕上述问题进行了热烈讨论，充分发表了意见。经过归纳整理，形成以下法律意见。

（一）关于广汽丰田公司和九五一九零公司的行为是否构成专利侵权，是否属于共同侵权问题

专家认为，本案中，一审法院认定广汽丰田公司和九五一九零公司的行为构成共同侵权值得商榷。

第一，无论在法理上还是立法、司法实践上，我国关于共同侵犯专利权的界定并不明确。专利制度作为舶来品，国外的理论和实践可以作为借鉴。美国专利法对侵犯专利权行为作出了明确规定。通常认为，一般直接侵犯专利权的行为适用"单个当事人原则"，以避免产生不合理地扩大追究侵犯专利权责任范围的后果。而共同侵犯专利权的判定标准也通过判例得到确立。在美国，认定共同侵犯专利权行为成立的条件非常严格，其核心在于：被控侵犯专利权的当事人中是否存在这样一个当事人，他控制或者指挥了其他当事人的事实行为，以至于可以将其他当事人所实施的行为均归咎于进行控制或者指挥的那个当事人，也就是所谓的"控制或指挥标准"。其中，"归咎于某人"是最为实质的要求，这个条件决定了并非只要多个当事人之间存在任何方式的"控制"或"指挥"关系就可以认定共同侵犯专利权行为的成立，而只有在当事人之间的关系达到能够"归咎于某人"的程度时才能得出这样的结论。美国相关判例中指出了两种足以"归咎于某人"的典型情形：一种是从法律上可以判断其中一个当事人是另一个当事人的"代理人"；另一种是通过订立合同，使其中一个当事人承担了实施某种行为的义务。概言之，在美国法律中，共同侵犯专利权的行为仅仅是一般直接侵犯专利权行为在特殊情况下的外延。美国作出这样的制度安排主要是考虑专利权的客体是发明创造，

其性质上是对科学技术的"独占"或"垄断"，专利权不仅具有"私权"属性，也具有很强的"公共政策"属性，如果原封不动地适用一般民法意义上"共同侵权"责任的认定标准，在许多情况下会导致不合理的结论，对保障公共利益、维护正常生产经营活动，乃至国家的正常发展均会产生负面影响。

对于多个当事人共同实施侵犯专利权的行为，美国的立法或司法实践通常借助于"间接侵权"的相关规定予以解决。间接侵权包括诱导侵权行为，即任何人主动诱导侵犯一项专利权的行为，以及协助侵权行为，即任何人在国内销售专利装置、组合品或组合物的部件，或者用于实施一项专利方法的材料或装置，如果其明知这样的部件、材料或者装置是为侵犯权利权而专门制造或专门改制的，而且这样的部件、材料或装置不是一种常用商品或具有实质性非侵权用途的商品的行为。此外，美国联邦最高法院亦多次强调，间接侵权应当以直接侵权行为的存在为前提。

第二，专利权是一种民事权利，通常认为，专利法没有明确规定的问题应适用民法的一般性规定。我国专利法中既没有关于共同侵权的规定，也没有关于间接侵权的规定，但我国法院在司法实践中也作出过一些涉及共同侵犯专利权和间接侵权的判决，主要依据就是《民法通则》《最高人民法院关于贯彻执行〈中华人民共和国民法通则〉若干问题的意见（试行)》和《侵权责任法》的相关规定。但需要说明的是，考虑专利权的"公共产品"属性，不能简单地将前述法律法规中关于共同侵权、帮助侵权和教唆侵权的相关条款直接适用于涉及多个当事人的侵犯专利权的行为。在 2008 年《专利法》第三次修改时，相关立法机构曾专门指出，之所以未引入专利间接侵权制度，主要是为了避免对专利权的过度保护。可见，当前中国对于涉及多个当事人共同实施的专利侵权行为的认定，采取了从严掌握的标准，其保护水平并没有达到美国的高度。因此，根据中国现行的专利制度，对于涉及多个当事人共同实施的专利侵权行为，不能按照一般间接侵权追究其侵权责任。

第三，根据中国现行制度，涉及多个当事人共同实施的侵犯专利权的行为，可以作为共同侵权，适用《民法通则》《最高人民法院关于贯彻执行〈中华人民共和国民法通则〉若干问题的意见（试行)》和《侵权责任法》中的相关规定。根据共同侵权理论，认定多个当事人实施的侵权行为是否构成共同侵权，需要考察其是否符合共同侵权的四个要素，即主体在实施行为时存在主观过错，行为主体的行为结合构成了直接侵权行为，被侵害人遭受了实际损害，行为主体的侵害行为与被侵害人的损害后果之间具有因果关系。在认定多个当事人是否实施了共同侵犯专利权的行为时，考虑平衡专利权作为排他性私权和公共利益的平衡，其认定标准应从严掌握，特别是需要考察多个当事人的行为是否具有共同侵犯同一专利权的故意。

就本案而言，专家强调，本案涉及的专利是一项涉及系统或原理的发明，或者可以认为是在现有技术基础上的组合发明，即系争专利中，导航仪、具有安防功能的车载终端与远程控制中心以及通过车载终端与远程控制中心实现常规的安防功能都是现有技术，专利保护的是这三者之间的信息交互。考虑系争专利涉及通信技术领域，而该领域的技术发展非常迅速，如果对于涉及系统或原理的发明专利给予过于宽泛的保护范围，将会不合理地把属于公有领域的技术纳入专利权的保护范围，这也将极不利于该产业的发展。

关于广汽丰田公司和九五一九零公司的行为是否构成对赛格公司专利权的侵犯，专家认为，本案中据以认定是否构成专利侵权的相关事实并不清楚，法院据以作出结论的关键证据并不充分、扎实，是否构成专利侵权，需要在厘清相关事实的基础上，方能作出正确认定。

此外，本案涉及的专利包括产品专利和方法专利。有专家认为，系争专利的权利要求 1 是产品专利，而权利要求 10 是方法专利。产品专利的制造是从无到有再现产品专利权保护客体（即专利产品）的行为。本案中，系争专利所涉及的全球定位系统（GPS）、地理信息系统（GIS）以及全球移动通信系统（GSM）均是现有的系统，并非由九五一九零公司和广汽丰田公司制造。此外，权利人、专利复审委员会以及一审法院均认可，系争专利中的导航仪、车载终端和远程控制中心均属于现有技术，不属于专利权人的独占范围。因此，一审法院作出九五一九零公司和广汽丰田公司制造了专利产品，从无到有地再现了该产品专利的全部技术特征的认定结论值得商榷。

如果说广汽丰田公司生产、销售的搭载有 G – BOOK 智能副驾系统产品，以及九五一九零公司提供相关服务的行为构成对原告专利权的侵犯，则两者的行为更符合间接侵权的特征。导致两被告之间产生关联的是九五一九零公司签署的与 G – BOOK 服务相关的合同，但仅仅依据这些合同认定广汽丰田公司与九五一九零公司之间存在共同侵权的故意并不充分，不能仅仅由于两被告分别再现了专利权利要求的部分技术特征，就简单认定两被告构成了共同侵权。况且本案中系争专利权利要求 1 限定的技术方案的三个组成部分均是现有技术，即使根据美国法间接侵权的相关规定，如果专利权人不能证明相关部件、材料或者装置是为侵犯专利权而专门制造或专门改制的，且不是通用商品或具有实质性非侵权用途的商品，也不能认定相关当事人的行为构成专利间接侵权。

（二）关于本案审理过程中在司法鉴定和事实认定方面是否存在瑕疵以及是否足以证明被告行为侵犯了原告系争发明专利的专利权问题

专家一致认为，本案中的某些关键事实的认定并不清楚，主要包括如下几个方面。

第一，关于系争专利权利要求 1 的保护范围。系争专利权利要求 1 是一项系统专利权利要求，而且是在现有技术基础上组合发明的权利要求，这类发明的权利要求在电子通信领域以及商业方法专利中尤为常见。此类发明专利的权利要求的授权应十分谨慎，其授权应当特别注重专利权与公共利益的平衡，否则，将极有可能导致其具有非常宽泛的保护范围，进而妨碍相关产业的正常发展，损害公共利益。本案中，尽管广汽丰田公司向专利复审委员会提出了专利无效宣告请求，但专利复审委员会在其作出的第 16536 号决定中，维持系争专利权利要求全部有效，但并未对专利权的保护范围作出明确界定。法院在审理本案时，应当考虑到系争专利的特殊性，应当在平衡其与公共利益保护的基础上，从严界定系争专利的保护范围，以避免使系争专利的保护范围过于宽泛，导致公共利益受损。此外，在解释专利权的保护范围时，应当按照专利权利要求的限定进行解释。对于诸如系争专利之类的系统专利、组合发明专利、商业方法专利的权利要求进行解释时，应从严解释，一旦放宽，则可能涉嫌对专利权过度保护。

第二，关于司法鉴定。由于本案涉及的技术问题较为复杂，法院委托专业的鉴定机构进行技术鉴定，查明案件的相关事实无可厚非。在本案审理过程中，《民事诉讼法》进行了修订，其中，关于委托鉴定的规范作了修改，将委托鉴定机构进行鉴定修改为委托具备资格的鉴定人进行鉴定；同时，当事人对鉴定意见有异议或者人民法院认为鉴定人有必要出庭的，鉴定人应当出庭作证；经人民法院通知，鉴定人拒不出庭作证的，鉴定意见不得作为认定事实的根据；支付鉴定费用的当事人可以要求返还鉴定费用。《民事诉讼法》关于司法鉴定所做的修正具有进步意义。而就本案而言，专家认为，上海市知识产权司法鉴定中心所进行的鉴定存在一些瑕疵。首先，鉴定机构接受法院的委托，开展相关的鉴定工作，却在事前、事后均没有通知委托法院的情况下，单方接触本案原告赛格公司进行勘验，在程序上存在瑕疵。虽然勘验结果与鉴定结论之间未必有必然联系，但鉴定机构单方接触一方当事人是否会对鉴定结论产生直接不利于另一方当事人的结果，确实是一个不能不考虑的影响鉴定结论公正性、客观性的重要因素。其次，关于有三名鉴定人未能参加勘验，也未能出庭质证问题，专家认为，技术鉴定中可能会同时涉及多名技术专家和法律专家。参加鉴定的专家，特别是技术专家，原则上都应当参加现场勘验，获取第一手的资料，以便利用其技术或法律专长对相关技术和法律问题作出判断。在出庭质证环节，一般无需所有鉴定人均出庭接受质证，只要求出庭的鉴定人代表能够代表所有参加鉴定的人员就鉴定结论接受质询。最后，关于鉴定结论中存在许多推定的问题，如鉴定组成员经过两次勘验均没有发现广汽产品车载终端的 GPS 处于工作状态，但在鉴定意见中却记载："不应排除其车载终端上的 GPS 处于工作状态"，"勘验过程不意味着车载终端中的 GPS 没有提供定位信息，其中的 GPS 工作了，只是没有反映出来而已"，这一鉴定结论与勘验结果完全相反；又如，鉴定组成员根据（2011）深证字第79487号公证书认定九五一九零公司"电信级专业呼叫中心"的结构与权利要求 1 中限定的远程控制中心的结构相同，但在 2013 年 5月 27 日庭审中明确表示鉴定人没有能力对"电信级专业呼叫中心"的结构进行调查，只能根据公证书的内容进行推断；再如，鉴定结论认为，在模块之间的连接上不仅要考虑电磁干扰问题，还要考虑有效降低系统体积，通常采用串口连接方式，但鉴定组成员并没有对此进行勘验或实际测试就直接凭借主观臆断推导出该结论。专家认为，鉴定人推定获得的结论不宜直接作为法院定案的依据，应当由双方当事人就争议的事实进行举证，或者重新就相关问题进行鉴定，以便查明事实，进而正确作出认定和判断。

第三，关于本案的当事人。本案中，直接引发侵犯专利权纠纷的是九五一九零公司和用户在其签署的基本服务合同基础上签订的 G-BOOK 使用合同。如果没有这些协议，则根本不会引发本案的纠纷。一审法院并没有厘清本案所涉及的各方当事人之间的关系。

第四，关于本案的侵权产品。本案中，一审法院根据委托鉴定机构鉴定结论的陈述，将广汽丰田公司生产、销售的智能副驾系统以及九五一九零公司提供的相关服务合称为"广汽产品"有待商榷。事实上，九五一九零公司用以提供服务的"电信级专业呼叫中心"并非广汽丰田公司的产品。

此外，有专家指出，本案被告广汽丰田公司在答辩过程中曾主张现有技术抗辩，但一审法院在审理过程中并没有对该抗辩理由进行审理，而是直接基于专利权有效，并在没有对专利权保护范围进行解释和界定的前提下，将广汽丰田公司的智能副驾系统以及九五一九零公司提供的相关服务构成的产品及其方法与系争专利的权利要求 1 和权利要求 10 进行比对，判断其是否落入专利权的保护范围。专家认为，不侵权抗辩和判断被控侵权产品是否落入专利权保护范围涉及两个不同层面，不应混为一谈。

概言之，由于本案的事实认定不清楚，鉴定程序和结论也存在一定瑕疵，双方当事人对于案件所涉及的事实存在争议，专家建议，法院对于存有争议的事实应当采取慎重态度，特别是要合理界定系争专利的保护范围，以避免不合理的扩大专利权的保护范围，产生不利的后果。此外，在相关法律关系以及侵权产品的界定上，也应更加审慎和准确。

（三）关于若被告行为构成侵犯专利权，应承担何种侵权责任以及一审法院的判决结果是否扩大了原告系争专利的保护范围问题

专家认为，如果被告的行为构成专利侵权，毫无疑问应当承担停止侵权和损害赔偿的法律责任。但由于本案的系争专利属于涉及系统或方法发明，或者可以认为是在现有技术基础上的组合发明，对于这类发明的保护范围的解释应当从严，以避免过于宽泛的保护范围不合理地妨碍他人对技术的利用和改良，引发不必要的专利侵权纠纷，进而损害公共利益，阻碍创新和行业、产业及社会发展。

本案中，一审法院的裁决有过于粗糙之嫌。即使本案被告的行为侵犯了原告的专利权，法院也应当在合理界定系争专利权保护范围的基础上作出裁决。过于粗糙的判决既不利于判决的执行，也不利于专利权人利益的保护。由于系争专利是对现有技术的组合，一审法院的判决结果客观上人为地扩大了原告系争专利的保护范围。专家认为，直接导致认定被告对原告专利构成侵权的依据应当是九五一九零公司签署的与 G－BOOK 服务相关的协议，如果没有这些协议，则无论是广汽丰田公司生产、销售搭载有智能副驾系统的车辆的行为，还是九五一九零公司提供相关服务的行为，均不构成对原告系争发明专利权的侵犯，更谈不上共同侵权。因此，终止前述协议即可达到停止侵权的目的，同时也不会导致原告系争专利权的保护范围不合理扩张。这是一个可以优先选择的解决方案。法院应该进一步厘清本案各相关主体之间的法律关系，合法合理地作出公正的裁决。

（四）关于一审法院全额支持赛格公司的损害赔偿请求是否合理问题

专家一致认为，即使本案中的被告广汽丰田公司和九五一九零公司的行为被认定侵犯了原告赛格公司的发明专利权，一审法院对原告的损害赔偿请求予以全额支持的做法也值得商榷。专利权是一种财产权，损害赔偿是专利侵权民事责任的主要形式。民事侵权理论对损害赔偿一般采用的是"填平原则"，即权利人因侵权行为损失多少，侵权人就应该赔偿多少，使权利人在经济上不受损失。在司法实践中，对于产品部件侵权损害，各国统一的认识是不能简单地以使用该侵权部件的整个产品的利润来计算，否则会导致赔偿数额的扩大。2009 年底出台的《最高人民法院关于审理侵犯专利权纠纷案件应用法律若干问题的解释》亦确认了这一原则，该司法解释第 16 条第 1 款规定，人民法院依据《专利法》第 65 条第 1 款的规定确定侵权人因侵权所获得的利益，应当限于侵权人因侵犯专利权行为所获得的利益；因其他权利所产生的利益，应当合理扣除。第 2 款规定，侵犯发明、实用新型专利权的产品系另一产品的零部件的，人民法院应当根据该零部件本身的价值及其在实现成品利润中的作用等因素合理确定赔偿数额。

本案中，即使广汽丰田公司生产、销售的 G－BOOK 智能副驾系统与九五一九零公司提供的服务构成对原告赛格公司发明专利权的侵犯，广汽丰田公司生产、销售的车载终端和导航仪也仅仅构成了其生产、销售的搭载有 G－BOOK 智能副驾系统的整车的一个部件，根据相关司法解释和实践，不应按照广汽丰田公司生产、销售整车的获利确定损害赔偿数额，而应按照该部件本身的价值及其在实现成品利润中的作用等因素合理确定赔偿数额。因此，法院全额支持原告的请求，判决 200 万元人民币的损害赔偿，直接违反了上述司法解释的规定，也与司法实践和民事侵权理论不符。

以上意见系基于委托方提供的资料、根据专家学者发言归纳整理作出，仅供参考。

北京务实知识产权发展中心
2014 年 4 月 29 日

附件 04 –1

"一种交互式的行车导航和车载安防系统" 发明专利

授权公告日：2009 年 8 月 26 日

专利号：ZL200610157027.7

授权公告号：CN100533503C

申请日：2006 年 11 月 23 日

专利代理机构：深圳市顺天达专利商标代理有限公司

专利权人：深圳市赛格导航科技股份有限公司

代理人：郭伟刚

地址：广东省深圳市南山区高新区市高新技术工业村 T2 栋 B6 厂房

发明人：侯 丹 刘 云

审查员：张亚峰

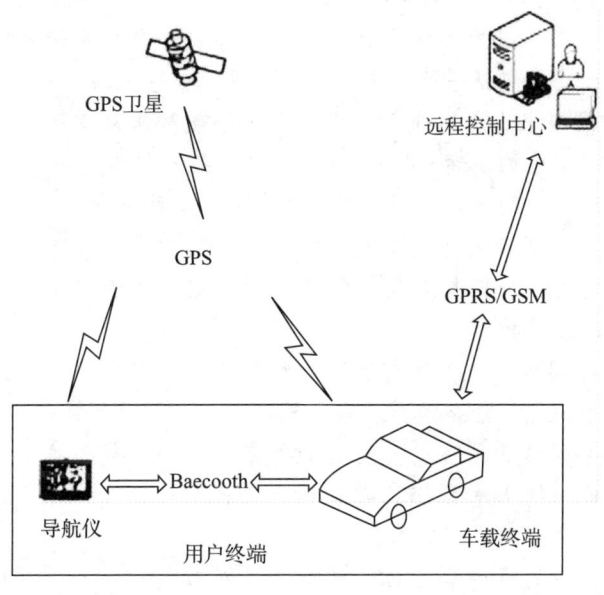

权利要求书

1. 一种交互式的行车导航和车载安防系统，包括远程控制中心和用户终端，其特征在于，

所述远程控制中心包括用于整合和分析信息并生成相关数据的地理信息系统，用于自动规范和存储来自所述地理信息系统的结果数据并为呼叫中心提供数据支持的智能信息系统，以及用于提供交互界面、与用户终端进行信息沟通的呼叫中心；

所述用户终端包括车载终端和导航仪，所述车载终端包括 CPU、第一 GPS 模块、移动通信模块和第一数据接口模块，所述 CPU 通过串口扩展技术分别与第一 GPS 模块、移动通信模块、第一数据接口模块进行通信；

所述第一 GPS 模块用于处理接收得到的信号并将其传送给 CPU；

所述移动通信模块用于与远程控制中心进行通信；

所述第一数据接口模块用于与带有相应数据接口的导航仪进行通信；

所述导航仪包括双 CPU 架构、第二 GPS 模块、存储器、第二数据接口模块和输入输出设备，所述车载终端与导航仪通过数据接口模块实现一体化连接；

所述车载终端通过移动通信网络与所述远程控制中心交互信息。

2. 根据权利要求 1 所述的交互式的行车导航和车载安防系统，其特征在于，所述数据接口包括无线数据接口和有线数据接口；所述无线数据接口包括蓝牙数据接口和红外数据接口；所述有线数据接口包括 RS 232 串口数据接口。

3. 根据权利要求 2 所述的交互式的行车导航和车载安防系统，其特征在于，所述车载终端还包括手柄，所述导航仪还包括输入输出控制。

4. 根据权利要求 3 所述的交互式的行车导航和车载安防系统，其特征在于，所述车载终端中的所述 CPU 通过串口扩展技术与所述手柄进行通信；

所述车载终端中的所述手柄用于操作控制车载终端。

5. 根据权利要求 4 所述的交互式的行车导航和车载安防系统，其特征在于，所述车载终端还包括复杂可编程逻辑控制器，用于扩展多个输入输出接口以实现汽车的安防控制。

6. 根据权利要求 5 所述的交互式的行车导航和车载安防系统，其特征在于，所述安防控制包括油路检测、报警检测、灯检测和锁油门控制。

7. 根据权利要求 1 所述的交互式的行车导航和车载安防系统，其特征在于，所述导航仪中的所述双 CPU 架构用于进行信号处理，并通过所述第二数据接口模块与车载终端进行通信；

所述导航仪中的所述第二 GPS 模块用于处理接收得到的 GPS 定位信息，

并将其传送给 CPU；

所述导航仪中的所述存储器包括闪存和/或微硬盘，用于烧录导航仪运行的操作系统；

所述导航仪中的所述输入输出设备包括触摸屏、安全数码记忆卡和通用串行总线接口。

8. 根据权利要求 1 所述的交互式的行车导航和车载安防系统，其特征在于，所述移动通信网络包括 GSM、GPRS 和 CDMA。

9. 根据权利要求 1～7 中任一项所述的交互式的行车导航和车载安防系统，其特征在于，系统中的数据流程包括：

1）导航仪和车载终端自由交互信息；

2）远程控制中心整合和实时更新原始信息；

3）用户终端向远程控制中心上传用户信息；

4）远程控制中心接收并实时处理用户信息，结合远程控制中心的原始信息，整合为服务建议；

5）远程控制中心将服务建议以可视信息和/或语音信息的形式提供给用户终端。

10. 一种交互式的行车导航和车载安防方法，车载终端与导航仪一体化连接后构成的用户终端与远程控制中心交互信息，其特征在于，所述交互信息包括如下步骤：

1）用户终端向远程控制中心发送"服务请求"；

2）远程控制中心接受请求，并回复"接受服务"，建立用户终端和远程控制中心之间的服务连接；

3）用户终端将其从 GPS 卫星提取的数据上传至远程控制中心；

4）远程控制中心将其获得的动态数据发送至用户终端，更新用户终端的数据；

5）用户终端向远程控制中心提出个性要求，并对远程控制中心发送的动态数据给出反馈和评价意见；

6）远程控制中心接收并实时处理用户需求和意见，将整合的"服务建议"结果作为一个可视的和/或语音信息，提供给用户终端；

7）用户终端如果对远程控制中心的服务满意，则完成其与控制中心的交互，根据实时数据实施动态导航，否则，将其意见和要求反馈，重复步骤5）和步骤6）的操作继续交互，直至达到用户终端的目标。

国家知识产权局专利复审委员会
第 16536 号无效宣告请求审查决定书

案件编号：第 4W100483 号

决定日：2011 年 4 月 26 日

专利号：200610157027.7

发明名称：一种交互式的行车导航和车载安防系统

国际分类号：G08C17/02、G08C23/04、G08C19/00、H04B1/38、G01S1/02、G01S5/02、G01C21/26

无效宣告请求人：广汽丰田汽车有限公司

专利权人：深圳市赛格导航科技股份有限公司

无效宣告请求日：2010 年 9 月 10 日

法律依据：原《专利法》第 22 条第 2、3 款，第 26 条第 3、4 款，原《专利法实施细则》第 2 条第 1 款，第 20 条第 1 款，第 21 条第 2 款

决定要点：

说明书是否公开充分，不应仅在于说明书记载的内容，而应以本领域技术人员根据说明书记载的内容是否能够实现所述技术方案为准，若能够实现，则说明书公开充分。

判断权利要求是否具备新颖性，要看对比文件是否确实公开了权利要求中的所有技术特征，如果对比文件公开的某技术特征不是权利要求中某技术特征的同一或者下位概念，则不能认为两者相当、从而公开该技术特征。

一、案由

本无效宣告请求涉及国家知识产权局于 2009 年 8 月 26 日授权公告的、名称为"一种交互式的行车导航和车载安防系统"的发明专利（以下简称"本专利"），其专利号是 200610157027.7，申请日是 2006 年 11 月 23 日，专利权人是深圳市赛格导航科技股份有限公司（以下简称"赛格公司"）。本专利授

权时的权利要求书见附件 04-1。

针对上述专利权，广汽丰田汽车有限公司（以下简称"请求人"）于2010 年 9 月 10 日向专利复审委员会提出了无效宣告请求，其理由是：本专利说明书公开不充分，不符合《专利法》第 26 条第 3 款的规定；权利要求 1~10 不清楚，不符合《专利法》第 26 条第 4 款（2002 年《专利法实施细则》第 20 条第 1 款）的规定；权利要求 1~10 得不到说明书的支持，不符合《专利法》第 26 条第 4 款的规定；权利要求 1 缺少必要技术特征，不符合《专利法实施细则》第 20 条第 2 款（2002 年《专利法实施细则》第 21 条第 2 款）的规定；权利要求 10 不具备新颖性，权利要求 1~10 不具备创造性，不符合《专利法》第 22 条第 2、3 款的规定；权利要求 10 不属于技术方案，不符合《专利法》第 2 条第 2 款（2002 年《专利法实施细则》第 2 条第 1 款）的规定，请求宣告本专利全部无效，同时提交了如下证据来评述权利要求 10 的新颖性和权利要求 1~10 的创造性：

证据 1：EP1063494A1 欧洲专利申请，公开日为 2000 年 12 月 27 日；

证据 2：200410155318.3 号中国发明专利申请公开说明书，公开日为2006 年 4 月 5 日；

证据 3：01816922.8 号中国发明专利申请公开说明书，公开日为 2004 年1 月 14 日；

证据 4：200510116716.9 号中国发明专利申请公开说明书，公开日为2006 年 6 月 14 日；

证据 5：99105709.0 号中国发明专利申请公开说明书，公开日为 2000 年10 月 18 日；

证据 6：US2002/0065606A1 美国专利申请，公开日为 2002 年 5 月 30 日；

证据 7：200510085778.8 号中国专利申请公开说明书，公开日为 2006 年6 月 14 日；

证据 8：99121311.4 号中国专利申请公开说明书，公开日为 2000 年 4 月19 日；

证据 9：特开 2002-269444A 日本专利申请，公开日为 2002 年 9 月20 日；

证据 10：200410003610.3 号中国专利申请公开说明书，公开日为 2004 年8 月 18 日。

经形式审查合格，专利复审委员会于 2010 年 9 月 10 日受理了上述无效宣告请求，并将无效宣告请求书及证据副本转给了专利权人，同时成立合议组对本案进行审查。

请求人于 2010 年 9 月 30 日向专利复审委员会补充提交了意见陈述书，并提交了上述证据 1、证据 6 和证据 9 的中文译文。

针对请求人于 2010 年 9 月 10 日提交的上述无效宣告请求，专利权人于 2010 年 10 月 25 日提交了意见陈述书，认为本专利符合《专利法》及其实施细则的规定，同时提交了如下两份反证：

反证 1：《中华人民共和国国家标准 GB/T 19392－2003 汽车 GPS 导航系统通用规范》的复印件，共 22 页；

反证 2：《中华人民共和国公共安全行业标准 GA/T 553－2005 车辆反劫防盗联网报警系统通用技术要求》的复印件，共 16 页。

专利权人用这两份反证来证明智能导航仪、车载安防、监控中心是业内公知技术，并陈述本专利不存在说明书公开不充分、权利要求不清楚、权利要求 1 缺少必要技术特征、权利要求书无法得到说明书支持缺陷以及权利要求 10 属于可授权客体的具体理由，并结合证据陈述了本专利具备新颖性、创造性的理由。

专利复审委员会于 2010 年 11 月 9 日发出转送文件通知书，将请求人于 2010 年 9 月 30 日补充提交的意见陈述书及证据 1、6、9 的中文译文转送给专利权人。

专利复审委员会于 2010 年 11 月 10 日发出无效宣告请求口头审理通知书，告知双方当事人本案定于 2011 年 1 月 13 日进行口头审理。

专利法复审委员会于 2010 年 11 月 26 日发出转送文件通知书，将专利权人于 2010 年 10 月 25 日提交的意见陈述书及反证转送给请求人。

针对专利权人于 2010 年 10 月 25 日提交的意见陈述书及反证，请求人于 2011 年 1 月 10 日提交了意见陈述书，同时提交了如下内容作为证据 11：

证据 11：声称为专利权人在侵权诉讼中的代理意见［（2010）深中法民三初字第 309 号］。

请求人以该证据证明权利要求 10 不属于技术方案，并且主张使用专利权人提交的两份反证来证明权利要求 1～9 不具备创造性，其中以反证 2 作为与本专利最接近的现有技术。

口头审理于 2011 年 1 月 13 日如期举行，请求人委托了北京市中咨律师事务所专利代理人杨晓光、杨博，专利权人委托了深圳市顺天达专利商标代理有限公司专利代理人郭伟刚、蔡晓红以及公民代理人同选民出席了本次口头审理。

在口头审理中：

请求人提交了与其于 2011 年 1 月 10 日向专利复审委员会提交内容相同的

意见陈述书及证据 11，合议组将其当庭转送给专利权人。

请求人当庭明确其无效理由及范围：（1）说明书公开不充分，不符合《专利法》第 26 条第 3 款的规定；（2）权利要求 1～10 不清楚，不符合《专利法》第 26 条第 4 款（2002 年《专利法实施细则》第 20 条第 1 款）的规定；（3）权利要求 1～10 得不到说明书的支持，不符合《专利法》第 26 条第 4 款的规定；（4）权利要求 1 缺少必要技术特征，不符合《专利法实施细则》第 20 条第 2 款（2002 年《专利法实施细则》第 21 条第 2 款）的规定；（5）权利要求 10 不属于技术方案，不符合《专利法》第 2 条第 2 款（2002 年《专利法实施细则》第 2 条第 1 款）的规定；（6）权利要求 10 不具备新颖性，不符合《专利法》第 22 条第 2 款的规定，权利要求 1～10 不具备创造性，不符合《专利法》第 22 条第 3 款的规定。请求人明确其使用的证据为证据 1～11 以及反证 1～2，其中证据 11 用于证明权利要求 10 不属于技术方案，不符合《专利法》第 2 条第 2 款（2002 年《专利法实施细则》第 2 条第 1 款）的规定，证据 1～10 以及反证 1～2 用于证明权利要求 1～10 不具备新颖性和创造性。

请求人对专利权人提交的反证无异议。专利权人对请求人提交的证据 1～10 无异议，对证据 1、6、9 的中文译文的准确性无异议，对请求人提交的证据 11 认为无法核实，且过了举证期限，不符合法律规定。

双方当事人当庭就上述无效理由逐一进行了意见陈述和辩论。

合议组告知专利权人针对请求人当庭提交的意见陈述书及证据 11 于口头审理结束后 7 个工作日内进行答复。

专利权人于 2011 年 1 月 24 日提交了意见陈述书，认为证据 11 超过提交期限，不能被接受，并陈述本专利符合专利法及其实施细则相关规定、请求人所提出的无效理由均不成立的观点。

至此，合议组认为本案事实已经清楚，可以作出审查决定。

二、决定的理由

（一）证据认定

请求人提交的证据 1～10 均为专利文献，并在提出无效宣告请求之日起的一个月的期限内提交了外文专利文献的证据 1、6、9 的中文译文，专利权人对上述证据的真实性及证据 1、6、9 的中文译文的准确性均无异议。合议组经审查认可证据 1～10 的真实性，并且这些证据的公开日期均在本专利的申请日之前，因此可以作为评述本专利权利要求的新颖性和创造性的证据使用，其中证据 1、6、9 文字公开的内容以相应的中文译文为准。

请求人在答复专利权人的意见陈述书时提交了证据 11，用该证据来证明本专利权利要求 10 不属于技术方案，从而不符合《专利法》第 2 条第 2 款的规定。合议组认为，该证据提交日期为 2011 年 1 月 10 日，属于请求人提出无效宣告请求之日 2010 年 9 月 10 日起一个月后补充的证据，根据《审查指南》第四部分第三章第 4.3.1 节对请求人举证的规定，合议组对该证据不予接受。

对于专利权人提交的反证 1 和 2，请求人对其真实性无异议，合议组经审查认可其真实性。并且其公开时间均在本专利的申请日之前，可以作为证明现有技术的证据使用。

（二）关于请求人提出的用专利权人的反证 1 和反证 2 结合评述本专利权利要求 1 的创造性的理由

在 2011 年 1 月 10 日提交的意见陈述书中，请求人提出用专利权人提交的反证 1 和反证 2 结合评述权利要求 1 的创造性的理由，在口头审理当庭请求人也对此进行了阐述。合议组认为，请求人提出的这一理由使用了之前没有提过的新的证据结合方式，并且提出时间在无效宣告请求之日 2010 年 9 月 10 日起一个月后，属于请求人在提出无效宣告请求之日起一个月后增加的无效宣告理由，根据《审查指南》第四部分第三章第 4.2 节的规定，合议组对该理由不予考虑。

（三）关于说明书公开是否充分

《专利法》第 26 条第 3 款规定：说明书应当对发明或者实用新型作出清楚、完整的说明，以所属技术领域的技术人员能够实现为准；必要的时候，应当有附图。

综合请求人的意见，请求人认为本专利说明书公开不充分而不符合《专利法》第 26 条第 3 款规定的理由包括如下几点：

（1）说明书没有详细说明究竟如何通过说明书中的用户终端与远程控制中心之间的交互、所扩展的多个输入输出接口来实现所述安防。

（2）说明书第 8 页的记载中包括两个 CPU，这两处 CPU 的指代不清楚。

（3）说明书中没有详细说明在具体的运行状态中，车载终端的各部件之间、导航仪的各部件之间以及车载终端与导航仪之间如何进行协同工作。尤其是在车载终端与导航仪分别具有各自的 GPS 模块的情况下，如何使用以及处理两个 GPS 模块处理的信息等，导致所属领域的技术人员无法根据说明书的说明来实现所谓的交互式行车导航和安防。

（4）说明书中描述了远程控制中心的地理信息系统负责整合和分析数据，用户终端将其从 GPS 卫星提取的位置、速度和时间等数据上传至远程控制中心，实现车辆的安全防卫功能（记为步骤 a），远程控制中心将其获得的实时交通等动态数据发送至用户终端，以便用户终端进行更新（记为步骤 b）。但是，专利权人在实质审查过程中的意见陈述书的意见与此矛盾，是先执行步骤 b，再执行步骤 a。

（5）说明书简单介绍了在行车导航与车载安防方法中，终端用户对服务满意时根据实时数据进行动态导航，但是没有说明该实时数据与此前接收过的动态数据之间的关系以及该实时数据究竟为哪些数据。这导致所属领域的技术人员不知道如何来实现行车导航。

（6）说明书中没有说明在用户始终不满意的情况下，如何结束所提出的导航方法并实现导航。

（7）对于所提出的行车导航和车载安防方法，说明书仅仅给出了一个粗略的流程图（图 4）以及相应的方法步骤，并没有详细说明个性要求具体可以为哪些要求，用户终端给出什么样的反馈和评价意见，以及远程控制中心如何整合以及整合出什么样的"服务建议"结果，以满足用户的个性要求。

（8）对于车载终端与导航仪之间的关系，说明书没有说明如何将二者结合起来从而实现"一体化连接"，本专利中导航仪与车载终端始终是两个分离的个体，并不是本领域技术人员所公认的含义，专利权人提交的反证 2 中记载的"一体和分体结构的判别标准为是否使用不可分拆的机械结构"可以佐证"一体化连接"是指使用了不可分拆的机械结构这一公认含义。

（9）本专利是如何将远程控制中心、车载安防和导航仪三者结合起来从而实现优于现有技术的导航和安防方案应当是本专利的重点，但是说明书缺少相关描述。

专利权人认为，本专利中的导航仪、具有安防功能的车载终端、监控中心是业内公知技术，反证 1 和 2 可以佐证，本专利的改进点在于将这三者整合起来，构成交互式的形成导航和车载安防系统；在一个系统内存在两个 GPS 模块不会冲突；系统各个部分能够协同工作，交互方式是现有的；"一体化连接"是连接在一起的意思，并且即使是无线连接方式也可以是"一体化连接"。本专利说明书描述清楚、公开充分。

经审查，合议组认为：

根据本专利说明书的记载（参见说明书"背景技术"的第一段、"发明内容"以及"具体实施方式"），本专利针对现有技术中静态的被动导航其交互性不强、实时性不高等缺陷，提出一种动态的、交互式的行车导航和车载安防系统及其方法。其采取的技术方案是：构造一种交互式的行车导航和车载安防系统，包括远程控制中心和用户终端，所述远程控制中心包括用于整合和分析信息并生成相关数据的地理信息系统，用于自动规范和存储来自所述地理信息系统的结果数据，并为呼叫中心提供数据支持的智能信息系统，以及用于提供交互界面、与用户终端进行信息沟通的呼叫中心；所述用户终端包括车载终端和导航仪，所述车载终端包括 CPU、GPS 模块、移动通信模块和数据接口模块，所述导航仪包括双 CPU 架构、GPS 模块、存储器、数据接口模块和输入输出设备，所述车载终端与导航仪通过数据接口模块实现一体化连接；所述车载终端通过移动通信网络与所述远程控制中心交互信息。同时，提供了一种基于该系统的交互式的行车导航和车载安防方法。

在本专利中，导航仪、具有安防功能的车载终端与远程控制中心以及通过车载终端与远程控制中心实现常规的安防功能都是现有技术，其中专利权人提交的反证 1 和反证 2 可以佐证，反证 1 涉及的是导航仪的国家标准；反证 2 涉及的是车辆反劫防盗联网报警系统的行业标准，在反证 2 的第 4 页第 5.3 节中记载了具有报警、无线通信和定位功能的车载设备以及监控中心，可见在本领域中具有报警、无线通信和定位功能的车载设备以及监控中心应属于本行业中所公知的内容，本专利的改进在于将现有的导航仪、车载终端与远程控制中心这三者整合在一起实现交互式的导航和安防，其中导航仪与车载终端之间通过各自的数据接口实现信息交互、车载终端与控制中心之间通过车载终端的移动通信模块实现信息交互（参见本专利说明书附图 1 和 3）。该系统利用控制中心的实时数据处理能力，借助车载终端的无线通信模块，通过导航仪的屏幕显示、语音提示、触摸控制等友好界面来实现导航仪所具有的导航功能和车载终端所具有的安防功能。在说明书已经记载了各部分的构成和功能以及各部分之间的连接关系的情况下，本领域技术人员结合本领域现有技术，能够具体实现导航仪、车载终端、监控中心三者之间的协同工作，从而实现本专利的交互式的行车导航和车载安防系统，因此，本专利说明书公开充分，符合《专利法》第 26 条第 3 款的规定。

对于请求人的意见（1），合议组认为，说明书已经记载了（参见说明书第 5 页"具体实施方式"部分 – 第 6 页倒数第 3 段，附图 1、3）用户终端包括导航仪和车载终端，车载终端具有安防功能，导航仪与车载终端之间通过数据接口模块交互信息，该数据接口可采用 RS 232 串口等有限连接技术或者蓝牙等无线连接技术来实现，车载终端通过移动通信模块与控制中心进行交互，移动通信模块可采取 GSM、GRPS 或 CDMA 等移动通信方式，并且，说明书还记载了（参见说明书第 8 页倒数第 9～11 行）车载终端选用 CPLD（Complex Programmable Logic Device，复杂可编程逻辑控制器）扩展多个数量的 IO 接口，用于汽车油路检测、报警检测、灯检测、锁油门控制及其他安防控制。在公开了用户终端与远程控制中心的连接关系的基础上，本领域技术人员结合现有的车载安防技术、复杂可编程逻辑控制器扩展 IO 接口技术，知道如何通过用户终端与远程控制中心之间的交互、所扩展的多个输入输出接口来实现这样的安防。

对于请求人的意见（2），合议组认为，说明书第 8 页记载了两处 CPU，第一处"GPS 模块主要用于处理天线接收到的信号并传递给 CPU"是在描述车载终端的时候提到的，第二处"GPS 模块处理接收到 GPS 定位信息，将其传输给 CPU"是在描述导航仪的时候提到的，结合说明书上下文的描述可知，这两处的 CPU 分别是指车载终端和导航仪的 CPU，不存在不清楚的问题。

对于请求人的意见（3），合议组认为，如前所述，导航仪、车载终端都是现有技术，因此本领域技术人员清楚导航仪和车载终端各自内部的部件之间如何协同工作。对于导航仪和车载终端之间的协同工作，首先，说明书公开了车载终端上的 GPS 模块用于处理天线接收到的信号并传递给车载终端的 CPU，最终得到车辆位置的经纬度，导航仪上的 GPS 模块处理接收到的 GPS 定位信息，将其传输给导航仪的 CPU（参见说明书第 8 页第 11~28 行），因此，两个 GPS 模块完成各自的功能，车载终端上的 GPS 模块用于安防，导航仪上的 GPS 模块用于导航，不会产生冲突；其次，说明书记载了导航仪与车载终端之间通过数据接口进行信息交换（参见附图 3），在导航仪和车载终端为现有技术的情况下，本领域技术人员知道这两者在具体的运行状态中如何协同工作。

对于请求人的意见（4），合议组认为，说明书中记载了（参见说明书第 9 页）"用户终端将其从 GPS 卫星提取的位置、速度和时间等数据，上传至远程控制中心，实现车辆的安全防卫功能；远程控制中心将其获得的实时交通和道路状况、气象、新闻和音乐等动态数据发送至用户终端，更新用户终端的数据"，也即先执行步骤 a，然后执行步骤 b，说明书对此描述清楚，不存在公开不充分的问题，请求人对专利权人在实质审查过程中的意见陈述书的意见的理解不能导致该内容公开不充分。

对于请求人的意见（5），合议组认为，说明书记载了（参见说明书第 9 页）"远程控制中心将其获得的实时交通和道路状况、气象、新闻和音乐等动态数据发送至用户终端，更新用户终端的数据……远程控制中心接收并实时处理用户需求和意见……；终端用户如果对远程控制中心的服务满意，则这完成其与控制中心的交互，根据实时数据实施动态导航，否则，将其意见和要求反馈，重复步骤 5)、6) 的操作继续交互，直至达到终端用户的目标。"此处对"动态数据"进行了描述，并且，结合对所述方法的各个步骤的描述可知，"实时数据"是指用户提出个性要求后，控制中心所获得的与该个性要求有关的实时信息。

对于请求人的意见（6），合议组认为，根据说明书第9页对所述方法的描述，并结合本领域的普通知识可知，远程控制中心提供的服务是根据实时路况规划的，用户的满意与否不能超出现实情况，如果用户对远程控制中心的服务不满意，那么用户可以继续进一步提出要求和意见，但对于已经提出的意见和要求，则远程控制中心就能够规划出一个符合要求的服务。因此，本专利所述方法能够正常结束，不会陷入死循环。

对于请求人的意见（7），合议组认为，说明书记载了（参见说明书第9页）"用户向控制中心提出关于'路径规划'的个性要求（目的的、最短时间优先、回避地等），并对远程控制中心发送的动态数据给出反馈和评价意见"，这里描述了个性要求可以是目的地、最短时间优先、回避地等；反馈和评价意见是针对远程控制中心发送的动态数据（比如气象、新闻）给出的；整合出的服务建议是针对所述个性要求而言的，因此是指符合该个性要求的服务。而远程控制中心如何整合服务建议是利用其自身具备的地理信息系统、智能信息系统等进行的，这是本领域技术人员所知道的常规技术。因此，说明书已经充分公开了上述内容。

对于请求人的意见（8），合议组认为，本专利说明书中记载了"车载终端与导航仪通过数据接口模块实现一体化连接"（说明书第3页第10行）、"导航仪与车载终端（图1中为小汽车）通过蓝牙实现一体化连接"（说明书第6页倒数第8行）等内容，根据说明书记载的内容，本专利中的"一体化连接"并未限定为请求人所认为的不可分拆的机械结构。根据反证2的内容也无法认定本专利中使用的是这个含义。专利权人表示"一体化连接"是指功能上一体化、数据流的一体化，并不一定是指物理上连成一体。因此，本领域技术人员能够无需付出创造性劳动实现该"一体化连接"，这一点不会导致说明书公开不充分。

对于请求人的意见（9），合议组认为，本专利说明书中指出现有技术的问题在于导航仪无法实现交互式的动态导航，本专利的目的在于将导航仪、具有安防功能的车载终端与监控中心这三者整合起来实现交互式的动态导航与安防，如前所述，根据说明书的记载，本领域技术人员能够实现这一技术方案，解决所述技术问题，因此不存在公开不充分的问题。

综上所述，请求人关于本专利说明书公开不充分的主张均不成立，本专利符合《专利法》第26条第3款的规定。

（四）关于权利要求是否清楚

2002年《专利法实施细则》第20条第1款规定：权利要求书应当说明发明或者实用新型的技术特征，清楚、简要地限定要求专利保护的范围。

请求人认为本专利权利要求 1～10 不清楚的意见具体包括以下几点：

1. 权利要求 1 没有给出任何与导航、安防有关的限定，不清楚如何执行行车导航和车载安防；仅仅是罗列了车载终端、导航仪的具体结构，但没有说明各部件之间如何协同工作以便进行"交互式的行车导航和车载安防"；"自动规范来自所述地理信息系统的结果数据"含义不明，本领域技术人员不能了解如何对数据进行"规范"。

2. 权利要求 2 中"数据接口"指代不清楚；采用无线数据接口无法实现"一体化连接"，导致与权利要求 1 的方案矛盾；没有说明如何同时包含三种不同的数据接口来传输数据。

3. 权利要求 3 中"手柄"与车载终端的其他部件之间的连接、运行关系不清楚；"输入输出控制"含义不清楚，并且与间接引用的权利要求 1 中的"输入输出设备"之间的关系不清楚。

4. 权利要求 4 中限定"所述手柄用于操作控制车载终端"，导致手柄与CPU 的关系不清楚。

5. 权利要求 5 没有限定新增加的"复杂可编程逻辑控制器"与车载终端其他部件之间的关系。

6. 权利要求 6 因引用的权利要求 5 不清楚而不清楚。

7. 权利要求 7 限定"所述第二数据接口模块与车载终端进行通信"，这与引用的权利要求 1 中限定的"相应数据接口"矛盾；通常"架构"意为"结构"，用结构来处理信号逻辑不通；没有明确"CPU"是指导航仪中的CPU 还是车载终端中的"CPU"，指代不清楚。

8. 权利要求 8 没有限定清楚在移动通信网络包括 GSM、GPRS 和 CDMA的情况下如何进行通信。

9. 权利要求 9 限定"系统中的数据流程"对权利要求保护的系统没有限定作用；并且该数据流程中的 5 个步骤的顺序不清楚。

10. 权利要求 10 没有说明如何进行车载安防；没有说明如何将车载终端与导航仪一体化连接，并且不能确定在与远程控制中心的交互操作中，是由车载终端、导航仪还是由这两者来执行有关操作；不清楚"服务请求""接受服务"和"服务建议"是指具体的消息内容还是指一类消息；用户终端上传的"GPS 卫星提取的数据"与远程控制中心获得的"动态数据"之间的关系不清楚，"动态数据"来自哪里不清楚；"个性要求"和"反馈和评价意见""用户需求和意见""意见和要求反馈"之间的关系不清楚，导致步骤 5)、6)、7) 之间的关系不清楚，且评价意见也是反馈意见的一种，上下位概念同时使用不清楚，另外"实时数据"含义不清楚。

经审查，合议组认为：

1. 本专利权利要求 1 已经限定了该系统为行车导航和车载安防系统，且包括导航仪、车载终端以及远程控制中心，并且对各个部分的组成、各部分之间的关系以及各部件的功能作用进行了限定。根据权利要求 1 的限定并结合说明书的描述以及本领域现有技术，本领域技术人员能够理解权利要求 1 的技术方案，知道如何执行行车导航和车载安防，知道各部件各自的功能以及它们之间如何协同工作。对于"数据接口"，根据权利要求 1 的限定，本领域技术人员清楚，导航仪和车载终端上均具备用于信息交互的数据接口模块，分别是第一数据接口模块和第二数据接口模块，导航仪和车载终端通过各自的数据接口模块进行通信，实现了信息的交互；根据权利要求 1 的限定，"规范"是指对数据进行分类和整理，本领域技术人员根据权利要求 1 的限定以及说明书的描述，能够理解"规范"的含义。因此，权利要求 1 的保护范围是清楚的。

2. 权利要求 2 引用权利要求 1，结合权利要求 1 的内容看，本领域技术人员可以理解权利要求 2 中的"数据接口"指的是车载终端和导航仪上各自的数据接口；数据接口包括三种不同的数据接口是指可以有三种类型选择，并非同时存在三种类型；关于"一体化连接"，前面已经论述，本专利说明书中并未限定其为不可分拆的机械结构，专利权人表示"一体化连接"是指功能上一体化、数据流的一体化，采用无线数据接口可以实现"一体化连接"，并且本专利说明书中也记载了"车载终端与导航仪通过数据接口模块实现一体化连接"（说明书第 3 页第 10 行）、"导航仪与车载终端（图 1 中为小汽车）通过蓝牙实现一体化连接"（说明书第 6 页倒数第 8 行）等内容，也说明本专利中利用无线或有线数据接口进行数据交换从而实现一体化连接，因此权利要求 2 的上述限定内容并未导致其技术方案不清楚，请求人认为权利要求 2 保护范围不清楚的主张不成立。

3. 权利要求 3 中限定车载终端包括手柄，同时导航仪还包括输入输出控制。根据上述内容限定在权利要求 3 要求保护的技术方案中，具有手柄以及输入输出控制。本领域技术人员根据说明书的描述并结合本领域现有技术，理解权利要求 3 中的"手柄"是车载终端上现有的部件，与车载终端其他部件之间的连接、运行关系与现有技术相同；"输入输出控制"是指导航仪上用于对输入输出设备进行控制的。也就是说，在该权利要求中限定了包括上述部件，至于这些部件的连接、运行方式，即便未限定在该权利要求中，也不影响其保护范围，因此请求人认为权利要求 3 保护范围不清楚的主张不成立。

4. 权利要求 4 中还限定了"所述车载终端中的所述 CPU 通过串口扩展技

术与所述手柄进行通信"，结合本领域普通技术知识可知，"所述手柄用于操作控制车载终端"是指对手柄进行的操作由串口传输给 CPU，从而实现对车载终端的控制。因此请求人认为权利要求 4 保护范围不清楚的主张不成立。

5. 权利要求 5 进一步限定车载终端还包括具有所述功能的复杂可编程控制器。用复杂可编程逻辑控制器扩展输入输出接口是本领域的现有技术，本领域技术人员清楚复杂可编程逻辑控制器与车载终端其他部件之间的关系，因此请求人认为权利要求 5 保护范围不清楚的主张不成立。

6. 因为引用的权利要求清楚，且权利要求 6 本身无不清楚之处，因此权利要求 6 保护范围清楚。

7. 权利要求 7 对导航仪进行了进一步的限定。根据该权利要求及权利要求 1 限定的内容，本领域技术人员清楚，权利要求 7 中的"第二数据接口模块"指的即是其引用的权利要求 1 中的"相应数据接口"，两者是一致的，不存在矛盾；"双 CPU 架构用于进行信号处理"的意思是用所述双 CPU 进行信号处理；权利要求 7 是对导航仪的进一步限定，因此可以理解其中的 CPU 指的是导航仪的 CPU。因此请求人认为权利要求 7 保护范围不清楚的主张不成立。

8. 权利要求 8 限定移动通信网络包括 GSM、GPRS 和 CDMA，其意思是指可以有这三种类型的移动通信网络选择，也即该权利要求所限定的方案是利用这三种网络之中之一进行常规的通信联络，因此请求人认为权利要求 8 保护范围不清楚的主张不成立。

9. 权利要求 9 用限定数据流程的方式对其引用的权利要求进行进一步的限定，具体、明确了系统中各个部分及其之间的关系，对所引用权利要求保护的系统具有限定作用；对数据流程的限定并不表明这些数据流程的执行具有特定的顺序，仅是表明系统内的数据传输和处理的方式，因此不存在各步骤的顺序关系不清楚的问题，因此请求人认为权利要求 9 保护范围不清楚的主张不成立。

10. 权利要求 10 请求保护一种交互式的形成导航和车载安防方法，并在前序部分限定了"车载终端与导航仪一体化连接后构成的用户终端与远程控制中心交互信息"。根据说明书的描述，其中的车载终端是具有安防功能的车载终端，能够实现常规的车载安防功能。因此，权利要求 10 的限定中包括了实现常规的车载安防功能的含义；关于"一体化连接"，可参见前面论述，并且根据说明书的描述，一体化连接后用户终端与远程控制中心的交互是通过车载终端的移动通信接口来实现的；根据权利要求 10 的限定以及本领域普通技术知识，本领域技术人员可以理解，权利要求 10 中的"服务请求""接受服务"和"服务建议"指的是一类消息，而非具体的信息内容；"GPS 卫星提取的数据"是指用户终端从 GPS 卫星上提取的数据，"动态数据"是指远程控制中心从城市各地所设的信息采集点收集到的信息（参见说明书第 7 页第 13 行），这两者意思明确，关系清楚；根据权利要求 10 的限定和说明书的描述，"个性要求"是用户提出的具体的包括目的地、最短时间优先、回避地等要求，"反馈和评价意见"是针对远程控制中心发送的动态数据给出的反馈和评价意见、"用户需求和意见"和"意见和要求"都是指上述要求和意见，它们之间的关系清楚，因此步骤 5）、6）、7）之间的关系也是清楚的，"评价"和"反馈"是意见的不同方面，放在一起使用不会造成意思不清楚，另外"实时数据"是指针对用户的要求和意见，远程控制中心进行实时处理时使用的数据，强调的是实时性，本领域技术人员根据权利要求 10 的限定不会不理解其含义。综上所述，请求人认为权利要求 10 保护范围不清楚的主张不成立。

综上所述，本专利权利要求 1～10 保护范围清楚，符合原《专利法实施细则》第 20 条第 1 款的规定。

（五）关于权利要求是否得不到说明书支持

2000 年《专利法》第 26 条第 4 款规定：权利要求书应当以说明书为依据，说明要求专利保护的范围。

请求人认为，本专利权利要求 1～10 得不到说明书支持，不符合 2000 年《专利法》第 26 条第 4 款的规定，综合其意见，包括以下几点：

1. 权利要求 1 没有限定其中的信息包括位置信息，概括过宽，包含了多种不能解决本专利所要解决的问题并达到相同效果的下位概念，因此得不到说明书的支持。

2. 权利要求 2～4、7～8 因直接或者间接引用权利要求 1，也得不到说明书的支持。

3. 权利要求 5 用效果"以实现汽车的安防控制"来限定输入输出接口，覆盖了所有能够达到这样的效果的输入输出接口，但本领域技术人员难以根据说明书充分公开的内容想到所有能够达到该效果的输入输出接口，因此得不到说明书的支持。

4. 权利要求 6 没有说明如何根据权利要求 5 中扩展的多个输入输出接口来进行油路检测、报警检测、灯检测和锁油门控制，使得本领域技术人员难以根据说明书充分公开的内容想到如何来实现上述控制，导致权利要求 6 得不到说明书的支持。

5. 权利要求 9 限定了数据流程的步骤 1）～5），但说明书并没有公开按照步骤 1）～5）的特定顺序执行的数据流程；对于步骤 1），本领域技术人员无法根据说明书充分公开的内容得到或概括得出导航仪和车载终端之间如何自由交互信息以及交互什么信息；对于步骤1）和2），专利权人在实质审查过程中的意见是先执行步骤2）再执行步骤1），两者矛盾；对于步骤4），发送到远程控制中心的用户信息不是任意的与用户有关信息，其应该至少包含有与用户终端的位置关联的信息，否则无法获得远程控制中心的与用户终端相关的实时动态数据，另一方面，根据说明书记载的方案，远程控制中心是将实时的信息而不是原始信息整合到服务建议中并将该建议反馈给用户终端，因此，该步骤的限定与说明书的记载不一致。

6. 权利要求10没有说明实时数据与动态数据之间的关系，导致所述领域技术人员不知道如何根据实时数据进行动态的导航；权利要求10没有说明在用户终端始终不满意远程控制中心的服务的情况下，如何实现行车导航，因此权利要求10得不到说明书的支持。

经审查，合议组认为：

1. 权利要求1中限定了"所述第一GPS模块用于处理接收得到的信号……"，此处的"信号"指的是接收到的GPS信号，而GPS信号中包括位置信号，这也是本专利说明书中所记载的技术方案中的内容（参见说明书第8页第11~20行），因此，权利要求1没有概括过宽，得到说明书的支持。

2. 权利要求2~4、7~8直接或者间接引用权利要求1，均能得到说明书的支持。

3. 权利要求5限定的是用复杂可编程逻辑控制器来扩展输入输出接口以实现汽车的安防控制，这和说明书中的描述（参见说明书第8页倒数第10~12行）一致，不存在得不到说明书的支持的问题。

4. 权利要求6中对安防控制的限定与说明书中的描述（参见说明书第8页倒数第10~12行）一致，不存在得不到说明书支持的问题。

5. 权利要求9是进一步限定系统中的数据流程，其中的5个数据流程只是表明系统中各部分对信息的处理和各部分之间的数据交互情况，并不表明特定的执行顺序，阅读整个说明书可知，该数据流程与说明书中描述的内容一致，其中流程1）、流程4）与说明书中（特别参见第7页第9~12行、第19~22行）描述的内容一致，流程4）中的"原始信息"结合流程2）看，是指远程控制中心在获取用户信息时已存储的实时信息，符合说明书（特别参见第7页第13~16行）的描述。

6. 权利要求10中已经限定了所述方法的各个步骤，与说明书中第9页描述的内容一致，因此不存在得不到说明书支持的问题。具体关于"动态数据""实时数据"以及不满意如何操作的问题，可参见前面关于权利要求10公开充分的论述。

综上所述，本专利权利要求1～10均能够得到说明书的支持，符合2000年《专利法》第26条第4款的规定。

（六）关于权利要求1是否缺少必要技术特征

2002年《专利法实施细则》第21条第2款规定：独立权利要求应当从整体上反映发明或者实用新型的技术方案，记载解决技术问题的必要技术特征。

请求人认为，权利要求1仅仅罗列了远程控制中心与用户终端的具体结构，缺少对本专利方案的描述（即没有说明所保护的系统的各组成部分之间如何协同工作），无法通过权利要求1的方案来实现与现有技术的静态导航、被动式导航、车载安防相区别的交互式的行车导航和车载安防，即不能解决本专利所要解决的问题。因此，权利要求1缺少解决本专利所要解决的问题的必要技术特征。

合议组认为，根据说明书的记载，本专利所要解决的问题是提供一种动态的、交互式的行车导航和车载安防系统和方法。为了解决上述问题，本专利提供如下一种技术方案：将现有技术中的导航仪与具有安防功能的车载终端以及远程控制中心整合成一个能够协同工作的系统，车载终端与远程控制中心之间通过车载终端的移动通信模块进行通信，车载终端与导航仪之间通过各自的数据接口模块进行通信，由远程控制中心利用其具备的地理信息系统、智能信息系统、呼叫中心来提供用户所需的服务建议，由导航仪利用其输入输出设备进行人机交互，提供导航服务，由车载终端提供常规的车载安防功能，并由车载终端具有的移动通信模块提供与远程控制中心之间信息的交互，这样的系统能够实现动态的、交互式的行车导航和车载安防。权利要求1已经完整地限定了上述技术方案，限定了该系统为行车导航和车载安防系统，包括上述导航仪、车载终端和远程控制中心，远程控制中心包括地理信息系统、智能信息系统、呼叫中心，能够获得实时的交通信息、提供数据支持、并与用户进行沟通，车载终端包括第一GPS模块、移动通信模块和第一数据接口模块等，导航仪包括第二GPS模块、第二数据接口模块和输入输出设备等，并限定了各基本组成部分的功能及其之间的关系，其中包括车载终端设备通过移动通信网络与远程控制中心交互信息，车载终端与导航仪通过数据接口进行通信，因此，导航仪、车载终端、远程控制中心这三者之间能够进行信息的交互，通过这样一个相互联系、协同工作的系统，实现动态的、交互式的行车导航和车载安防，从而与现有技术的静态导航、被动式导航、车载安防相区别。因此，权利要求1能够解决所述技术问题，不缺少必要技术特征，符合2002年《专利法实施细则》第21

条第 2 款的规定。

（七）关于权利要求 10 是否属于技术方案

2002 年《专利法实施细则》第 2 条第 1 款规定，发明是指对产品、方法或者其改进所提出的新的技术方案。

请求人认为：权利要求 10 相对于作为现有技术的证据 7 或者证据 8 的区别在于，权利要求 10 的远程控制中心通过用户的个性要求和用户对动态数据的反馈和评价意见，整合生成"服务建议"，并作为可视的和/或语音信息提供给用户终端，而且如果用户不满意，远程控制中心要重新整合生成"服务建议"。因此，权利要求 10 实际要解决的问题是如何为用户提供满意的服务，不属于技术问题。其采用的手段是通过用户不断地反馈意见来提供满足用户需求的服务，不属于技术手段。所获得的效果为通过不断地反馈和改进来提供符合用户偏好从而令用户满意的服务，不属于技术效果。因此，权利要求 10 不符合 2000 年《专利法》第 2 条第 1 款的规定。

合议组认为：根据《审查指南》第二部分第一章第 2 节的规定，未采用技术手段解决技术问题，以获得符合自然规律的技术效果的方案，不属于 2002 年《专利法实施细则》第 2 条第 1 款规定的客体。因此，判断权利要求请求保护的方案是否属于技术方案，要看其是否具备技术手段、技术问题和技术效果三要素。本案中，权利要求 10 请求保护一种交互式的行车导航和车载安防方法，其中前序部分限定了"车载终端与导航仪一体化连接后构成的用户终端与远程控制中心交互信息"，也即权利要求 10 限定了实现该方法的硬件系统，利用该硬件系统，用户终端与远程控制中心建立服务连接、进行数据的上传和发送、处理和整合等，从而实现动态的、交互式的行车导航和车载安防。虽然从权利要求的文字表述上看，存在"服务""用户需求和意见""满意"等与人的主观感觉有关的用语，但是，该方法的实现并不是依赖于人的意志，不依赖于人的思维活动，而都是依靠该硬件系统来完成的，比如利用远程控制中心的数据处理能力进行数据的整合获得"服务建议"、利用车载终端的移动通信功能与远程控制中心进行信息交互、利用导航仪的屏幕显示和语音提示功能进行动态导航，因此，权利要求 10 采用了技术手段，并且解决了现有技术中导航仪只能静态导航和被动式动态导航、且未与车载安防功能相结合的技术问题，达到了动态的、交互式的行车导航和车载安防的技术效果。因此，权利要求 10 的方案构成了技术方案，属于 2002 年《专利法实施细则》第 2 条第 1 款规定的保护客体。

（八）关于新颖性和创造性

2000 年《专利法》第 22 条第 2 款规定，新颖性是指在申请日以前没有同样的发明或者实用新型在国内外出版物上公开发表过、在国内公开使用过或者以其他方式为公众所知，也没有同样的发明或者实用新型由他人向国务院专利行政部门提出过申请并且记载在申请日以后公布的专利申请文件中。

2000年《专利法》第22条第3款规定，创造性是指与申请日以前已有的技术相比，该发明具有突出的实质性特点和显著的进步，该实用新型具有实质性特点和进步。

1. 关于权利要求1的创造性

（1）请求人以证据1作为最接近的现有技术，用证据1结合公知常识，或者证据1结合证据2，或者证据1结合证据3评述权利要求1不具备创造性。证据1中便携式终端22相当于本专利中的车载终端，车载信息处理设备10相当于本专利中的导航仪，信息中心相当于本专利中的远程控制中心，权利要求1与证据1的区别是权利要求1的导航仪包括双CPU架构。但该区别为公知常识，同时也被证据2或者证据3公开了，其中证据2中的车载移动终端相当于本专利中的导航仪，其包括主控制器和从控制器两个控制器，证据3中的TFT-LCD单元40对应于本专利中的导航仪，其包括CPU和图形处理器，这两者对应于本专利中的双CPU架构。

经审查，证据1公开了一种便携式终端和车载信息处理设备，其是针对现有技术中当用户离开车辆并携带便携式终端的同时步行到达目的地时，便携式终端不能显示地图数据或者类似数据的问题，提出如下技术方案：当具有通信功能的便携式终端被放置在托架上时，其与车载信息处理设备连接，便携式终端将目的地发送到远程信息中心，在显示器上显示所获得的路径数据，同时，将路径数据发送到通过扬声器输出引导语音的车载设备，在到达目的地附近时，车载信息处理设备为便携式终端提供目的地附近地区的地图数据，用户可将便携式终端从托架上移走，并在观看显示在便携式终端显示器上的地图的同时到达目的地。证据1公开了这样一个系统（参见说明书[0012]～[0015]、[0017]～[0023]、[0026]～[0034]、[0041]、图1～2），其包括便携式终端22、车载信息处理设备10、远程信息中心；便携式终端22包括CPU、显示器、MODEM、天线和接口I/F等；车载信息处理设备10包括GPS接收器、陀螺仪、存储器、CPU、麦克风、扬声器、接口I/F、显示器等；所述信息中心包括客户端代理服务器、中心导航引擎、内容数据库、地图数据库、内容整合引擎等多个服务器和数据库；便携式终端22和车载信息处理设备10通过接口I/F，如无线、USB、RS232C、RS232E等来接收和发送数据；数据经由便携式终端22的MODEM和天线被发送到所述信息中心。

由证据 1 可知，证据 1 中的便携式终端 22 中不包括安防控制如油路检测、报警检测、灯检测和锁油门控制以及用于定位的 GPS 模块，不具有车辆安防的功能，并且能够在离开车辆时随身携带，而本申请中的车载终端包括上述安防控制以及 GPS 模块，能够实现车辆安防的功能，同时还具有无线通信功能，因此证据 1 中的便携式终端 22 不能相当于本专利中的车载终端，证据 1 至少没有公开如本专利所述的车载终端。

对于请求人提出的证据 1 和公知常识的结合方式，由于证据 1 没有公开如本专利所述的车载终端，而且请求人没有提供证据来证明将具有安防功能的车载终端与导航仪连接在一起是本领域的公知常识，因此请求人的该条理由不成立，合议组不予接受。

证据 2 公开了一种多功能智能车载导航监控系统，包括多个用于接收卫星定位系统信号实现车辆定位导航的车载移动终端，还包括通过无线网络与所述车载移动终端实现数据交换并对其进行监控的监控调度管理中心，所述车载移动终端包括：用于接收卫星定位系统信号的卫星接收模块，用于提供电子地图，并将所述卫星定位系统信号与所述电子地图结合的地理信息系统，用于将所述地理信息系统输出的电子地图和定位信息显示出的多媒体显示器设备，用于对车辆控制的车辆控制模块，用于监测车辆状态的车辆状态监测模块，用于实现所述车载移动终端和所述监控调度管理中心数据交换的无线通信模块，与所述卫星接收模块、无线通信模块、多媒体显示设备、车辆控制模块、车辆状态监测模块相连的主控制模块，所述主控制模块用于控制所述卫星接收模块、无线通信模块、多媒体显示设备、车辆控制模块、车辆状态监测模块。

由证据 2 可知，其中的车载移动终端是将各个模块集成在一起，与本专利中分为两个具有相对独立功能的车载终端和导航仪的结构不同；证据 2 中的主控制器和从控制器既要用于对 GPS 模块进行控制，同时主控制器还要对无线通信模块、车辆控制模块、车辆状态检测模块等进行控制，这与本专利中导航仪中的双 CPU 均用于导航仪的控制也不同。

对于请求人提出的证据 1 和证据 2 的结合方式，由于证据 1 没有公开如本专利所述的车载终端，且证据 2 是将各个模块集成在一起组成一个一体化的系统，没有区分具有相对独立功能的车载终端和导航仪，因此在将其结合到证据 1 中时不会得到如本专利所述的行车导航和车载安防系统，因此请求人的该条理由不成立，合议组不予接受。

证据 3 公开了一种使用无线通信网络的导航系统及其路线制导方法（说明书第 6 页第 18 行～第 9 页第 27 行，第 11 页第 15～20 行，第 12 页第 13～

17行，图4~9、图11），该系统包括：信息中心、无线通信网络200、移动终端300、ITS终端400；信息中心（参见图7）包括：计算机110、交通信息服务器120、路线计算服务器130、网络服务器140、地图数据存储器112和实时交通信息存储器122；ITS终端400（参见图8）包括处理器410、陀螺传感器414、速度传感器416、GPS引擎420、GPS天线418、语音通知IC 422、扬声器424、紧急情况处理器430等；移动终端300能够经由无线通信网络200与信息中心通信；移动终端300和ITS终端400能够被合并到一个终端中（参见说明书第6页第18行，第11页第15~20行，图11）；ITS终端400可以被连接到移动终端300和TFT-LCD单元40（参见说明书第6页第20~21行），在高级导航系统中，ITS终端400与TFT-LCD单元40相连（参见说明书第8页第28行~第9页第31行，图8~9）；TFT-LCD单元40包括CPU 440和图形处理器444、TFT LCD 450等。

由证据3可知，证据3中不存在如本专利中所述的具有相对独立功能的导航仪和车载终端，其中的TFT-LCD单元40只是用于显示的部件，不具备导航仪中必需的GPS接收器等用于导航的基本单元，因此不能相当于本专利中的导航仪。另外，如果将证据3中的ITS终端400和TFT-LCD单元40一起看作本专利中的导航仪，那么证据3中的移动终端300因不包括安防控制如油路检测、报警检测、灯检测和锁油门控制以及用于定位的GPS模块，不具有车辆安防的功能，而不能相当于本专利中的车载终端。

对于请求人提出的证据1和证据3的结合方式，从功能上看，证据1中的车载信息处理设备10基本上对应于证据3中的ITS终端400和TFT-LCD 40的组合，证据1中的便携式终端22对应于证据3中的移动终端300，因此本领域技术人员在将证据3结合到证据1中时，不会得到如本专利所述的由导航仪和具有安防功能的车载终端组成的行车导航和车载安防系统。因此，请求人关于权利要求1相对于证据1和证据3的结合不具备创造性的理由不成立，合议组不予接受。

（2）请求人以证据3作为最接近的现有技术，用证据3结合公知常识，或者证据3结合证据1评述权利要求1不具备创造性。证据3中的信息中心对应于权利要求1的远程控制中心，用户侧设备（包含有移动终端300、ITS终端400、TFT-LCD单元40）对应于权利要求1的用户终端；移动终端300和ITS终端400一起对应于权利要求1的车载终端；TFT-LCD单元40对应于权利要求1的导航仪，其包括CPU和图形处理器，两者对应于权利要求1的双CPU架构。权利要求1与证据3的区别是权利要求1的导航仪包括第二GPS模块，而对比文件3没有明确TFT-LCD单元还设置有GPS模块。但该区别为公知常识，另外也被证据 1 公开了，其中证据 1 中相当于本专利中的导航仪的车载信息处理设备 10 包括 GPS 接收器。另外，请求人在口头审理中认为，即使证据 3 中的 TFT－LCD 单元 40 不能对应于本专利中的导航仪，ITS 终端 400 和 TFT－LCD 单元 40 一起也可以相当于本专利中的导航仪，移动终端 300 相当于本专利中的车载终端。

关于证据 3 和证据 1 公开的内容以及对证据 3 和证据 1 公开内容的分析如前所述，在此不再赘述。

对于请求人提出的证据 3 和公知常识的结合方式，如前所述，合议组认为 TFT－LCD 单元 40 不能相当于权利要求 1 中的导航仪，并且证据 3 中不存在如本专利中所述的具有相对独立功能的导航仪和车载终端，请求人未提供证据来证明将证据 3 的导航系统的结构改变为本专利的由具有相对独立功能的导航仪和车载终端组成的行车导航和车载安防系统是本领域的公知常识，因此请求人的该条理由不成立，合议组不予接受。

对于请求人提出的证据 3 和证据 1 的结合方式，合议组认为，如前所述，从功能上看，证据 1 中的车载信息处理设备 10 基本上对应于证据 3 中的 ITS 终端 400 和 TFT－LCD 40 的组合，证据 1 中的便携式终端 22 对应于证据 3 中的移动终端 300，本领域技术人员在将证据 1 结合到证据 3 中时，在证据 3 中已经存在具有导航功能的 ITS 终端 400 的情况下，不会有动机在证据 3 中的 TFT－LCD 单元 40 中增加一个 GPS 接收器使之成为导航仪，同时如前所述，证据 3 中不存在如本专利中所述的具有相对独立功能的导航仪和车载终端，将证据 1 结合到证据 3 中也不会得到本专利的由具有相对独立功能的导航仪和车载终端组成的行车导航和车载安防系统，因此请求人的该条理由不成立，合议组不予接受。

请求人还认为证据 3 中的 ITS 终端 400 和 TFT－LCD 单元 40 一起可以相当于本专利中的导航仪，移动终端 300 相当于本专利中的车载终端。如前所述，如果将 ITS 终端 400 和 TFT－LCD 单元 40 一起看作本专利中的导航仪，则移动终端 300 不具备安防功能，因此不能相当于本专利中的车载终端，从证据 3 结合公知常识或者证据 1 仍然不能获得本专利的行车导航和车载安防系统。

（3）请求人以证据 4 作为最接近的现有技术，用证据 4 结合公知常识或者证据 4 结合证据 5 和公知常识评述权利要求 1 不具备创造性。证据 4 中的远程导航中心对应于权利要求 1 的远程控制中心，车载式自动导航系统包括 GPS 接收仪、处理与控制模块、无线通信模块、人工输入装置、缓冲寄存器，车载式自动导航系统通过无线通信模块与远程导航中心交互信息。权利要求 1

与证据 4 的区别是用户终端分为车载终端与导航仪两部分，导航仪包括双 CPU 架构，所述车载终端与导航仪通过数据接口模块实现一体化连接。但该区别为公知常识。另外，请求人认为专利权人在本专利实质审查过程中认为权利要求 1 与证据 4 的区别在于：由地理信息系统整合和分析车辆的所有地理信息和数据，导航仪和车载终端再通过移动通信网络和例如串口扩展技术的短距连接技术将上述车辆的地理信息和数据进行信息交互，再由用户终端的处理器从 GPS 中提取所需的车辆位置、速度等信息数据。而证据 5 公开了一种大容量开放性移动目标定位网络，其中的移动定位网络服务中心包括 GIS 地理信息数据库，因此证据 4 结合证据 5 与公知常识破坏了权利要求 1 的创造性。

经审查，证据 4 公开了一种车载式自动导航系统及导航方法，包括远程导航制中心（参见图 4，说明书第 7 页倒数第 1 段～第 8 页第 2 段），由电子地图工作站、实时路面交通状况数据库、管理与服务工作站等组成，管理与服务工作站包括导航信息处理单元、数据交换控制单元、交通态势缓存器，所述管理与服务工作站接收车载导航装置的导航请求信号，然后在管理与服务工作站中的数据交换控制单元的控制下，借助于电子地图工作站与实时路面交通状况数据库的支持，推算出本远程导航中心辖区交通道路态势图，将其送至管理与服务工作站中的交通态势缓存器，并实时发送该交通信息给车载式自动导航系统，该车载式自动导航系统（参见图 3）包括 GPS 接收仪、嵌入式平台、电子地图数据库和显示器，所述 GPS 接收仪接收 GPS 信号，生成实时地理位置坐标代码并送入嵌入式平台，所述嵌入式平台内置导航软件，接到 GPS 接收仪送入的坐标代码后，将实时地理位置坐标代码转化为车辆所在地位置标识信息并输入到显示器，由显示器在其显示的电子地图相应位置上显示出车辆所在地标识，所述显示器接收来自嵌入式平台的电子地图信息和所述车辆所在地位置标识信息，将所述电子地图和所述车辆所在地标识在显示屏上显示出来，所述电子地图信息由所述嵌入式平台根据人工输入指令从所述电子地图数据库中读取；还包括与所述嵌入式平台连接的车载无线通信模块，所述嵌入式平台通过所述无线通信模块向远程导航中心发送导航请求信息、接收远程导航中心发送的实时路面交通状况信息。

由证据 4 可知，证据 4 中采用了嵌入式平台，由一个处理与控制模块进行与导航和无线通信有关的信息处理与控制，与本专利中具有两个相对独立功能的车载终端和导航仪的结构不同；并且证据 4 未公开车载式自动导航系统包括本专利中所述的安防控制如油路检测、报警检测、灯检测和锁油门控制，不具有本专利中的车辆安防的功能。

证据 5 公开了一种大容量开放性移动目标定位网络，包括 GPS 卫星，移动目标信号发生装置、移动定位网络服务中心以及传输途径 I 所构成；其中移动定位网络服务中心设有 GIS 地理信息数据库、移动目标数据库以及后台终端等；移动定位网络服务中心可通过传输介质接入开放性的公用网络，该公用网络通过传输途径 II 接各级终端；该公用网络可为因特网或局域网或因特网加局域网；传输途径 I 包括可为 GSM 平台或 CDMA/TDMA 移动数据平台、或双向寻呼平台或卫星通信数据平台；传输途径 II 包括 GSM 或 CDMA/TDMA 或双向寻呼或微波和卫星通信，或有线 TV 或 DDN/ISDN/ATM，或 PBX 模拟电话线或 IP 网。

由证据 5 可知，其重点在于将车辆定位系统通过 Internet/Intranet/Extranet 形成一个大容量开放式的网络，不涉及车辆本身所具有的导航系统的结构。

如前所述，证据 4 中采用了嵌入式平台，由一个处理与控制模块进行与导航和无线通信有关的信息处理与控制，不是如本专利所述，由两个相对独立功能的车载终端和导航仪组成行车导航和车载安防系统；并且证据 4 中的车载式自动导航系统不包括本专利中所述的安防控制如油路检测、报警检测、灯检测和锁油门控制，不具有本专利中的车辆安防的功能。请求人未提供证据来证明将两个相对独立功能的车载终端和导航仪组成行车导航和车载安防系统是本领域的公知常识，并且证据 5 也未给出该技术启示，因此请求人关于证据 4 结合公知常识或者证据 4 结合证据 5 和公知常识破坏权利要求 1 的创造性的理由不成立，合议组不予接受。

2. 关于权利要求 2~9 的创造性

权利要求 2~9 直接或者间接引用权利要求 1，在权利要求 1 具备创造性的情况下，权利要求 2~9 也具备创造性，符合 2000 年《专利法》第 22 条第 3 款的规定。

3. 关于权利要求 10 的新颖性和创造性

请求人认为：（1）权利要求 10 相对于证据 1 不具备新颖性和创造性；（2）权利要求 10 相对于证据 1 的区别为步骤 1）~步骤 2），但证据 7 与证据 8 均公开了该区别，因此权利要求 10 相对于证据 1 和证据 7/证据 8 的结合不具备创造性；（3）权利要求 10 与证据 4 的区别在于步骤 7）中的对服务不满意时进行反馈、重复步骤 5）和步骤 6）的过程，但该区别为公知常识，因此权利要求 10 相对于证据 4 和公知常识的结合不具备创造性；（4）权利要求 10 与证据 6 中实例 2 的区别在于步骤 1）~步骤 4），但该区别为公知常识，也被证据 6 中实例 1 以及证据 7 和证据 8 公开了，因此权利要求 10 相对于证据 6 中实例 2 和证据 6 中实例 1、证据 7、证据 8、公知常识的结合不具备创造性；（5）权利要求 10 相对于证据 9 不具备新颖性和创造性；（6）权利要求 10 与证据 10 的区别在于步骤 7）中对服务不满意时进行反馈、重复步骤 5）和步骤 6）的过程，但该区别为公知常识，因此权利要求 10 相对于证据 10 和公知常识的结合不具备创造性。

合议组认为：权利要求 10 请求保护一种交互式的行车导航和车载安防方法，其中限定了"车载终端与导航仪一体化连接后构成的用户终端与远程控制中心交互信息"，也即限定了权利要求 10 请求保护的方法是由这样一个系统来实现的，该系统包括：用户终端和远程控制中心，用户终端由具有安防功能的车载终端与导航仪一体化连接构成，并且，权利要求 10 中限定了以该系统为基础的步骤 1～步骤 7 的方法。另外，对于权利要求 10 中的"步骤 4）远程控制中心将其获得的动态数据发送至用户终端，更新用户终端的数据；步骤 5）用户终端向远程控制中心提出个性要求……"根据说明书的记载（参见说明书第 9 页对该方法的描述部分），其中的"动态数据"是指实时交通和道路状况、气象、新闻和音乐等数据，"个性要求"是指目的地、最短时间优先、回避地等有关"路径规划"的要求。

1. 权利要求 10 相对于证据 1 是否具备新颖性和创造性

证据 1 公开的系统结构如前所述，此外，证据 1 还公开了在执行导航功能时数据的接收和发送方式：当便携式终端 22 被放置在托架 24 上时，存储在车载信息处理系统设备 10 的用户 ID 或密码 PASS 被发送到信息中心；信息中心验证用户 ID 和密码 PASS，并对寄给用户的电子邮件、事件信息、新闻或类似物进行整合，以便提供给用户；在从信息中心接收到数据的情况下，便携式终端 22 将接收到的数据提供给车载信息处理设备 10，接着，车载信息处理设备 10 通过扬声器 18 以例如发出"您好，×××先生/女士，关于好的餐馆和特价商品的新信息可用。您要什么？"的声音的方式对所接收的数据进行输出；通过麦克风 16 用户输入"请给我好餐馆"，车载信息处理设备 10 将用户的输入音频数据提供给便携式终端 22，接着，便携式终端 22 将数据发送到信息中心；在接收到请求数据时，信息中心使用音频识别对请求内容进行分析，搜索并检索与所述请求有关的数据，接着，将数据发送到便携式终端 22；在这个实例中，检索到去往目的地的 3 条线路并且提示用户在它们中间进行选择，此提示以文本或音频数据的形式发送，文本数据显示在便携式终端 22 的显示器上，在图 3 中，示出了包括"推荐的路径""尽快到达"以及"不收费道路"的选项。也可通过车载信息处理设备 10 的扬声器 18 以发出"搜索完成。我的推荐路径、最快的路径或具有不收费道路的路径，您喜欢哪个"的声音的方式输出音频数据；当用户回答"我想要尽快到达"时，便携式终端 22 将此偏好数据发送到信息中心；接着，信息中心通过识别所发送的音频数据或基于信息数据来搜索相应的路径，基于用户的偏好、交通信息和事件信息来执行这种路径搜索，并通知结果。车辆的初始位置可在通知用户 ID、密码、通信状态或连接模式的同时发送。

如前面评述权利要求 1 的创造性时所述，证据 1 的系统与本专利的系统不同，也即在证据 1 中，不论实现导航的方法如何，其并未采用如本专利中所述的系统；另外，在证据 1 中至少不包括权利要求 10 的步骤 7）中对服务不满意进行反馈、重复步骤 5）和 6）的过程。因此权利要求 10 请求保护的技术方案相对于证据 1 具备新颖性，符合 2000 年《专利法》第 22 条第 2 款的规定。

同时，与前面评述权利要求 1 创造性的理由类似，由于权利要求 10 所述的系统与证据 1 公开的系统存在区别，且未有证据证明从证据 1 公开的系统获得权利要求 10 所述的系统是显而易见的，另外，证据 1 中也未给出权利要求 10 的步骤 7）中对服务不满意进行反馈、重复步骤 5）和 6）的过程的启示，因此权利要求 10 请求保护的技术方案相对于证据 1 具备创造性，符合 2000 年《专利法》第 22 条第 3 款的规定。

2. 权利要求 10 相对于证据 1 和证据 7~8 的结合是否具备创造性

如前所述，证据 1 公开的系统结构与本专利权利要求 10 中的系统结构不同，证据 1 至少没有公开如本专利所述的车载终端。另外，证据 1 公开的方法与本专利权利要求 10 限定的方法也不同，在证据 1 中至少不包括权利要求 10 的步骤 7）中对服务不满意进行反馈、重复步骤 5）和 6）的过程。

证据 7 公开了一种具有卫星定位及通信设备的车辆导航方法，旨在提供一种驾驶员操作简单，在接近一个地标点时就开始提示驾驶员，任何驾驶员都能快速对提示信息做出反应，正确做出驾驶操作的具有卫星定位及通信设备的车辆导航方法。该方法包含车辆的具有卫星定位及通信设备的导航终端获得导航数据和运用导航数据两个过程（具体参见说明书第 2 页第 19 行～第 3 页第 19 行）。在一个实施例中（参见说明书第 7 页倒数 3 行）公开了车辆导航终端具有卫星定位模块、通信模块、语音模块和显示模块，导航终端可通过通信模块与导航中心建立无线数据及语音通信。证据 7 也未公开本专利中的同时具有安防功能和无线通信功能的车载终端，因此未给出对证据 1 公开的系统的结构进行改进从而获得本专利权利要求 10 中所述系统的技术启示；并且，证据 7 公开的方法主要在于导航中心根据其确定的最佳路径产生该路径上一组地标点序列的信息数据，车辆的导航终端接收并储存该一组地标点序列的信息数据，然后根据该信息数据对车辆进行导航，其方法与证据 1

公开的方法不同，将其与证据1结合无法获得权利要求10请求保护的方法。因此权利要求10相对于证据1和证据7的结合具备创造性，符合2000年《专利法》第22条第3款的规定。

证据8公开了一种交通信息服务方法，其所采用的系统（参见附图2）包括：信息中心240、由汽车漫游装置210、适配器220和无线电话230连在一起构成的用户终端；信息中心240从多个信息提供商（IP）接收当庭的动态信息项目如新闻、股票指数、天气、电子邮件和交通信息如交通拥挤、交通事故、指定区域的路况。其方法包括如下步骤：从汽车漫游装置里发送汽车位置信息和车辆信息至交通信息中心；根据从交通信息中心接收的汽车位置信息和车辆信息分析汽车的位置和运动方向；按预定单位确定区域的号码和次序；按照确定区域的号码和次序发送区域的交通信息至汽车漫游装置。证据8也未公开如本专利中的由导航仪和具有安防功能的车载终端构成的用户终端，因此未给出对证据1公开的系统的结构进行改进从而获得本专利权利要求10中所述系统的技术启示；并且，证据8中将汽车位置的区域划分为多个单位区域并按一定次序发送各个单位区域的交通信息至汽车（参见附图4）的方法与证据1公开的方法不同，将其与证据1结合无法获得权利要求10请求保护的方法。因此权利要求10相对于证据1和证据8的结合具备创造性，符合2000年《专利法》第22条第3款的规定。

3. 权利要求10相对于证据4和公知常识的结合是否具备创造性

如前所述，证据4中采用了嵌入式平台，由一个处理与控制模块进行与导航和无线通信有关的信息处理与控制，不是如本专利所述，由导航仪和具有安防功能的车载终端这两个相对独立功能的部件组成行车导航和车载安防系统。证据4未给出将这两个相对独立功能的车载终端和导航仪一体化连接组成行车导航和车载安防系统的技术启示，也未提供证据来证明其是本领域的公知常识；另外证据4还至少未公开权利要求10的步骤7）中对服务不满意进行反馈、重复步骤5）和6）的过程，未给出采取该步骤的启示。因此权利要求10相对于证据4和公知常识的结合具备创造性，符合2000年《专利法》第22条第3款的规定。

4. 权利要求10相对于证据6中实例2和证据6中实例1、证据7、证据8、公知常识的结合是否具备创造性

请求人认为，对比文件6的实例2（参见说明书第［0068］～［0069］段）公开了权利要求10中的步骤5）～步骤7），结合证据6中实例1、证据7、证据8、公知常识可获得权利要求10的方法。

证据6公开了一种导航装备和通信基站，以及导航系统和使用同一导航

系统的导航方法，导航系统 100（参见附图 1）包括：导航装备 101 和通信基站 103；导航装备 101 可以是蜂窝电话或移动信息终端，包括 GPS 终端 102，作为移动物体当前位置检测设备，并输出当前位置信息；通信基站 103 包括存储地图信息的地图信息数据库 107 通过地图信息数据库 107 进行搜索的搜索装备 109 以及通信设备 110。证据 6 第［0069］段公开了如下方法：U："用餐"→T："中餐如何？"→U："有对餐馆的建议吗？"→T："餐馆 A 离这里有 1 千米。"→U："我不喜欢那家餐馆（否定）。"→T："离这里 3 千米的 B 餐馆如何？"→U："把我带到那。"→T："我将把你带到那。你将在大约 10 分钟以内到达。"→导航开始。

由证据 6 可知，证据 6 未对位于车辆上的导航装备 101 的结构进行具体的描述，因此未公开本专利权利要求 10 中由导航仪与具有安防功能的车载终端一体化连接构成的用户终端这一结构的技术特征，而证据 7 和证据 8 如前所述也都没有公开这一具体的结构特征，因此无法从证据 6 中实例 2 和证据 6 中实例 1、证据 7、证据 8、公知常识的结合中获得本专利权利要求 10 中所述的系统。另外，证据 6 的上述 U 和 T 之间信息交互的过程是在导航开始之前进行的，而本专利权利要求 10 中的步骤 5）～步骤 7）已经包含了导航本身，如"个性要求"是目的地、回避地等与路径有关的要求，"服务建议"包括路径规划，因此，请求人所认为的证据 6 中实例 2 公开了权利要求 10 的步骤 5）～步骤 7）的主张不成立，无法将其与证据 6 中实例 1、证据 7、证据 8、公知常识相结合获得权利要求 10 请求保护的方法。因此权利要求 10 相对于证据 6 中实例 2 和证据 6 中实例 1、证据 7、证据 8、公知常识的结合具备创造性，符合 2000 年《专利法》第 22 条第 3 款的规定。

5. 权利要求 10 相对于证据 9 是否具备新颖性和创造性

证据 9 公开了一种信息提供系统、信息提供服务器以及它们的控制方法、程序，该系统（参见附图 1、2）包括信息提供服务器 100 和车载用信息终端 500，该控制方法（参见说明书第［0047］～［0067］段，附图 5~6）包括：在步骤 S301，用户使用车载用信息终端 500 进行对信息提供服务器 100 的连接请求，对信息提供服务器 100 提供的 WEB 站点进行访问（记为步骤 a）；在步骤 S401 中，信息提供服务器 100 基于来自请求目标的终端的通过登录工作而发送来的用户 ID 和密码，进行检查请求目标的用户的合法性的登录检查，如果合法，则在步骤 S404 中信息提供服务器 100 向要求目标的终端发送对用户提供的服务菜单 HP，在步骤 S304 中，用户在自身的终端接收来自信息提供服务器 100 的服务菜单 HP，显示其内容，由此，用户成为能够利用信息提供服务器 100 所提供的服务的状态（记为步骤 b）；在步骤 S305 中，用户基于在自身的终端上显示的构成为服务菜单 HP 的检索菜单，选择检索类别，进而，输入位置信息、时间信息，当输入完成时，向信息提供服务器 100 发送表示检索类别的菜单信息、位置信息、时间信息（记为步骤 c）；信息提供服务器 100 从请求目标的终端接收上述信息，经过检索，基于获得的关联数据和推荐信息，构成针对请求目标的用户的推荐信息 HP，并发送至用户的车载用信息终端 500，在步骤 S306 中，用户在自身的终端接收来自信息提供服务器 100 的推荐信息 HP，显示其内容（记为步骤 d）；在步骤 S306 中，用户可以选择返回步骤 S305，重新选择检索类别，向信息提供服务器 100 发送上述选择的检索类别（记为步骤 e）。

请求人认为：证据 9 中的步骤 a～步骤 d 分别对应于本专利权利要求 10 中的步骤 1～步骤 4；步骤 d 之后的步骤 e 对应于权利要求 10 中的步骤 5；在步骤 e 之后，信息提供服务器 100 再次检索并提供推荐信息的过程对应于权利要求 10 中的步骤 6；该步骤之后判断是否需要重新检索，如果需要则重复执行步骤 S305 和 S306，如果不需要检索，则完成上述过程的过程对应于权利要求 10 中的步骤 7。

对此，合议组认为：由证据 9 可知，证据 9 未对车载用信息终端 500 的结构进行具体的描述，因此未公开本专利权利要求 10 中由导航仪与具有安防功能的车载终端一体化连接构成的用户终端这一结构的技术特征；另外，如果认为证据 9 中的步骤 a～步骤 d 分别对应于本专利权利要求 10 中的步骤 1～步骤 4，则证据 9 中的上述步骤 e 是在重复步骤 c 的过程，也即对应到本专利中，证据 9 是在执行了步骤 1～步骤 4 之后就开始重复步骤 3 和步骤 4 的过程，不存在如本专利中还包括步骤 5 和步骤 6 的过程，因此，证据 9 所公开的方法与本专利权利要求 10 所述方法并不相同。综上所述，权利要求 10 请求保护的技术方案相对于证据 9 具备新颖性，符合《专利法》第 22 条第 2 款的规定。

同时，由于证据 9 未对车载用信息终端 500 的结构进行具体的描述，请求人也未提供证据来证明根据证据 9 公开的内容获得权利要求 10 所述的系统是显而易见的；并且也未有证据证明从证据 9 所公开的方法获得权利要求 10 所述的方法是显而易见的，因此权利要求 10 请求保护的技术方案相对于证据 9 具备创造性，符合 2000 年《专利法》第 22 条第 3 款的规定。

6. 权利要求 10 相对于证据 10 和公知常识的结合是否具备创造性

证据 10 公开了一种导航系统中用于指示交通信息的装置及其方法，该导航系统（参见说明书第 4 页第 28 行～第 7 页第 4 行，附图 2～3）包括：用来收集和提供交通信息交通信息中心 210；安装在移动对象 230 内的导航系统

240，其通过从多个 GPS 卫星 200 接收到的位置数据和存储在存储介质中的地图数据来寻找行驶路线以及要求交通信息服务；以及在交通信息中心 210 和导航系统 240 间联系的移动的通信网络 220；移动对象 230 上的导航系统 240 包括 LCD、接口板 306、主板 327、GPS 单元 318、用于存储地图信息的存储器 339 等部件，由这些部件组合在一起形成一个组合式系统。另外，附图 4 公开了指示交通信息的方法。

由证据 10 可知，其中位于车辆上的导航系统 240 是一个组合式系统，与本专利权利要求 10 中的由导航仪与具有安防功能的车载终端一体化连接构成的用户终端这一结构不同，也即未公开权利要求 10 中实现该方法的系统，并且请求人也未提供证据来证明将具有安防功能的车载终端与导航仪连接在一起是本领域的公知常识；另外，证据 10 公开的方法（参见附图 4 及说明书相关文字部分）重点在于，交通信息中心如何从导航系统接收并收集可能发生在路上的相应的交通状况的各种变化信息，然后，处理收集到的信息并提供给沿着当前的道路行驶的移动对象或者在对路况信息有要求的时候提供，这与本专利权利要求 10 所述方法重点在于用户终端如何获得所需信息不同。因此权利要求 10 请求保护的技术方案相对于证据 10 和公知常识的结合具备创造性，符合 2000 年《专利法》第 22 条第 3 款的规定。

综上所述，请求人的无效宣告理由均不成立，本专利权利要求 1～10 应被维持有效。

三、决定

维持第 200610157027.7 号发明专利权有效。

当事人对本决定不服的，可以根据《专利法》第 46 条第 2 款的规定，自收到本决定之日起 3 个月内向北京市第一中级人民法院起诉。根据该款的规定，一方当事人起诉后，另一方当事人作为第三人参加诉讼。

合议组组长　李　礼
主　审　员　谢有成
参　审　员　房宝盛

广东省深圳市中级人民法院民事判决书

（2010）深中法民三初字第 309 号

原告：深圳市赛格导航科技股份有限公司。住址：深圳市南山高新区南区市高新技术工业村 T2 栋 B6 楼。

法定代表人：张家同，该公司总经理。

委托代理人：崔军，广东星辰律师事务所律师。

委托代理人：洪军，住址：广东省深圳市罗湖区黄贝路 1022 号 10 栋 1 单元 704，系公司副总经理。

被告：深圳大兴通商汽车有限公司。住址：深圳市南山区月亮湾大道新濠汽车城 B 区。

法定代表人：秦敏聪，该公司董事长。

委托代理人：段承恩，北京市中咨律师事务所律师。

委托代理人：杨晓光，北京市中咨律师事务所律师。

被告：广汽丰田汽车有限公司。住址：广州市南沙区黄阁镇市南大道 8 号。

法定代表人：袁仲荣，该公司董事长。

委托代理人：杨晓光，北京市中咨律师事务所律师。

委托代理人：段承恩，北京市中咨律师事务所律师。

被告：北京九五一九零信息技术有限公司。住址：北京市海淀区中关村南大街 32 号 3 号楼中关村科技发展大厦 A 座 16 层 1611 号。

法定代表人：陈志方。

委托代理人：段承恩，北京市中咨律师事务所律师。

委托代理人：杨博，北京市中咨律师事务所律师。

原告深圳市赛格导航科技股份有限公司诉被告深圳大兴通商汽车有限公司（以下称"大兴通商公司"）、广汽丰田汽车有限公司（以下称"广汽丰田公司")、北京九五一九零信息技术有限公司（以下称"九五一九零公司"）侵害发明（ZL200610157027.7）专利权纠纷一案，本院受理后依法组成合议庭于 2010 年 10 月 13 日、2011 年 7 月 21 日、2013 年 5 月 27 日公开开庭审理本案。原告委托代理人崔军、洪军，被告大兴通商公司、广汽丰田公司委托代理人杨晓光、段承恩，被告九五一九零公司委托代理人段承恩、杨博到庭参加诉讼。本案现已审理终结。

原告深圳市赛格导航科技股份有限公司诉称，其在 2006 年 11 月 23 日就"一种交互式的行车导航和车载安防系统"向国家知识产权局提出发明专利申请，并于 2009 年 8 月 26 日获得该发明专利权，其专利号为：ZL200610157027.7。获得该项专利后，原告依法按时缴纳了年费。目前，该专利处于有效的法律状态，依法应受到保护。被告通过印制宣传彩页、网络等方式，对 G－BOOK 智能副驾系统进行大量宣传，并将该智能副驾系统运用在凯美瑞 240G、200G 车型上。为了维护自己的合法利益，原告委托姚骏于 2010 年 3 月 27 日在被告大兴通商公司处购买了一辆型号为凯美瑞 200G G－BOOK 的汽车。被告大兴通商公司在 2010 年 3 月 27 号开具了相应的发票，并在当日交付了该辆汽车及相关的资料。经过使用该辆汽车上的 G－BOOK 智能副驾系统，原告发现其使用的导航方法与原告专利 ZL200610157027.7 中的交互式行车导航方法完全相同，被告广汽丰田公司生产制造的丰田凯美瑞 200G G－BOOK 汽车上的导航系统及使用的导航方法完全落入原告专利的保护范围。原告是交互式行车导航和车载安防系统及方法专利的合法专利权人，被告为了生产经营目的，许诺销售、销售、制造了侵犯原告专利权的产品，并使用了原告的专利交互式导航方法，获得了巨额的利润，其行为已经严重侵害了原告的专利权。被告广汽丰田公司与被告九五一九零公司共同实施针对原告专利权的侵权行为，应当连带承担侵权责任。为此，原告提起诉讼，请求判令：（1）三被告立即停止对原告专利权（ZL200610157027.7）的侵犯；（2）被告大兴通商公司停止销售、许诺销售搭载有 G－BOOK 智能副驾系统的车辆；（3）被告广汽丰田公司停止生产、销售、许诺销售搭载有 G－BOOK 智能副驾系统的车辆，停止使用原告专利所要求保护的"交互式的行车导航和车载安防方法"；（4）被告九五一九零公司停止使用"交互式的行车导航和车载安防系统"以及"交互式的行车导航和车载安防方法"；（5）三被告删除宣传资料（包括网页）上关于使用专利方法和系统的相关信息；（6）被告广汽丰田公司、被告九五一九零公司连带赔偿原告经济损失人民币 200 万元；（7）被告广汽丰田公司、被告九五一九零公司承担原告制止三被告侵权行为所支付的合理费用人民币 40 万元；（8）三被告承担本案的诉讼费用。

原告对其陈述事实，提交了以下证据：

1. 《发明专利证书》，证明原告拥有合法专利。

2. 专利年费缴纳收费收据，证明原告专利处于有效法律状态。

3. 发明专利的授权公告文本，证明原告专利的保护范围。

4. （2010）深证字第45951号公证书，公证书附件4第1页清楚显示有远程控制中心，附件6的第2页证明被告广汽丰田公司使用了原告的专利方法，落入原告专利权利要求10的保护范围。

5. 宣传彩页，在宣传彩页封面页下面写明"凯美瑞240V热售中"，该宣传彩页把原告专利方法权利要求10的主要步骤通过简图的方式进行了形象的描述，该彩页上也有一个控制中心的图，证明被告许诺销售侵权产品的事实。

6. 光盘（原告购买了被告广汽丰田公司生产和销售的凯美瑞车及所装载的导航系统在使用过程中进行的录音录像），证明被告广汽丰田公司如何使用原告专利权利要求10。

7. G－BOOK智能副驾驶使用申请书（包括G－BOOK使用的合同和使用规章），证明被告销售被控侵权产品的事实，产品上搭载的系统使用了原告专利权利要求10所对应的方法。

8. 《丰田导航系统用户手册》，证明其操作方法与原告专利权利要求10是对应的。

9. 汽车购销合同。

10. 机动车销售统一发票。

11. 中华人民共和国车辆一致性证书。

12. 交车出库检查表。

13. 车辆放行条。

证据9～13证明被告广汽丰田公司、被告大兴通商公司销售被控侵权产品。

14. 2010款新凯美瑞车型价目表，证明带有G－BOOK导航系统的车与不带这个系统的车存在一定的差价，被告广汽丰田公司因使用原告专利获利。

15. 广州市广州公证处（2010）粤穗广内经字第87324号公证书，证明被告广汽丰田公司所制造、销售的车辆所装载的导航系统使用了原告专利。

16. 丰田凯美瑞轿车（实物，原告自行保管）。

17. 丰田凯美瑞轿车上的用户终端（实物，含车载终端及导航仪）。

18. 丰田凯美瑞轿车上的用户终端的结果图片。

19. 购买丰田凯美瑞轿车的发票。

20. 机动车保险单。

21. 专利年费交费收据。

22. （2011）深证字第 97344 号公证书（含随附光盘）。

证据 16、17、18 证明被告相关产品及系统侵犯原告专利权；证据 19、20 证明装载有被控侵权产品及系统的车辆系由原告合法购买；证据 21 证明原告缴纳涉案专利年费。

被告大兴通商公司答辩称：（1）答辩人销售的涉案汽车产品有合法来源，答辩人不知道、也没有能力知道所销售的汽车产品是否属于侵权产品。根据中国《专利法》的规定，答辩人不应该承担赔偿责任。（2）答辩人认为原告请求答辩人承担原告为制止侵权所支出的费用和损失均没有事实和法律依据。被告大兴通商公司请求驳回原告诉讼请求。

被告大兴通商公司为证明其辩解，提交了以下证据：

1. 增值税发票。

2. 销售货物或者提供应税劳务清单。

被告大兴通商公司提交上述证据主要为证明其所销售汽车有合法来源。

被告广汽丰田公司答辩称：答辩人"凯美瑞"汽车所使用的 G－BOOK 系统早已是现有技术，且未落入原告专利保护范围，原告要求 200 万元赔偿的主张没有事实依据，其关于 40 万元的合理支出也没有证据支持，答辩人请求驳回原告的诉讼请求。

被告广汽丰田公司为证明其辩解，提交了以下证据：

1. 北京市求是公证处（2010）京求是内民证字第 3614 号公证书（附光盘）。

2. 公证录像截屏及对话内容

证据 1、2 证明被告广汽丰田公司所销售车辆使用的 G－BOOK 智能副驾驶系统的操作步骤。

3. 经公证认证的"G－BOOK Alpha 使用指南"的复印件及相关部分的中译文以及被告关于证据 3 的意见，证明被告广汽丰田公司所销售车辆使用的 G－BOOK 智能副驾驶系统属于现有技术。

4. 北京紫图知识产权司法鉴定中心《鉴定意见书》（北京紫图 E20101 知鉴字第 57 号），证明 G－BOOK 话务员服务的使用方法没有落入权利要求 10 的保护范围。

5. 最高人民法院（2008）民申字第 980 号民事裁定书，证明关于权利要求步骤顺序的判例，对于存在步骤顺序的方法发明，步骤本身以及步骤之间的顺序均应对专利权的保护范围起到限定作用。

被告九五一九零公司称，原告未提供证据证明九五一九零公司实施了任何侵权行为。原告在第一次庭审近半年后申请追加九五一九零公司为被告，增加、变更诉讼请求，明显违反法律规定。

本院经审理，查明以下事实：

一、关于原告请求保护专利

原告深圳市赛格导航科技股份有限公司于 2006 年 11 月 23 日就"一种交互式的行车导航和车载安防系统"向中国国家知识产权局提出发明专利申请，并于 2009 年 8 月 26 日获授权，专利号为 ZL200610157027.7，专利权人是深圳市赛格导航科技股份有限公司。

2010 年 9 月 2 日，国家知识产权局专利检索咨询中心应北京市中咨律师事务所委托对 ZL200610157027.7 号发明专利新颖性进行检索，出具了检索报告一份（编号为 G102451），其结论为：权利要求 1～10 具有新颖性，不具有创造性。针对本案原告请求保护专利，被告广汽丰田公司于 2010 年 9 月 10 日提出专利无效宣告请求。2011 年 4 月 26 日，国家知识产权局专利复审委员会作出第 16536 号无效宣告请求审查决定书，认为 ZL200610157027.7 号发明专利权利要求 1～10 应被维持有效，决定维持 ZL200610157027.7 号发明专利权有效。

ZL200610157027.7 发明专利权利要求 1 记载：一种交互式的行车导航和车载安防系统，包括远程控制中心和用户终端，其特征在于，所述远程控制中心包括用于整合和分析信息并生成相关数据的地理信息系统，用于自动规范和存储来自所述地理信息系统的结果数据并为呼叫中心提供数据支持的智能信息系统，以及用于提供交互界面、与车载终端进行信息沟通的呼叫中心；所述用户终端包括车载终端和导航仪，所述车载终端包括 CPU、第一 GPS 模块、移动通信模块和第一数据接口模块，所述 CPU 通过串口扩展技术分别与第一 GPS 模块、移动通信模块、第一数据接口模块进行通信；所述第一 GPS 模块用于处理接收得到的信号并将其传送给 CPU；所述移动通信模块用于与远程控制中心进行通信；所述第一数据接口模块用于与带有相应数据接口的导航仪进行通信；所述导航仪包括双 CPU 架构、第二 GPS 模块、存储器、第二数据接口模块和输入输出设备，所述车载终端与导航仪通过数据接口模块实现一体化连接；所述车载终端通过移动通信网络与远程控制中心交互信息。权利要求 10 记载：一种交互式的行车导航和车载安防方法，车载终端与导航仪一体化连接后构成的用户终端与远程控制中心交互信息，其特征在于，所述交互信息包括如下步骤：1）用户终端向远程控制中心发送"服务请求"；2）远程控制中心接受请求，并回复"接受服务"，建立用户终端和远程控制中心之间的服务连接；3）用户终端将其从 GPS 卫星提取的数据上传至远程控制中心；4）远程控制中心将其获得的动态数据发送至用户终端，更新用户终端的数据；5）用户终端向远程控制中心提出个性要求，并对远程控制中心发送动态数据给出反馈和评价意见；6）远程控制中心接收并实时处理用户需求和意见，将整合的"服务建议"结果作为一个可视的和/或语音信息，提供给用户终端；7）用户终端如果对远程控制中心的服务满意，则完成其与控制中心的交互，根据实时数据实施动态导航，否则，将其意见和要求反馈，重复步骤5）和步骤6）的操作继续交互，直至达到用户终端的目标。

二、关于被告被控侵权产品及行为

2010 年 3 月 27 日，姚骏以 248000 元的价格在被告大兴通商公司处购买了一辆型号为凯美瑞 200G G－BOOK 的汽车，被告大兴通商公司开具了相应的发票，并交付了该辆汽车及包括《丰田导航系统用户手册》在内的相关资料。

同日，姚骏填写了《G－BOOK 智能副驾使用申请书》，该申请书由被告大兴通商公司在"销售店"一栏加盖印章。《G－BOOK 智能副驾使用申请书》附有"G－BOOK 智能副驾通信服务系统使用合同"。"G－BOOK 智能副驾通信服务系统使用合同"记载：本使用合同适用于申请使用北京九五一九零信息技术有限公司（以下简称"本公司"）提供的 G－BOOK 智能副驾通信服务的汽车用户（以下简称"用户"）。该用户驾驶的车辆应搭载可对应 G－BOOK 智能副驾通信服务系统的（以下简称"G－BOOK 通信服务"）车载终端（以下简称"车载机"）。该合同还记载了以下内容：

第 1 条 "合同范围以及规章变更"

3. 用户在此同意，本公司通过广汽丰田官网以及广汽丰田车主网站（以下称"网站"）发布公告对用户进行通知。

第 2 条 "G－BOOK 通信服务内容"

1. 关于 G－BOOK 智能副驾通信服务系统提供的各项服务内容，另行进行规定。用户在此同意，本公司无需通知用户即可更改部分或全部服务项目内容。

2. 用户在此同意，使用 G－BOOK 通信服务提供的服务内容以及服务项目（以下统称"项目内容"）时，应遵守提供该项目内容的运营商（以下简称"运营商"）自行制定的使用条款（包括合同条款、注意事项、说明事项、附属合同等）。

第 3 条 "G－BOOK 通信服务使用申请"

1. 用户在此同意，在同意本合同各项规定的基础上，通过在广汽丰田经销商填写 G－BOOK 通信服务使用申请书使用 G－BOOK 通信服务。

2. 面向从广汽丰田经销商购买搭载车载机车辆的买方人员或登记名义人

（使用人）发行的广汽丰田车主网站会员 ID 和密码同时作为 G－BOOK 通信服务的 ID 和密码（车辆购买方为法人时，会员 ID 和密码由用户事先承认的使用人使用）。

3. 用户在此同意，如本公司接到用户对项目内容提出开始、变更、终止申请时，本公司在必要的范围内代替用户对提供服务的运营商等提出申请。

4. 用户在此同意，因 G－BOOK 通信服务的解约，使用资格的丧失或因其他原因导致 G－BOOK 通信服务使用终止的情况下，本公司将代替 G－BOOK 通信服务用户对服务运营商提出解约申请。

5. 如前项所述，如果根据运营商使用条款的规定发生工程费、使用费等其他费用时，如无其他特殊说明，该费用应由 G－BOOK 通信服务用户承担。

第 4 条 "G－BOOK 通信服务合同的成立"

1. 用户在此同意，前条第 1 款提及的申请书通过规定程序到达本公司，经本公司承诺该服务后合同成立。

2. 如前项所述，当 G－BOOK 通信服务开始正常使用时即为合同生效，申请者即成为 G－BOOK 智能副驾通信服务用户。

第 6 条 "G－BOOK 通信服务的使用"

1. 用户通过广汽丰田指定的可对应 G－BOOK 通信服务的车载机使用 G－BOOK 通信服务。

第 11 条 "项目内容的变更及取消"：用户在此同意，本公司在无需通如用户即有权变更及取消 G－BOOK 通信服务的特定部分项目内容。

第 19 条 "个人信息管理"

2. 用户在此同意，因本公司提供的 G－BOOK 通信服务项目，会委托给丰田投资、项目内容运营商、服务运营商等关联公司，本公司会将用户个人信息提供给以上关联公司。

第 20 条 "转让处理"

1. 用户不再持有搭载车载机的车辆时，需向本公司提交 G－BOOK 通信服务的变更申请。如用户没有及时提出变更申请，本公司可在不通知用户的情况下变更 G－BOOK 通信服务合同。

第 21 条 "G－BOOK 通信服务使用资格的取消"：发生下列任意一种情形时，本公司无须通知用户即有权取消其 G－BOOK 通信服务的使用资格：（一）自广汽丰田车主网站退会或丧失会员资格。

第 25 条 "其他"本使用合同适用于搭载特定车载机的车辆，G－BOOK 通信服务的免费使用期间自交车之日起 2 年间免费，免费使用期间过后使用规则将另行规定。

被告大兴通商公司提交增值税发票、《销售货物或者提供应税劳务清单》显示，前述姚骏所购买凯美瑞 200G G－BOOK 汽车来源于被告广汽丰田公司，被告广汽丰田公司对此予以确认。

原告于 2010 年 3 月 29 日向广东省深圳市深圳公证处提出证据保全申请。同日，在深圳公证处公证员与公证人员的监督下，在深圳公证处，由原告委托代理人陈红珊操作计算机，点击 Internet Explorer 浏览器，输入"http：//www.gac－toyota.com.cn/"，点击并打印相关页面，作为公证书附件，深圳公证处为此出具了（2010）深证字第 45951 号公证书。该公证书所附打印材料显示，该网站系广汽丰田汽车有限公司企业网站。公证书附件 4 第 1 页显示有对凯美瑞 240VG－BOOK 智能领航版 G－BOOK 智能副驾图示，该图示表明该系统具有话务员服务、24 小时话务员专人领航、远程诊断、被盗通知等功能。公证书附件 6 系对"话务员服务"的介绍。

2010 年 7 月 29 日，原告委托代理人姚骏、潘志鹏向广州市广州公证处申请证据保全公证。7 月 30 日，广州公证处公证员和工作人员随同原告委托代理人姚骏、潘志鹏来到广州市海珠区新滘东路 615 号广汽丰田长宁会展店，代理人姚骏在该店办理了试乘试驾手续后，由该店工作人员陪同驾驶装载有 G－BOOK 智能副驾功能的丰田凯美瑞汽车，代理人潘志鹏使用公证处的摄像机对该店工作人员和姚骏试用 G－BOOK 智能副驾功能的过程进行了录音录像。公证员对上述过程进行了现场监督。随后，公证员对广汽丰田长宁会展店的周围环境进行了拍照。公证书所附光碟为代理人潘志鹏现场拍摄所得录音录像资料录制而成，录音录像资料载体保存于广州市广州公证处；照片、光碟所记录情况与现场实际情况相符。广州公证处为此出具了（2010）粤穗广证内经字第 87324 号公证书。

2011 年 5 月 27 日，原告委托代理人左殿勇向广东省深圳市深圳公证处申请证据保全。在公证员与公证人员的监督下，左殿勇打开计算机点击 Internet Explorer 浏览器，输入网址 http：//www.95190.com，打印相关网页资料作为公证书附件。深圳公证处为此出具了（2011）深证字第 79487 号公证书。该公证书附件"95190 简介"记载，被告九五一九零公司通过电信级的专业呼叫中心，向汽车及移动终端用户提供智能导航等服务。"公司动态"记载，2008 年 12 月 30 日，被告九五一九零公司与丰田汽车（中国）投资有限公司正式签署 G－BOOK 服务基本合同。"公司动态""凯美瑞 G－BOOK 上市：迈入中级车'e 时代'"记载，2009 年 5 月 17 日，标志着丰田最新技术升级的新凯美瑞 240V G－BOOK 智能副驾系统版在全国广汽 TOTOYA 经销店同步上市。此款车型是丰田汽车在中国继 LEXUS 雷克萨斯后第二款加载此系统的车型，更是其首度在中国国产汽车中加载并提供 G－BOOK 服务。"公司动态""九五一九零公司 CEO 朱文利接受网易采访"记载，朱文利称，我们的主要服务对象看起来是汽车厂商，但我们最终是服务驾车者。现在客户对象包括汽车厂商、终端的改装厂商和通信导航仪制造商等。我们提供的服务包括安全服务、导航定位服务、信息服务等。目前我们提供丰田汽车属于定制服务。两个方面来讲，首先我们要满足车厂和用户本身提出的需求。另外，95190 本身也有服务包的规划，从最初级的安全、报警、监控、导航服务，慢慢加上信息服务、通信服务等。只要用户购买了终端制造商和改装厂商与我们有合作关系的产品，就能搭载我们的服务。如果是外面随便买了一个非协议方的终端产品，是不能享受服务的。

原告提交了一份署名为"广汽丰田鹏峰店"的宣传彩页，该宣传彩页载有"凯美瑞240V G－BOOK 智能领航版，正在热售中"字样，亦有对凯美瑞240V G－BOOK 智能领航版 G－BOOK 智能副驾图示。原告并向本院提交了"广汽丰田鹏峰福田店 2010 款新凯美瑞车型价目表"，以证明具有智能领航功能车型与不具备智能领航功能车型存在较大价差。

2011 年 7 月 8 日，原告委托代理人同选民来到位于深圳市南山区月亮湾新濠汽车城，购买并提取了一部凯美瑞轿车（车架号：LVGBH40KIBG454257）。由汪平开回并停放于深圳市福田区梅林三村高层 103 室停车位，同选民对凯美瑞轿车进行现场拍摄，汪平对该车的导航系统进行现场操作，操作后汪平将该车的两个部件拆卸，汪平对导航系统的操作及拆卸过程均由同选民进行现场拍摄。拆卸后的两个部件由公证员进行现场封存，封存后的两个部件交由申请人保存。该凯美瑞轿车由公证员进行现场封存后停放于深圳市福田区梅林三村高层 103 室停车位。汪平的导航系统操作及拆卸过程和同选民的拍摄过程均由公证员和公证处工作人员现场监督。结束后，即时将所拍摄物制作成光盘（3 张），光盘制作过程均由公证员和公证处工作人员现场监督。公证员并对光盘进行封存。深圳公证处为此出具了（2011）深证字第 97344 号公证书。发票显示，该车购买价价税合计为 214110 元。

诉讼过程中，原告明确，其在本案中请求保护 ZL200610157027.7 发明专利，以权利要求 1、权利要求 10 确定专利权保护范围。原告指控被告"凯美瑞240G"和"凯美瑞200G"车型所搭载"G－BOOK"导航系统侵犯了原告请求保护专利的专利权。原告认为，三被告侵犯了原告专利产品和方法，产品是一种广义的产品（包括服务），由两部分组成，一部分为远程控制中心，由被告九五一九零公司控制，另一部分是用户终端，系由被告广汽丰田公司制造和销售。被告大兴通商公司销售和许诺销售搭载有侵权 G－BOOK 智能副驾设备的车辆,并帮助用户与被告九五一九零公司签订 G–BOOK 通信服务合同,帮助他人侵犯原告专利权;被告广汽丰田公司、九五一九零公司分工合作,制造、销售、许诺销售侵犯专利权产品,被告广汽丰田公司帮助、教唆他人使用原告专利权利要求 10 的方法,九五一九零公司使用了原告权利要求 10 的方法。原告请求法院酌定判令被告赔偿其经济损失 200 万元。

被告广汽丰田公司于 2010 年 10 月 25 日出具"关于具有 G–BOOK 功能的车型的说明"称,并不是所有的凯美瑞 200G、凯美瑞 240G 和凯美瑞 240V 车型的所有款车都有 G–BOOK 功能。只有凯美瑞 200G、凯美瑞 240G 和凯美瑞 240V 这三种车型中的智能领航版和豪华领航版的车,或者说只有凯美瑞 200G G–BOOK、凯美瑞 240G G–BOOK 或凯美瑞 240V G–BOOK 这三款车,才具有 G–BOOK 功能。

三、被告辩解及主要证据

被告大兴通商公司的主要辩解是其所销售产品有合法来源。

被告九五一九零公司的主要辩解是原告未提交证据证明其侵权行为。

被告广汽丰田公司辩解主要为其 G–BOOK 系统系现有技术,不落入原告涉案专利保护范围。

1. 被告广汽丰田公司提交了"G–BOOK Alpha 使用指南"作为现有技术抗辩。

2010 年 9 月 30 日,日本公民野田俊介在日本名古屋法务局所属公证处作证称,其于 2005 年 6 月购买丰田车一部,并取得了"G–BOOK Alpha 使用指南",野田俊介提交了汽车检查证、"关于合同信息的询问(答复)"以及"G–BOOK Alpha 使用指南",上述证据材料经过公证认证。"G–BOOK Alpha 使用指南"标注:"丰田汽车株式会社 2005 年 4 月第 1 版发行"。

"G–BOOK Alpha 使用指南"没有出版号,其公开时间无法确定,且该证据不能证明 ZL200610157027.7 发明专利权利要求 1、10 为现有技术,亦不能证明被控侵权 G–BOOK 系统所使用技术为现有技术。

2. 2010 年 12 月 15 日,北京紫图知识产权鉴定中心接受北京市中咨律师事务所委托,对(2010)京求是内民证字第 3614 号公证书和《丰田导航系统用户手册》所记录的 G–BOOK 话务员服务的使用方法是否与 ZL200610157027.7 专利权利要求 10 所限定方法的技术特征相同或等同进行比对,北京紫图知识产权鉴定中心出具了《鉴定意见书》[编号:北京紫图(2010)知鉴字第 57 号],其结论是:将被对比方法((2010)京求是内民证字第 3614 号公证书和《丰田导航系统用户手册》所记录的 G–BOOK 话务员服务的使用方法)的技术特征与专利方法(ZL200610157027.7 专利权利要求 10 所限定方法)的技术特征进行比较判断的结论是：在两个技术方案的 8 项对应技术特征中：二者 1 项技术特征相同，2 项技术特征等同，5 项技术特征既不相同，也不等同。

上述鉴定系由被告单方面委托，其比对基础仅为北京市中咨律师事务所提交的（2010）京求是内民证字第 3614 号公证书和《丰田导航系统用户手册》，对于该鉴定意见，本院结合其他证据一并审查。

3. 2011 年 12 月 26 日，工业和信息化部软件与集成电路促进中心知识产权鉴定所接受北京市中咨律师事务所委托，对送检的凯美瑞 7240VB - NAVI 车辆上安装的 G - BOOK 智能副驾设备的结构是否与原告 ZL200610157027.7 发明专利权利要求 1 所限定的系统的技术特征相同或等同、对该设备提供的功能的使用方法是否与权利要求 10 所限定的方法的技术特征相同或等同出具司法鉴定意见，工业和信息化部软件与集成电路促进中心知识产权鉴定所出具了司法鉴定意见书（工信促司鉴中心［2011］知鉴字第 063 号），被告广汽丰田公司将该鉴定提交本院。该鉴定系由被告单方面委托进行，且本院已于此前将鉴定事项委托相关鉴定机构。

四、关于本案的司法鉴定

2011 年 7 月 27 日，原告向本院提交鉴定申请书 1 份。

2011 年 9 月 19 日，原被告双方共同抽签选定上海市知识产权司法鉴定中心为本案鉴定机构。

本院委托上海市知识产权司法鉴定中心就被告九五一九零公司"电信级的专业呼叫中心"与被告广汽丰田公司制造的凯美瑞轿车中用户终端（包括车载终端和导航仪）系统及方法所采用的技术方案与原告 ZL200610157027.7 专利的权利要求 1、权利要求 10 的技术特征是否相同或等同作出鉴定。本院将经双方质证的原告鉴定申请书、ZL200610157027.7 专利权利要求书及说明书、凯美瑞轿车中用户终端（包括车载终端和导航仪）、《丰田导航系统用户手册》、（2011）深证字第 97344 号公证书（附光盘）、（2011）深证字第 79487 号公证书、原告对鉴定的说明及意见陈述汇总（包括原告对车载终端及导航仪用关键元器件介绍）、北京紫图知识产权鉴定中心鉴定意见书（北京紫图（2010）知鉴字第 57 号）、国家知识产权局第 16536 号无效宣告请求审查决定书、起诉状、两次庭审笔录以及 2011 年 9 月 19 日调查质证笔录、被告关于鉴定的说明及意见陈述交予鉴定机构。

2011 年 11 月 14 日，上海市知识产权司法鉴定中心将初步拟定的鉴定组成员 7 人名单通过本院告知原告、被告双方，其后又应被告广汽丰田公司要求将 7 名鉴定组成员基本情况书面告知，被告广汽丰田公司于 2011 年 12 月

12 日出具对初步拟定的鉴定组成员没有异议的书面函。

2012 年 2 月 13 日，上海市知识产权司法鉴定中心提出需要对凯美瑞轿车中用户终端实物（包括车载终端和导航仪）进行复原，但缺少 GPS 天线等部件。原告提出，上述部件同车辆的电控系统、总线系统以及底盘总成互相交错、铰链在一起，如要取下，这些部件必然损坏，原告同意鉴定机构派专家到深圳，在"证据车"上进行复原工作，进行司法鉴定。

2012 年 3 月 7 日，上海市知识产权司法鉴定中心于其会议室组织原、被告就案件涉及技术进行听证。

2012 年 7 月 18 日，本院应上海市知识产权司法鉴定中心要求，安排鉴定组专家进行现场勘验，原告、被告代理人到场监督。

2012 年 11 月 8 日，上海市知识产权司法鉴定中心出具了司法鉴定意见书（上知司鉴字 ［2011］ 第 1203 号）。该司法鉴定意见书记载："智能副驾"与用户终端中的"车载终端"属于对同一对象采用的不同的科技术语，"电信级的专业呼叫中心""智能副驾中心"和"G－book 客服中心"均指同一对象，统一称为"远程服务中心"。九五一九零公司和广汽丰田公司统称为广汽公司，深圳市赛格导航科技股份有限公司称为赛格公司。九五一九零公司"电信级的专业呼叫中心"和"用户终端系统（包括车载终端和导航仪）"合称为广汽产品。该司法鉴定意见书还记载：

（一）九五一九零公司"电信级的专业呼叫中心"和深圳市深圳公证处封存的广汽公司的用户终端系统中的技术特征与权利要求 1 记载的技术特征是否相同或等同的评述

鉴定组将 ZL200610157027.7 专利权利要求 1 记载的技术特征表示为 SA、SB、SC，将广汽产品对应于权利要求 1 记载的技术特征表示为 GA、GB、GC。技术特征 SA 为：所述远程控制中心包括用于整合和分析信息并生成相关数据的地理信息系统，用于自动规范和存储来自所述地理信息系统的结果数据并为呼叫中心提供数据支持的智能信息系统，以及用于提供交互界面、与用户终端进行信息沟通的呼叫中心。技术特征 SB 为：所述车载终端包括 CPU、第一 GPS 模块、移动通信模块和第一数据接口模块，所述 CPU 通过串口扩展技术分别与第一 GPS 模块、移动通信模块、第一数据接口模块进行通信；所述第一 GPS 模块用于处理接收得到的信号并将其传送给 CPU；所述移动通信模块用于与远程控制中心进行通信；所述第一数据接口模块用于与带有相应数据接口的导航仪进行通信；所述车载终端通过移动通信网络与所述远程控制中心交互信息。技术特征 SC 为：所述导航仪包括双 CPU 架构、第二 GPS 模块、存储器、第二数据接口模块和输入输出设备，所述车载终端与导航仪通过数据接口模块实现一体化连接。

关于技术特征 GA 与 SA。广汽产品具有远程服务中心，广汽产品中的远程服务中心由九五一九零公司提供服务。该公司以国内各大基础电信运营商为技术依托，构建"电信级的专业呼叫中心"，主要包括了紧急通知、防盗报警、道路救援、智能导航、设施向导、交通信息以及新闻、天气、股票等内容，在汽车和服务中心间提供双向信息通信服务。根据广汽丰田公司与九五一九零公司的服务协议和《丰田导航系统用户手册》第 243 页中的记载，广汽产品在其导航仪的主菜单上具有"GBOOK.com、地点收藏、天气预报、新闻"等图标。点击"GBOOK.com"开关，连接至智能副驾中心并显示浏览器画面，可查看 G - BOOK.com 内容。根据"远程服务中心"系统构成可知，其利用了自有的地理信息系统、实时交通信息系统、安全防卫报警系统提供呼叫应答、实时导航、安防等服务。该"远程服务中心"利用上述信息和资源为广汽公司提供交互界面并与用户终端实现信息沟通的智能呼叫服务，即包含了权利要求 1 中 SA 所述的用于整合和分析信息并生成相关数据的地理信息系统，用于自动规范和存储来自所述地理信息系统的结果数据，并为呼叫中心提供数据支持的智能信息系统，以及用于提供交互界面、与用户终端进行信息沟通的呼叫中心，技术特征 GA 与 SA 相同。

关于技术特征 GB 与 SB。鉴定组查实，广汽产品其物理结构主要包括集成电路 MSM6500、RFR6500 和数据接口电路。其中，MSM6500 内部含有 CPU 模块、移动通信模块、GPSone 等模块。这些模块利用内部总线进行通信，RFR6500 内含 GPS 等模块。这 2 个集成电路利用扩展串行接口实现数据通信。RFR6500 中的 GPS 模块用于处理接收得到的位置信号并将其传送给 CPU，向"远程服务中心"提供车辆位置信息。MSM6500 中还存在 GPSone 模块，也可用于处理接收得到的位置信号并将其传送给 CPU；MSM6500 中的移动通信模块利用 CDMA 技术与远程服务中心（GA）进行通信；数据接口模块利用串口扩展技术与带有相应数据接口的导航仪（GC）进行通信。

"GPS"是卫星"全球定位系统"（Global Position System）的缩写，它是以多颗卫星为基础的无线电定位系统。"GPS 信号"是指接收到的由全球定位系统所发射的卫星信号。第 16536 号无效宣告请求审查决定书第 5 页第 4 段中认定："所述的第一 GPS 模块用于处理收到的信号……"，此处的"信号"指的是接收到的 GPS 信号，而 GPS 信号中包括位置信号；第 10 页第 3 段中认定："对于导航仪和车载终端的协同工作，……说明书公开了车载终端上的 GPS 模块用于处理天线接收到的信号并传递给车载终端的 CPU，最终得到车辆位置的经纬度，导航仪上的 GPS 模块处理接收到的 GPS 定位信息，将其传输给导航仪的 CPU（参见说明书第 8 页第 11～28 行），因此，两个 GPS 模块完成各自的功能，车载终端上的 GPS 模块用于安防，导航仪上的 GPS 模块用于导航"；第 19 页第 1 段认定："本专利分为两个具有相对独立功能的车载终端和导航仪的结构"。据上述第 16536 号《无效宣告请求审查决定书》的认定可知，权利要求 1 中记载的"所述第一 GPS 模块用于处理接收得到的信号并将其传送给 CPU"，其中的"信号"应当是指收到的 GPS 信号，GPS 信号应当包括车辆的位置信号。根据《丰田导航系统用户手册》第 277 页"位置追踪服务"的记载："如果您的汽车被盗而寻求帮助时，通过公安、您和话务员的三方电话联系公安，并可请求'公安'搜寻车辆；必须由您直接向公安报警。虽然通过三方电话的报告有效，但话务员无法代替您通知。"鉴定组认为：根据上述《丰田导航系统用户手册》的记载，当车辆被非注册用户使用时，注册用户可以通过公安报警向（远程服务中心）话务员提出请求，获得当前车辆位置。此时，即使导航仪在没有操作的情况下，广汽产品车载终端上的 GPS 也能够发送用于安防的车辆位置信息，即也能实现上述第 16536 号《无效宣告请求审查决定书》中认定的"车载终端上的 GPS 模块用于安防"的功能。权利要求 1 作为一个"产品"类别的权利要求，广汽产品在物理结构层面上具有了与该专利权利要求相同的结构特征，这种结构特征可以实现相同的功能、达到相同的效果，只要广汽产品具有这种物理结构就不应排除其车载终端上的 GPS 处于工作状态，技术特征 GB 与 SB 相同。

关于技术特征 GC 与 SC。广汽产品的导航仪具有多 CPU 架构、GPS 模块、存储器、数据接口模块和输入输出设备（显示器、触摸屏、按键、喇叭、光驱等输入输出设备和相关接口）。多 CPU 架构中具有 2 个主 CPU，型号分别是 NAVIEW DENS0 462711－0600 和 Renesas 64F2506FC26V，用于实现交互式导航、与"远程服务中心"的呼叫服务、实时导航地图处理、多媒体信息处理；GPS 模块型号为 DENSO MB15H205，该 GPS 工作标记可以明确地显示在浏览器（液晶显示屏）上，向车辆用户提供"交互式"的"车辆导航"服务；存储器（hynix HY5DU121622）用于相关信息的存储；数据接口模块提供输入输出设备与 CPU 之间的信息交换，其数据接口模块利用串口扩展技术还与带有相应数据接口的车载终端进行通信；输入输出设备实现系统信息与用户之间的交互服务、多媒体信息的显示和实时导航地图的显示。导航仪从 GPS 提取的数据包括车辆位置信息，该车辆位置信息结合 CPU 用于导航，技术特征 GC 与 SC 相同。

（二）九五一九零公司"电信级的专业呼叫中心"和深圳市深圳公证处封存的广汽公司的用户终端系统方法中的技术特征与权利要求 10 记载的技术

特征是否相同或等同的评述

鉴定组认为：根据第 16536 号无效宣告请求审查决定书第 17 页第 2 段中"权利要求 10 请求保护一种交互式的行车导航和车载安防方法，其中前序部分限定了'车载终端与导航仪一体化连接后构成的用户终端与远程控制中心交互信息'，也即权利要求 10 限定了实现该方法的硬件系统，利用该硬件系统用户终端与远程控制中心建立服务连接、进行数据的上传和发送、处理和整合等，从而实现动态的、交互式的行车导航和车载安防"、第 23 页第 1 段中"权利要求 10 请求保护一种交互式的行车导航和车载安防方法，其中限定了'车载终端与导航仪一体化连接后构成的用户终端与远程控制中心交互信息'，也即限定了权利要求 10 请求保护的方法是由这样一个系统来实现的，该系统包括用户终端与远程控制中心，用户终端由具有安防功能的车载终端与导航仪一体化连接后构成，并且，权利要求 10 限定了以该系统为基础的步骤 1～步骤 7 的方法"的认定，权利要求 1 是权利要求 10 成立的基础，因而评述广汽方法与权利要求 10 是否相同或等同应当建立在广汽产品与权利要求 1 相同或等同的基础上，广汽方法不能脱离广汽产品孤立的存在，脱离广汽产品而孤立的评述广汽方法不具有技术特征意义上的相同或等同。

权利要求 10 记载的技术特征可以分解如下：

FA. 用户终端向远程控制中心发送"请求服务"；

FB. 远程控制中心接受请求，并回复"接受服务"，建立用户终端和远程控制中心之间的服务连接；

FC. 用户终端将其从 GPS 卫星提取的数据上传至远程控制中心：

FD. 远程控制中心将其获得的动态数据发送至用户终端，更新用户终端的数据；

FE. 用户终端向远程控制中心提出个性要求，并对远程控制中心发送的动态数据给出反馈和评价意见；

FF. 远程控制中心接收并实时处理用户需求和意见，将整合的"服务建议"结果作为一个可视的和/或语音信息，提供给用户终端；

FG. 用户终端如果对远程控制中心的服务满意，则完成其与控制中心的交互，根据实时数据实施动态导航，否则，将其意见和要求反馈，重复步骤 5）和步骤 6）的操作继续交互，直至达到用户终端的目标。

鉴定组将实施九五一九零公司"电信级的专业呼叫中心"和深圳市深圳公证处封存的广汽公司的用户终端系统的方法称之为广汽方法。

鉴定组根据《丰田导航系统用户手册》认为：广汽方法至少包括两种，分别称之为广汽方法 1、广汽方法 2。

（1）关于广汽方法 1 的评述

鉴定组认为广汽方法 1 的操作步骤顺序如下：用户按下"INFO – TEL"按钮，浏览器显示可进行以下服务：①主菜单开关、②便捷信息集开关、③话务员服务开关、④信息确认开关，用户点击上述服务项目，向"远程服务中心"提出服务请求，"远程服务中心"对用户提出的服务请求予以验证并默认接受服务请求，用户终端中的 GPS 向"远程服务中心"发出车辆位置信号，"远程服务中心"将动态数据发送至用户终端，再点击①主菜单开关进入子菜单，通过点击子菜单获知相关更新的动态数据的信息，在获知上述动态数据后，再触按"返回"按钮，然后点击③话务员服务开关请求话务员服务，并对"远程服务中心"发送的动态数据给出反馈和评价意见，"远程服务中心"根据用户需求给出实时"路径规划"和动态数据，用户如满意，结束与"远程服务中心"的交互，反之，将意见和要求反馈至"远程服务中心"继续交互。

鉴定组将广汽方法 1 的操作步骤与权利要求 10 相对应的技术特征用 f1a、f1b、f1c、f1d、f1e、f1f、f1g 表示如下：

f1a.《丰田导航系统用户手册》第 242 页给出：用户按下"INFO – TEL"按钮，浏览器显示可进行以下服务：①主菜单开关、②便捷信息篡开关、③话务员服务开关、④信息确认开关。点击上述服务项目，向远程服务中心提出服务请求。

f1b.《丰田导航系统用户手册》第 248 ~ 257 页给出了用户身份注册的步骤。

f1c.《丰田导航系统用户手册》第 248 ~ 257 页在给出用户身份注册步骤的同时也给出了与用户身份注册具有关联的验证步骤。

f1d.《丰田导航系统用户手册》第 284 页给出从"主菜单"查阅新闻，第 286 页给出从"便捷信息集"查阅新闻，第 287 页给出从"主菜单"查阅天气预报，第 288 页给出从"便捷信息集"查阅天气预报。

f1e.《丰田导航系统用户手册》第 280 页在"使用话务员服务"标题下给出："告知话务员您想询问的内容"。《丰田导航系统用户手册》第 281 页给出：结束向话务员的呼叫。

f1f.《丰田导航系统用户手册》第 281 页给出：按照画面显示的指示操作，当从智能副驾中心接收到信息时，将显示信息；第 281 页给出：如果未自动接收信息，请按以下指示手动接收。

如果信息不出现，（1）触按信息接收一览开关。（2）将显示之前询问的信息。触按您想接收的信息。

f1g. 根据《丰田导航系统用户手册》可知，用户如对"远程服务中心"（话务员）的服务满意，终止与"远程服务中心"的交互，反之，再经"话务员服务"提出服务请求。

关于技术特征f1a与FA。根据《丰田导航系统用户手册》第242页给出的信息，广汽方法1的"请求服务"是从按下"INFO‐TEL"按钮，浏览器显示"话务员服务""主菜单""便捷信息集"等内容时建立的，广汽方法按下"INFO‐TEL"按钮且浏览器显示上述服务项目并点击上述服务项目，即是向"远程服务中心"发送"请求服务"，技术特征f1a与FA相同。

关于技术特征f1b与FB。鉴定组认为："请求服务"与"接受服务"是相互依存的，广汽方法1的接受服务是以对《丰田导航系统用户手册》第248～257页中载明的注册予以验证来实现的，当用户（一次）注册完成后，广汽方法1即与用户之间构成了永久的、默认的、绑定的"请求服务"与"接受服务"。

当广汽方法1完成f1a后，"远程服务中心"应当对广汽方法给出的用户身份信息进行验证，以确认用户是否具有权利享受"远程服务中心"提供的服务，如用户身份信息正确，"远程服务中心"则提供服务，反之拒绝服务，无法实施f1b以后的步骤，广汽方法1是以对用户身份信息予以验证的形式"接受服务"的，广汽方法1的"接受服务"包括话务员服务但不限于话务员服务，技术特征f1b与FB相同。

关于技术特征f1c与FC。鉴定组认为：根据f1b给出的信息，"远程服务中心"对用户身份信息予以验证确认后则接受用户的服务请求，在此f1b是f1c的先决条件，f1c是f1b的必然结果，即当广汽方法1完成f1b后，由用户终端将其从GPS卫星提取的数据上传至"远程服务中心"，上述数据包括车辆的位置信号，技术特征f1c与FC相同。

关于技术特征f1d与FD。根据第16536号无效宣告请求审查决定书第14页第2段中"动态数据"是指远程控制中心从城市各地所设的信息采集点收集到的信息（参见说明书第7页第13行）、第23页第1段中"动态数据"是指实时交通和道路状况、气象、新闻和音乐等数据的认定和FD可知，"动态数据"是"远程服务中心"设在城市各地的信息采集点实时提供的信息，包括交通和道路状况、气象、新闻和音乐等。当"远程服务中心"收到GPS发出的数据（包括位置信息），则根据用户的相关请求更新用户终端的动态数据，随即可在《丰田导航系统用户手册》第242页给出的浏览器中展开"主菜单"或"便捷信息集"，浏览《丰田导航系统用户手册》第284～288页所示"新闻""气象预报",获取更新的用户终端动态数据,技术特征 f1d 与 FD 相同。

技术特征 f1e 与 FE。根据第 16536 号无效宣告请求审查决定书第 11 页第 2 段中的"个性要求可以是目的地、最短时间优先、回避地等"、第 23 页第 1 段中"动态数据"是指实时交通和道路状况、气象、新闻和音乐等数据的认定和 f1e,广汽方法 1 在 f1e 中,通过"远程服务中心"获知由"远程服务中心"根据用户的需求发出定制的"询问的内容",鉴定组认为:上述询问的内容包括目的地、最短时间优先、回避地等实时"路径规划"(属于个性要求)和"新闻"和/或"天气预报(属于动态数据)",即广汽方法 1 在对"远程服务中心"发送的"新闻"和/或"天气预报"作出反馈和评价意见之前,可首先浏览"新闻"和/或"天气预报",然后(返回)触摸"话务员服务",接着向"远程服务中心"提出"个性要求",并对"新闻"和/或"天气预报"作出反馈和评价意见后结束与"远程服务中心"的通话(挂断电话)以等待 f1f 步骤,技术特征 f1e 与 FE 相同。

关于技术特征 f1f 与 FF。根据第 16536 号无效宣告请求审查决定书第 14 页第 2 段中认定:"个性要求"是用户提出的具体的包括目的地、最短时间优先、回避地等要求,"反馈评价意见"是针对远程控制中心发送的动态数据给出的反馈和评价意见、"用户需求和意见"和"意见和要求"都是指上述要求和意见,第 11 页第 1 段中"对于已经提出的意见和要求,则远程控制中心就能够规划出一个符合要求的服务"和第 11 页第 2 段中"反馈和评价意见是针对远程控制中心发送的动态数据(比如气象、新闻)给出的;整合出的服务建议是针对个性要求而言的,因此是指符合该个性要求的服务"的认定,在 f1f 中,不论是给出反馈和评价意见,还是提出个性要求,一旦经用户提出,并从"远程服务中心"以可视的和/或语音信息发送到用户终端,应当认为就技术特征的意义而言,"远程服务中心"提供的服务,不论是个性要求还是动态数据,都是符合用户需求的,用户从"远程服务中心"接收的服务都是满意的,技术特征 f1f 与 FF 相同。

关于技术特征 f1g 与 FG。在 f1f 与 FF 相同的基础上,如广汽方法 1 的用户对"远程服务中心"的服务满意,用户终端应当终止与"远程服务中心"的交互,根据实时数据实施动态导航,如果不满意,则可将其意见和要求反馈,重复如该专利权利要求 10 中的步骤 5) 和步骤 6),继续与"远程服务中心"交互,直至满意为止。广汽方法 1 尽管与"远程服务中心"结束通话后才能收到"远程服务中心"根据其"个性要求"发送的实时"路径规划"和满足用户需求的动态数据,但电话只是实现交互的手段,且在该专利的权利要求 10 中既未限定以电话实现交互，也未限定以一个电话完成交互，该专利的说明书中也没有限于电话交互和一个电话完成交互的记载，技术特征 f1g 与 FG 相同。

（2）关于广汽方法 2 的评述

鉴定组根据光盘资料认为广汽方法 2 的操作步骤如下：用户按下"INFO - TEL"按钮，浏览器显示可进行以下服务：①主菜单开关、②便捷信息集开关、③话务员服务开关、④信息确认开关，用户点击"③话务员服务开关"请求话务员服务，要求"远程服务中心"给出实时"路径规划"和动态数据后，"远程服务中心"根据用户需求给出实时"路径规划"和动态数据，用户如满意，结束交互；如不满意，则将意见和要求反馈至"远程服务中心"继续交互。广汽方法 2 至少不具有权利要求 10 的步骤 5）中的"并对远程控制中心发送的动态数据给出反馈和评价意见"。

综上所述，广汽产品全面覆盖了专利号为 200610157027.7、发明名称为"一种交互式的行车导航和车载安防系统"权利要求 1 记载的实现其发明目的的全部必要技术特征；广汽方法 1 全面覆盖了上述专利权利要求 10 记载的实现其发明目的的全部必要技术特征；广汽方法 2 至少不具有权利要求 10 步骤 5）中的"并对远程控制中心发送的动态数据给出反馈和评价意见"，未全面覆盖上述专利权利要求 10 记载的实现其发明目的的全部必要技术特征。被告九五一九零公司"电信级的专业呼叫中心"与广汽丰田公司制造的凯美瑞轿车中用户终端（包括车载终端和导航仪）系统所采用的技术方案与原告所享有的 ZL200610157027.7 专利的权利要求 1 中的技术特征相同；广汽方法 1 与权利要求 10 中的技术特征相同；广汽方法 2 与权利要求 10 中的技术特征既不相同，也不等同。

司法鉴定意见书（上知司鉴字［2011］第 1203 号）送达双方当事人后，被告广汽丰田公司对鉴定意见提出部分质疑。对此，上海市知识产权司法鉴定中心作出相应答疑。2013 年 5 月 27 日，本院再次开庭，原告、被告双方以及上海市知识产权鉴定司法鉴定中心相关人员到庭。

原告不认同鉴定意见第 10 页中有关"权利要求 1 是权利要求 10 的基础，因而评述广汽方法与权利要求 10 是否相同或等同，应当建立在广汽方法与权利要求 1 相同或等同的基础上"的内容，对于鉴定意见其他部分，原告没有意见。

被告九五一九零公司认为，鉴定意见没有依据现场勘验的结果，而仅仅是依据不合逻辑的推断，鉴定意见不成立。2012 年 8 月 14 日，鉴定机构与原告单独接触，私自进行秘密现场勘验，严重违反法定鉴定程序。上海知识产权司法鉴定中心于2012年11月8日出具的司法鉴定意见无效。

被告广汽丰田公司质证意见主要有：

1. 鉴定机构与原告单独接触，私自进行现场勘验，严重违反法定鉴定程序。

2. 鉴定结论没有以勘验结果为依据且与勘验结果不符。

3. 广汽产品不具有原告请求保护专利权利要求1的全部必要技术特征。

（1）现有证据不能证明广汽产品车载终端具有处于工作状态的GPS。鉴定机构现场勘验显示，在禁掉导航仪的定位功能后，广汽产品导航仪和DCM均不提供定位信息，但鉴定意见却称"……不应排除其车载终端上的GPS处于工作状态"。勘验报告将RFR6500中芯片认定为CDMA、GPS信号接收模块，即CDMA、GPS信号的接收芯片，但鉴定意见认定"RFR6500中的GPS模块用于处理接收得到的位置信号并将其传送给CPU，向'远程服务中心'提供车辆位置信息"明显错误。所谓车载终端中有GPS模块系鉴定机构推测，鉴定机构更无法证明广汽产品车载终端具有处于工作状态的GPS。

（2）广汽产品导航仪多CPU架构与原告专利所述导航仪包括双CPU架构技术特征不相同。鉴定意见认定，广汽产品导航仪包括多CPU架构，而原告专利所述导航仪包括双CPU架构，二者不仅仅是数量上的差异，技术手段及效果也均不同。

（3）广汽产品相关部件连接关系与专利不同。专利权利要求1限定"所述CPU通过串口扩展技术分别与第一GPS模块、移动通信模块、第一数据接口模块进行通信"，专家组认定：MSM6500中的CPU、移动通信模块分别对应于权利要求1中的CPU、移动通信模块；RFR6500中的GPS模块对应于权利要求1中的第一GPS模块；数据接口模块对应于权利要求1中的第一数据接口模块。在此基础上，鉴定意见只提到"2个集成电路（MSM6500和RFR6500）利用扩展串行接口实现数据通信"，完全没有涉及MSM6500中的CPU与MSM6500内的移动通信模块之间的连接关系、该CPU与RFR6500中的GPS模块之间的连接关系、该CPU与RFR6500中的数据接口模块之间的连接关系，即该CPU是否通过串口扩展技术与RFR6500中的GPS模块和数据接口模块连接。

4. 广汽产品未落入专利权利要求10的保护范围。

（1）原告勘验鉴定的方法错误。原告指控涉案车辆上的用户终端的使用方法侵犯权利要求10，并提供了相应的证据（经公证的光盘），鉴定机构没有实际使用涉案车辆上的方法进行勘验，也不参考原告作为鉴材提交的经公证的光盘，拼凑了所谓的"广汽方法1"和"广汽方法2"，将《丰田导航系统用户手册》的内容作为比对对象，得出鉴定意见，其结论显然没有事实依据。

（2）专家组所称"权利要求10未限定以一个电话完成交互"理解有误。无论是通信的建立，还是对用户的计费，都与拨打电话的次数一致或以其为基础。每拨打一个电话必然包含了与对方建立连接、终止连接的过程，一次电话都是一次服务，都建立了一次服务连接。专家组为了证明其结论的正确性而对"一次服务连接""一个电话"进行了自定义，这样的自定义没有任何依据，也明显违背常识。

（3）国家知识产权局专利复审委员会第16536号无效宣告请求审查决定书对专利权利要求10的步骤5～7有明确的解释，即步骤5～7涉及的是导航本身，"服务建议"包括路径规划，导航开始之前用户与中心话务员之间的关于确定目的地的对话属于导航开始之前的操作，不是步骤5～7。但是，鉴定意见中无论方法1还是方法2都是将话务员服务与步骤5～7进行对比。专家组给出的鉴定结论与无效宣告请求决定认定的事实矛盾。

（4）广汽方法与专利权利要求10的方法在步骤、顺序上还存在诸多不同。

本院认为，针对鉴定意见，双方争议焦点主要包括：鉴定机构自行勘验是否属于程序违法；被控广汽产品是否落入专利权权利要求1保护范围；被控广汽方法是否落入专利权利要求10的保护范围。

关于鉴定机构自行勘验是否属于程序违法。本院认为，本案原告请求保护专利权利要求1及权利要求10涉及结构及方法，对被控广汽产品、广汽方法是否具备专利权利要求1及权利要求10的所有技术特征，是否落入专利权利要求1及权利要求10的保护范围进行勘验，不但需要对用户终端（包括车载终端和导航仪）本身进行分析，同时还需要将用户终端（包括车载终端和导航仪）装入原告公证购买的被控凯美瑞轿车，进行实际操作之勘验。为查明被控产品车载终端有无GPS、该GPS是否工作，确保被告九五一九零公司客观应答，上海市知识产权司法鉴定中心于2012年8月14日自行勘验有一定的合理性，但其在事前、事后均未告知本院，有不妥之处。本院认为，司法鉴定意见书（上知司鉴字〔2011〕第1203号）没有引用8月14日勘验结论，该勘验未对鉴定意见产生实质影响，本案也没有证据证明鉴定机构除该勘验外有其他不当行为，被告提出应认定上海市知识产权司法鉴定中心鉴定意见无效没有事实及法律依据，对于上知司鉴字〔2011〕第1203号司法鉴定意见书，本院结合其他证据综合审查、判断，决定鉴定意见相关内容采信与否。

关于被控侵权的广汽产品是否落入专利权利要求 1 的保护范围。原告、被告双方分歧主要集中在广汽产品导航仪包括多 CPU 架构，而原告专利所述导航仪包括双 CPU 架构，二者是否属于相同或等同的技术特征；广汽产品是否具备"所述 CPU 通过串口扩展技术分别与第一 GPS 模块、移动通信模块、第一数据接口模块进行通信"的技术特征；广汽产品车载终端是否具有 GPS 模块，该 GPS 模块是否工作，包括处理接收得到的信号并将其传送给 CPU。

首先，关于导航仪的多 CPU 架构与双 CPU 架构。本院认为，所谓 CPU，也即微处理器、中央处理单元，是计算机的核心部分，用于指挥和干预计算机完成相关工作。根据司法鉴定意见书（上知司鉴字［2011］第 1203 号）记载，广汽产品导航仪具有多 CPU 架构，在广汽产品导航仪的电路板中，有 2 个主 CPU，型号分别是 NAVIEW DENS0 462711－0600 和 Renesas 64F2506FC26V，其余还有 M306N4FGTFP、MSDR54100AF、CXB1458、DENSO462711－180 等通用的 CPU 芯片或具有 CPU 的技术特征的芯片。按照专利权利要求 1 记载，所述导航仪包括双 CPU 架构，但专利权利要求并没有限定其导航仪只能有不超过两个 CPU，也即没有限定，除双 CPU 架构不能再有 CPU，且采用多 CPU 架构，属于本领域普通技术人员无需创造性劳动即能想到。本院认为，二者的上述技术特征属于相同技术特征。

其次，关于广汽产品是否具备"所述 CPU 通过串口扩展技术分别与第一 GPS 模块、移动通信模块、第一数据接口模块进行通信"的技术特征。本院认为，司法鉴定意见书（上知司鉴字［2011］第 1203 号）记载："2 个集成电路（MSM6500 和 RFR6500）利用扩展串行接口实现数据通信，数据接口模块利用串口扩展技术与带有相应数据接口的导航仪进行通信"。鉴定机构在书面答疑中称："车载终端中含有 1 个 GPS 模块，GPS 与 CPU 之间的接口为 RxADC、SBI，属于扩展的串行接口。本质上 RxADC 是接收信号接口，SBI 是系统总线接口。实现这 2 种接口的技术较复杂，为减小系统的体积和满足汽车中电磁兼容的要求，通常采用扩展的串行接口技术。在 MSM6500 中含有的移动通信模块通过内部总线与 CPU 连接，本领域技术人员普遍认知，并行连接的导线连接数目远比串行连接的导线数目多、占用的 PCB 面积更大。所以在模块之间的连接上不仅要考虑电磁干扰问题，还要考虑有效降低系统体积，通常采用串口连接方式，依据见 MSM6500 芯片组技术特性说明"。被告广汽丰田公司虽然对上述鉴定意见提出质疑，但没有提交任何反证，证明其产品模块之间为并口连接而非串口连接。据此，本院认为，可以采信鉴定机构相关鉴定意见。

最后，关于广汽产品车载终端是否具有 GPS 模块，该 GPS 模块是否工作，包括处理接收得到的信号并将其传送给 CPU。本院认为，根据专利权利要求 1 以及国家知识产权局专利复审委员会第 16536 号无效宣告请求审查决定书，专利权利要求 1 用户终端包括车载终端和导航仪，车载终端和导航仪中各有一个 GPS，分别被称为第一 GPS 模块、第二 GPS 模块，第一 GPS 模块用于处理接收得到的信号并将其传送给 CPU，该 GPS 的功能是用于安防。尽管鉴定机构现场勘验未能有效证实广汽产品车载终端中具有处于工作状态的 GPS 模块，但不能以此推定广汽产品车载终端中就一定没有处于工作状态的 GPS 模块。本院认为，司法鉴定意见书（上知司鉴字［2011］第 1203 号）明确记载，鉴定组查实，广汽产品其物理结构主要包括集成电路 MSM6500、RFR6500 和数据接口电路。相关芯片内含 GPS 等模块，该 GPS 模块用于处理接收得到的位置信号并将其传送给 CPU，向"远程服务中心"提供车辆位置信息；原告陈述，广汽产品的车载终端的移动通信模块和 GPS 模块是由 MSM6500 + RFR6500 构成，RFR6500 是构成 GPS 模块的重要组成部分，是 GPS 模块中的 GPS 信号接收模块，被告广汽丰田公司亦承认，RFR6500 芯片是用来接收 GPS、CDMA、PCS 等信号的射频接收集成电路，也即被告广汽丰田公司实际承认 RFR6500 芯片是 GPS 模块的一部分，该意见与原告之陈述相互印证。本院据此确认，广汽产品车载终端中存在独立于导航仪的 GPS 模块，也即与专利权利要求 1 所对应的第一 GPS 模块。广汽丰田公司《丰田导航系统用户手册》第 277 页"位置追踪服务"记载："如果您的汽车被盗而寻求帮助时，通过公安、您和话务员的三方电话联系公安，并可请求'公安'搜寻车辆；必须由您直接向公安报警，虽然通过三方电话的报告有效，但话务员无法代替您通知。"鉴定机构认为，根据上述《丰田导航系统用户手册》的记载，当车辆被非注册用户使用时，注册用户可以通过公安报警向（远程服务中心）话务员提出请求，获得当前车辆位置。此时，即使导航仪在没有操作的情况下，广汽产品车载终端上的 GPS 也能够发送用于安防的车辆位置信息，即也能实现第 16536 号无效宣告请求审查决定书中认定的"车载终端上的 GPS 模块用于安防"的功能。权利要求 1 作为一个"产品"类别的权利要求，广汽产品在物理结构层面上具有了与该专利权利要求相同的结构特征，这种结构特征可以实现相同的功能、达到相同的效果，只要广汽产品具有这种物理结构就不应排除其车载终端上的 GPS 处于工作状态。对于鉴定机构的上述意见，本院予以确认，也即从物理结构层面，广汽产品车载终端具有独立于导航仪的 GPS 模块，且该 GPS 模块能够工作。

综合以上，广汽产品具备专利权利要求 1 的所有技术特征，落入专利权利要求 1 的保护范围。

被控广汽方法是否落入专利权利要求 10 的保护范围。专利权利要求 10 记载：一种交互式的行车导航和车载安防方法，车载终端与导航仪一体化连接后构成的用户终端与远程控制中心交互信息，其特征在于：所述交互信息包括如下步骤：1）用户终端向远程控制中心发送"服务请求"；2）远程控制中心接受请求，并回复"接受服务"，建立用户终端和远程控制中心之间的服务连接；3）用户终端将其从 GPS 卫星提取的数据上传至远程控制中心；4）远程控制中心将其获得的动态数据发送至用户终端，更新用户终端的数据；5）用户终端向远程控制中心提出个性要求，并对远程控制中心发送动态数据给出反馈和评价意见；6）远程控制中心接收并实时处理用户需求和意见，将整合的"服务建议"结果作为一个可视的和/或语音信息，提供给用户终端；7）用户终端如果对远程控制中心的服务满意，则完成其与控制中心的交互，根据实时数据实施动态导航，否则，将其意见和要求反馈，重复步骤 5）和步骤 6）的操作继续交互，直至达到用户终端的目标。本院认为，从上述内容可以看出，权利要求 10 请求保护一种交互式的行车导航和车载安防方法，其中前序部分限定了"车载终端与导航仪一体化连接后构成的用户终端与远程控制中心交互信息"，也即权利要求 10 限定了实现该方法的硬件系统，权利要求 10 请求保护的方法是由包括用户终端与远程控制中心，用户终端由具有安防功能的车载终端与导航仪一体化连接后构成的系统来实现的，权利要求 1 是权利要求 10 成立的基础。权利要求 10 对于交互信息的步骤以数字序列的方式作出了明确、清晰的规定，即用户终端发送"服务请求"—远程控制中心回复"接受服务"，（与用户终端）建立服务连接—用户终端将其从 GPS 卫星提取的数据上传至远程控制中心—远程控制中心将动态数据发送至用户终端，更新用户终端的数据—用户终端提出个性要求，对动态数据给出反馈和评价意见—远程控制中心整合"服务建议"，提供给用户终端—完成交互，实施动态导航，或重复步骤 5）和步骤 6）继续交互，专利权利要求 10 属于存在步骤顺序的方法发明，其步骤本身以及步骤之间的顺序均应对专利权的保护起到限定作用。

本院认为，被控广汽方法不落入专利权利要求 10 的保护范围，理由是：

首先，鉴定机构所称广汽方法 1 不是实际操作的结果，而是根据《丰田导航系统用户手册》进行综合，但《丰田导航系统用户手册》本身没有记载广汽方法 1 的具体步骤以及先后顺序。正如鉴定机构书面答疑记载，"问：1）请说明方法 1 是如何得到的？方法 1 中的每一步是否是权利要求 10 的

'交互式的行车导航和车载安防方法'所必须执行的步骤？答：1）方法1出自《丰田导航系统用户手册》，《丰田导航系统用户手册》能够体现并包含方法1中的每一个步骤。问：2）请说明方法1中的步骤1和4（f1a和f1d）是什么关系？它们是否是'交互式的行车导航和车载安防方法中'必须执行的步骤？依据是什么？答：2）方法1中的f1a是单独存在或与f1d并存的关系，《丰田导航系统用户手册》能够体现并包含方法1中的每一个步骤，包括f1a和f1d。"本院认为，广汽方法1、广汽方法2的存在本身即说明被控广汽方法步骤及顺序不是必须、必然的。

其次，广汽方法1与专利权利要求10存在诸多区别。而广汽方法1用户终端在向九五一九零呼叫中心即远程控制中心发送服务请求时，其车辆地理位置信息即同步被发送至远程控制中心，区别于专利权利要求于第三步骤用户终端才将其从GPS卫星提取的数据上传至远程控制中心；专利权利要求10的步骤4）是："远程控制中心将其获得的动态数据发送至用户终端，更新用户终端的数据"，根据第16536号无效宣告请求审查决定书第14页第2段、第23页第1段记载，"动态数据"是远程控制中心设在城市各地的信息采集点实时提供的信息，包括交通和道路状况、气象、新闻和音乐等。也即按照专利权利要求10，远程控制中心主动更新用户终端的动态数据。但广汽方法1中，用户终端与远程控制中心建立服务连接后，远程控制中心并不主动将动态数据发送至用户终端，即便用户终端使用菜单进行查阅，也仅仅是在菜单点击的瞬间，用户终端的相关数据被更新，二者构成区别；专利权利要求10的步骤5）是："用户终端向远程控制中心提出个性要求，并对远程控制中心发送动态数据给出反馈和评价意见"，提出个性要求与对动态数据给出反馈和评价意见发生于同一步骤。如前所述，广汽方法1远程控制中心不主动更新用户终端的动态数据，被动更新也不必然发生，也就不必然有步骤5）。广汽方法2则明显不落入专利权利要求10的保护范围。

综上，本院认为，现有证据不能证明广汽方法步骤、顺序与专利权利要求10的步骤、顺序完全一致，故广汽方法不落入专利权利要求10的保护范围。

以上事实，有专利证书、专利权利要求书、第16536号无效宣告请求审查决定书、被控产品实物、G-BOOK智能副驾驶使用申请书、《丰田导航系统用户手册》、公证书、司法鉴定意见书、庭审笔录等在卷佐证。

本院认为，本案为侵害发明专利权纠纷。发明和实用新型专利权被授予后，除本法另有规定的以外，任何单位或者个人未经专利权人许可，都不得实施其专利，即不得为生产经营目的制造、使用、许诺销售、销售、进口其专利产品，或者使用其专利方法以及使用、许诺销售、销售、进口依照该专利方法直接获得的产品。发明或者实用新型专利权的保护范围以其权利要求的内容为准，说明书及附图可以用于解释权利要求的内容。人民法院判定被诉侵权技术方案是否落入专利权的保护范围，应当审查权利人主张的权利要求所记载的全部技术特征。被诉侵权技术方案包含与权利要求记载的全部技术特征相同或者等同的技术特征的，人民法院应当认定其落入专利权的保护范围；被诉侵权技术方案的技术特征与权利要求记载的全部技术特征相比，缺少权利要求记载的一个以上的技术特征，或者有一个以上技术特征不相同也不等同的，人民法院应当认定其没有落入专利权的保护范围。原告ZL200610157027.7 发明专利系依法授予，至今处于合法有效状态，应受法律保护。被告广汽丰田公司生产、销售了包括车载终端与导航仪在内的用户终端（也可称为 G－BOOK 智能副驾系统），而被告九五一九零公司与丰田汽车（中国）投资有限公司签署 G－BOOK 服务基本合同协议，以接受定制服务的方式为被告广汽丰田公司上述载有 G－BOOK 智能副驾系统的轿车提供ZL200610157027.7 发明专利权利要求 1 所称远程控制中心服务，两者共同组成了"一种交互式的行车导航和车载安防系统"，具备原告 ZL200610157027.7发明专利权利要求 1 的所有技术特征，落入专利权利要求 1 的保护范围。被告广汽丰田公司、被告九五一九零公司未经许可实施原告涉案专利权利要求 1的行为构成对 ZL200610157027.7 发明专利权的侵犯，被告大兴通商公司销售、许诺销售搭载有上述 G－BOOK 智能副驾系统的车辆，协助相关购车用户与被告九五一九零公司签订使用 G－BOOK 通信服务合同，亦构成对原告涉案专利权的侵犯，三被告应承担相应的侵权责任。原告请求三被告立即停止对原告专利权（ZL200610157027.7）侵犯的诉讼请求，本院予以支持。

因被告广汽方法未落入原告专利权利要求 10 的保护范围，故原告有关要求判令三被告停止使用原告专利"交互式的行车导航和车载安防方法"及删除相关信息的诉讼请求，本院不予支持。

本院考虑原告本案请求保护专利系发明专利，被告广汽丰田公司所生产、销售 G－BOOK 智能副驾系统产品及被告九五一九零公司所提供服务落入原告专利权利要求 1 的保护范围，且被告搭载有 G－BOOK 智能副驾系统的车辆生产、销售数量大、获利多，其金额远超过原告所请求的人民币 200 万元，故本院对原告请求判令被告广汽丰田公司、被告九五一九零公司共同赔偿原告经济损失人民币 200 万元的诉讼请求予以支持。原告为本案维权先后两次购买车辆花费人民币 40 余万元，本院酌情判令被告广汽丰田公司、被告九五一九零公司承担原告为维权所支出合理费用人民币 20 万元。被告大兴通商公司行为虽亦构成侵权，但其销售、许诺销售搭载有上述 G－BOOK 智能副驾系统的车辆均来源于被告广汽丰田公司，本案证据不能证明被告大兴通商公司明知上述产品侵权而销售，被告大兴通商公司合法来源免赔抗辩成立，本院予以支持。被告广汽丰田公司、被告九五一九零公司不侵权抗辩不成立，本院不予采信。

综上，依照《中华人民共和国专利法》第 11 条第 1 款、第 59 条第 1 款、第 65 条、第 70 条，《最高人民法院关于审理侵犯专利权纠纷案件应用法律若干问题的解释》第 7 条及《中华人民共和国民事诉讼法》第 64 条之规定，判决如下：

一、被告广汽丰田汽车有限公司、被告北京九五一九零信息技术有限公司、被告深圳大兴通商汽车有限公司立即停止对原告深圳市赛格导航科技股份有限公司专利权（ZL200610157027.7）的侵犯，即被告广汽丰田公司停止生产、销售、许诺销售搭载有 G－BOOK 智能副驾系统的车辆，被告九五一九零公司停止为被告广汽丰田公司生产、销售、许诺销售搭载有 G－BOOK 智能副驾系统的车辆提供远程控制中心服务，被告深圳大兴通商汽车有限公司停止销售、许诺销售搭载有 G—BOOK 智能副驾系统的车辆。

二、被告广汽丰田汽车有限公司、被告北京九五一九零信息技术有限公司、被告深圳大兴通商汽车有限公司删除载有 G－BOOK 智能副驾系统相关信息的宣传资料。

三、被告广汽丰田汽车有限公司、被告北京九五一九零信息技术有限公司于本判决生效之日起十日内赔偿原告深圳市赛格导航科技股份有限公司经济损失人民币 200 万元，并支付深圳市赛格导航科技股份有限公司为维权所支出维权合理费用人民币 20 万元。

四、驳回原告深圳市赛格导航科技股份有限公司其他诉讼请求。

被告广汽丰田汽车有限公司、被告北京九五一九零信息技术有限公司如果未按本判决指定的期间履行给付金钱义务，应当按照《中华人民共和国民事诉讼法》第 253 条之规定，加倍支付迟延履行期间的债务利息。

本案一审案件受理费人民币 26000 元，由被告广汽丰田汽车有限公司、被告北京九五一九零信息技术有限公司承担（原告深圳市赛格导航科技股份有限公司已预交，本院予以退回）。本案司法鉴定费人民币 7 万元亦由被告广汽丰田汽车有限公司、被告北京九五一九零信息技术有限公司承担，二被告于本判决生效之日一并支付给原告深圳市赛格导航科技股份有限公司。

如不服本判决，原告、被告可在判决书送达之日起 15 日内向本院递交上诉状，并按对方当事人的人数提交副本，上诉于广东省高级人民法院。

审 判 长 陈文全
审 判 员 孙 虹
代理审判员 黄瑜瑜
2013 年 12 月 6 日
书 记 员 胡珊（兼）

案例05

关于"药品专利保护疑难问题"
专家研讨会专家意见书

务实（2014）第 013 号

针对在专利审查、审理实践中，专利审查指南不同版本应当如何适用的法律问题，2013 年 5 月 20 日，北京务实知识产权发展中心在北京召开了一次"专利授权确权程序中的审查指南版本适用问题专家研讨会"，对上述问题进行了深入研讨，在业内引起了较大反响，专家意见陆续得到有关单位采纳。此后，围绕上述问题，在实践中又出现了一些新的情况和做法，北京务实知识产权发展中心也陆续收到来自不同层面的反馈，特别是药品专利保护领域，由于这些新情况、新问题具有超越于个案层面的典型意义，因此，值得进一步深入研究。为此，北京务实知识产权发展中心于 2014 年 9 月 4 日举行了"药品专利保护疑难问题"专家研讨会。中国社会科学院知识产权中心主任、博士生导师李明德，中国社会科学院法学研究所研究员、博士生导师、中国科学院大学法律与知识产权系主任、中国知识产权研究会副理事长李顺德，原国家知识产权局专利局医药生物发明审查部部长张清奎，原国家知识产权局条法司副司长、中国知识产权培训中心教授文希凯，中国政法大学知识产权研究所所长、博士生导师来小鹏，原北京市高级人民法院知识产权庭副庭长、北京务实知识产权发展中心主任程永顺等资深知识产权法律专家、学者参加了研讨。

研讨会由北京务实知识产权发展中心主任程永顺主持。

与会专家在认真审阅有关材料、了解相关背景情况的基础上，围绕对于药品专利申请中的补充实验数据问题，1993 年版审查指南与 2006 年版审查指南各自所规定的审查标准有何区别；专利申请人（包括专利权人，下同）依据 1993 年版审查指南是否享有在申请日后补交实验数据来证明发明技术方案具有所述的用途和/或使用效果的权利；在允许专利申请人补充实验数据的情况下，应当如何审查专利申请人提交的补充实验数据的证据；如何从法理角度厘清补交实验数据与先申请原则之间的关系等与本案相关的法律问题进行了深入研讨，并充分发表了各自的意见。

一、背景情况介绍

（一）"专利授权确权程序中的审查指南版本适用问题专家研讨会"的基本情况

多年来，在专利授权确权审查和审判实践中，有关部门一直实行将新版专利审查指南追溯适用于在旧版审查指南施行期间提出的专利申请以及依据该申请所授予的专利权的做法，这种做法虽然屡遭专利申请人和专利代理行业反对，但长期得不到纠正。

2013 年 5 月 20 日，北京务实知识产权发展中心在北京召开了一次"专利授权确权程序中的审查指南版本适用问题专家研讨会"，针对上述追溯适用的做法进行了深入研讨。

与会专家普遍认为，根据《立法法》第 84 条关于"法不溯及既往"的规定，在专利授权确权程序中，对被审查的专利（或专利申请）应当适用其申请日所施行的审查指南，不能将在申请日后发布的审查指南新版本进行追溯适用，目前专利审查实践中普遍采用的将审查指南溯及既往的做法，是不符合法理的，也违反了"法不溯及既往"原则。

北京务实知识产权发展中心整理了上述专家研讨会的专家学者意见，并递交给最高人民法院知识产权庭、国家知识产权局审查业务管理部、北京市高级人民法院知识产权庭等有关单位，在业内引起了较大反响，专家意见陆续得到有关单位采纳。

最高人民法院在 2013 年 9 月 23 日作出的（2010）知行字第 53 – 1 号行政裁定书中明确指出，对于该专利审查指南（即 1993 年版指南）施行时的专利申请以及依据该申请授予的专利权，仍应适用（1993 年版指南）。若适用本案专利申请日时尚不存在的 2001 年版或者 2006 年版专利审查指南，则违背法不溯及既往这一基本法治原则，损害专利申请人对生效法律的正确信赖。

北京市高级人民法院于 2014 年 5 月 15 日对诺瓦提斯公司诉专利复审委员会专利申请驳回复审行政诉讼案件作出（2013）高行终字第 1244 号判决，亦遵循上述司法立场，纠正了专利复审委员会对审查指南进行错误适用的做法。

国家知识产权局审查业务管理部也于 2013 年 10 月给各审查部门发出了相应的内部通知，指出审查指南是国家知识产权局部门规章，属于《中华人民共和国立法法》的调整对象，适用其第 84 条的规定。

2013 年 12 月 5 日，我国政府在中美战略与经济对话框架下的外交磋商中明确指出，中方确认，中方的专利审查指南允许专利申请人在提交专利申请后提交额外的数据，专利审查指南适用《中华人民共和国立法法》第 84 条，确保药品发明获得专利保护。中方确认，上述解读在实际操作中已实施。

有关部门在处理相关药品专利申请或无效案件过程中，不再追溯适用 2006 年版《审查指南》，但认为，1993 年版《审查指南》与 2006 年版《审查指南》关于补充实验数据问题的审查标准并无实质区别，无论适用哪一版本的审查指南，均不影响当事人的相关权益；允许在申请日后补交实验数据，将会违反先申请原则，因此，即使适用 1993 年版《审查指南》，对于专利申请人在专利申请日后补充提交的实验数据，亦不应予以考虑。

由于上述观点既反映了当前药品专利保护中面临的一些普遍性问题，又涉及对我国政府相关外交承诺内容的理解和执行问题，具有超越于个案层面的典型意义，值得深入研究，为此，北京务实知识产权发展中心决定在上一次举行的关于审查指南版本适用问题的研讨会的基础上，再举行一次后续研讨会，对该案中反映出来的一些普遍性问题进行深入研讨，以形成具有实践指导意义的专家意见。

（二）1993 年版和 2006 年版《审查指南》关于补充实验数据的规定

在药品专利授权确权程序中，补充实验数据问题主要涉及说明书是否充分公开以及发明方案是否具有创造性这两项审查内容。

1. 关于"充分公开"审查中的补充实验数据问题

在 1993 年版《审查指南》中，专利申请中缺乏实验数据的情形，被规定为不具有实用性，可以通过在申请日后补充实验数据来克服。

1993 年版《审查指南》第二部分第五章第 3.2.2 节规定：

"例如，以下各种情形不具备实用性。

……

（5）提出了具体的技术方案，但未提供实验证据，而该方案又必须依赖实验结果加以证实才能成立的"。

2001 年版《审查指南》中，上述情形则被归入说明书公开不充分的审查范畴。针对这种变化，国家知识产权局专利局医药生物发明审查部原部长张清奎，在《中国发明与专利》杂志 2006 年第 10 期发表"审查指南化学部分的修改重点"的文章，其中明确指出：

"上次审查指南修改时（指 2001 年版《审查指南》），将'说明书中给出了具体的技术方案，但没有提供实验数据，而该方案又必须依赖实验结果加以证实才能成立'的情况由不具备实用性改为公开不充分。由于在审查实践中，不具备实用性的缺陷往往可以通过补交一些实验数据加以证实而得到克服，而公开不充分的缺陷是不允许通过补充实验数据加以克服的，……这就给审查实践带来了较大的变化"。

2006 年版《审查指南》与 2001 年版《审查指南》相同，将"缺乏实验数据"的情形划入《专利法》第 26 条第 3 款所规定的"说明书公开不充分"的范畴，另外，2006 年版《审查指南》在"化学产品发明的充分公开"部分（第二部分第十章第 4.1 节）明确规定："判断说明书是否充分公开，以原说明书和权利要求书记载的内容为准，申请日之后补交的实施例和实验数据不予考虑"。

1993 年版《审查指南》"化学产品发明的充分公开"（第二部分第十章第 4.1 节）部分第"（3）化学产品的用途和使用效果"一节规定："新的药物化合物或药物组合物，应当公开其具体医药用途、药理功效、有效量及使用方法；应当有实验室试验、动物试验或者临床试验的定性或定量数据"。

2006 年版《审查指南》将上述规定修改为"如果所属技术领域的技术人员无法根据现有技术预测发明能够实现所述用途和/或使用效果，则说明书中还应当记载对于本领域技术人员来说，足以证明发明的技术方案可以实现所述用途和/或达到预期效果的定性或者定量实验数据"。

2. 关于创造性审查中的补充实验数据问题

1993 年版《审查指南》在"化合物的创造性"部分第（4）项规定："发明效果的证据可以在申请日之后提交，但如果所提交的效果已有他人公开于提交日之前，则不能被承认"。

2001 版《审查指南》和 2006 版《审查指南》删除了上述规定。

二、研讨会依据的材料

1. 最高人民法院作出的（2010）知行字第 53 - 1 号行政裁定书；

2. 最高人民法院作出的（2012）知行字第 41 号行政裁定书；

3. 北京市高级人民法院作出的（2013）高行终字第 1244 号行政判决书；

4. 北京市第一中级人民法院作出的（2007）一中行初字第 01366 号行政判决书；

5. 国家知识产权局专利复审委员会作出的第 4307 号审查决定；

6. 国家知识产权局专利复审委员会作出的第 3817 号审查决定；

7. 国家知识产权局专利复审委员会作出的第 21981 号审查决定；

8. 国家知识产权局专利复审委员会作出的第 16492 号审查决定；

9. 国家知识产权局专利复审委员会作出的第 21646 号审查决定；

10. 中国政府在中美战略与经济对话框架下的外交磋商中发布的《关于

加强中美经济关系的联合情况说明》；

11. 审查指南关于《专利法》第 26 条第 3 款在化学发明领域的审查标准的演变资料；

12. 审查指南关于《专利法》第 22 条第 3 款在化学发明领域的审查标准的演变资料。

三、研讨会的主要议题

1. 对于药品专利申请中的补充实验数据问题，1993 年版《审查指南》与 2006 年版《审查指南》各自所规定的审查标准有何区别？

2. 专利申请人依据 1993 年版《审查指南》是否享有在申请日后补交实验数据来证明发明技术方案具有所述的用途和/或使用效果的权利？

3. 在允许专利申请人补充实验数据的情况下，应当如何审查专利申请人提交的补充实验数据的证据？

4. 如何从法理角度厘清补交实验数据与先申请原则之间的关系？

四、专家意见

与会专家围绕上述问题进行了热烈讨论，充分发表了意见。经过归纳整理，形成以下法律意见。

（一）对于药品专利申请中的补充实验数据问题，1993 年版《审查指南》与 2006 年版《审查指南》各自所规定的审查标准有何区别？

与会专家一致认为，专利审查指南是依据专利法及其实施细则制定的，是专利法及其实施细则对专利申请、审查所作出的相关抽象规定的具体化，不仅对审查员的专利审查行为，而且对专利申请人的专利文件撰写行为和专利申请行为，均起具体的指导和规范作用，既是专利审查工作的依据，也是专利撰写和专利申请行为的依据。

但是，专利审查制度是随着人们认识水平的提高而逐步发展、完善的，因此，不同版本的审查指南所规定的具体审查标准，在宽严尺度上存在一定的客观差别。由于审查指南是专利申请人决定如何撰写、提交专利申请文件的重要参照和依据，而且专利申请人只能遵照和依据其申请专利时所施行的审查指南中的特定审查标准进行专利撰写，不可能预见这些审查标准将来的发展变化并预先遵守，因此，只有将"法不溯及既往"原则适用于审查指南，对审查指南不进行追溯适用，才能保障专利申请人对其提出专利申请时所遵照的审查指南的正当信赖及其所享有的正当申请权益。因此，在依据"法不溯及既往"原则正确适用不同版本的审查指南的情况下，需要准确厘清不同版本审查指南之间对于特定审查标准所存在的具体区别，才能保障审查指南的正确实施。

与会专家特别强调，有关部门在具体适用审查指南的过程中，不能笼统地以专利法相关条款并无修改为由，而忽略不同版本审查指南所赋予专利申请人的特定权利义务的区别。就本研讨会所涉及的药品专利申请中的补充实验数据问题而言，1993 年版《审查指南》所规定的审查标准与 2006 年版《审查指南》相比，明显存在实质性区别，忽视这种区别进而剥夺专利申请人依据 1993 年版审查指南相关规定所享有的特定权益，是不符合"法不溯及既往"原则的。

与会专家认为，药品专利申请中的补充实验数据问题，涉及说明书公开是否充分的审查以及创造性审查，在这两个方面，1993 年版审查指南所规定的审查标准均比较宽松，有条件地允许专利申请人在申请日后补充提交实验数据，具体体现在：

1993 年版《审查指南》第二部分第五章第 3.2.2 节，将"提出了具体的技术方案，但未提供实验证据"的情形，规定为不具备实用性的情形，从而使专利申请人能够通过补充提供实验数据来克服这种缺陷。

1993 年版《审查指南》第二部分第八章第 5.2.3.1 节之（6）规定，补充提交的实验数据不允许增加到说明书之中，但可以放入申请案卷中，供审查员审查专利性时参考。

1993 年版《审查指南》第二部分第十章第 5.4 节规定，发明效果的证据可以在申请日之后提交，但如果所提交的效果已有他人公开于提交日之前，则不能被承认。

与 1993 年版《审查指南》相比，2006 年版《审查指南》所规定的审查标准则基本上对专利申请人关上了补充实验数据的大门。2006 年版《审查指南》不仅删除了 1993 年版《审查指南》所规定的"发明效果的证据可以在申请日之后提交"这项审查标准，而且明确规定"判断说明书是否充分公开，以原说明书和权利要求书记载的内容为准，申请日之后补交的实施例和实验数据不予考虑"。

因此，在补充实验数据这个问题上，1993 年版《审查指南》与 2006 年版《审查指南》之间明显存在实质性差异。在专利审查实践中，不应忽略这种实质性差异对于专利申请人的申请权益的影响。

（二）专利申请人依据 1993 年版《审查指南》是否享有在申请日后补交实验数据来证明发明技术方案具有所述的用途和/或效果的权利？

与会专家认为，根据上文引述的 1993 年版《审查指南》中记载的关于补充实验数据的相关规定，依据 1993 年版《审查指南》提出的专利申请，申请人可以在申请日后补交实验数据来证明发明技术方案具有所述的用途和/或效果，但是，这些补交的实验数据必须是申请人自己做实验得到的数据，不能引用他人的数据，所以，1993 年版《审查指南》进一步规定，如果专利申请人所补充的证明其发明效果的实验数据已被他人公开于提交日之前，则这些数据不能被承认。

与会专家进一步指出，尽管 1993 年版《审查指南》允许专利申请人在申请日后补充实验数据，而且在指南中仅仅设置了"相关数据在提交日前未被他人公开"这项前提条件，但是，这并不意味着专利申请人补充的实验数据仅仅受到这一项条件的限制，实际上，补充实验数据的行为仍然要受到先申请原则和《专利法》第 33 条关于修改不得超范围的规定的限制，即申请人不能通过补充实验数据而对专利申请案补入新的发明内容，具体而言，在审查专利申请人补充的实验数据是否属于合格的证据，能否用来证明发明方案的效果时，不仅需要考虑"相关数据在提交日前未被他人公开"这项前提条件，还需要考虑以下两项与先申请原则和《专利法》第 33 条相关的条件：第一，补充的实验数据，只能用来证明已记载在专利说明书中的发明效果或用途，不能用来证明专利说明书中未记载的新的发明效果或用途，即不能通过补充实验数据而向已提出的发明方案中补入新的发明效果或用途；第二，补充的实验数据，应当是按照现有技术中已知的或者专利说明书中已记载的实验条件和实验方法，无需创造性劳动即可做出的。

因此，在适用 1993 年版《审查指南》的情况下，对于补充实验数据，既不能一概拒绝，也不应一律接受，关键要看所补充的实验数据在形式上是否符合 1993 年版《审查指南》所规定的前提条件，在实质上是否符合先申请原则和《专利法》第 33 条的规定。

此外，国家知识产权局已于 2013 年 10 月发布有关通知，要求"审查工作中应树立以权利审查为主导的审查思维，区分事实和证据。对《专利法》第 26 条第 3 款的审查而言，应以技术方案和请求保护的权利要求为审查所针对的事实开展审查。在医药化学领域，申请人补充提交的用于证明技术方案具有所述用途和/或使用效果的实验数据，属于证据的，应作为证据在审查程序中应予以考虑"。上述通知中所称的"区分事实和证据"，就是指区分相关补充数据究竟是用来证明专利说明书中未记载的新的发明效果或用途，还是用来证明已记载在专利说明书中的发明效果或用途，如果是前者，则属于事实，不允许补充，如果是后者，则属于证据，允许补充，并应当在审查程序中予以考虑。

因此，在满足上文所述的补交条件的情况下，不仅对于依据1993年版《审查指南》申请的专利可以补充实验数据，而且对于依据目前正在施行的2006年版和2010年版审查指南申请的专利，也可以补充实验数据。

（三）在允许专利申请人补充实验数据的情况下，应当如何审查专利申请人提交的补充实验数据的证据？

与会专家认为，在允许专利申请人补充实验数据的情况下，在相关的授权确权程序中就要对申请人所补充的实验数据，从证据的角度进行实体审查，包括审查其是否符合补充提交的条件以及在符合补充提交条件的情况下是否具有相应的证明力。

如上文所述，在审查专利申请人补交的实验数据是否符合补交条件时，不仅要考虑审查指南中所规定的形式要件，更要从国家知识产权局在相关通知中所强调的"区分事实和证据"的角度，从实质上考虑其是否符合先申请原则和《专利法》第33条的规定。同时，也要注意避免不具体区分事实和证据，就笼统地以不符合先申请原则和《专利法》第33条规定为由，对补充的实验数据一概予以拒绝、一概予以否定的错误做法。

在确定补交的实验数据符合补交条件、属于合格证据的情况下，还要根据补交的实验数据的具体内容，进一步审查这些实验数据的证明力，即其能否证明相关专利申请案（或专利权）具备创造性或符合专利法所规定的其他授权条件。

（四）如何从法理角度厘清补交实验数据与先申请原则之间的关系？

与会专家认为，先申请原则是我国专利制度的一项基本原则，该原则禁止专利申请人在申请日后，将既没有记载在原申请方案中也不属于该申请的现有技术的内容，补入专利申请案。因此，补交实验数据，往往被认定为违反先申请原则，这已成为专利审查部门在实务工作中拒绝接受申请日后补交实验数据的主要法理依据。但事实上，补交实验数据与先申请原则之间并非必然矛盾和绝对对立的关系，对违反先申请原则的补充数据的行为，应予禁止，但并非所有的补充行为都必然违反先申请原则，因此，一律禁止补充实验数据是不合理的，应当进行具体分析。

与会专家认为，避免补充实验数据与先申请原则产生矛盾的关键，在于为补充数据的行为设立合理的条件，如上文所述，这些条件应当包括以下两方面：

首先，补充实验数据只能用来证明已经记载在专利说明书当中的发明效果或用途，不能借此补入专利说明书中没有记载的新的发明效果或用途，这也就是国家知识产权局在相关通知中所强调的"区分事实和证据"的问题。

其次，补充的实验数据，应当是按照现有技术中已知的或者专利说明书中已记载的实验条件和实验方法，无需创造性劳动即可做出的。

与会专家认为，在符合上述两项条件的情况下，补交的实验数据实质上属于本领域技术人员根据专利说明书记载的方法或者现有技术能够显而易见地得到的验证性信息，不属于新的发明内容，使用这样的验证性信息来证明专利说明书中记载的发明效果或用途，并不违反先申请原则，应当允许补充。

以上意见系基于委托方提供的资料、根据专家学者发言归纳整理作出，仅供参考。

北京务实知识产权发展中心
2013 年 9 月 15 日

案例 06

关于"防火隔热卷帘用耐火纤维复合卷帘及其应用"发明专利侵权纠纷专家研讨会法律意见书

务实（2015）第 010 号

受北京英特莱技术公司委托，北京务实知识产权发展中心于 2015 年 6 月 12 日召开了"'防火隔热卷帘用耐火纤维复合卷帘及其应用'发明专利侵权纠纷专家研讨会"。中国社会科学院知识产权中心主任、知识产权研究室主任、博士生导师李明德，中国社会科学院法学研究所研究员、博士生导师、中国科学院大学法律与知识产权系主任、中国知识产权研究会副理事长李顺德，中国政法大学民商经济法学院民事诉讼法研究所所长、中国政法大学民商经济法学院教授、博士生导师宋朝武，中国政法大学民商经济法学院知识产权法研究所所长、教授、博士生导师、中国知识产权法学研究会副会长冯晓青，中国政法大学民商经济法学院教授、博士生导师、中国知识产权法学研究会副秘书长张今，原最高人民法院民三庭法官段立红，清华大学法学院知识产权法研究中心主任、副教授崔国斌，北京务实知识产权发展中心主任程永顺等资深知识产权法专家、学者参加了研讨，中国人民大学纠纷解决研究中心主任、中国人民大学法学院教授、博士生导师肖建国出具了书面意见。

研讨会由北京务实知识产权发展中心主任程永顺主持。

参与本案研讨的专家在认真审阅委托方提供的与本案有关的材料、了解案件相关背景情况的基础上，围绕广东省消防局出具的关于深圳蓝盾公司申请事项的回函及关于北京市第二中级人民法院调查函的书面回复、国家固定灭火系统和耐火构件质量监督检验中心出具的第 2001－0439 号检验报告以及赵华利证言的证明力，本案中，深圳蓝盾公司是否享有先用权，蓝盾北京分公司与蓝盾创展公司是否具有主张先用权抗辩的主体资格等与本案相关的法律问题进行了深入研讨，并充分发表了各自的意见。

一、背景情况介绍

（一）"防火隔热卷帘用耐火纤维复合卷帘及其应用"发明专利相关情况

1. "防火隔热卷帘用耐火纤维复合卷帘及其应用"发明专利基本情况

2000年4月28日，刘学锋向中国国家知识产权局专利局（以下简称"国家知识产权局"）提出"防火隔热卷帘用耐火纤维复合卷帘及其应用"发明专利（以下简称"涉案专利"）申请，国家知识产权局经审查后，于2003年2月12日授予其发明专利权，专利号为 ZL00107201.3。

涉案专利权利要求1记载："一种防火隔热卷帘耐火纤维复合帘面，其中所说的帘面由多层耐火纤维制品复合缝制而成，其特征在于所说的帘面包括中间植有增强用耐高温的不锈钢丝或不绣钢丝绳的耐火纤维毯夹芯，由耐火纤维纱线织成的用于两面固定该夹芯的耐火纤维布以及位于其中的金属铝箔层。"

涉案专利其他具体情况见附件 F1。

2. 涉案专利权转让情况

2006年5月12日，刘学锋将涉案专利转让给北京英特莱新材料科技有限公司。

2006年7月14日，北京英特莱新材料科技有限责任公司将涉案专利转让给北京英特莱摩根热陶瓷纺织有限公司（后更名为北京摩根陶瓷有限公司）。

2013年2月1日，北京英特莱摩根热陶瓷纺织有限公司与北京英特莱技术公司（以下简称"英特莱公司"）就涉案专利权签订了专利转让协议，约定北京英特莱摩根热陶瓷纺织有限公司以5万元将涉案专利转让给英特莱公司，上述转让行为的著录项目变更生效日期为2013年4月12日。

2013年8月12日，北京摩根陶瓷有限公司与英特莱公司签订关于专利转让的补充协议，约定对于未诉的专利侵权案件，无论侵权行为发生在专利转让之前还是转让后，北京摩根陶瓷有限公司将其全部诉讼权益和义务及实体权利转移给英特莱公司；英特莱公司有权单独以自己名义进行专利侵权诉讼，并有权主张涉嫌侵权人赔偿在涉案专利转让前和转让后因侵犯涉案专利权的行为而给双方造成的损失、英特莱公司承担由诉讼产生的一切后果；北京摩根陶瓷有限公司不再依据涉案权利主张任何诉讼权益，也不承担英特莱公司依据涉案专利进行诉讼活动所产生的任何后果。

即，在英特莱公司就涉案专利侵权纠纷向法院提起诉讼时，其享有涉案专利权及依据涉案专利主张诉讼的权利。

（二）双方纠纷相关背景情况

1. 主要涉案当事人及案外人基本情况

深圳市蓝盾实业有限公司北京分公司（以下简称"蓝盾北京分公司"）成立于 2003 年 11 月 25 日，是深圳市蓝盾实业有限公司设立的分支机构，经营范围包括制造防火门、防盗门、卷帘门以及销售、安装、维修防火门、防盗门、卷帘门等。

北京蓝盾创展门业有限公司（以下简称"蓝盾创展公司"）成立于 2007 年 7 月 12 日，经营范围包括制造防火门、防盗门、卷帘门以及销售、安装、维修防火门、防盗门、卷帘门等。该公司由深圳蓝盾公司等出资成立，两公司的法定代表人系同一人。

深圳市蓝盾实业有限公司（以下简称"深圳蓝盾公司"）本案案外人，前身为深圳市宝安区蓝盾消防器材厂，成立于 1994 年，是全民性质的企业，经营范围包括生产消防器材，于 2000 年 4 月 18 日变更为现名。

2. 纠纷起因

2007 年 6 月，蓝盾北京分公司与中铁建工集团深圳分公司北方分处签订了建筑工程施工专业分包合同，约定由蓝盾北京分公司承包建设北京西站南广场的地下车库及商业工程不锈钢防火门及防火卷帘门工程；具体施工内容和范围包含设计、制作、运输、安装、五金配件、玻璃、油漆、配合消防验收等所有项目及售后服务；开工日期为 2007 年 6 月 10 日，Ⅰ段工程 6 月 20 日完工，Ⅱ、Ⅲ段工程具体日期由中铁建工集团深圳分公司北方分处另行通知；合同价款为 167.5222 万元。该项建设工程已于 2008 年 7 月 20 日前竣工。

2011 年 9 月 1 日，英特莱摩根热陶瓷纺织有限公司委托代理人前往北京西客站，对位于地下一层北一、北二出口指示牌与公共卫生间一侧、位于南一出站口标识下方以及位于西客站南地下商城的防火隔热卷帘进行了拍照取证。北京市方圆公证处的公证人员对上述行为进行了公证，并于 2011 年 9 月 5 日出具了公证书。根据公证书的记载以及照片显示，在取证地点安装的防火卷帘上锭有两种不同的名牌，其中一种名牌上显示："品名 无机复合布质特级防火卷帘 北京蓝盾公司制造……"另一种名牌上显示："品名 无机复合布质特级防火卷帘 深圳蓝盾北京分公司……"

该防火隔热卷帘由帘面、帘杆、卷轴、吊臂、控制箱等部分组成，其中，帘面部分第一层为银灰色的无机防火纤维布，向内第二层由类似于棉花状的纤维毯组成，第三层与第一层相同，仍然是银灰色的无机防火纤维布，铝箔层与第二层的纤维毯均被夹在第一层和第三层的纤维布之间，第一层、第三层的纤维布以及第二层的纤维毯均被缝制在一起。

（三）一审民事诉讼情况

2013 年 8 月 29 日，英特莱公司向北京市第二中级人民法院起诉称，北京西客站内安装的防火卷帘覆盖了涉案专利权利要求 1 的全部必要技术特征，落入了涉案专利权的保护范围，在这些防火卷帘上显示是由蓝盾北京分公司、蓝盾创展公司制造。英特莱公司认为蓝盾北京分公司、蓝盾创展公司制造涉案侵权产品的行为侵害了其专利权，请求法院判令蓝盾北京分公司、蓝盾创展公司停止涉案侵权行为，共同赔偿英特莱公司经济损失 56 万元及因诉讼支出的合理费用 4 万元。

蓝盾北京分公司主要诉讼主张为，涉案被诉侵权产品来源于案外人深圳蓝盾公司，深圳蓝盾公司一直在原有范围内制造与涉案专利相同的产品，依法享有先用权。

蓝盾创展公司主要诉讼主张为，在北京西客站南广场项目施工时蓝盾创展公司还未成立，不可能实施侵权行为；深圳蓝盾公司依法享有先用权；蓝盾创展公司的技术和产品均来自深圳蓝盾公司。

1. 主要证据情况

拟证明深圳市宝安区蓝盾消防器材厂在涉案专利申请日前自主研发被诉侵权产品的证据，包括：

深圳市宝安区蓝盾消防器材厂在 1999 年研发被诉侵权产品时的《布质复合防火卷帘门开发设计可行性报告》《布质复合防火卷帘门设计计划书》《布质复合防火卷帘门设计流程图》《布质复合防火卷帘门设计人员名单》《布质复合防火卷帘门设计任务书》《布质复合防火卷帘门研制报告》《布质复合防火卷帘门设计图纸》《布质复合防火卷帘门设计总结》《新产品研发工作安排会议纪要》《无机布质防火卷帘设计研讨会会议纪要》。

2013 年 11 月 20 日，北京东铁热陶瓷有限公司出具证明载明，深圳蓝盾公司于 1999 年底自主研发生产的无机复合布质防火卷帘检测门所需的原料当时由其提供。

《设备等固定资产明细表》《工具盘点表》，拟证明在涉案专利申请日前，深圳市宝安区蓝盾消防器材厂采购了风泵、折弯机、剪板机、冲床、台钻等固定资产，以及实用五金手册、万能角度尺、角尺、三棱比例尺、绘图工具、简易电焊机、塞尺等工具，用以研发被诉侵权产品。

一审法院对上述证据均予以认定。

拟证明深圳市宝安区蓝盾消防器材厂在涉案专利申请日前已经制造出涉案被诉侵权产品的证据，包括：

① 1999 年 12 月 30 日，广东省公安厅消防局（以下简称"广东省消防

局")向国家固定灭火系统和耐火构件质检中心出具《消防产品检测委托书》，该委托书载明：兹有深圳市宝安区蓝盾消防器材厂送来无机复合布质防火卷帘一樘作有关性能检测。

② 2002 年 2 月 19 日，广东省消防局又向国家固定灭火系统和耐火构件质检中心出具了一份《消防产品检测委托书》，该委托书载明：兹有深圳市蓝盾实业有限公司送来无机复合布质防火卷帘作有关性能检测。

③ 2013 年 10 月 14 日，深圳蓝盾公司在向广东省消防局出具申请函，在函中称：1999 年 11 月，深圳市宝安区蓝盾消防器材厂研发的无机复合布质防火卷帘申请封样并送检，1999 年 12 月 30 日现场封样后，因公司恰逢改制而暂缓送检，之后以深圳蓝盾公司名义申请重新封样，两次封样系针对同一样品，现请求广东省公安厅消防局对申请函中描述的上述事实予以证明。

④ 2013 年 10 月 15 日，广东省消防局在该申请函（申请函具体情况见附件 7）上以手写形式注明"经向技术处原封样人员调查核实，两次封样均系针对同一样品的过程属实"，并加盖了广东省公安厅消防局的公章。

⑤ 国家固定灭火系统和耐火构件质量监督检验中心出具的第 2001 - 0439 号检验报告，其中记载了 2001 年深圳蓝盾公司送检的无机复合布质防火卷帘相关检验项目检测情况，该检测报告具体内容见附件 8。

为核实上述证据① ~ ④的真实性，诉讼中一审法院向广东省消防局发出调查函，要求该局对 2013 年 10 月 15 日手写形式的答复内容进行确认，并核实其他相关事实。

2014 年 1 月 10 日，广东省消防局出具了书面答复，函中称，前述两份《消防产品检测委托书》均为该局出具；经向当年两位主要承办人了解，所涉及样品为同一样品，1999 年 12 月深圳市宝安区蓝盾消防器材厂向该局申请对其生产的"无机复合布质防火卷帘"产品进行封样，2000 年初，该厂由于改制需要更名以及该产品企业标准备案等原因，向该局提出暂缓送检，该局同意暂不送检；2001 年初，该厂完成改制启用新名称"深圳市蓝盾实业有限公司"后重新申请对"无机复合布质防火卷帘"样品封样送检，该局主要承办人对原样品去除旧封条后重新加贴新封条送检。回函具体情况见附件 9。

一审法院向国家固定灭火系统和耐火构件质量监督检验中心（以下简称检验中心）进行了调查取证，取得了深圳蓝盾公司在 2001 年 2 月 28 日发布的《无机复合布质防火卷帘企业标准》（以下简称《企业标准》），其中记载"无机复合布质防火卷帘的帘面由无机防火布、防辐射布和硅酸铝耐火纤维毡用耐高温线缝制而成。两外表面为陶瓷棉防火布，中间为硅酸盐耐火纤维毡。帘面中间应根据计算设计一定数量符合 GB8918 规定的钢丝绳，以承受卷帘纵向的拉力"，《企业标准》具体内容见附件10。

取证笔录中记载，检验中心主任赵华利（非送检时工作人员）表示检验报告所对应的产品中应当有钢丝绳，但是赵华利未在笔录上签字，表示任何人有异议可以通过电话与其进行核实。

一审法院对上述证据予以认定。

此外，证人谢晓峰及杨定金出具证言称，深圳市宝安区蓝盾消防器材厂在1999年底做出了成品，并对成品进行了封样，两证人出庭接受了质询。

拟证明深圳市宝安区蓝盾消防器材厂在涉案专利申请日之前生产钢质防火卷帘门的规模，以及在转化为无机复合布质防火卷帘时，仍然在原有范围内生产的证据，包括深圳市宝安区蓝盾消防器材厂在1999年度与他人签订的防火门制造、安装合同共计47份，合同总金额为2078万元，以及卷帘项目合同15份、1999年9月相关工资表及员工工资单，上述合同中标的为钢制防火卷帘门。

一审法院对上述证据予以认定。

2. 一审法院观点

（1）被诉侵权产品落入了涉案专利权的保护范围。

（2）蓝盾北京分公司和蓝盾创展公司使用、销售的产品具有合法来源，主要理由为：

从无机复合布质特级防火卷帘产品的名牌上看，虽然标注的制造者是蓝盾北京分公司和蓝盾创展公司，但从现有证据看，该防火卷帘的帘面均是从与之有关联关系的深圳蓝盾公司进货，然后再与其他部件组合起来形成防火卷帘产品。

（3）深圳蓝盾公司依法享有先用权，蓝盾北京分公司和蓝盾创展公司所主张的先用权抗辩理由成立，主要理由为：

第一，根据蓝盾北京分公司及蓝盾创展公司提交的广东省消防局分别于1999年12月20日和2001年2月19日出具的消防产品检测委托书及广东省消防局对法院发出调查函的复函，可以认定深圳市蓝盾实业有限公司在涉案专利申请日之前已经制造出了相关的防火卷帘产品。

第二，根据涉案企业标准和涉案检验报告的附图以及一审法院向国家固定灭火系统检验中心检测部所作的调查笔录等证据，深圳蓝盾公司提交给国家固定灭火系统检验中心检验的产品具备涉案专利权利要求1的全部必要技术特征，与涉案专利属于相同产品。

此外，对英特莱公司关于深圳蓝盾公司制造并送检的防火卷帘产品的帘面中缺少钢丝绳这一必要技术特征，不属于相同产品的主张不予支持，主要理由为：

其一，深圳蓝盾公司提交给国家固定灭火系统检验中心的涉案企业标准中载明"帘面中间应根据计算设计一定数量符合 GB8918 规定的钢丝绳，以承受卷帘纵向的拉力"；其二，涉案检验报告系依据该企业标准进行检验后所作，检验结果为"符合标准要求"；其三，国家固定灭火系统检验中心检测部工作人员证实深圳蓝盾公司制造并送检的防火卷帘产品中应当有钢丝绳，其四，英特莱公司并未就其主张举出相反证据予以证明。

第三，根据在已确认国家建设部相关规范的修订导致全行业开展新产品研发和深圳蓝盾公司于涉案专利申请日前已生产出相关产品这两项事实的前提下，可以认定该产品系深圳蓝盾公司自行研发。

第四，可以认定深圳蓝盾公司制造涉案被诉侵权产品是在原有范围内继续制造，主要理由为：

根据本案现有证据，深圳蓝盾公司在 1999 年前制造防火卷帘和钢质、木质门窗产品的产值较高，用工人员较多，产品销售区域较广。在 1999 年国家建设部出台新的防火规范促使各企业研发新产品的大背景下，新型的布质防火卷帘将替代传统的钢质防火卷帘成为防火卷帘产品的主要样态。

因此，待相关产品通过检验后，深圳蓝盾公司利用已有的生产钢质、木质门窗和钢质卷帘门的设备和人力投入制造涉案布质防火卷帘符合正常的生产规律。涉案防火卷帘帘面系由多层材料复合缝制而成，生产工艺相对简单，无需大型或者特种机器设备或生产线。

蓝盾北京分公司和蓝盾创展公司提交的现有证据表明深圳蓝盾公司在涉案专利申请日前已经具备制造涉案无机布质防火卷帘帘面所需的缝纫机、切割机等设备，目前尚未超出涉案专利申请日前的生产规模。

2014 年 6 月 19 日，北京市第二中级人民法院作出一审判决，驳回英特莱公司的全部诉讼请求。

（四）二审民事诉讼情况

英特莱公司不服一审判决，向北京市高级人民法院提出上诉，请求撤销一审判决并改判支持其全部诉讼请求。英特莱公司主要上诉理由是：蓝盾北京分公司与蓝盾创展公司主张的先用权抗辩不能成立，蓝盾创展公司没有提供侵权产品合法来源，蓝盾创展公司制造了侵权产品。

1. 英特莱公司向二审法院提交的新证据

证据1：北京市第一中级人民法院参加诉讼通知书，其中记载英特莱公司向北京市第一中级人民法院起诉北京东铁热陶瓷有限公司侵害其发明专利权，用以证明北京东铁热陶瓷有限公司与英特莱公司有利害关系，故北京东铁热陶瓷有限公司在本案中出具的证明不应被采信。

证据2：深圳蓝盾公司工商档案，用以证明深圳蓝盾公司2000年注册资本为100万元，属于国营小企业，且经营困难资不抵债，而2007年其注册资本已达3000万元。

证据3：2006-2401检测报告，用以证明深圳蓝盾公司生产的防火卷帘的帘面来自青岛美康特种防护制品有限公司。

证据4：2009-4877检测报告和2009-4878检测报告，用以证明蓝盾创展公司生产的防火卷帘的帘面来自北京宾辰工贸有限公司。

证据5：GN20128434检测报告，用以证明蓝盾创展公司生产的防火卷帘的帘面来自青岛美康特种防护制品有限公司。

证据6：93243136.4实用新型专利证书、94103992.7发明专利证书、99244022.X实用新型专利证书、刘学锋毕业证书及专业技术资质证，用以证明涉案专利的研发过程。

证据7：北京市方圆公证处（2014）京方圆内经证字第18991号公证书，用以证明上述二审新证据3、4、5的真实性。

2. 二审法院对新证据的认定情况

证据1、2、6与本案缺乏关联性，故不予采信；证据3、4、5、7因各方当事人均认可其真实性及证明内容，故予以采信。

证据3、4、5、7可以证明，深圳蓝盾公司并不生产防火卷帘的帘面，其生产的防火卷帘的帘面均来自青岛美康特种防护制品有限公司及北京宾辰工贸有限公司等案外人。

此外，2014年8月21日，英特莱公司向二审法院提交了《请求进行笔迹鉴定申请书》《鉴定申请书》《请求法院调查取证申请书》及《证人出庭作证申请书》，分别申请对广东省消防局2014年1月10日出具的"关于北京市第二中级人民法院调查函的答复"的经办人严洪及田文清的签字进行笔迹鉴定、对"不具有不锈钢丝绳的帘面也能实现背面温升大于4小时"进行鉴定、前往广东省消防局调查取证、允许证人王海昌出庭作证。二审法院对上述申请均不予准许。

3. 二审法院观点

（1）关于先用权抗辩能否成立的问题

深圳蓝盾公司在涉案专利申请日前已经制造相同产品，并且仅在原有范围内继续制造，依法享有先用权，蓝盾北京分公司和蓝盾创展公司主张的先用权抗辩理由成立，具体理由与一审判决基本相同。

（2）关于蓝盾北京分公司及蓝盾创展公司使用的涉案被诉侵权产品是否

有合法来源的问题

蓝盾北京分公司、蓝盾创展公司与案外人深圳蓝盾公司均为关联公司，蓝盾北京分公司与蓝盾创展公司在诉讼中提交了被诉侵权产品相关合同、运输单据、出库单、入库单等证据，可以证明被诉侵权产品来源于深圳蓝盾公司。英特莱公司虽主张蓝盾创展公司没有提供侵权产品的合法来源且蓝盾创展公司制造了侵权产品，但其没有提供有效证据证明该主张。

2014 年 10 月 21 日，北京市高级人民法院作出（2014）高民（知）终字第 3487 号民事判决书，判决驳回上诉，维持原判。

（五）再审申请的基本情况

英特莱公司不服上述二审判决，于 2015 年 4 月 21 日向最高人民法院提出再审申请，请求撤销本案的一审、二审判决，支持英特莱公司一审诉讼请求。

申请再审的主要理由。

1. 基于二审查明的事实足以证明，深圳蓝盾公司不符合享有先用权的条件，主要理由是：

根据专利法以及相关司法解释的规定可知，享有先用权的一个重要条件是，涉案被诉侵权产品应当是深圳蓝盾公司在其原有范围内继续"制造"的。

然而，根据二审判决书第 14 页第 3 段记载的内容，上述二审证据 3、4、5、7 可以证明，深圳蓝盾公司并不生产防火卷帘的帘面，相关防火卷帘的帘面均来自青岛美康特种防护制品有限公司及北京宾晨工贸有限公司等案外人；并且，二审判决书第 14 页第 2 段记载的内容，蓝盾公司北京分公司与北京蓝盾创展门业有限公司，……认可二审证据 3、4、5、7 的证明内容，并认可其并不生产防火卷帘的帘面，相关防火卷帘的帘面均来自青岛美康特种防护制品有限公司及北京宾晨工贸有限公司等案外人。

上述证据说明涉案的防火卷帘的帘面均不是深圳蓝盾公司生产的。此种情况下，即使深圳蓝盾公司在涉案专利申请日前"已经制造相同产品、使用相同方法或者已经作好制造、使用的必要准备"，其对于涉案产品也不享有先用权。

2. 广东省消防局出具的书面说明不应被采信，即深圳蓝盾公司不能证明两次封样的产品样品之间具有同一性，主要理由是：

第一，从性质上看，广东省消防局于 2013 年 10 月 15 日出具的回函证明其两次封样系同一样品的证明及 2014 年 1 月 10 日向一审法院出具的书面回函应当属于"证人证言"类的证明材料，而不应该属于公函类的证明。

从广东省消防局出具的两份回函具体内容来看，其均记载"经向技术处原封样人调查核实，两次封样均系针对同一样品的过程属实"。虽然从形式上看，上述回函资料属于"回函"一类，但该材料的基础是来自两个封样人的陈述。因此，上述两份回函应当属于证人证言而非公文类证据。

第二，既然广东省公安厅消防局两次出具了《消防产品检测委托书》，那么其应该留存与上述《消防产品检测委托书》有关的档案材料。同时，技术处原封样人员进行了两次封样，应当有工作记录。但是，在本案中，广东省公安厅消防局在没有提供任何文档资料的情况下，仅凭两个工作人员的回忆就要证明十几年前的事实，显然违背常理。

第三，从深圳蓝盾公司向广东省消防局提出申请函（时间为2013年10月14日）及广东省消防局出具的书面证明（时间为2013年10月15日）时间上看，两者仅相隔一天，也就是说，广东省消防局的工作人员在接到上述申请函不到一天的时间内，在未查阅档案资料的情况下，仅凭两位工作人员对14年前的工作过程的会议，就明确无误地承认上述申请函描述的情况属实，以手写的方式对申请函进行回复的真实性非常值得怀疑。

3. 即使假定两次封存样品为同一样品，也没有证据证明深圳蓝盾公司在先制造的是涉案专利产品，主要理由是：

首先，企业标准不能证明检测样品中包含钢丝绳。企业标准的备案、公布、实施、送交检验中心的时间均晚于检测样品的生产日，先制造产品后制定企业标准不符合实际生产规律。

其次，检测报告的检测结论是"所检常规性能符合标准要求，耐火极限大于4.0h"，而非二审判决所述的单纯的"符合标准要求"。检测样品的"所检常规性能符合标准要求"并不意味着检测样品结构与标准相一致。检测结论刻意表述为性能符合要求说明检测产品在结构方面不同于标准要求。

再次，检验中心现任主任赵华利的证言不能证明检测样品包含钢丝绳。赵华利不是该检测报告上所体现的批准人、审核人和编制人，也不是该检测报告的鉴定人，甚至没有证据证明赵华利接触过检测样品，其没有资格出具有关该检测样品的证人证言。赵华利的证言仅是一个推断，并非其亲身感知的事实，不应当作为证人证言被采信。

最后，检测报告没有体现检测样品中含有钢丝绳。该报告是由公安部所属检验中心出具的鉴定报告，且是证明检测样品不含钢丝绳的直接证据，其证明力远大于赵华利的证人证言。

4. 被控侵权产品不具有合法来源。

目前，本案处于再审申请阶段。

二、研讨会依据材料

北京务实知识产权发展中心接受委托后，将委托方的代理人提交的相关材料送交专家阅读，本次研讨会依据的材料包括：

1. ZL00107201.3"防火隔热卷帘用耐火纤维符合卷帘及其应用"发明专利授权文件；

2. 北京市第二中级人民法院（2013）二中民初字第14638号民事判决书；

3. 北京市高级人民法院（2014）高民（知）终字第3487号民事判决书；

4. 英特莱公司再审申请书；

5. 广东省消防局1999年出具的《消防产品检测委托书》；

6. 广东省消防局2001年出具的《消防产品检测委托书》；

7. 2013年10月15日，广东省公安厅消防局出具的关于深圳蓝盾公司申请事项的回函；

8. 国家固定灭火系统和耐火构件质量监督检验中心出具的第2001-0439号检验报告；

9. 广东省公安厅消防局出具的《关于北京市第二中级人民法院调查函的答复》；

10. 深圳蓝盾公司于2001年2月28日发布的《无机复合布质防火卷帘企业标准》。

三、研讨会的主要议题

1. 广东省消防局出具的关于深圳蓝盾公司申请事项的回函及关于北京市第二中级人民法院调查函的书面回复、国家固定灭火系统和耐火构件质量监督检验中心出具的第2001-0439号检验报告以及赵华利证言的证明力？

2. 本案中，深圳蓝盾公司是否享有先用权？

3. 蓝盾北京分公司与蓝盾创展公司是否具有主张先用权抗辩的主体资格？

四、专家意见

与会专家围绕上述问题进行了热烈讨论，充分发表了意见。经过归纳整理，形成以下法律意见：

（一）广东省消防局出具的关于深圳蓝盾公司申请事项的回函及关于北京市第二中级人民法院调查函的书面回复、国家固定灭火系统和耐火构件质量监督检验中心出具的第2001-0439号检验报告以及赵华利证言的证明力

1. 广东省消防局出具的关于深圳蓝盾公司申请事项回函及关于北京市第

二中级人民法院调查函的书面回复的证明力

与会专家一致认为，根据我国《民事诉讼法》第72条第1款规定，在我国证人包括自然人与单位两类。根据《民事诉讼法》的相关规定，单位在诉讼发生后，为诉讼证明目的而出具的书面证明材料，即使加盖单位公章，也只能构成单位的书面证言，不能理解为书证。人民法院在审查判断单位基于诉讼目的出具的书面证明材料时，应当按照证人证言的审查判断方式进行判断。单位证言证明力的高低，与证言内容的真实性相关，而与出具书面证言的单位的性质无关。

《最高人民法院关于适用〈中华人民共和国民事诉讼法〉的解释》第115条专门规定了单位书面证言的审查判断规则，即"单位向人民法院提出的证明材料，应当由单位负责人及制作证明材料的人员签名或者盖章，并加盖单位印章。人民法院就单位出具的证明材料，可以向单位及制作证明材料的人员进行调查核实。必要时，可以要求制作证明材料的人员出庭作证。""单位及制作证明材料的人员拒绝人民法院调查核实，或者制作证明材料的人员无正当理由拒绝出庭作证的，该证明材料不得作为认定案件事实的根据。"

从司法解释的规定看，单位出具的书面证言要具有证明力，须满足以下三个条件：第一，由单位负责人及制作证明材料的人员签名或者盖章，并加盖单位印章；第二，人民法院就单位出具的证明材料，可以向单位及制作证明材料的人员进行调查核实；第三，必要时可以要求制作证明材料的人员出庭作证。

本案中，广东省消防局于2013年10月15日出具的手写回函及关于北京市第二中级人民法院调查函的书面回复（以下简称"书面回复"），性质上属于《民事诉讼法》第72条规定的单位证言，手写回函及书面回复要产生证言的证明力，除了满足由单位负责人及制作人签名或盖章、向单位及制作证明材料的人员进行调查核实等要求外，还有必要通知制作证明材料的人员出庭作证，允许当事人对证人进行询问，由证人提供工作记录、文档资料等进一步的佐证，这样才能准确判断手写回函及书面回复内容的真实性。

但从本案的具体情况来看，广东省消防局负责人及制作证明材料的人员均未在回函上签字或盖章，当时的工作人员没有出庭作证，广东省消防局也没有提供当时的工作记录、文档材料等进一步佐证其证言内容，在没有履行上述判断程序的情况下，尚不能判断手写回函及书面回复记载内容是否真实。因此，仅依据手写回函及书面回复内容得出两次封样是针对同一样品的结论缺乏充分依据。进一步而言，由手写回函及书面回复与广东省消防局于1999年、2001年分别出具的《检测委托书》相结合而得出深圳蓝盾公司在涉案专利申请日之前已经制造出相关产品的结论也缺乏充分依据。在事实不清的情况下，需要法院通过调取当年封存的样品及工作记录进一步查明相关事实。

2. 国家固定灭火系统和耐火构件质量监督检验中心出具的第 2001 - 0439 号检验报告及赵华利证言的证明力

与会专家一致认为，根据《民事诉讼法》及《最高人民法院关于民事诉讼证据的若干规定》第 77 条的规定，国家固定灭火系统和耐火构件质量监督检验中心出具的第 2001 - 0439 号《检验报告》属于原始证据、直接证据、登记的书证，具有较高的证明力。

并且，根据《民事诉讼法》第 72 条的规定，只有知道案件情况的人，才有证人资格，本案中赵华利不是《检验报告》上所体现的批准人、审核人和编制人，也不是《检验报告》的鉴定人，甚至没有证据证明赵华利接触过检测样品，因此，其不具有证人资格，没有资格出具有关该检测样品的证人证言，所出具的证人证言不符合有关证据要求的条件，不能作为本案的有效证据采用。

与会专家进一步指出，本案中蓝盾北京分公司和蓝盾创展公司没有提供能够直接证明深圳蓝盾公司在涉案专利申请日之前已经制造出与涉案专利相同产品的证据，主要通过广东省消防局出具的两份《消防产品检测委托书》与回函、国家固定灭火系统和耐火构件质量监督检验中心出具的检验报告、深圳蓝盾公司制定的企业标准及赵华利的证言相结合来实现上述证明目的。但是，如前所述，赵华利在本案中不具有证人资格，广东省消防局回函不能当然地具有证言的证明力，因此，就本案目前的情况而言，蓝盾北京分公司和蓝盾创展公司提供的上述证据不能构成一条完整的证据链，来实现其证明目的。

此外，深圳蓝盾公司制定企业标准的时间为 2001 年 2 月，晚于两次封样时间，并且通常情况下企业生产过程中总是先有标准才可能生产产品，因此，即便认为 1999 年和 2001 年两次封样系针对同一样品，仅以形成时间在后的企业标准来证明早于它形成时间的封样样品的结构，在逻辑上也存在问题。

（二）本案中，深圳蓝盾公司是否享有先用权

1. 先用权制度

与会专家一致认为，在先申请制度下，专利权授予最先向国家专利行政部门提出专利申请的人。但实践中，相同的发明创造同时由两个以上不同主体分别研制出来的事例是比较常见的。如果某个主体已经完成了某项发明创造，并已经投入资金、人力、物力开始实施该项发明创造或者已经做好实施的必要准备后，由于别人已经就该发明创造在先申请专利，而使其不能实施自己付出创造性劳动研制出的技术并且使得前期进行的投入徒劳无益，则显然有失公平。为了消除先申请制度带来的这种不公平，专利法通过规定先用权，即"在专利申请日前已经制造相同产品、使用相同方法或者已经作好制造相同产品、使用相同方法的必要准备，并仅在原有范围内继续制造、使用的，不视为侵权"，来平衡在先申请专利的主体与已经实施专利技术或者作好实施必要准备的主体之间的利益。但由于专利制度本身是通过赋予专利权人排他权的方式促使发明人向社会公众公开发明创造，以达到促进社会进步的目的，如果允许先用权人可以任意地实施该专利技术，将会严重侵害专利权人的合法利益，会使专利制度的立法目的无法实现，因此，规定先用权人仅能在原有范围内继续制造、使用专利技术，而不能滥用先用权制度。

从先用权规定的来源看，只有具备了特定条件才能够适用先用权条款对抗专利权人的侵权主张，先用权条款也仅仅是"不视为"侵犯专利权的情形之一，同时，先用权的行使受到严格限制，特别是，要防止因先用权的滥用而损害专利权人利益。换言之，先用权仅能保障先用者的最低利益，而不能与专利权"分庭抗礼"。

2. 先用权的成立条件

根据《专利法》第 69 条及《最高人民法院关于审理侵犯专利权纠纷案件应用法律若干问题的解释》第 15 条的规定，先用权成立应当满足以下两个条件：

第一，在专利申请日以前，主张先用权的主体自己研究开发出了专利技术，或者通过其他合法途径获得了专利技术。

第二，在专利申请日以前，已经制造相同产品、使用相同方法或者已经作好制造、使用的必要准备。其中，"制造""使用"的含义与《专利法》第 11 条所采取的措辞含义相同。

"已经作好必要准备"应当满足以下要求：第一，所作的准备应当是指已经实际进行了准备工作，而不能仅仅是表明有实施意愿；第二，所作的准备应当与实施已经获得的发明之间具有直接的因果关系，即他人从已经做好的准备能够当然地知道该准备工作是为了实施发明技术而进行；第三，所作的准备应当是技术性准备工作，比如，已经购买生产专利产品的机器、设备，准备了生产专利产品的原材料、技术图纸等。

3. 先用权的适用范围

与会专家一致认为，根据先用权的立法目的，一方面应当严格地将先用权人能够继续制造相同产品、使用相同方法限定于其在"专利申请日前已有的生产规模以及利用已有的生产设备或者根据已有的生产设备可以达到的生产规模"范围内，即《专利法》第 69 条第 2 项规定的"原有范围"内。先用权人在上述范围内自己的制造相同产品、使用相同方法的行为不构成侵犯专利权，但在上述范围之外的制造、使用行为，或者是由其他主体从事的制造、使用行为则构成侵权。在涉及先用权的具体案件中，认定先用权是否成立后，还应当根据相关证据准确界定先用权人在专利申请日之前的生产规模或者能够达到的生产规模，然后再与现有的生产规模进行比较，才能最终认定被诉侵权人是否可以主张先用权侵权免责。

另一方面，为了防止滥用先用权的情况发生，根据《最高人民法院关于审理侵犯专利权纠纷案件应用法律若干问题的解释》第 15 条第 4 款的规定，除该技术或设计与原企业一并转让或者承继的特殊情况外，在专利申请日以后，先用权人将专利技术转让或者许可给他人实施行为不属于在原有范围内继续实施，不能主张先用权侵权免责。

从先用权的立法目的来看，专利申请日后先用权人能够制造相同产品、使用相同方法而不被认定为侵犯专利权的一个重要原因在于，其实施自己研制出的专利技术应当具有正当性。从这一角度看，只有先用权人继续实施专利技术的行为才能够享有先用权，非先用权人实施的制造行为是不享有先用权的，先用权人向他人采购他人生产的侵权产品主张先用权，不符合专利法关于先用权侵权免责条件的规定。

4. 本案中，深圳蓝盾公司是否享有先用权

与会专家一致认为，从本案目前的证据情况来看，还存在以下影响认定深圳蓝盾公司能否享有先用权的因素：

首先，用以证明深圳蓝盾公司在申请日之前已经制造出与涉案专利产品相同产品的关键证据是广东省消防局出具的手写回函及书面回复，但如前所述由于本案中广东省消防局的负责人及证明材料的制作人没有在上述证明材料上签字或盖章，相关工作人员没有出庭作证，也没有相关的档案、工作记录予以佐证，其不能产生相应的证明力，所以，从本案目前的证据情况看，认定深圳蓝盾公司在涉案专利申请日以前已经制造出相关产品是缺乏依据的。

其次，赵华利在本案中不具有证人资格，其证言不能作为认定案件事实的证据，深圳蓝盾公司制定的企业标准形成时间晚于第一次封样时间，不能用它来证明样品结构，因此，检验报告、深圳蓝盾公司企业标准及赵利华证言不能相互佐证形成一条完整的证据链来证明深圳蓝盾公司已经制造的产品与涉案专利产品相同。

再次，关于深圳蓝盾公司已经作好了生产相关产品的必要准备方面的证据，即折弯机等工具，与生产相关产品之间是否具有直接的因果关系，这些

工具是否是生产相关产品的专用工具，从而使其他人根据这些工具能够当然地得出深圳蓝盾公司确实是准备生产相关产品，在涉案专利申请日以前已经具备的该专利产品的生产规模以及利用已有的生产设备或者根据已有的生产准备可以达到的生产规模是多少，现在的生产规模是多少，这些都需要进一步举证、查明。

最后，即便能够认定深圳蓝盾公司在涉案专利申请日以前，获得了生产相同产品的技术方案，已经作好了生产相同产品的必要准备，其也只能就自己之后在原有的生产规模内制造相同产品的行为享有先用权，其向他人购买侵权产品后进行的使用、销售、许诺销售行为，不能适用先用权，而本案二审法院已经认定深圳蓝盾公司的被诉侵权产品是向其他公司购买的，在这种情况下，深圳蓝盾公司不能就其销售、使用被诉侵权产品行为主张先用权。

因此，在上述这些证据及事实问题未充分查明的情况下，不能认定深圳蓝盾公司享有先用权。

与会专家进一步指出，从本案一审、二审判决内容来看，虽然蓝盾北京分公司和蓝盾创展公司提交了深圳蓝盾公司在涉案专利申请日以前，生产木质、钢制防火门使用的生产设备情况及木质、钢制防火门的销售合同来证明深圳蓝盾公司当时能够达到的生产规模，但是，一审、二审法院并没有查明这些设备是否能够用来生产涉案被诉侵权产品，以及使用这些设备能够生产产品的数量与按照深圳蓝盾公司提交的销售合同情况来看，其当时能够达到生产规模。也就是说，本案一审、二审判决是在没有确定深圳蓝盾公司在涉案专利申请日之前能够达到的生产规模的情况下，认定其生产相关产品的行为属于"在原有范围内继续制造"，这种做法显然是不对的。

并且，不查明先用权人在专利申请日之前能够达到的生产规模，直接将其制造相同产品的行为认定为属于先用权效力范围，可能会造成先用权适用范围不适当地扩张，损害专利权人合法利益，这种做法也与先用权制度的立法目的相悖，与最高人民法院相关司法解释规定及当前的司法实践不相符。

（三）蓝盾北京分公司与蓝盾创展公司是否具有主张先用权抗辩的主体资格

与会专家一致认为，根据《专利法》第69条第2项规定的字面含义，在专利被授予后，先用权人只能在先用权允许侵权免责的范围内继续制造产品而不能进行其他实施行为。但是，先用权人继续制造产品的目的是为了销售，如果仅允许其继续制造而不允许其销售，则先用权就失去了意义。虽然从字面含义看，《专利法》第69条第2项没有规定先用权人销售其在先用权允许侵权免责的范围内继续制造的产品行为不构成侵犯专利权，但应当认为上述销售行为不构成专利侵权。也就是说，先用权人销售其在先用权允许侵权免责的范围内制造的产品属于合法行为。根据专利权用尽原则的法理，第三人购买、使用、销售、许诺销售先用权人在先用权允许侵权免责的范围内制造的与专利产品相同的产品，亦不侵犯专利权。

　　本案中，从蓝盾北京分公司和蓝盾创展公司的诉讼主张以及一审、二审法院的审理思路来看，认定蓝盾北京分公司和蓝盾创展公司不侵犯英特莱公司专利权的依据是由于案外人深圳蓝盾公司享用先用权，深圳蓝盾公司销售被诉侵权产品是合法行为，因而蓝盾北京分公司和蓝盾创展公司从深圳蓝盾公司处购买被诉侵权产品后的使用行为亦不侵犯英特莱公司专利权。

　　但是，根据先用权的立法目的以及《专利法》与《最高人民法院关于审理侵犯专利权纠纷案件应用法律若干问题的解释》的相关规定，有权在专利侵权纠纷中主张先用权抗辩的主体只能是先用权人自己。在本案中，首先需要认定深圳蓝盾公司从青岛美康特种防护制品有限公司及北京宾晨工贸有限公司等案外人处购买的、由后者未经专利权人许可生产的专利侵权产品防火卷帘帘面进行销售的行为，是否符合专利法先用权侵权免责的条件，是否可以主张、享有先用权，是否合法，这是本案判决能否成立的大前提。在对上述大前提是否成立存在很大争议、没有进行严格法律认定的前提下，就直接以深圳蓝盾公司享有专利先用权为前提，判决蓝盾北京分公司和蓝盾创展公司从深圳蓝盾公司处购买被诉侵权产品后的使用行为不侵犯英特莱公司专利权，逻辑上显然是不能成立的。因此，本案中，应当将深圳蓝盾公司追加为被告，由深圳蓝盾公司自己提供证据证明其生产涉案被诉侵权产品的行为符合《专利法》第69条第2项规定，而蓝盾北京分公司和蓝盾创展公司则应当提供证据证明其使用的被诉侵权产品是从深圳蓝盾公司购买。深圳蓝盾公司必须能够证明其生产涉案被诉侵权产品的行为符合《专利法》第69条第2项规定的先用权免责条件，蓝盾北京分公司和蓝盾创展公司也必须能够证明其不生产被诉侵权产品、其使用的被诉侵权产品是从深圳蓝盾公司处购买的，才有可能认定蓝盾北京分公司、蓝盾创展公司不构成侵犯专利权。

　　也就是说，本案中，在蓝盾北京分公司和蓝盾创展公司均不是先用权人的情况下，由其举证证明案外人深圳蓝盾公司享有先用权，再依据案外人深圳蓝盾公司享有的先用权进行先用权抗辩显然是不符合专利法关于先用权抗辩相关规定的。因此，一审、二审法院在认定蓝盾北京分公司和蓝盾创展公司先用权抗辩成立的基础上，判定两公司不构成侵犯专利权缺乏法律依据，显然是不恰当的。

　　以上意见系基于委托方提供的资料、根据专家学者发言归纳整理作出，仅供参考。

北京务实知识产权发展中心

2015 年 6 月 23 日

附件 06 - 1

"防火隔热卷帘用耐火纤维复合卷帘及其应用" 发明专利

授权公告日：2003 年 2 月 12 日

专利号：ZL00107201.3

授权公告号：CN1101231C

申请日：2000 年 4 月 28 日

申请号：00107201.3

专利代理机构：北京市广友专利事务所

专利权人：刘学锋

代理人：孙滨生

地址：100013 北京市东城区甘水桥 6 号楼 205 室

发明人：刘学锋

审查员：张京德

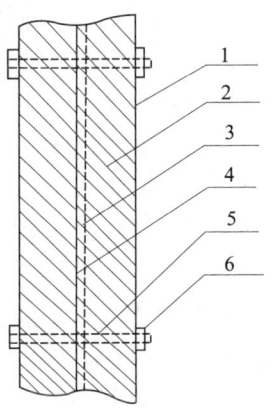

摘　　要

本发明公开了一种防火隔热卷帘用耐火纤维复合帘面，其中所说的帘面由多层耐火纤维制品复合缝制而成，所说的帘面包括中间植有增强用耐高温的不锈钢丝或不锈钢丝绳的耐火纤维毯夹芯，由耐火纤维纱线织成的用于两面固定该夹芯的耐火纤维布以及位于其中的金属铝箔层；本发明产品具有耐火温度高、耐火极限时间长、高温强力好和化学性能稳定等优点并且使用安全、结构简单，安装方便，成本较低。

权利要求书

1. 一种防火隔热卷帘用耐火纤维复合帘面，其中所说的帘面由多层耐火纤维制品复合缝制而成，其特征在于所说的帘面包括中间植有增强用耐高温的不锈钢丝或不锈钢丝绳的耐火纤维毯夹芯，由耐火纤维纱线织成的用于两面固定该夹芯的耐火纤维布以及位于其中的金属铝箔层。

2. 按照权利要求 1 所述的复合帘面，其特征在于所说的耐火纤维制品包括碳纤维、耐高温不锈钢丝、陶瓷（硅酸铝或硅酸钙）纤维、高硅氧纤维、莫来石纤维、氧化铝纤维和氧化锆纤维，膨体或普通玻璃纤维和矿棉以及由它们纯纺或混纺制成的各种纱、布、绳、毯、毡。

3. 按照权利要求 1 所述的复合帘面，其特征在于所说的铝箔层被贴在耐火纤维布和/或夹芯上或者被夹在所说的夹芯中。

4. 按照权利要求 1 所述的复合帘面，其特征在于所说的耐火纤维布使用有加耐高温不锈钢丝的耐火纤维纱线织成。

5. 按照权利要求 1 所述的复合帘面，其特征在于所说的帘面使用耐火纤维纱线或耐高温的不锈钢丝复合缝制而成。

6. 按照权利要求 1 所述的复合帘面，其特征在于作为所说的帘面受火面的耐火纤维布采用陶瓷（硅酸铝或硅酸钙）纤维布或高硅氧布，另一表面采用玻璃纤维布。

7. 按照权利要求 1 所述的复合帘面，其特征在于在卷帘帘面中纵向（垂直地面）可等间距植入耐高温不锈钢丝或耐高温不锈钢丝绳，卷帘表面与耐高温不锈钢丝或耐高温不锈钢丝绳垂直方向可等距或非等距加上若干根薄钢带，或在卷帘两面之间规则地加上带盖的螺钉以固定卷帘尺寸。

8. 按照权利要求 1 所述的复合帘面，其特征在于帘面表面加一层具有装饰作用的薄型耐火纤维布或阻燃布。

9. 按照权利要求 1～8 所述的防火隔热卷帘用耐火纤维复合帘面的应用，其特征在于卷帘面可以做成单帘（层）结构，双帘（层）结构，和垂直卷帘及水平卷帘。

附件 06 - 2 北京市第二中级人民法院民事判决书

[（2013）二中民初字第 14638 号]（略）

附件 06 - 3

北京市高级人民法院民事判决书

[（2014）高民（知）终字第 3487 号]

上诉人（原审原告）：北京英特莱技术公司，住所地：北京市海淀区甘家口街道建设部大院南配楼 428 室。

法定代表人：刘学锋，董事长。

委托代理人：刘永全，北京市联德律师事务所律师。

被上诉人（原审被告）：深圳蓝盾公司北京分公司，住所地：北京市通州区台湖镇次一村东。

负责人吕滋立，经理。

委托代理人：滕勇，北京蓝盾创展门业有限公司工作人员，住四川省南充市顺庆区玉带中路一段 99 号 3 幢 2 单元 3 层 1 号。

委托代理人：刘立国，北京市盈科律师事务所律师。

被上诉人（原审被告）：北京蓝盾创展门业有限公司，住所地：北京市通州区台湖镇次一村村委会东 1000 米。

法定代表人：吕滋立，董事长。

委托代理人：滕勇，北京蓝盾创展门业有限公司工作人员，住四川省南充市顺庆区玉带中路一段 99 号 3 幢 2 单元 3 层 1 号。

委托代理人：刘立国，北京市盈科律师事务所律师。

上诉人北京英特莱技术公司（以下简称"英特莱公司"）因侵害发明专利权纠纷一案，不服北京市第二中级人民法院（2013）二中民初字第 14638 号民事判决，向本院提出上诉。本院于 2014 年 8 月 7 日受理后依法组成合议庭，于 2014 年 9 月 11 日公开开庭审理了本案。上诉人英特莱公司的委托代理人刘永全，被上诉人深圳蓝盾公司北京分公司（以下简称"蓝盾北京分公司"）与被上诉人北京蓝盾创展门业有限公司（以下简称"北京蓝盾创展公司"）的共同委托代理人滕勇、刘立国到庭参加了诉讼。本案现已审理终结。

北京市第二中级人民法院认定，涉案专利系名称为"防火隔热卷帘用耐火纤维复合卷帘及其应用"的发明专利，其申请日为 2000 年 4 月 28 日，授权公告日为 2003 年 2 月 12 日，目前专利权人为英特莱公司。2007 年 6 月 10 日，蓝盾北京分公司与中铁建工集团深圳分公司北方分处签订了建筑工程施工专业分包合同，约定由蓝盾北京分公司承包建设北京西站南广场的地下车库及商业工程不锈钢防火门及防火卷帘门工程。该项建设工程已于 2008 年 7 月 20 日前竣工。英特莱公司指控该工程中使用的防火隔热卷帘的帘面部分为本案被诉侵权产品。经审查被控侵权产品落入了涉案专利权的保护范围，蓝盾北京分公司、北京蓝盾创展公司主张先用权抗辩，并提交了北京东铁热陶瓷有限公司出具的证明以及深圳市宝安区蓝盾消防器材厂在 1999 年研发被诉侵权产品时的《布质复合防火卷帘门开发设计可行性报告》《布质复合防火卷帘门设计计划书》《布质复合防火卷帘门设计流程图》《布质复合防火卷帘门设计人员名单》《布质复合防火卷帘门设计任务书》《布质复合防火卷帘门研制报告》《布质复合防火卷帘门设计图纸》《布质复合防火卷帘门设计总结》等证据。

北京市第二中级人民法院认为，英特莱公司作为涉案专利目前的专利权人，有权就涉案被诉侵权行为向蓝盾北京分公司、北京蓝盾创展公司主张权利，其提起本案诉讼未超过诉讼时效。被诉侵权产品落入了涉案专利权的保护范围，被诉侵权产品防火卷帘帘面是从深圳市蓝盾实业有限公司（以下简称"深圳蓝盾公司"）进货，故蓝盾北京分公司和北京蓝盾创展公司不构成对被诉侵权产品的制造行为。而深圳蓝盾公司在专利申请日前已经制造相同产品，并且仅在原有范围内继续制造，依法享有先用权。蓝盾北京分公司和北京蓝盾创展公司在本案中所主张的先用权抗辩理由成立。英特莱公司指控被告蓝盾北京分公司、北京蓝盾创展公司侵犯其专利权依据不足。北京市第二中级人民法院依照《中华人民共和国专利法》第 11 条第 1 款、第 56 条第 1 款、第 62 条第 1 款、第 63 条第 1 款第（2）项，《最高人民法院关于审理专利纠纷案件适用法律问题的若干规定》第 17 条、第 23 条，《最高人民法院关于审理侵犯专利权纠纷案件应用法律若干问题的解释》第 7 条、第 15 条第 1 款和第 3 款的规定，判决驳回北京英特莱技术公司的全部诉讼请求。

英特莱公司不服原审判决，在法定期限内向本院提出上诉，请求撤销原审判决并改判支持其全部诉讼请求。英特莱公司的主要上诉理由是：蓝盾北京分公司与北京蓝盾创展公司主张的先用权抗辩不能成立，北京蓝盾创展公司没有提供侵权产品的合法来源，北京蓝盾创展公司制造了侵权产品。

蓝盾北京分公司与北京蓝盾创展公司服从原审判决。

经审理查明：

2000 年 4 月 28 日，英特莱公司的法定代表人刘学锋向国家知识产权局提出"防火隔热卷帘用耐火纤维复合卷帘及其应用"发明专利申请，国家知识产权局经审查后，于 2003 年 2 月 12 日授予其发明专利权，专利号为 ZL00107201.3，该专利年费已缴纳至 2014 年 4 月 27 日。2006 年 5 月 12 日，刘学锋将涉案专利权转让给北京英特莱新材料科技有限责任公司。2006 年 7 月 14 日，北京英特莱新材料科技有限责任公司又将涉案专利权转让给北京英特莱摩根热陶瓷纺织有限公司。2013 年 2 月 1 日，北京英特莱摩根热陶瓷纺织有限公司与英特莱公司就涉案专利权签订了专利转让协议，约定北京英特莱摩根热陶瓷纺织有限公司以 50000.00 元的价格将涉案专利权转让给英特莱公司。上述专利权转让行为的著录项目变更生效日为 2013 年 4 月 12 日。北京英特莱摩根热陶瓷纺织有限公司后更名为北京摩根陶瓷有限公司。2013 年 8 月 12 日，北京摩根陶瓷有限公司与英特莱公司就涉案专利权又签订了关于专利转让的补充协议，约定对于未诉的专利侵权案件，无论侵权行力发生在专利转让之前还是转让后，北京摩根陶瓷有限公司将其全部诉讼权益和义务及实体权利转移给英特莱公司；英特莱公司有权单独以自己名义进行专利侵权诉讼，并有权主张涉嫌侵权人赔偿在涉案专利转让前和转让后因侵犯涉案专利权的行为而给双方造成的损失、英特莱公司承担由诉讼产生的一切后果；北京摩根陶瓷有限公司不再依据涉案权利主张任何诉讼权益，也不承担英特莱公司依据涉案专利而进行的诉讼活动所产生的任何后果。本案中，英特莱公司主张以权利要求 1 作为涉案专利权的保护范围。该权利要求 1 记载的内容为："一种防火隔热卷帘耐火纤维复合帘面，其中所说的帘面由多层耐火纤维制品复合缝制而成，其特征在于所说的帘面包括中间植有增强用耐高温的不锈钢丝或不锈钢丝绳的耐火纤维毯夹芯，由耐火纤维纱线织成的用于两面固定该夹芯的耐火纤维布以及位于其中的金属铝箔层。"

深圳市宝安区蓝盾消防器材厂成立于 1994 年 6 月 30 日，系专门从事防盗门、防火门制造和销售的企业，地址位于广东省深圳市，后于 2000 年 4 月 18 日更名为深圳蓝盾公司。深圳蓝盾公司除制造防火门产品外，还从事防火卷帘的制造。1999 年 3 月 18 日，国家建设部发布了中华人民共和国国家标准《高层民用建筑设计防火规范》（GB 50045—95）1999 年局部修订条文，其中规定："在设置防火墙有困难的场所，可采用防火卷帘作防火分区分隔，当采用包括背火面温升作耐火极限判定条件的防火卷帘时，其耐火极限不低于3.00h；当采用不包括背火面温升作耐火极限判定条件的防火卷帘时，其卷帘两侧应设独立的闭式自动喷水系统保护，系统喷水延续时间不应小于3.00h。"在上述规范发布以后，深圳蓝盾公司开始研制符合规范要求的防火卷帘。

蓝盾北京分公司成立于2003年11月25日，是深圳蓝盾公司设立的分支机构，经营范围包括制造防火门、防盗门、卷帘门以及销售、安装、维修防火门、防盗门、卷帘门等。北京蓝盾创展公司成立于2007年7月12日，经营范围包括制造防火门、防盗门、卷帘门以及销售、安装、维修防火门、防盗门、卷帘门等。该公司由深圳蓝盾公司等出资设立，两公司的法定代表人系同一人。2007年6月10日，蓝盾北京分公司与中铁建工集团深圳分公司北方分处签订了建筑工程施工专业分包合同，约定由蓝盾北京分公司承包建设北京西站南广场的地下车库及商业工程不锈钢防火门及防火卷帘门工程；具体施工内容和范围包含设计、制作、运输、安装、五金配件、玻璃、油漆、配合消防验收等所有项目及售后服务；开工日期2007年6月10日，Ⅰ段工程6月20日完工，Ⅱ、Ⅲ段工程具体日期由中铁建工集团深圳分公司北方分处另行通知；合同价款为1675222.00元。该项建设工程已于2008年7月20日前竣工。

1999年12月30日，广东省公安厅消防局向国家固定灭火系统和耐火构件质检中心出具《消防产品检测委托书》，该委托书载明：兹有深圳市宝安区蓝盾消防器材厂送来无机复合布质防火卷帘一樘作有关性能检测。2002年2月19日，广东省公安厅消防局又向国家固定灭火系统和耐火构件质检中心出具了一份《消防产品检测委托书》，该委托书载明：兹有深圳蓝盾公司送来无机复合布质防火卷帘作有关性能检测。对于为何分两次送检的原因，深圳蓝盾公司在2013年10月14日向广东省公安厅消防局出具申请函，在函中称：1999年11月，深圳市宝安区蓝盾消防器材厂研发的无机复合布质防火卷帘申请封样并送检，1999年12月30日现场封样后，因公司恰逢改制而暂缓送检，之后以深圳蓝盾公司名义申请重新封样，两次封样系针对同一样品，现请求广东省公安厅消防局对申请函中描述的上述事实予以证明。广东省公安厅消防局于2013年10月15日在该申请函上以手写形式注明"经向技术处原封样人员调查核实，两次封样均系针对同一样品的过程属实"，并加盖了广东省公安厅消防局的公章。英特莱公司对上述证据的真实性不予认可。为核实上述证据的真实性，北京市第二中级人民法院向广东省公安厅消防局发出调查函，要求该局对2013年10月15日手写形式的答复内容进行确认，并核实其他相关事实。2014年1月10日，广东省公安厅消防局出具了书面回函，函中称，前述两份《消防产品检测委托书》均为该局出具；经向当年两位主要承办人了解，所涉及样品为同一样品，1999 年 12 月深圳市宝安区蓝盾消防器材厂向该局申请对其生产的"无机复合布质防火卷帘"产品进行封样，2000 年初，该厂由于改制需要更名以及该产品企业标准备案等原因，向该局提出暂缓送检，该局同意暂不送检；2001 年初，该厂完成改制启用新名称"深圳蓝盾公司"后重新申请对"无机复合布质防火卷帘"样品封样送检，该局主要承办人对原样品去除旧封条后重新加贴新封条送检，北京市第二中级人民法院就前述 2001 年初的检测情况向国家固定灭火系统和耐火构件质量监督检验中心相关负责人员进行调查，相关负责人员说明其检查过程是企业把样品入样品库，根据图纸、企业验样，在业务办公室签合同，符合要求后鉴定，然后出具报告并存档。北京市第二中级人民法院在国家固定灭火系统和耐火构件质量监督检验中心取得了深圳蓝盾公司在 2001 年 2 月 28 日发布的《无机复合布质防火卷帘企业标准》，其中记载"无机复合布质防火卷帘的帘面由无机防火布、防辐射布和硅酸铝耐火纤维毡用耐高温线缝制而成。两外表面为陶瓷棉防火布，中间为硅酸盐耐火纤维毡。帘面中间应根据计算设计一定数量符合 GB 8918—2006 规定的钢丝绳，以承受卷帘纵向的拉力。"经向相关负责人员询问，相关负责人员说明防辐射布是铝箔和防火耐火布复合在一起的称呼，起防辐射作用的是铝箔。

2011 年 8 月 25 日，北京英特莱摩根热陶瓷纺织有限公司的委托代理人向北京市方圆公证处提出申请，要求对涉案专利被侵权的情况进行保全证据公证。2011 年 9 月 1 日，该委托代理人前往北京西客站，对位于地下一层北一、北二出站口指示牌与公共卫生间一侧、位于南一出站口标识下方以及位于西客站南地下商城的防火隔热卷帘进行了拍照取证。北京市方圆公证处的公证人员对该委托代理人的上述行为进行了公证，并于 2011 年 9 月 5 日出具了公证书。2013 年 8 月 29 日，英特莱公司提起诉讼。根据上述公证书的记载以及照片显示，在取证地点安装的防火卷帘上钉有两种不同的铭牌，其中一种铭牌上显示："品名 无机复合布质特级防火卷帘北京蓝盾创展门业有限公司电话 010－67631776"等，铭牌上还带有"蓝盾®"标识；在出厂时间一栏未填写时间。在另一种铭牌上显示："品名 无机复合布质特级防火卷帘深圳蓝盾公司北京分公司　服务电话 010－67631776"等；在出厂时间一栏未填写时间。该防火隔热卷帘由帘面、帘杆、卷轴、吊臂、控制箱等部分组成，其中，帘面部分第一层为银灰色的无机防火纤维布，向内第二层由类似于棉花状的纤维毯组成，第三层与第一层相同，仍然是银灰色的无机防火纤维布，铝箔层与第二层的纤维毯均被夹在第一层和第三层的纤维布之间，第一层、第三层的纤维布以及第二层的纤维毯均被缝制在一起。庭审中，英特莱公司指控该防火隔热卷帘的帘面部分为本案被诉侵权产品。将上述公证书照片中的被诉侵权产品与涉案专利权利要求1中记载的技术特征比对，被诉侵权产品系由多层耐火纤维制品复合缝制而成，其中包括耐火纤维毯、耐火纤维布、金属铝箔层等技术特征。蓝盾北京分公司认可被诉侵权产品中有不锈钢钢丝绳，但是称其位于纤维毯夹心一侧，该特征与涉案专利对应的技术特征不构成等同。英特莱公司认为，虽然被诉侵权产品中的不锈钢钢丝绳位于耐火纤维毯的一侧，但是与权利要求1中记载的"钢丝绳放在纤维毯的中间"属于等同的技术特征。庭审中，蓝盾北京分公司与北京蓝盾创展公司均称其在无机复合布质特级防火卷帘中使用的帘面系由深圳蓝盾公司生产，蓝盾北京分公司与北京蓝盾创展公司将帘面与其他部件进行组装。

2013年8月29日，英特莱公司向原审法院提起本案诉讼称：英特莱公司为涉案"防火隔热卷帘用耐火纤维复合卷帘及其应用"发明专利的专利权人，北京西客站内安装的防火卷帘覆盖了涉案发明专利权利要求1的全部必要技术特征，落入了涉案专利权的保护范围，在这些防火卷帘上显示是由蓝盾北京分公司、北京蓝盾创展公司制造。英特莱公司认为蓝盾北京分公司、北京蓝盾创展公司制造涉案侵权产品的行为侵害了英特莱公司的专利权，故诉至法院请求：1. 判令蓝盾北京分公司、北京蓝盾创展公司停止涉案侵权行为；2. 判令蓝盾北京分公司、北京蓝盾创展公司共同赔偿英特莱公司经济损失56万元以及因诉讼支出的合理费用4万元；3. 判令蓝盾北京分公司、北京蓝盾创展公司共同承担本案诉讼费用。蓝盾北京分公司和北京蓝盾创展公司辩称，被控侵权产品来源于案外人深圳蓝盾公司，在涉案专利申请日之前，深圳蓝盾公司已经掌握了制造被控侵权产品的技术，做好了制造的必要准备，并具备一定的生产规模，依法享有先用权。

蓝盾北京分公司、北京蓝盾创展公司在诉讼中提交了北京东铁热陶瓷有限公司出具的证明以及深圳市宝安区蓝盾消防器材厂在1999年研发被诉侵权产品时的《布质复合防火卷帘门开发设计可行性报告》《布质复合防火卷帘门设计计划书》《布质复合防火卷帘门设计流程图》《布质复合防火卷帘门设计人员名单》《布质复合防火卷帘门设计任务书》《布质复合防火卷帘门研制报告》《布质复合防火卷帘门设计图纸》《布质复合防火卷帘门设计总结》等证据，用以证明深圳市宝安区蓝盾消防器材厂在涉案专利申请日前自主研发被诉侵权产品的事实。此外，证人谢晓峰出具证言称，深圳市宝安区蓝盾消防器材厂在1999年时已经开始研制布质复合防火卷帘门，当时其作为蛇口龙电实业有限公司的工作人员在1999年10月接受深圳市宝安区蓝盾消防器材厂的邀请，前往该厂协助搞开发研制；在其参与协助研制的过程中，其看到安排设计开发、产品结构、技术收集等项工作均是由深圳市宝安区蓝盾消防器材厂的负责人提出的；深圳市宝安区蓝盾消防器材厂之后实施了上述开发计划，收集材料，反复进行实验，在 1999 年 11 月底做出了成品，并在同年 12 月对成品进行了封样。证人杨定金也出具证言称，布质复合防火卷帘门是由深圳市宝安区蓝盾消防器材厂独立开发研制的，在开发过程中，还邀请了两名蛇口龙电实业有限公司的工作人员参与，其中包括谢晓峰；在 1999 年底前，深圳市宝安区蓝盾消防器材厂制作出了第一批成品，并用于封样。上述两名证人还出庭接受了双方当事人的质询。蓝盾北京分公司、北京蓝盾创展公司还提交了深圳市宝安区蓝盾消防器材厂在 1999 年度与他人签订的防火门制造、安装合同共 47 份，合同总金额为 2078 万元，以及卷帘项目合同 15 份、1999 年 9 月相关工资表及员工工资单，证明深圳市宝安区蓝盾消防器材厂在涉案专利申请日之前生产钢质防火卷帘门的规模，以及在转化为无机复合布质防火卷帘时，仍然在原有范围内生产。英特莱公司对上述证据及证人证言的真实性和证明力均不予认可，并认为：上述证据不能证明深圳市宝安区蓝盾消防器材厂在涉案专利申请日前做好了制造相同产品的必要准备，而且，更不能以钢质防火卷帘门的产量为参考确定无机复合布质防火卷帘的生产规模：涉案专利是耐火纤维复合帘面，深圳市宝安区蓝盾消防器材厂在涉案专利申请日之前制造的防火卷帘门的帘面是钢质的，二者非同一种产品，不能适用先用权抗辩。蓝盾北京分公司、北京蓝盾创展公司还于一审庭审结束后补充提交了《设备等固定资产明细表》《工具盘点表》等相关证据，以证明在涉案专利申请日前，深圳市宝安区蓝盾消防器材厂采购了风泵、折弯机、剪板机、冲床、台钻等固定资产，以及实用五金手册、万能角度尺、角尺、三棱比例尺、绘图工具、简易电焊机、塞尺等工具，用以研发涉案被诉侵权产品。英特莱公司认为，上述证据不是研发耐火纤维复合卷帘的专用工具，而是一般通用工具，不能根据深圳市宝安区蓝盾消防器材厂在涉案专利申请日前采购了上述工具就认定其是为了研制被诉侵权产品。

英特莱公司提交了关于其承建北京市科航大厦防火卷帘及挡烟垂壁供应及安装工程项目利润的专项审计报告，作为其经济损失的计算依据。由北京中都会计师事务所出具的专项审计报告载明，英特莱公司提供的项目利润计算表系按照企业会计准则和《企业会计制度》的规定编制，反映了相关工程项目的主要经济指标。该项目利润计算表载明，北京市科航大厦防火卷帘及挡烟垂壁供应及安装工程的单位利润为 180.9 元/平方米。此外，蓝盾北京分公司提交了深圳蓝盾公司向其供货的清单，以证明其所使用、销售的防火卷帘系由深圳蓝盾公司提供。英特莱公司因本案诉讼支出律师代理费4万元，公证费4000.00元。

2014年8月21日，英特莱公司向本院提交了《请求进行笔迹鉴定申请书》《鉴定申请书》《请求法院调查取证申请书》及《证人出庭作证申请书》，分别申请对广东省公安厅消防局2014年1月10日出具的"关于北京市第二中级人民法院调查函的答复"的经办人严洪及田文清的签字进行笔迹鉴定、对"不具有不锈钢丝绳的帘面也能实现背面温升大于4小时"进行鉴定、前往广东省公安厅消防局调查取证、允许证人王海昌出庭作证。但英特莱公司未提交王海昌的书面证言，且在本院庭审时证人王海昌并未到庭作证。此外，在本院二审庭审时，蓝盾北京分公司与北京蓝盾创展公司均认可深圳蓝盾公司不具备生产防火卷帘门的帘面的能力，其生产的防火卷帘门的帘面均系外购。

在二审举证期限内，英特莱公司向本院提交了7份新证据材料：

二审证据1：北京市第一中级人民法院参加诉讼通知书，其中记载英特莱公司向北京市第一中级人民法院起诉北京东铁热陶瓷有限公司侵害其发明专利权，用以证明北京东铁热陶瓷有限公司与英特莱公司有利害关系，故北京东铁热陶瓷有限公司在本案中出具的证明不应被采信。

二审证据2：深圳蓝盾公司工商档案，用以证明深圳蓝盾公司2000年注册资本为100万元，属于国营小企业，且经营困难资不抵债，而2007年其注册资本已达3000万元。

二审证据3：2006-2401检测报告，用以证明深圳蓝盾公司生产的防火卷帘的帘面来自青岛美康特种防护制品有限公司。

二审证据4：2009-4877检测报告和2009-4878检测报告，用以证明北京蓝盾创展公司生产的防火卷帘的帘面来自北京宾辰工贸有限公司。

二审证据5：GN20128434检测报告，用以证明北京蓝盾创展公司生产的防火卷帘的帘面来自青岛美康特种防护制品有限公司。

二审证据6：93243136.4实用新型专利证书、94103992.7发明专利证书、99244022.X实用新型专利证书、刘学锋毕业证书及专业技术资质证，用以证明涉案专利的研发过程。

二审证据7：北京市方圆公证处（2014）京方圆内经证字第18991号公证书，用以证明上述二审证据3、4、4的真实性。

蓝盾北京分公司与北京蓝盾创展公司经核对上述7份二审新证据的原件后认可其真实性，并主张上述二审证据1、6与本案缺乏关联性，二审证据二无法证明英特莱公司所陈述的事实，认可二审证据3、4、5、7的证明内容，并认可其并不生产防火卷帘的帘面，相关防火卷帘的帘面均来自青岛美康特种防护制品有限公司及北京宾展工贸有限公司等案外人。

本院在依法组织各方当事人对上述二审新证据质证的基础上，认定上述二审证据1、2、6与本案缺乏关联性，故不予采信；上述二审证据3、4、5、7因各方当事人均认可其真实性及证明内容，故本院予以采信。上述二审证据3、4、5、7可以证明，深圳蓝盾公司并不生产防火卷帘的帘面，其生产的防火卷帘的帘面均来自青岛美康特种防护制品有限公司及北京宾辰工贸有限公司等案外人。

在本院二审庭审结束后，蓝盾北京分公司与北京蓝盾创展公司向本院提交了《调取证据申请书》，请求本院到国家固定灭火系统和耐火构件质检中心调取证据。经审查蓝盾北京分公司与北京蓝盾创展公司未在本院指定期限内提交《调取证据申请书》亦未说明正当理由，且本案亦无到国家固定灭火系统和耐火构件质检中心调取证据的必要，故本院对其申请不予准许。

上述事实，有涉案发明专利授权文件、专利登记簿副本、（2011）京方圆经证字第18797号公证书、中都专审字〔2011〕第028号审计报告、律师费发票、代理合同、购买产品的支付凭证和发票、YIT全无机特级防火卷帘帘面技术指标、建筑工程施工分包合同、《企业名称变更通知书》《消防产品检测委托书》、2011年的检测报告、国家建设部发布的中华人民共和国国家标准《高层民用建筑设计防火规范》（GB 50045—95）1999年局部修订条文、会议纪要、北京西站南广场竣工信息、附有广东省公安厅消防局批复的申请函、北京西站南广场的报价单、深圳蓝盾公司向北京送货的清单、深圳蓝盾公司1999年的销售合同及1999年9月相关工资表及员工工资单、1999年深圳蓝盾公司研发被控侵权产品的资料、原材料提供证明、深圳市宝安区蓝盾消防器材厂营业执照、南京新机场建设指挥部向深圳市宝安区蓝盾消防器材厂的汇款、深圳蓝盾公司宣传材料、广东省公安厅消防局关于原审法院调查函的答复、调查笔录、深圳市宝安区蓝盾消防器材厂的《设备等固定资产明细表》《工具盘点表》、二审证据一至七及当事人陈述、笔录等证据在案佐证。

本院认为：

《中华人民共和国民事诉讼法》第64条规定："当事人对自己提出的主张，有责任提供证据。当事人及其诉讼代理人因客观原因不能自行收集的证据，或者人民法院认为审理案件需要的证据，人民法院应当调查收集。人民法院应当按照法定程序，全面地、客观地审查核实证据。"第65条第1款规定："当事人对自己提出的主张应当及时提供证据。"第72条第1款规定："凡是知道案件情况的单位和个人，都有义务出庭作证。有关单位的负责人应当支持证人作证。"第73条规定："经人民法院通知，证人应当出庭作证。有下列情形之一的，经人民法院许可，可以通过书面证言、视听传输技术或者视听资料等方式作证：（一）因健康原因不能出庭的；（二）因路途遥远，交通不便不能出庭的；（三）因自然灾害等不可抗力不能出庭的；（四）其他有正当理由不能出庭的。"第76条第1款规定："当事人可以就查明事实的专门性问题向人民法院申请鉴定。当事人申请鉴定的，由双方当事人协商确定具备资格的鉴定人；协商不成的，由人民法院指定。"《最高人民法院关于民事诉讼证据的若干规定》第77条规定："人民法院就数个证据对同一事实的证明力，可以依照下列原则认定：（一）国家机关、社会团体依职权制作的公文书证的证明力一般大于其他书证；（二）物证、档案、鉴定结论、勘验笔录或者经过公证、登记的书证，其证明力一般大于其他书证、视听资料和证人证言；（三）原始证据的证明力一般大于传来证据；（四）直接证据的证明力一般大于间接证据；（五）证人提供的对与其有亲属或者其他密切关系的当事人有利的证言，其证明力一般小于其他证人证言。"本案中，英特莱公司虽申请证人出庭，但相关证人未到庭亦未提交书面证言，故其提交的《证人出庭作证申请书》视为未提交。同时，广东省公安厅消防局作为国家机关，其于2014年1月10日出具的"关于北京市第二中级人民法院调查函的答复"具有较高证明力，国家固定灭火系统和耐火构件质量监督检验中心作为我国检测防火卷帘门的权威机构，其出具的检测报告具有较大的可信性。英特莱公司虽然不认可广东省公安厅消防局2014年1月10日出具的"关于北京市第二中级人民法院调查函的答复"及国家固定灭火系统和耐火构件质量监督检验中心出具的检测报告，但其并未提供有效反证，其提交鉴定申请及调查取证申请亦不属于法院应当组织鉴定及调查取证的情形，故本院对英特莱公司所提交的《请求进行笔迹鉴定申请书》《鉴定申请书》《请求法院调查取证申请书》不予准许。

《中华人民共和国专利法》第11条第1款规定："发明和实用新型专利权被授予后，除本法另有规定的以外，任何单位或者个人未经专利权人许可，都不得实施其专利，即不得为生产经营目的制造、使用、许诺销售、销售、进口其专利产品，或者使用其专利方法以及使用、许诺销售、销售、进口依照该专利方法直接获得的产品。"第59条第1款规定："发明或者实用新型专利权的保护范围以其权利要求的内容为准，说明书及附图可以用于解释权利要求的内容。"第69条规定，在专利申请日前已经制造相同产品、使用相同方法或者已经作好制造、使用的必要准备，并且仅在原有范围内继续制造、使用的，不视为侵犯专利权。《最高人民法院关于审理侵犯专利权纠纷案件应用法律若干问题的解释》第 15 条规定："被诉侵权人以非法获得的技术或者设计主张先用权抗辩的，人民法院不予支持。有下列情形之一的，人民法院应当认定属于专利法第六十九条第（二）项规定的已经作好制造、使用的必要准备：（一）已经完成实施发明创造所必需的主要技术图纸或者工艺文件；（二）已经制造或者购买实施发明创造所必需的主要设备或者原材料。专利法第六十九条第（二）项规定的原有范围，包括专利申请日前已有的生产规模以及利用已有的生产设备或者根据已有的生产准备可以达到的生产规模。先用权人在专利申请日后将其已经实施或作好实施必要准备的技术或设计转让或者许可他人实施，被诉侵权人主张该实施行为属于在原有范围内继续实施的，人民法院不予支持，但该技术或设计与原有企业一并转让或者承继的除外。"判断先用权抗辩是否成立一般应考察以下四个条件：先用权人是否在专利申请日前已经制造出相关产品、相关产品是否属于相同产品、先用技术是否系先用权人自行研发或以其他合法手段获得、先用权人是否在原有范围内继续制造。

本案中，英特莱公司有权提起侵权诉讼，被控侵权产品已经落入涉案专利权的保护范围。被上诉人蓝盾北京分公司和北京蓝盾创展公司主张深圳蓝盾公司在涉案专利申请日前已经制造了相同产品，并仅在原有范围内继续制造，据此主张深圳蓝盾公司享有先用权。经审查：首先，蓝盾北京分公司和北京蓝盾创展公司提交了广东省公安厅消防局分别于 1999 年 12 月 30 日和 2001 年 2 月 19 日出具的《消防产品检测委托书》，用以证明在涉案专利申请日前深圳蓝盾公司已经制造出相关产品。经法院向广东省公安厅消防局发出调查函后，广东省公安厅消防局予以复函，确认其于 1999 年 12 月 30 日和 2001 年 2 月 19 日两次出具的《消防产品检测委托书》中记载的"无机复合布质防火卷帘"产品样品之间具有同一性。鉴于涉案专利申请日为 2000 年 4 月 28 日，故原审法院认定深圳蓝盾公司在涉案专利申请日之前已经制造出了相关的防火卷帘产品具有事实依据。其次，从深圳蓝盾公司提交给国家固定灭火系统和耐火构件质量监督检验中心的涉案企业标准和涉案检验报告的附图以及原审法院向国家固定灭火系统和耐火构件质量监督检验中心检测部所做的调查笔录等证据看，深圳蓝盾公司制造并送检的防火卷帘产品的帘面由耐火防火布、硅酸铝棉、耐火纤维毡、铝箔涂层和耐火防火布缝制而成，除不能清楚体现不锈钢丝绳所处的具体位置外，上述产品具备涉案专利权利要求 1 的全部必要技术特征。英特莱公司虽主张深圳蓝盾公司制造并送检的防火卷帘产品的帘面中缺少钢丝绳这一必要技术特征故不属于相同产品，但深圳蓝盾公司提交给国家固定灭火系统和耐火构件质量监督检验中心的涉案企业标准中载明"帘面中间应根据计算设计一定数量符合 GB 8918—2006 规定的钢丝绳，以承受卷帘纵向的拉力"；涉案检验报告系依据该企业标准进行检验后所作，检验结果为"符合标准要求"；国家固定灭火系统和耐火构件质量监督检验中心检测部工作人员证实深圳蓝盾公司制造并送检的防火卷帘产品中应当有钢丝绳；英特莱公司虽然主张深圳蓝盾公司制造并送检的防火卷帘产品中的帘面缺少钢丝绳这一特征，但未举出相反证据予以证明，故英特莱公司的上述主张不能成立。而且，从涉案专利文件中可以看出，在帘面中加入不锈钢丝绳是为了起到产品的增强作用，而不锈钢丝绳的所处位置既不会妨碍技术功能的实现，也不会对技术效果带来影响，即使与涉案专利所描述的钢丝绳的位置不同，也属于以基本相同的手段，实现基本相同的功能，达到基本相同的效果，并且本领域的普通技术人员无需经过创造性劳动就能够联想到的与涉案专利所记载的技术特征等同的特征。因此，原审法院认定深圳蓝盾公司涉案提交给国家固定灭火系统和耐火构件质量监督检验中心检验的防火卷帘产品帘面与涉案专利属于相同产品具有事实依据。再次，国家建设部 1999 年发布的中华人民共和国国家标准《高层民用建筑设计防火规范》（GB 50045—95）1999 年局部修订条文对防火卷帘应采用背火面温升作为耐火极限判定条件的规定，是各防火卷帘生产企业据此进行研发的背景。蓝盾北京分公司和北京蓝盾创展公司提供了深圳蓝盾公司研发与涉案专利相同的防火卷帘产品的设计可行性报告、计划书、任务书、研制报告书、设计总结、相关研发会议纪要和技术人员的证人证言以及案外人提供研发产品原材料的证明，可以证明被控侵权产品系深圳蓝盾公司自行研发。虽然英特莱公司不认可上述证据的真实性，但在已确认国家建设部相关规范的修订导致全行业开展新产品研发和深圳蓝盾公司于涉案专利申请日前已生产出相关产品这两项事实的前提下，蓝盾北京分公司和北京蓝盾创展公司关于深圳蓝盾公司自行研发的上述证据内容之间彼此印证，形成了较为完整的证据链。因此，原审法院综合本案证据认定深圳蓝盾公司在涉案专利申请日前自行完成研发被控侵权产品使用的技术具有事实依据。最后，根据本案现有证据，深圳监盾公司在 1999 年前制造防火卷帘和钢质、木质门窗产品的产值较高，用工人员较多，产品销售区域较广。在 1999 年国家建设部出台新的防火规范促使各企业研发新产品的大背景下，新型的布质防火卷帘将替代传统的钢质防火卷帘成为防火卷帘产品的主要样态，因此，待相关产品通过检验后，深圳蓝盾公司利用已有的生产钢质、木质门窗和钢质卷帘门的设备和人力投入制造涉案布质防火卷帘符合正常的生产规律。涉案防火卷帘帘面系由多层材料复合缝制而成，生产工艺相对简单，无需大型或者特种机器设备或生产线。蓝盾北京分公司和北京蓝盾创展公司提交的现有证据表明，深圳蓝盾公司在涉案专利申请日前已经具备制造涉案无机布质防火卷帘帘面所需的缝纫机、切割机等设备，目前尚未超出涉案专利申请日前的生产规模，故原审法院认定深圳蓝盾公司制造涉案被诉侵权产品是在原有范围内继续制造具有事实和法律依据。基于上述理由，原审法院认定深圳蓝盾公司在专利申请日前已经制造相同产品，并且仅在原有范围内继续制造，依法享有先用权，蓝盾北京分公司和北京蓝盾创展公司在本案中所主张的先用权抗辩理由成立具有事实和法律依据。英特莱公司有关蓝盾北京分公司与北京蓝盾创展公司主张的先用权抗辩不能成立的上诉理由缺乏依据，本院不予支持。

此外，蓝盾北京分公司、北京蓝盾创展公司与案外人深圳蓝盾公司均为关联企业，蓝盾北京分公司与北京蓝盾创展公司在诉讼中提交了被控侵权产品相关合同、运输单据、出库单、入库单等证据，可以证明被控侵权产品来源于深圳蓝盾公司。英特莱公司虽主张北京蓝盾创展公司没有提供侵权产品的合法来源且北京蓝盾创展公司制造了侵权产品，但其并没有提供有效证据证明该主张，故本院对英特莱公司该上诉主张不予支持。

综上，英特莱公司的上诉主张缺乏事实和法律依据，其上诉请求本院不予支持。原审判决认定事实基本清楚，适用法律正确，判决结果恰当，依法应予维持。依据《中华人民共和国民事诉讼法》第170条第1款第（1）项之规定，判决如下：

驳回上诉，维持原判。

一审、二审案件受理费各9800元，均由北京英特莱技术公司负担（均已交纳）。

审　判　长　刘晓军
审　判　员　李燕蓉
审　判　员　唐　明
2014年10月21日
书　记　员　张见秋

附件 06 - 4

中华人民共和国最高人民法院民事裁定书

[（2015）民申字第 1255 号]

再审申请人（一审原告、二审上诉人）：北京英特莱技术公司。住所地：北京市海淀区甘家口街道建设部大院南配楼 428 室。

法定代表人：刘学锋，董事长。

委托代理人：李向东，北京恒都律师事务所律师。

委托代理人：金玮，北京恒都律师事务所律师。

被申请人（一审被告、二审被上诉人）：深圳市蓝盾实业有限公司北京分公司。住所地：北京市通州区台湖镇次一村东。

负责人：吕滋立，经理。

委托代理人：刘立国，北京市盈科律师事务所律师。

被申请人（一审被告、二审被上诉人）：北京蓝盾创展门业有限公司。住所地：北京市通州区台湖镇次一村村委会东 1000 米。

负责人：吕滋立，董事长。

委托代理人：滕勇，该公司工作人员。

委托代理人：刘立国，北京市盈科律师事务所律师。

再审申请人北京英特莱技术公司（以下简称"英特莱公司"）因与被申请人深圳市蓝盾实业有限公司北京分公司（以下简称"蓝盾北京分公司"）、北京蓝盾创展门业有限公司（以下简称"蓝盾创展公司"）侵害发明专利权纠纷一案，不服北京市高级人民法院（2014）高民（知）终字第 3487 号民事判决，向本院申请再审。本院依法成立合议庭对本案进行了审查，现已审查终结。

英特莱公司申请再审称：（一）根据二审查明的事实以及二被申请人的自认，涉案产品的帘面均来自案外人青岛美康特种防护制品有限公司及北京宾辰工贸有限公司等，不是深圳市蓝盾实业有限公司（以下简称"深圳蓝盾公司")"制造"的,深圳蓝盾公司不应享有先用权,二审判决关于深圳蓝盾公司在涉案专利申请日前已经制造相同产品的认定,存在事实错误。(二)二审判决认定深圳蓝盾公司"在专利申请日前已经制造相同产品、使用相同方法或者已经作好制造、使用的必要准备"的证据不足。首先,广东省公安厅消防局出具的关于深圳蓝盾公司申请事项的回函及关于北京市第二中级人民法院调查函的书面答复属于证人证言类的证明,当时的工作人员没有出庭作证,广东省公安厅消防局也没有提供。工作记录、文档材料等进一步佐证证言内容,因此,仅依据回函与书面答复内容得出两次封样是针对同一样品的结论,缺乏依据。其次,即使假定两次封存样品为同一样品,也没有证据证明深圳蓝盾公司在先制造的是涉案专利产品。(三)被诉侵权产品不具有合法来源,二审判决认定深圳蓝盾公司享有先用权,无法律依据。综上,请求本院撤销二审判决,改判支持英特莱公司全部诉讼请求,判令蓝盾北京分公司、蓝盾创展食司承担本案一审、二审诉讼费。

蓝盾北京分公司、蓝盾创展公司提交意见认为:(一)防火卷帘中使用的各层织布来自案外人青岛美康特种防护制品有限公司及北京宾辰工贸有限公司等,深圳蓝盾公司向其购买原材料织布后,将各层织布按对应层级摆放、埋入钢丝绳和缝制等。"帘面制造"系深圳蓝盾公司自行完成。(二)英特莱公司认为广东省公安消防局出具的书面说明是证人证言,属于对证据形式的错误理解,其理由不能成立。(三)英特莱公司认为"没有证据证明深圳蓝盾公司在先制造的是涉案专利产品"的主张与实际情况不符。被申请人在一审、二审当庭出示了检验报告原件第7页,明确记载国家固定灭火系统和耐火构件质量监督检测中心(以下简称国家固定灭火系统检测中心)检验员赵华利的亲笔签字(见NO.2001-0439检验报告)。英特莱公司认为"检测样品中不含有钢丝绳"与证据证明的事实相矛盾。按照实际生产规律,检验报告的图纸并不能详尽表示产品的每个结构细节,因为钢丝绳不单独形成一层,其在帘布的具体位置需要具体计算才能确定。在文字已经说明的情况下,产品结构图可以不具体表现出钢丝绳。企业标准和检测人员的调查笔录都能证明检验样品具有钢丝绳结构。(四)英特莱公司认为被诉侵权产品不具有合法来源的主张缺乏依据。请求本院依法驳回英特莱公司的再审申请。

英特莱公司在本院再审审查中向本院提交北京务实知识产权发展中心出具的务实(2015)第010号关于"防火隔热卷帘用耐火纤维复合卷帘及其应用"发明专利侵权纠纷专家研讨会法律意见书,该法律意见书中对深圳蓝盾公司是否享有先用权,蓝盾北京分公司与蓝盾创展公司是否具有主张先用权的主体资格等与本案相关法律问题进行了研讨,拟证明国家固定灭火系统检测中心的主任赵华利不是检验报告的鉴定人，其出具的证言不具有证明力，二审判决对深圳蓝盾公司享有先用权的认定缺乏充分依据，蓝盾北京分公司与蓝盾创展公司不具有主张先用权抗辩的主体资格。英特莱公司另向本院提交了包括涉案专利所涉及的7份无效宣告请求审查决定，拟证明涉案专利权的稳定性。

蓝盾创展公司向本院提交了7份证据：青岛美康防火材料有限公司出具的证明、青岛美康防火材料有限公司的企业法人营业执照、青岛美康防火材料有限公司的试验报告、深圳蓝盾公司的检验报告、深圳鹏基龙安防股份有限公司的检验报告、北京宾辰工贸有限公司的试验报告、二审庭审笔录。前3份证据用于证明蓝盾北京分公司、蓝盾创展公司的防火卷帘部分检测报告中所使用帘面材料由青岛美康防火材料有限公司提供，青岛美康防火材料有限公司不生产防火卷帘成品帘布。第4份证据用于证明申请人主张的"检验样品中不含有钢丝绳"事实错误。第5份证据用于证明防火卷帘技术在广东的发展情况。第6份证据用于证明北京宾辰工贸有限公司后来做检验报告时所附的材料试验报告。第7份证据用于证明帘面与帘面材料的区别。

英特莱公司对蓝盾创展公司提交的上述证据未提交质证意见。

针对英特莱公司提交的务实（2015）第010号法律意见书，蓝盾北京分公司、蓝盾创展公司向本院提交了意见书和第2001－0439号检验报告的副本，并指出检测报告第7页明确记载国家固定灭火系统检测中心检验员赵华利亲笔签字，其证言具有充分的证明力。蓝盾北京分公司、蓝盾创展公司认为该法律意见书中对本案事实的认定不客观、不全面，针对深圳蓝盾公司享有先用权的质疑理由没有事实依据，其观点和结论存在逻辑错误，不应被采纳。

本院认为，本案的争议焦点在于：（一）涉案被诉侵权防火卷帘帘面是否系案外人深圳蓝盾公司制造。（二）蓝盾北京分公司、蓝盾创展公司提出的先用权抗辩是否成立。

（一）关于涉案被诉侵权防火卷帘帘面是否系案外人深圳蓝盾公司制造的问题

英特莱公司主张被诉侵权产品的帘面均来自青岛美康特种防护制品有限公司及北京宾辰工贸有限公司等案外人，不是深圳蓝盾公司"制造"的，深圳蓝盾公司不应当享有先用权。根据审查查明的事实，专利权人英特莱公司在一审庭审主张以涉案专利"防火隔热卷帘用耐火纤维复合卷帘及其应用"权利要求1作为涉案专利权的保护范围。该权利要求1记载的内容为，"一种防火隔热卷帘耐火纤维复合帘面，其中所说的帘面由多层耐火纤维制品复合缝制而成，其特征在于所说的帘面包括中间植有增强用耐高温的不锈钢丝或不锈钢丝绳的耐火纤维毯夹芯，由耐火纤维纱线织成的用于两面固定该夹芯的耐火纤维布以及位于其中的金属铝箔层。"涉案专利请求保护的是具有权利要求1限定的层数以及排列方式的防火隔热卷帘耐火纤维复合帘面。本案中，被诉侵权的防火隔热卷帘的帘面是由多层耐火纤维制品复合缝制而成，虽然铭牌上标注的制造者是蓝盾北京分公司和蓝盾创展公司，但蓝盾北京分公司与蓝盾创展公司在诉讼中提交的被诉侵权产品相关合同、运输单据、出库单、入库单等证据，可以证明深圳蓝盾公司向案外人等购买帘面原材料后，将各层耐火纤维布、耐火纤维毯夹芯按对应层级摆放，埋入钢丝绳进行缝制形成防火卷帘的帘面。尽管英特莱公司主张蓝盾北京分公司、蓝盾创展公司与案外人深圳蓝盾公司为关联企业，但其未提出充分证据证明涉案被诉侵权产品中的帘面系蓝盾北京分公司与蓝盾创展公司自行制造。二审认定被诉侵权产品系深圳蓝盾公司制造的事实，并无不当。

（二）关于蓝盾北京分公司与蓝盾创展公司提出的先用权抗辩是否成立

本案中，蓝盾北京分公司与蓝盾创展公司认可被诉侵权防火卷帘产品已经落入英特莱公司涉案专利权保护范围，但主张深圳蓝盾公司在涉案专利申请日前已经制造了相同产品，并仅在原有范围内继续制造，据此提出深圳蓝盾公司享有先用权。

根据《中华人民共和国专利法》第69条，《最高人民法院关于审理侵犯专利权纠纷案件应用法律若干问题的解释》第15条规定，判断先用权抗辩是否成立应当考察以下四个条件：先用权人是否在专利申请日前已经制造出相关产品、相关产品是否属于相同产品、先用技术是否系先用权人自行研发或以其他合法手段获得、先用权人是否在原有范围内继续制造。

（1）广东省公安厅消防局出具的关于深圳蓝盾公司申请事项的回函及北京市第二中级人民法院调查函的书面答复能否被采信。

《最高人民法院关于民事诉讼证据的若干规定》第77条第1项规定，国家机关、社会团体依职权制作的公文书证的证明力一般大于其他书证。广东省公安厅消防局作为国家机关出具的公文，国家固定灭火系统检测中心作为我国检测防火卷帘门的权威机构出具的检测报告，均具有较大的可信性。英特莱公司虽然不认可广东省公安厅消防局2014年1月10日出具的"关于北京市第二中级人民法院调查函的答复"及国家固定灭火系统检测中心出具的检测报告，但其并未提供有效反证，对于英特莱公司的相关主张，本院不予支持。

（2）关于深圳蓝盾公司在涉案专利申请日之前是否已经制造出相关产品的问题。

广东省公安厅消防局于 2014 年 1 月 10 日出具"关于北京市第二中级人民法院调查函的答复"，对一审法院提出的两次封样过程是否针对同一样品的调查问题进行了意见回复，确认广东省公安厅消防局于 1999 年 12 月 30 日和 2001 年 2 月 19 日两次出具的《消防产品检测委托书》中记载的"无机复合布质防火卷帘"产品样品之间具有同一性。涉案专利申请日为 2000 年 4 月 28 日，被诉侵权的防火卷帘产品的生产时间早于涉案专利申请日，故可以认定深圳蓝盾公司在涉案专利申请日之前已经制造出了相关的防火卷帘产品。

（3）关于相关产品是否属于相同产品的问题。

根据深圳蓝盾公司提交给国家固定灭火系统检测中心的涉案企业标准和涉案检验报告的附图等证据看，深圳蓝盾公司制造并送检的防火卷帘产品的帘面由耐火防火布、硅酸铝棉、耐火纤维毡、铝箔涂层和耐火防火布缝制而成，除不能清楚体现不锈钢丝绳所处的具体位置外，上述产品具备涉案专利权利要求 1 的全部必要技术特征。英特莱公司主张深圳蓝盾公司制造并送检的防火卷帘产品的帘面中缺少钢丝绳这一必要技术特征，不属于相同产品，但深圳蓝盾公司提交给国家固定灭火系统检测中心的企业标准（Q/LD003－2001）第 5.3.2 条载明"帘面中间应根据计算设计一定数量符合 GB 8918—2006 规定的钢丝绳，以承受卷帘纵向的拉力"。本案中，检验报告（NO.2001－0439）系依据上述企业标准进行检验后所作，在检验报告第 1 页中明确记载检测项目包括第 5.3 条，检验报告第 2 页第 5 栏中明确记载对检验报告的第 5.3.2 条项目进行检验，其检验结果为"符合标准要求"，而且，从检验报告第 6 页所显示的试验结束后卷帘回卷情况来看，在经过燃烧性能检验后帘布还可以完全卷起，表明帘面中应当有钢丝绳，否则燃烧后的帘布不可能卷起。同时，从一审法院的调查笔录看，国家固定灭火系统检测中心检测部工作人员证实，深圳蓝盾公司制造并送检的防火卷帘产品中应当有钢丝绳。此外，从涉案专利文件中可以看出，在帘面中加入不锈钢丝绳是为了起到产品的增强作用，而不锈钢丝绳的所处位置既不会妨碍技术功能的实现，也不会对技术效果带来影响，放置钢丝绳的不同位置，属于以基本相同的手段，实现基本相同的功能，达到基本相同的效果，并且本领域的普通技术人员无需经过创造性劳动就能够联想到的与涉案专利所记载的技术特征等同的特征。《中华人民共和国专利法》第 69 条规定的相同产品是指具有与涉案专利相同或等同的技术特征的产品。因此，一审、二审法院认定深圳蓝盾公司提交给国家固定灭火系统检验中心检验的防火卷帘产品帘面与涉案专利属于相同产品具有事实依据。

（4）关于是否做好了必要准备的问题。

关于是否做好必要的准备。蓝盾北京分公司和蓝盾创展公司提交了深圳蓝盾公司研发与涉案专利相同的防火卷帘产品的设计可行性报告、计划书、任务书、研制报告书、设计总结、相关研发会议纪要和技术人员的证人证言以及案外人提供研发产品原材料的证明。国家建设部 1999 年发布的中华人民共和国国家标准《高层民用建筑设计防火规范》（GB 50045—95）1999 年局部修订条文对防火卷帘应采用背火面温升作为耐火极限判定条件的规定，是各防火卷帘生产企业据此进行研发的背景。蓝盾北京分公司和蓝盾创展公司提供了深圳蓝盾公司研发与涉案专利相同的防火卷帘产品的设计可行性报告、计划书、任务书、研制报告书、设计总结、相关研发会议纪要和技术人员的证人证言以及案外人提供研发产品原材料的证明，可以证明被诉侵权产品系深圳蓝盾公司自行研发。英特莱公司不认可上述证据的真实性，但在已确认国家建设部相关规范的修订导致全行业开展新产品研发和深圳蓝盾公司于涉案专利申请日前已生产出相关产品这两项事实的前提下，蓝盾北京分公司和蓝盾创展公司关于深圳蓝盾公司自行研发的上述证据内容之间彼此印证，形成了较为完整的证据链，可以认定深圳蓝盾公司在涉案专利申请日前为实施涉案专利做好了制造的必要准备。一审、二审法院认定在涉案专利申请日前深圳蓝盾公司自行完成研发被诉侵权产品使用的技术，并无不当。

（5）关于是否在原有范围内继续制造的问题。

根据审查查明的事实，深永信评报字〔2014〕第 129 号《关于深圳市蓝盾实业有限公司委托的机器设备资产评估报告书》中的资产清查评估明细表与《设备等固定资产明细表》《工具盘点表》中采购的设备相互印证，作为深圳蓝盾公司改制前的深圳市宝安区蓝盾消防器材厂，在 1998 年购置了缝纫机、切割机等设备。深圳市宝安区蓝盾消防器材厂的《设备等固定资产明细表》《工具盘点表》、深永信评报字〔2014〕第 129 号《关于深圳市蓝盾实业有限公司委托的机器设备资产评估报告书》，以及深圳市宝安区蓝盾消防器材厂 1999 年度签订的 47 份合同，总金额为 2078 万元的防火门制造、安装合同，以及 15 份卷帘项目合同、1999 年 9 月相关工资表及员工工资单，亦可证明深圳蓝盾公司在涉案专利申请日前生产钢质防火卷帘门时已经具备一定的生产规模和生产能力。深圳蓝盾公司在 1999 年前制造防火卷帘和钢质、木质门窗产品的产值较高，用工人员较多，产品销售区域较广。在 1999 年国家建设部出台新的防火规范促使各企业研发新产品的大背景下，新型的布质防火卷帘将替代传统的钢质防火卷帘成为防火卷帘产品的主要样态，在相关产品通过检验后，深圳蓝盾公司利用已有的缝纫机、切割机等设备和人力投入制造涉案布质防火卷帘，符合市场生产规律。一审、二审法院认定深圳蓝盾公司制造涉案被诉侵权产品是在原有范围内继续制造具有事实和法律依据。

（6）主张先用权的主体资格问题。

本案中，制造商享有先用权，但制造商并非本案被告，提出抗辩的是制造商的交易对象、被诉侵权产品的销售商，在销售商提出合法来源，并就其提交的证据审查后能够认定制造商先用权成立的情况下，如果简单地要求追加制造商为当事人或者驳回销售商的抗辩，一方面会增加当事人诉累，另一方面也与享有先用权的制造商生产的产品可以合法流通相违背。本案中，被诉的侵权产品销售商可以主张制造商享有先用权。

基于上述事实和理由，二审法院认定本案被诉侵权产品系深圳蓝盾公司在其先用权范围内制造并销售的产品具有事实和法律依据。英特莱公司有关蓝盾北京分公司与蓝盾创展公司主张的先用权抗辩不能成立的再审理由缺乏事实和法律依据，本院不予支持。

综上，英特莱公司的再审申请不符合《中华人民共和国民事诉讼法》第200条第2项、第6项规定的再审条件。依照《中华人民共和国民事诉讼法》第204条的规定，裁定如下：

驳回北京英特莱技术公司的再审申请。

审　判　长　周　翔

审　判　员　钱小红

代理审判员　罗　霞

2015 年 10 月 9 日

书　记　员　张　博

商标权

案例 07

关于"泊美""悠莱/URARA"商标
异议行政纠纷专家研讨会法律意见书

务实（2011）第 015 号

受株式会社资生堂委托，北京务实知识产权发展中心于 2011 年 12 月 1 日举行了"关于'泊美'及'悠莱/URARA'商标异议行政纠纷专家研讨会"。原国家工商行政管理总局商标局副局长、原商标评审委员会副主任欧万雄，原国家工商行政管理总局商标局副巡视员、高级经济师、中国知识产权研究会高级顾问董葆霖，原国家工商行政管理总局商标评审委员会副巡视员、北京大学法学院知识产权学院、中央财政金融大学硕士生兼职导师杨叶璇，中国社会科学院法学研究所研究员、博士生导师、中国科学院研究生院法律与知识产权系主任、中国知识产权法研究会副理事长李顺德，北京大学知识产权学院教授、博士生导师、中国知识产权法研究会副会长张平，中国政法大学民商法学院教授、中国法学会知识产权法研究会常务理事、副秘书长张今，原最高人民法院知识产权庭法官段立红，北京务实知识产权发展中心主任程永顺等资深知识产权法律专家、学者参加了研讨。

研讨会由北京务实知识产权发展中心主任程永顺主持。

与会专家在认真审阅委托方提供的与本案有关的材料、了解案件相关背景情况的基础上，围绕在中国现行商标制度下，对于违反诚实信用，在不相同或者不相类似的商品上抢注他人显著性较强的尚未被认定为驰名商标的注册商标的情形应当如何解决；应当如何正确认识《商标法》《保护工业产权巴黎公约》《与贸易有关的知识产权协议》及《关于驰名商标保护规定的联合建议》中关于驰名商标保护的含义，澄清驰名商标的认定标准；为了营造公平、稳定、有序的市场竞争环境，应当如何正确认识《商标法》第 31 条规定的内容，并借鉴此次《商标法》修改（征求意见稿）第 34 条对现行《商标法》第 31 条修改的内容，对商标恶意抢注行为进行严格限制；应当如何正确理解适用《商标法》第41条第1款的有关规定，在《商标法》适用时强调贯彻诚实信用原则，杜绝商标注册中的恶意抢注行为等与本案相关的法律问题进行了深入研讨，并充分发表了各自的意见。

一、相关案件背景情况

（一）"泊美"商标的申请注册及被抢注的情况

"泊美"是株式会社资生堂独创的化妆品品牌。"泊美"护肤品于2001年在中国上市，2001年2月16日，株式会社资生堂向国家工商行政管理总局商标局（以下简称"商标局"）申请注册第1755368号"泊美"商标，该商标于2002年4月28日获准注册，核定使用商品为《商标注册用商品和服务国际分类》（以下简称"类"）第3类"香皂；肥皂；香水；化妆品；护发剂；体用护肤剂；上妆用化妆品；"（类似群为0301、0306）。

泊美

第1755368号"泊美"商标

在"泊美"品牌上市后，该品牌被他人大量地在市场上密切相关的商品/服务上（但根据《商标注册用商品和服务国际分类》属于不类似的商品/服务）申请注册，如"化妆用具""美容院""发饰品""胸针（服装配件）"等。

目前，经检索，已发现了多达26家企业或者个人向商标局申请注册抄袭摹仿"泊美"商标的大量抢注商标，针对上述这些商标，株式会社资生堂共向商标局提出了37项商标异议申请，部分商标异议已经进入商标异议复审程序（抢注商标清单见表1）。

表1　"泊美"抢注商标清单

序号	抢注商标	商标申请日	公告日	初审公告号	类别
1	PURE & MILO 泊美	2004 – 3 – 16	2006 – 1 – 21	3961801	9
2	泊美 BOMEI	2005 – 3 – 11	2008 – 4 – 27	4533453	2

序号	抢注商标	商标申请日	公告日	初审公告号	类别
3	泊美	2005 – 8 – 29	2008 – 5 – 20	4866304	8
4	柏美	2004 – 5 – 9	2008 – 12 – 6	4052690	3
5	泊美	2005 – 8 – 29	2009 – 1 – 27	4866301	44
6				4866302	36
7				4866303	42
8	泊美 POAME	2006 – 3 – 21	2009 – 7 – 27	5228978	18
9	泊美	2007 – 4 – 25	2009 – 9 – 20	6020450	14
10	天郡柏美 Tian Jun Bai Mei	2006 – 12 – 12	2009 – 8 – 20	5781462	3
11	泊美 BOMEI	2007 – 2 – 8	2009 – 9 – 13	5899238	19
12	柏美	2006 – 12 – 14	2009 – 9 – 20	5783579	35
13	BOMEI 泊美	2007 – 2 – 17	2009 – 9 – 6	5922655	21
14	泊美	2007 – 4 – 25	2009 – 12 – 6	6020449	26
15	铂美 B · M	2006 – 10 – 17	2009 – 11 – 27	5664470	3
16	泊美 BOMEI	2007 – 11 – 27	2010 – 2 – 13	6403082	24
17	泊美攸澜 BOMEIYOULAN	2008 – 2 – 2	2010 – 3 – 20	6544904	25

序号	抢注商标	商标申请日	公告日	初审公告号	类别
18	泊美 POMEI	2008 - 2 - 2	2010 - 4 - 13	6544903	35
19	柏美	2008 - 3 - 6	2010 - 4 - 27	6580368	24
20	柏美 JIUMEI	2009 - 4 - 24	2010 - 5 - 13	7351285	3
21	柏 美	2007 - 5 - 8	2010 - 6 - 27	6035182	35
22	美 柏 MEI BO	2008 - 1 - 2	2010 - 8 - 6	6486750	21
23	水动力泊美	2009 - 6 - 18	2010 - 9 - 20	7480218	3
24		2009 - 6 - 15	2010 - 10 - 20	7469020	11
25	泊 美 Bo Mei	2009 - 11 - 4	2010 - 10 - 27	7809780	43
26		2009 - 12 - 8	2010 - 11 - 6	7895855	12
27	科帝泊美 KINGPURE	2010 - 3 - 18	2010 - 12 - 20	8132356	20
28	艾泊美	2010 - 1 - 13	2010 - 11 - 6	7990298	3
29		2010 - 1 - 13	2010 - 12 - 13	7990600	35
30		2010 - 1 - 13	2010 - 12 - 13	7990601	44

序号	抢注商标	商标申请日	公告日	初审公告号	类别
31		2009 - 11 - 25	2010 - 11 - 20	7859669	43
32	PURNESS 柏美	2009 - 7 - 31	2011 - 1 - 13	7584586	3
33	柏美	2006 - 12 - 18	2011 - 3 - 13	5790600	3
34	BOMAYCOLOLOUR 泊美焕颜	2010 - 5 - 27	2011 - 4 - 20	8336141	3
35	水动力铂美	2010 - 7 - 10	2011 - 4 - 27	8482581	3
36	妮柏美 NYPAME	2010 - 8 - 23	2011 - 6 - 6	8599096	3
37	泊美 BOMEI	2010 - 4 - 14	2011 - 5 - 27	8206843	37

依据中国法律，要阻止他人在非"相同或类似"商品上抢注株式会社资生堂的"泊美"商标，须认定该商标为驰名商标。株式会社资生堂提供了大量的广告宣传、销售合同以及报纸杂志的报道等证据证明其知名度，但目前中国商标局和国家工商行政管理总局商标评审委员会（以下简称"商标评审委员会"）认定驰名商标的标准较高，且规定较为僵化。如为了认定驰名商标，商标局和商标评审委员会往往要求提供销售数据、利税和广告数据的审计报告，广告费用的发票、行业协会出具的排名等证据，作为外资企业的株式会社资生堂提供上述证据存在一定的困难，由此，导致"泊美"商标难以被认定为驰名商标。从而导致株式会社资生堂在阻止商标抢注、维护自身合法权益方面遇到很大困难。

例如，关于在第 3 类"牙膏；去污剂；香等"上申请注册的第 4052690 号"柏美"商标，该商标的申请人已经委托他人在广东生产"柏美"化妆品，恶意明显。深圳市工商局宝安分局已认定这种行为构成侵权，并对其关联厂商进行了查处。株式会社资生堂已经对该商标提出异议申请，请求商标局基于《商标法》第 13 条第 2 款、第 31 条驳回商标申请。但商标局没有认定"泊美"商标为驰名商标，并裁定该商标获准注册。

关于在第 21 类"化妆用具；梳妆刷；睫毛刷；眉刷等等"上申请注册的

第5922655号"BOMEI泊美"商标，该商标的申请人曾是株式会社资生堂的二级代理商，其行为恶意明显。实际使用中，由于该商标的指定的商品类别为"化妆用具"等和株式会社资生堂"泊美"商标的核定商品"化妆品"十分接近，很容易引起公众混淆。株式会社资生堂已经对该商标提出异议申请，请求商标局基于《商标法》第15条及第28条驳回商标申请。但是商标局根据《类似商品和服务区分表》判定双方商品不类似，并且双方代理关系和抢注人恶意方面的证据不足，裁定该商标获准注册。

关于在第18类"香肠肠衣"上申请注册的第5228978号"泊美POAME"商标，株式会社资生堂已经对该商标申请提出异议申请，请求商标局基于《商标法》第13条第2款及第10条第1款第（8）项驳回商标申请。但商标局并没有认定"泊美"商标为驰名商标，并裁定该商标获准注册。

关于在第14类"小饰品（珠宝）、项链（宝石）、手镯"等上申请注册的第6020450号"泊美"商标和在第26类"发夹、发饰品"等上申请注册的第6020449号"泊美"商标。因上述两个商标指定使用的商品类别均为装扮类商品，和株式会社资生堂"泊美"商标的核定商品"化妆品"有密切的关系，很容易引起公众混淆。此外，上述两个商标都是由"广州华洋生物科技有限公司"申请的。"广州华洋生物科技有限公司"还申请了另外两个与株式会社资生堂的"悠莱"商标完全相同的商标，申请号分别为第6020443号和第6020444号，由此也可见申请人的恶意十分明显，抄袭了资生堂的多个商标。株式会社资生堂已经对第6020450号和第6020449号"泊美"商标提出异议申请，请求商标局基于《商标法》第13条第2款和及第10条第1款第（8）项驳回商标申请。目前这两个案件正在商标异议审理之中。

（二）"悠莱/URARA"商标的申请注册及被抢注的情况

"悠莱"商标（对应的英文商标为"URARA"和"urara"）是"株式会社资生堂"另一独创的化妆品品牌。2005年9月5日，株式会社资生堂向商标局申请注册第4879528号"悠莱"商标及第4879530号"URARA"商标，两商标均于2009年3月7日获准注册，核定使用商品为第3类"香皂；香波；护发素；护肤制剂；化妆品；香水；香精油；个人用除臭剂；梳妆用品；化妆品清洗剂；沐浴用化妆品；防晒剂；浴盐；防汗剂（化妆用品）；身体清洁液"（类似群为0301、0305、0306）。"悠莱/URARA"护肤品于2006年在中国上市，在"悠莱/URARA"品牌刚刚上市后，该品牌也遭遇抄袭和摹仿，被他人在与之密切相关的商品/服务上（但根据《商标注册用商品和服务国际分类》属于不类似的商品/服务）申请注册，如"动物用化妆品""牙膏""饮食营养指导"等。

悠莱

第 4879528 号"悠莱"商标

URARA

第 4879530 号"URARA"商标

urara

第 5941408 号"urara"商标

目前，经检索，已发现 17 家企业或者个人向商标局申请注册抄袭摹仿"悠莱/URARA"商标的大量抢注商标。针对上述这些商标，株式会社资生堂共向商标局提出了 21 项商标异议申请，其中，第 1 个和第 16 个商标异议因抢注人放弃注册目前已经结案（抢注商标清单见表 2）。

表 2 "悠莱/URARA"抢注商标一览表

序号	抢注商标	商标申请日	商标公告日	初审公告号	类别
1	悠莱	2007 - 6 - 8	2009 - 5 - 20	6097685	29
2	urrara 悠 莱	2006 - 10 - 27	2009 - 8 - 13	5686870	18
3	holiday 好悠莱	2007 - 1 - 12	2009 - 10 - 27	5842354	5
4	悠莱 HOLIDAY	2007 - 1 - 12	2009 - 11 - 13	5841656	5
5	悠 莱	2007 - 4 - 25	2009 - 9 - 13	6020443	32
6				6020444	33

序号	抢注商标	商标申请日	商标公告日	初审公告号	类别
7	URARA	2006－12－25	2009－10－13	5805586	25
8	UROSE 悠莱	2007－6－11	2009－11－13	6098340	9
9	urain	2007－6－4	2009－11－13	6087044	3
10	U'rara Main 优莱妙妍	2007－5－28	2009－11－27	6075825	3
11	悠莱	2007－5－14	2009－12－13	6048794	24
12	URARA	2007－6－18	2009－12－27	6116294	24
13	悠丽莱	2008－7－17	2010－1－20	6844826	3
14	URARA	2007－5－30	2010－4－20	6078094	25
15	悠莱 URARA	2007－9－10	2010－6－27	6265470	44
16	悠莱	2007－6－8	2010－7－13	6097687	30
17	悠莱雅 YOULAIYA	2006－11－14	2010－6－20	5721460	3
18	悠莱雅	2009－10－9	2010－9－20	7742930	5
19	유만悠曼 uraraed	2006－12－28	2010－10－20	5814361	3
20	思魅悠莱	2010－4－20	2011－1－27	8223750	3
21	悠莱 YOU LAI	2009－12－21	2011－2－27	7932341	43

"悠莱/URARA" 商标除了与上述"泊美"商标所遇到的相同的难题外，商标评审委员会内部规定还要求引证商标注册时间比抢注商标的申请日早 2 年，且使用时间比抢注商标的申请日早 5 年。由于"资生堂"品牌的影响力，往往可以通过短期内大量投放的广告，在短时间（如半年）内就能够达到很高的知名度，因此，虽然相关产品进入中国市场的时间及商标注册时间不能满足上述认定标准的时间要求，但实际上该产品已经在短时间内获得了很高的知名度。因此，导致"悠莱/URARA"商标难以被认定为驰名商标。从而导致株式会社资生堂在阻止商标抢注、维护自身合法权益方面遇到很大困难。

例如，关于在第 44 类"饮食营养指导"上申请注册的第 6265470 号"悠莱 URARA"商标，株式会社资生堂已对该商标提出异议申请，请求商标局基于《商标法》第 13 条第 2 款、第 41 条、第 10 条第 1 款第（8）项驳回商标申请。目前，该项商标异议申请正在商标局的审理过程之中。

二、研讨会依据的材料

北京务实知识产权发展中心接受委托后，将委托方提交的相关材料送交专家阅读。本次研讨会依据的材料包括：

1. 第 1755368 号"泊美"商标注册信息；
2. 第 4879528 号"悠莱"商标注册信息；
3. 第 4879530 号"URARA"商标注册信息；
4. 第 5941408 号"urara"商标注册信息；
5. "泊美"抢注商标清单；
6. "悠莱/URARA"抢注商标清单；
7. 《国家工商总局商标评审委员会审理涉及驰名商标认定案件的工作规范意见》。

三、研讨会的主要议题

根据委托方的委托及提交的材料，专家研讨会主要围绕下述问题进行了研讨：

1. 在中国现行商标制度下，对于违反诚实信用，在不相同或者不相类似的商品上抢注他人显著性较强的尚未被认定为驰名商标的注册商标的情形应当如何解决？

2. 应当如何正确认识《商标法》《保护工业产权巴黎公约》《与贸易有关的知识产权协议》及《关于驰名商标保护规定的联合建议》中关于驰名商标保护的含义，澄清驰名商标的认定标准？

3. 为了营造公平、稳定、有序的市场竞争环境，应当如何正确认识《商标法》第 31 条规定的内容，并借鉴此次《商标法》修改（征求意见稿）第 34 条对现行《商标法》第 31 条修改的内容，对商标恶意抢注行为进行严格限制？

4. 应当如何正确理解适用《商标法》第 41 条第 1 款的有关规定，在《商标法》适用时强调贯彻诚实信用原则，杜绝商标注册中的恶意抢注行为？

四、专家意见

与会专家围绕上述问题进行了热烈讨论，充分发表了意见。经过归纳整理，形成以下法律意见。

（一）在中国现行商标制度下，对于违反诚实信用，在不相同或者不相类似的商品上抢注他人显著性较强的尚未被认定为驰名商标的注册商标的情形应当如何解决

与会专家认为，从情况介绍及附件中的证据材料来看，第 1755368 号"泊美"商标于 2001 年 2 月 16 日向中国商标局提出注册申请，2002 年 4 月 28 日获准注册。从 2004 年 3 月开始，中国境内便有不少企业和个人在相关联商品或非类似商品上申请注册与"泊美"商标相同或者近似的商标，涉及《商标注册用商品和服务国际分类》的 20 个类别。第 4879528 号"悠莱"商标于 2005 年 9 月 5 日向中国商标局提出注册申请，指定商品于 2006 年在中国上市，2006 年 12 月开始便有不少企业和个人在相关联商品或类似商品上申请注册与"悠莱"商标同或者近似的商标，涉及《商标注册用商品和服务国际分类》的 12 个类别。在株式会社资生堂向中国商标局申请注册"泊美"及"悠莱"两个商标之前，"泊美"和"悠莱"这两个词汇在中国市场上没有出现过，也没有企业或个人以这两个词汇为商标向商标局提出过商标注册申请。这表明"泊美""悠莱"两个词汇具有独创性，从而说明"泊美"和"悠莱"两商标具有较强的显著性。而上述两商标在中国境内刚刚申请注册或指定使用的商品刚刚上市，就出现了不少企业和个人在相关联商品或者非类似商品上申请注册相同或者近似商标的情形，涉及的商品类别多达二十余个，并有几十家企业参与其中，抄袭速度之快，参与企业之多，涉及商品范围之广是少有的。

通常情况下，在中国现行商标制度下，一旦涉及商标跨类保护的问题就要涉及"驰名商标"的认定。依据中国现行《商标法》第 13 条的有关规定，只有在中国注册的驰名商标才能获得跨类保护。而实际上，在中国 2001 年修改《商标法》时，对违反诚实信用，在不相同或者不相类似的商品上抢注他人显著性较强的尚未被认定为驰名商标的注册商标的情形，已经保留了解决途径，即可以依据《商标法》第 31 条及第 41 条第 1 款的有关规定加以解决。目前之所以造成无法解决的局面，主要是由于法律执行环节的偏差，将这一问题的几条解决途径彻底堵死了：依据现行《商标法》第 41 条第 1 款规定，"已经注册的商标，违反本法第 10 条、第 11 条、第 12 条规定的，或者是以欺骗手段或者其他不正当手段取得注册的，由商标局撤销该注册商标；其他单位或者个人可以请求商标评审委员会裁定撤销该注册商标"，适用该条款中对"以欺骗手段或者其他不正当手段取得注册的"的规定旨在解决上述矛盾；或者也可以将上述行为归入 2001 年《商标法》第 31 条规定的"申请商标注册不得损害他人现有的在先权利，也不得以不正当手段抢先注册他人已经使用并有一定影响的商标"加以解决。但是最高法院通过有关案件的司法审判及有关的司法解释，强调《商标法》第 41 条仅适用于绝对驳回理由，而不适用于相对驳回理由；把《商标法》第 31 条理解成对"未注册商标保护"的同时，又强调只保护相同或者类似商品的情形而不涵盖跨类保护的情形。同时，《商标法》第 28 条的规定又将注册商标的保护范围仅限定于"同一种商品或者类似商品上已经注册的或者初步审定的商标相同或者近似的"情形，这就造成了《商标法》对于在不相同或者不相类似的商品上抢注他人显著性较强的尚未被认定为驰名商标的注册商标的情形保护的缺失，而这一缺失造成在现有法律制度下解决上述问题缺乏有效的法律依据。因此，依据当前商标审查、审理实践及司法审判实践中的做法，针对"泊美""悠莱"商标异议行政案件中遇到的实际情况，在目前中国商标制度框架下，直接将该问题加以有效解决的确存在一些困难。

但是，由于这种抄袭国际知名企业商标"傍名牌""搭便车"的行为恶意非常明显，从营造公平、稳定、有序的市场竞争环境，维护我国保护知识产权声誉的角度出发，对于这种明显抄袭国际知名企业较强显著性商标的行为，商标局和商标评审委员会应当加以制止。在判定如此之多的企业抄袭他人商标的时候，不应单纯从商品分类表判定是否属于类似商品，也不应单纯强调在认定驰名商标后才予以跨类保护，在认定这类独创性强的商标知名度时应从整体的社会环境综合加以判断。既然"泊美"和"悠莱"商标案件中反映出此类商标抢注现象的存在，已经对中国知识产权制度环境及中国知识产权保护的形象产生了负面影响，也影响到了中国经济正常、有序的发展，则应当从现有商标制度出发力图解决这一问题并在当前的《商标法》修改中贯彻落实。

为了解决上述实践中存在的问题，与会专家建议，只有回溯到此类案件所涉及法律问题的根本，从制度源头上加以控制才是使这一问题最终得以解决的唯一出路。当前，在中国现行商标法律制度的框架下，为了解决上述案件中遇到的实际困难，只能寻求以下三方面的解决途径：第一，正确认识《商标法》《保护工业产权巴黎公约》《关于驰名商标保护规定的联合建议》中关于驰名商标保护的含义，澄清驰名商标的认定标准，将"泊美"和"悠莱"两商标纳入驰名商标的范畴，进行跨类保护；第二，正确认识《商标法》第 31 条规定的内容，并借鉴此次《商标法》修改征求意见稿第 34 条对现行《商标法》第 31 条修改的内容，对恶意抢注商标进行严格限制；第三，正确理解适用《商标法》第 41 条第一款的有关规定，在《商标法》适用时强调贯彻诚实信用原则，杜绝商标注册中的恶意抢注行为。

（二）正确认识《商标法》《保护工业产权巴黎公约》《与贸易有关的知识产权协议》及《关于驰名商标保护规定的联合建议》中关于驰名商标保护的含义，澄清驰名商标的认定标准

与会专家指出，从 2001 年《商标法》修改时明确提出"驰名商标"这一称谓之后，特别是在 2003 年中华人民共和国国家工商行政管理总局出台《驰名商标认定和保护规定》以后，驰名商标问题日益严重。按照中国"驰名商标"现有的认定方式，特别是《国家工商总局商标评审委员会审理涉及驰名商标认定案件的工作规范意见》第 7 条规定在认定驰名商标的具体条件中强调"申请人请求认定的引证商标为未注册商标的，其使用持续时间在争议商标（或者被异议商标）申请日期之前应当已满 5 年。申请人请求认定的引证商标为注册商标的，注册时间在争议商标（或者被异议商标）申请日期之前应当已满 2 年，且使用持续时间在争议商标（或者被异议商标）申请日期之前应当已满 5 年"。这种具体年限的规定对于年轻的商标审查员来说，也许是一个较为容易操作或执行的标准，但是如果存在了商标注册年限或商标使用年限的限制，只要不满足年限要求的商标便不能加以认定，那么类似"泊美""悠莱"商标案件中遇到的情况，则此类商标便无法被认定为驰名商标从而不能获得跨类保护。

与会专家认为，我国"驰名商标"的概念源于英文的"well - known mark"。按照《保护工业产权巴黎公约》的原意，"well - known mark"仅指在市场上"为相关公众知晓，或者为相关公众熟知的未注册商标"，《保护工业产权巴黎公约》中采用该词旨在表达具有不同知晓程度的商标。结合保护工业产权巴黎联盟大会和世界知识产权组织大会《关于驰名商标保护规定的联合建议》在"认定驰名商标需要考虑的因素"中的有关规定来看，《关于驰名商标保护规定的联合建议》中为表达"该商标在相关公众中的了解或认

知程度"时采用了"degree"一词,这也表明商标的知名度是一个表示范围或程度的概念,因此"well - known mark"指的是覆盖了不同知晓程度的商标。"驰名商标"的保护范围应当与公众的知晓程度成正比,而不是必须以商标使用、注册时间、宣传资金的投入和范围等因素作为衡量的因素。

中国对《保护工业产权巴黎公约》中"well - known mark"的翻译、概念和含义的理解上一直存在偏差,中文将之翻译为"驰名商标"是造成驰名商标保护制度在中国被异化的一个重要因素,这一词汇正确的翻译应当是"公众知晓商标"或"公众熟知商标"。而且《保护工业产权巴黎公约》关于驰名商标保护制度的设立,旨在协调注册原则和使用原则两种制度之间的矛盾,防止未注册的、已为相关公众知晓或者相关公众熟知的商标被抢注,制止他人对在先使用商标进行复制、模仿和翻译,制止侵占在先使用人的商标声誉和商品市场,制止抢注他人未注册商标的不正当行为。而中国关于驰名商标的有关规定忽略了驰名商标的保护是针对未注册商标的保护,所以《国家工商总局商标评审委员会审理涉及驰名商标认定案件的工作规范意见》第 7 条在认定驰名商标的具体条件中强调注册商标的申请年限没有实际意义;同时,第 7 条中还强调了认定驰名商标时商标的使用年限,而商标的知名度和具体使用年限之间并不直接挂钩,使用年限久的商标未必一定具有较高的知名程度;此外,驰名商标制度的建立,一个很重要的方面是在保护消费者的利益,在市场竞争中,即使缺乏有效保护也很少出现生产驰名商品的企业因他人的侵权行为而面临倒闭的情形,但是保护消费者的认知和维护市场秩序是《商标法》根本目的之一,行政机关认定驰名商标时不能抛开对消费者权益的保护和造成商标混淆时对市场秩序的维护。死板的年限规定很可能会造成企业在正常发展过程中要将象征优质产品和服务的商标延伸到其他非类似商品时,商标制度本身却既不保护权利人的合法权益,又不维护消费者的正当利益情形的发生。简单的"一刀切"式做法,表面上便于执行,却造成了制度的僵化,也不能适应个案审查中日益多样化的现实情况。

与会专家对驰名商标保护制度"异化"带来的严重后果十分担忧。这一本应是制止不正当竞争的制度,却带来不正当竞争的后果。在市场竞争中,企业以"驰名商标"作为竞争的口号、促销的手段,是典型的借助公权力进行竞争的行为,既不利于市场公平竞争环境的形成,又有损社会的公平正义。驰名商标的保护并非是为了赋予"驰名商标"积极权能,而是授予未注册商标的在先使用人排他请求权的消极权能。当虽未注册但相关公众知晓或熟知的商标声誉受到侵害时,给予法律救济,救济的手段只是"不予注册""禁止使用",而不是对其市场影响力进行认证。

与上述驰名商标保护制度"异化"问题并存的是为了解决现有驰名商标制度所带来的弊端，针对社会舆论的不断质疑，商标管理机关出台了一系列有关行政规章，司法机关出台了一系列"司法解释""司法意见"等规定强调宣称要对驰名商标"严格把关"。然而，这样做的结果反而加深了驰名商标保护制度的异化程度。因为这种"严格把关"抬高认定"驰名商标"标准的结果，一方面使得众多未注册的已为相关公众知晓或者相关公众熟知的商标被复制、模仿和翻译时，被阻挡在保护制度之外；另一方面，已经获得"中国驰名商标"认定的企业不仅占领了广告宣传的制高点，还占有了其他市场竞争的优势地位。

与会专家认为，面对中国驰名商标保护制度的现状，为了解决实践中存在的问题，应当依照我国承诺的国际条约义务和建设法治国家的要求，使驰名商标制度回归理性，"驰名商标"的法律概念需要正本清源，驰名商标制度需要拨乱反正。针对此次《商标法》修改，与会专家建议将"驰名商标"直接表述为"公众知晓"或"公众熟知"的商标，或者明确规定"驰名商标是指为相关消费者熟知的商标"。与此同时，在现行商标制度中已经确立驰名商标被动认定原则后，在此次《商标法》修改时应当考虑确立个案处理原则。个案处理原则，意味着虽然某商标在相关案件中被认定为驰名商标，但是该驰名商标的认定在案件审结时便终止了。当然，在当前中国市场的大环境下，企业出于宣传的需要肯定很难接受这种个案处理的认定方式，然而为了维护市场竞争秩序，建立完善的驰名商标保护制度，使驰名商标能够获得正确而适当的保护，应当坚决贯彻执行驰名商标的个案处理原则。

现行中国《商标法》第14条规定，认定驰名商标应当考虑以下因素：（一）相关公众对该商标的知晓程度；（二）该商标使用的持续时间；（三）该商标的任何宣传工作的持续时间、程度和地理范围；（四）该商标作为驰名商标受保护的记录；（五）该商标驰名的其他因素。对于中国《商标法》中的上述规定，虽然《驰名商标认定和保护规定》第10条规定，商标局、商标评审委员会在认定驰名商标时，应当综合考虑《商标法》第14条规定的各项因素，但不以该商标必须满足该条规定的全部因素为前提，但在驰名商标认定的实务操作中却常常出现一些教条化的问题。因此，建议将现行《商标法》第14条"认定驰名商标应当考虑下列因素"修改为"认定驰名商标可以参考下列因素"，并建议明确在审查实践中灵活掌握认定驰名商标的标准，并在新修改的《商标法》中明确"被动保护，个案处理"原则，以排除公权力对市场干扰，杜绝当事人以"驰名商标"用于广告宣传。

同时，与会专家认为，关于"驰名商标"的理解适用问题应当参考《关于保护驰名商标的联合建议》的有关内容来理解《保护工业产权巴黎公约》的有关规定，驰名商标制度的根本目的是反对不正当竞争，将相关公众的范围规定得过宽，无助于实现驰名商标国际保护的宗旨——即制止任何人未经许可以假冒驰名商标真正所有人的商品或服务或将权利卖给驰名商标所有人为目的，使用或注册该驰名商标。如果不能正确认识并严格执行《保护工业产权巴黎公约》及《与贸易有关的知识产权协议》（TRIPS）的有关内容，对于有一定知名度的商标不予以正确的保护形式，就会造成"泊美"和"悠莱"两案中遇到的结果。一旦某国际知名品牌在国外或国内市场以子品牌的方式推出新款产品，国内便有很多商标申请人纷纷效仿，蜂拥而上，哪家企业规模大，哪家企业出名，预计该企业会围绕商标进行大量宣传，未来该商标会具有高知名度，只要知名品牌申请注册，他们便跟风效仿、抄袭模仿在不相同或不相类似商品上注册相同或近似的商标。这种行为对知名品牌造成两方面后果，一方面造成如本案例中的结果，知名品牌无法获得商标保护，深受其累；另一方面又造成很多企业害怕商标被他人抢注，即使该企业实际仅使用一两个商标，却均要进行全类别注册，甚至将各种近似商标也进行全类别注册。这是造成近年来中国商标申请量显著增长的重要原因之一，而且这种增长本身直接会造成商标审查资源的严重浪费，商标局大量审查的商标不是社会市场经济中实际需要注册的商标，而是审查了大量的商标垃圾，这与最初构建驰名商标制度的初衷背道而驰，同时也是商标事业的悲哀。2010年中国商标注册新申请量已达 100 万件，数量已经超过了美国、欧盟、日本、澳洲的总和，而且这一数量正呈逐年激增的态势，今年中国商标注册新申请量已达 140 万件。另外，我国的现行商标管理体制也是导致商标抢注现象加剧的一个重要因素，商标的注册量与行政政绩挂钩，导致许多"寻租"行为的出现，利用商标注册机制进行的以非使用为目的的商标注册行为，造成了商标的抢注、闲置、囤积现象。因此，在此次《商标法》修改中，应考虑进一步加强和完善惩治恶意抢注商标的规定，增加有效的针对性条款以解决制止恶意抢注、恶意异议、恶意转让等行为。

除此之外，结合"泊美"和"悠莱"两案中的实际情况进行分析，化妆品类商品是典型的快速消费品之一。快速消费品与其他类型消费品相比，购买决策和购买过程有着明显的差别。快速消费品属于冲动购买产品，即兴的采购决策，对周围众多人的建议不敏感，取决于个人偏好、类似的产品不需比较，产品的包装外观、广告促销、价格、销售点等对销售起着重要作用。快速消费品有三个基本特点，即便利性，消费者可以习惯性地就近购买；视觉化产品，消费者在购买时很容易受到卖场气氛的影响；品牌忠诚度不高，消费者很容易在同类产品中转换不同的品牌。这些特征决定了消费者对快速消费品的购买习惯是"简单、迅速、冲动、感性"。因此，对于此类快速消费品的广告宣传，由于市场的忠诚度有限，往往要求在市场中短时间内投入大量的各类广告，如在人流量大、档次高的地区设立户外广告牌做产品形象广告，在卖场进行现场演示、促销、折价销售等活动，以达到吸引消费者关注，吸引消费者购买欲望的效果。对于此类产品来说，对商标进行广告宣传的时间可能十分有限，但是资金投入巨大，市场影响巨大，力求在短期内使商标达到较高的知名度，而这与传统的经长时间销售商品以累积知名度，从而达到较高知名程度的经营方式存在很大差异。因此，传统的驰名商标认定方式及标准对于今天高速发展的社会经济和快速变化的市场环境来说肯定存在不足之处。

随着科学技术的进步，广告宣传方式日新月异，信息传递的速度不断加快，区别于以往传统媒体环境下需要长时间投放广告所形成的市场影响力与知名度，当前通过电视、网络、手机、移动传媒等多维度、立体化的宣传方式，在短期内大量投放的广告宣传往往在较短的时间内便产生出较高的市场影响力，并形成较高的商品知名度。为了更为有效地对注册商标加以保护，应适当调整并在实际的商标审查、审理中灵活掌握驰名商标认定的标准和条件。即使不能够从根本上重新阐述驰名商标的正确含义，也不应再套用较为僵化的认定标准。

（三）为了营造公平、稳定、有序的市场竞争环境，应当正确认识《商标法》第31条规定的内容，并借鉴此次《商标法》修改（征求意见稿）第34条对现行《商标法》第31条修改的内容，对商标恶意抢注行为进行严格限制

与会专家认为，在商标审查、审理实践中，商标局和商标评审委员会从20世纪90年代末就开始适用《商标法》第31条解决在不相同或者不相类似商品上的商标恶意抢注行为，特别是2000～2004年间，商标局和商标评审委员会曾据此驳回过一批针对尚未认定为驰名商标，又不属于相同或者类似商品上的商标注册申请。后来，该条款被限定于只能适用于相同或者类似的商品之后，这种死抠法条理解适用的方式造成了商标申请注册中不公平现象的大量存在，也因此造成现行《商标法》对未驰名注册商标在不相同不类似商品上的保护存在空白。由此引发实践中恶意申请、恶意抢注、恶意异议、恶意转让等行为屡见不鲜，直接导致正当行使商标权的商标权人不得不耗费巨大的人力、物力、财力、精力和时间与这些恶意的、"傍名牌"的或者是"搭便车"的行为相抗争，既不利于相关权利人自身的生产、经营活动，也不利于营造公平、稳定、有序的市场竞争环境，加剧了不正当竞争的后果，鼓励了"傍名牌""搭便车"的不良社会风气，造成了社会资源的浪费。

特别是针对"泊美""悠莱"案件中所涉及的化妆品、服装等时尚类产品，一旦某国际知名品牌在国外或国内市场以子品牌的方式推出新款产品，国内便有很多商标申请人纷纷效仿，蜂拥而上，在不同类别上申请注册相同或近似的商标或在相同类似商品上申请注册相同或近似的商标，而由于这些商标的申请日均在上述子品牌上市使用或在中国申请注册前后，即使商标权人向商标局提出商标异议申请，商标局也难以依据驰名商标的有关规定或现行《商标法》第 31 条的规定将这些商标申请予以驳回。因此，与会专家建议，在此次《商标法》修改中应考虑进一步完善惩治恶意抢注商标的规定，增加针对性解决制止恶意抢注、恶意异议、恶意转让等行为的条款。

与会专家认为，"泊美"和"悠莱"商标异议行政纠纷突出地体现了《中华人民共和国商标法（修订草案征求意见稿）》（以下简称《商标法（征求意见稿）》）第 34 条修改的必要性，是反映这一条款修改的典型案例。而在该条款的修改中，如何阻止商标恶意抢注问题，将是一个十分重要的问题。2001 年《商标法》修改时的中国经济状况和社会发展状况与今天的确存在一定的差异，由于近年来全球经济的发展，中国的经济生产力水平的提高，互联网信息时代的到来，这些变化的结果对现在的商标使用方式、影响力和全球经济都发生了很大的变化，这种新的情况引发我们应当认真反思中国整体商标制度设计和对中国商标保护水平的控制是不是应当有所提高的问题。从促进社会良性健康发展的角度出发，虽然在对现行《商标法》第 31 条的规定进行《商标法（征求意见稿）》方案二的修改后，一定程度上将提高中国商标保护的整体水平，但这种提升本身是具有积极意义的，商标保护水平应当随社会生活实际的发展变化进行相应的调整。

2011 年 9 月 2 日，国务院法制办公室公布了关于《中华人民共和国商标法（修订草案征求意见稿）》公开征求意见的通知，针对现行《商标法》第 31 条"申请商标注册不得损害他人现有的在先权利，也不得以不正当手段抢先注册他人已经使用并有一定影响的商标"的规定，《商标法（征求意见稿）》第 34 条对其作出了修改。第 34 条方案一规定"申请商标注册不得损害他人现有的其他在先权利，也不得以不正当手段抢先注册他人已经使用并有一定影响的商标"，与现行《商标法》第 31 条规定的区别在于"在先权利"和"其他在先权利"；第 34 条方案二规定，在上述方案一修改的基础上增加了第 2、第 3 款的内容，即第 2 款"申请商标在相同或者类似商品上与他人在中国在先使用的商标相同或者近似，申请人因与该他人间具有合同、业务往来、地域关系或其他关系而明知该他人商标存在的，不予注册"及第 3 款

"申请注册的商标是抄袭他人在不相同或者不相类似商品上有较强显著性且具有一定影响的注册商标，容易导致混淆的，不予注册"。

与会专家认为，就《商标法（征求意见稿）》第34条的方案二来说，其共有四层含义。第1款的规定共包含了两层含义：首先，申请商标注册不得损害他人的其他在先权利；其次，不得抢注他人已经使用并有一定影响的商标。第2款的规定包含了第三层含义，该款规定旨在解决当事人之间有业务往来时在相同或者类似商品上注册相同或者近似商标的情形；第3款的规定包含了第四层含义，即对抄袭他人有一定影响的注册商标的行为，实施跨类保护，但所设定的限制条件较多。后两款规定所阐述的两层含义是《商标法（征求意见稿）》中新增加的内容。

就《商标法（征求意见稿）》第34条所规定的内容来说，与会专家建议在第2款中删除"在中国"的内容，因为现实中的确存在有些情况下该商标并没有在中国实际使用的情况，这种情形也应被包含其中。部分专家认为，关于在中国在先使用的问题，《商标法（征求意见稿）》第34条第2款关于"在中国在先使用"的规定是否合理，如何处理在香港、澳门、台湾地区在先使用的商标，以及具体交易的代理行为中的"在先使用"如何认定等问题，应当依据我国当下的国情、经济发展状况等诸多因素综合加以考虑。此外，《商标法（征求意见稿）》第34条第2款的规定如果要求权利人提供证据证明其"在中国在先使用了商标"还存在一个举证不能的问题，当权利人自身并没有在中国直接实际使用商标，特别是权利人仅通过恶意抢注人使用商标的前提下，为了证明该商标在中国实际使用的有关情况，权利人必须提供恶意抢注人在中国实际使用商标的证据，而这些使用证据却掌握在被提出商标异议的恶意抢注一方当事人手中，从证据规则上来看，这种规定本身存在相互矛盾之处，不具有可操作性。

关于《商标法（征求意见稿）》第34条第3款所规定的第四层含义，国务院法制办召开的商标法修改专家研讨会中，有些专家认为该条款的规定解决不了实际问题或者所涉及的实际问题已经解决，建议删除。但与会专家认为该条款应当保留，但建议将规定中的"且具有一定影响"删除。主要基于以下几方面原因，首先，"具有一定影响"是个较为模糊的概念，实践中难以操作，这一点也是已经经过现行《商标法》第31条在实践中的理解适用问题所证明了的；其次，对于独创性强、具有较强显著特征的商标，这种抄袭行为本身往往是十分明显的，当他人的商标具有较强的显著特征，在后的商标申请存在容易导致混淆的情况下，"容易导致混淆本身"往往已经包含了"具有一定影响"的内容；再次，加上"具有一定影响"的标准就表示已经注册的引证商标需要同时满足"显著性""驰名""导致混淆"三个条件才可以主张权利，无形中缩小了引证商标权人的权利，从而导致权利人的利益得不到有效保护，无法有效制止商标抢注现象。

（四）正确理解适用《商标法》第 41 条第 1 款的有关规定，在《商标法》适用时强调贯彻诚实信用原则，杜绝商标注册中的恶意抢注行为

与会专家认为，在不重新阐述驰名商标的概念及认定标准，也不针对现行《商标法》第 31 条的规定进行修改的前提下，如果能够正确认识、重新阐述《商标法》第 41 条第 1 款的准确含义，并明确强调适用《商标法》时贯彻"诚实信用"原则，也能够解决违背诚实信用"搭便车""傍名牌"的商标恶意抢注行为。

在最近由国务院法制办组织召开的"《商标法》修改专家研讨会"上，有部分其他专家学者对《商标法》中引入或强调"诚实信用原则"持否定态度，他们认为此项原则已经在《民法通则》第 4 条中有了明确的规定，作为民事法律规范的《商标法》理应适用"诚实信用原则"，对此无需重申或再次强调。部分与会专家也认为，就中国现行《商标法》来说，《商标法》第 41 条第 1 款规定"已经注册的商标，违反《商标法》第 10 条、第 11 条、第 12 条规定的，或者是以欺骗手段或者其他不正当手段取得注册的，由商标局撤销该注册商标；其他单位或者个人可以请求商标评审委员会裁定撤销该注册商标"，这其中也已经包含了关于"诚实信用"的规定。《商标法》是典型的民事法律规范，而民事法律制度一项基本的原则便是诚实信用原则，该原则鼓励诚信，制止和约束不诚信的行为，对于违反诚实信用，在不相同或者不相类似的商品上抢注他人显著性较强的尚未被认定为驰名商标的注册商标的情形，理应依法加以制止。

与会专家认为，对于中国现行《商标法》第 41 条第 1 款是否包含了驳回商标注册申请的相对理由的问题在商标行政及司法实践中一直存在争议，目前实践中的多数做法认为该条款仅仅适用于绝对驳回理由而不适用于相对驳回理由，这种理解本身是错误的。对于商标审查来说，"非真诚不注册"的原则不仅应当在相对驳回理由中加以规定，更应当在绝对驳回理由中加以阐明。参考与中国大陆地区属同一地缘关系的香港地区的有关规定，香港《商标条例》在"拒绝注册的绝对理由"中明确规定了"任何商标的注册申请是不真诚地提出的，则该商标不得注册或在其遭禁止使用或在其注册申请是不真诚地提出（视属何情况而定）的范围内不得注册"。从维护正常的市场竞争秩序的角度出发，在具体适用中国现行《商标法》第 41 条第 1 款的规定时及中国内地此次修改《商标法》时均应参考借鉴中国香港《商标条例》中的上述规定。

此外，与会专家认为，虽然 2002 年颁布实施的《商标法实施条例》中并没有对《商标法》第 41 条第 1 款所规定的"以欺骗手段或者其他不正当手段取得注册的"作出明确的解释，但考虑到 2001 年修改的《商标法》是对 1993 年修改的《商标法》的延续，虽然具体条文有所修改，但其基本精神和主要内容基本一致。1993 年以及 1999 年修改的《商标法实施细则》第 25 条对 1993 年修改的《商标法》第 27 条中所规定的"以欺骗手段或者其他不正当手段取得注册的"具体情形作出了明确规定，即将"虚构、隐瞒事实真相或者伪造申请书件及有关文件进行注册的；违反诚实信用原则，以复制、模仿、翻译等方式，将他人已为公众熟知的商标进行注册的；未经授权，代理人以其名义将被代理人的商标进行注册的；侵犯他人合法的在先权利进行注册的；以其他不正当手段取得注册的"等情形都列为属于《商标法》所指的"以欺骗手段或者其他不正当手段取得注册的行为"。据此理解，对于如抢注"泊美""悠莱"两商标的行为，应当认为属于"违反诚实信用原则，以复制、模仿、翻译等方式，将他人已为公众熟知的商标进行注册的"行为，而应当依据《商标法》第 41 条第 1 款及第 28 条的有关规定予以驳回。

以上意见系基于委托方提供的资料、根据专家学者发言归纳整理作出，仅供参考。

北京务实知识产权发展中心

2011 年 12 月 10 日

附件 07-1

国家工商行政管理总局商标评审委员会关于第 6020450 号"泊美"商标异议复审裁定书

[商评字（2015）第 0000021723 号]

申请人（原异议人）：株式会社资生堂。

委托代理人：北京联德知识产权代理有限公司。

被申请人（原被异议人）：广州华洋生物科技有限公司。

地址：广东省广州市东山区达道路 10 号大院 22-23 号广州军区文化大厦 601 房。

申请人因第 6020450 号"泊美"商标（以下称"被异议商标"）异议一案，不服商标局（2011）商标异字第 046404 号裁定，于 2011 年 12 月 30 日向我委申请复审。我委依法受理后，依照《商标评审规则》第 6 条的规定，组成合议组依法进行了审理，现已审理终结。

申请人的主要理由：申请人创办于 1872 年，是日本最大的化妆品公司，在中国享有极高的知名度。申请人的第 1755368 号"泊美"商标（以下称"引证商标"）商品的销售范围几乎覆盖中国所有省份，销售数量很大。申请人对引证商标进行大量的广告宣传，其广告涉及电视、杂志、报纸及网络媒体等多种媒体，因此引证商标具有极高的知名度。引证商标经长期使用和宣传，在相关公众中已具有较高的知名度和影响力，在被异议商标申请之前已达到驰名状态。被异议商标已构成复制、摹仿申请人驰名商标的情形，极易使消费者产生混淆误认，损害申请人及消费者的利益；被异议商标与引证商标已构成使用在相同或者类似商品上的近似商标。综上，申请人请求依据修改前《商标法》第 10 条第 1 款第（8）项、第 13 条第 2 款、第 28 条、第 31 条、第 41 条的规定，不予核准被异议商标的注册申请。

申请人向我委提交了以下主要证据：（以下证据以复印件形式提交）

1. 申请人提交的网站有关申请人介绍的公证材料，"泊美"产品在中国的店铺清单，申请人子公司上海卓多姿中信化妆品有限公司与他人签订的交易合同、销货清单及销售发票，媒体广告、广告费用发票及公众认知度调查表等。

2. 申请人资生堂（中国）投资有限公司、上海卓多姿中信化妆品有限公司的主体资格证明材料。

3.《中国工商报》有关申请人的"资生堂""SHISEIDO"被商标局认定为驰名商标的报道。

4. 引证商标档案信息。

5. 申请人"泊美"商标被侵权的相关证据。

6. 上海银华同大会计师事务所出具的销售、广告审计报告。

7. 被申请人使用"泊美"商标的相关证据。

被申请人主要的答辩理由：

被异议商标指定使用商品与引证商标核准使用商品不同，不属于类似商品；引证商标并非驰名商标；被申请人已长期使用被异议商标，未恶意抢注申请人商标；被申请人不予认可申请人材料的真实性。综上，被异议商标应予核准注册。

申请人质证时坚持其复审理由。

我委经审理查明：

1. 被异议商标由被申请人于2007年4月25日向商标局提出注册申请，指定使用在第14类耳环等商品上，获商标局初步审定公告后，本案申请人提出异议。

2. 引证商标由申请人于2001年2月16日申请注册，2002年4月28日获准注册，核定使用在第3类化妆品、护肤剂等商品上，经续展商标专用期至2022年4月27日。2003年5月28日至2012年4月27日、2012年6月1日至2022年4月27日，引证商标被许可给上海卓多姿中信化妆品有限公司使用；2007年5月1日至2012年4月27日、2013年12月25日至2012年4月27日被许可给资生堂（中国）投资有限公司使用。

以上事实由商标档案在案佐证。

3. 申请人创办于1872年，是日本最大的化妆品公司，在中国享有极高的知名度，其名下有"资生堂SHISEIDO""泊美PURE&MILD""悠莱URARA"等多个知名品牌。申请人于1998年在上海投资成立了上海卓多姿中信化妆品有限公司，主要负责"泊美PURE&MILD"等品牌的生产和推广。在被异议商标申请注册日之前，申请人引证商标产品已销往河北、浙江、广东、安徽、新疆、陕西、上海、北京、四川、甘肃、江西、吉林、广西等省市。

4. 在被异议商标申请注册日之前，申请人对引证商标进行大量的广告宣传，其广告涉及电视、杂志、报纸及网络媒体等多种媒体对其引证商标产品进行了广泛的宣传。

5. 申请人引证商标产品主要经济指标：2004 年，销售收入 6844.5 万元，纳税 1646.6 万元，广告费用 345.9 万元；2005 年，销售收入 11099.1 万元，纳税 832.9 万元，广告费用 680.71 万元；2006 年，销售收入 14187.3 万元，纳税 1331.7 万元，广告费用 730.65 万元。

以上事实有申请人销售发票及媒体广告材料、广告合同、发票、广告图片、报刊宣传报道及上海银华同大会计师事务所出具的审计报告等在案佐证。

我委认为，依据《商标评审规则》第 57 条第 2 款的规定，对于当事人不服商标局作出的异议裁定在 2014 年 5 月 1 日以前向商标评审委员会提出复审申请，商标评审委员会于 2014 年 5 月 1 日以后审理的案件，当事人提出异议复审的主体资格适用修改前的商标法，其他程序问题和实体问题适用修改后的商标法。

根据当事人的陈述及查明的事实，本案焦点问题可归结为：第一，在被异议商标申请注册之前，引证商标是否已构成驰名商标，被异议商标的注册是否构成《商标法》第 13 条第 3 款规定的不应予以核准注册之情形。第二，被异议商标与引证商标是否构成《商标法》第 30 条所指使用在相同或者类似商品上的近似商标。

关于焦点问题一，我委查明的事实表明，在被异议商标申请注册日期之前，申请人指定使用在化妆品、护肤剂商品上的第 1755368 号"泊美"商标已持续在全国多个省市广泛宣传和使用，为相关消费者普遍知晓，已享有较高的知名度及广泛的影响，并达到驰名程度。依据《商标法》第 14 条的规定，可以认定申请人指定使用在第 3 类化妆品、护肤剂商品上的第 1755368 号"泊美"商标为驰名商标。

本案中，申请人的引证商标文字"泊美"并非汉语的固定搭配，具有较强独创性，被异议商标中的中文与引证商标完全相同。被异议商标已构成对他人驰名商标的复制，其注册使用容易误导公众，并致使申请人的利益可能受到损害，违反了《商标法》第 13 条第 3 款的规定。

关于焦点问题二，被异议商标指定使用的耳环等商品与引证商标核准使用的化妆品等商品，在商品的功能用途，原材料及销售渠道等方面区别明显，不属于类似商品。故被异议商标与引证商标未构成《商标法》第 30 条所指使用在类似商品上的近似商标。

另，申请人称被异议商标的注册申请构成《商标法》第 10 条第 1 款第

（8）项、第32条、第44条的规定之主张，缺乏事实依据，我委不予支持。

依照《中华人民共和国商标法》第13条第3款、第35条、修改前《中华人民共和国商标法》第33条第1款的规定，我委裁定如下：

被异议商标不予核准注册。

被申请人如不服本裁定，可以自收到本裁定书之日起30日内向北京知识产权法院起诉，并在向法院递交起诉状的同时或者至迟15日内将该起诉状副本抄送或者另行书面告知我委。

合议组成员：徐　杭

郭京平

王继红

2015 年 2 月 28 日

案例 08

关于谢汝周等涉嫌假冒注册商标罪一案中的
商标问题专家研讨会法律意见书

务实（2014）第 007 号

受广州市杜高精密机电有限公司委托，北京务实知识产权发展中心于
2014 年 7 月 31 日举行了"关于谢汝周等涉嫌假冒注册商标罪一案中的商标问
题专家研讨会"。原国家工商行政管理总局商标局副局长、原国家工商行政管
理总局商标评审委员会副主任欧万雄，原国家工商行政管理总局商标局副巡
视员、商标专家董葆霖，原国家工商行政管理总局商标评审委员会副巡视员
杨叶璇，中国人民大学知识产权学院院长、博士生导师、中国知识产权法学
研究会会长刘春田，深圳大学法学院教授朱谢群，原最高人民法院知识产权
庭法官段立红，原北京市高级人民法院知识产权庭副庭长、北京务实知识产
权发展中心主任程永顺等资深知识产权法律专家、学者参加了研讨。

研讨会由北京务实知识产权发展中心主任程永顺主持。

与会专家在认真审阅委托方提供的与本案有关的材料，了解案件相关背
景情况的基础上，围绕关于假冒注册商标罪的构成要件有哪些，《刑法》第
213 条所规定的"在同一种商品上使用与其注册商标相同的商标"应如何理
解的问题；本案中，杜高公司生产、销售含有多米诺公司 A200 旧主板的喷码
机及改装墨水箱的 E50 喷码机的行为是否构成假冒注册商标罪等与本案相关
的法律问题进行了深入研讨，并充分发表了各自的意见。

一、背景情况

（一）被指控对象及指控权利依据

1. 被指控假冒注册商标罪的对象情况

本案被指控假冒注册商标罪的对象为谢汝周、谢汝标、淡颜、罗勇、谢
佩桃、李宏诗、孔令明、梁兴荫、艾博、苏桂彬、李声武、胡敏强、刘志坚、

郑凯，共 14 人。其所属公司为广州市杜高精密机电有限公司（以下简称"杜高公司"）。

杜高公司于 2008 年 3 月 18 日注册成立，法定代表人为被告人谢汝标，股东及实际经营者为被告人谢汝周。经营范围销售：精密机械，电子、电器设备及其耗材精密机械、电子、电器设备及其耗材的开发和技术服务；精密机电产品的软硬件开发及系统安装调试服务；精密机械、电子、电器设备及其耗材的生产（由下属分支机构经营）。

2. 关于指控谢汝周等人假冒注册商标犯罪的权利依据

本案指控杜高公司假冒注册商标的权利依据为英国度米农印刷科技有限公司（Domino Printing Sciences pic. 又音译为：多米诺印刷科技有限公司，以下简称"多米诺公司"）在中国拥有的两件"多米诺"商标。

该公司的国际注册第 G709885 号商标，标样为 。1999 年根据《商标国际注册马德里协定》和《商标国际注册马德里协定有关议定书》的规定，通过领土延伸指定到我国并获得保护，申请使用在商标注册用商品和服务国际分类第 9 类商品上，该商标核定使用的商品包括"喷墨打印装置；喷墨绘图器具；激光标示装置；喷墨打印机；上述商品的电动、电子控制装置；控制工业喷墨打印机、工业喷墨标示装置和工业激光标示装置的运行状况的计算机软件；喷墨打印机的打印头；上述产品的零配件"，有效期自 2009 年 1 月 28 日至 2019 年 1 月 28 日。（根据 2011 年 12 月 19 日商标局出示的商标注册证明）

2002 年 9 月 7 日，商标局核准注册第 1984308 号"多米诺"商标，标样为 ，核定使用商品为第 9 类"喷墨打印装置；喷墨标示装置；激光标示装置；喷墨打印机；工业用喷墨打印机的电动、电子控制装置；控制工业喷墨打印机、工业喷墨标示装置和工业激光标示装置的运行状况的计算机软件；喷墨打印机的打印头；工业喷墨标示装置的电动、电子控制装置；工业喷墨标示装置的电动、电子控制装置；工业用激光标示装置的电动、电子控制装置；工业用激光标示装置的电动、电子控制装置"，经续展从 2012 年 9 月 7 日至 2022 年 9 月 6 日。

3. 指控杜高公司假冒注册商标行为

本案指控谢汝州等假冒注册商标行为包括：

a. 生产、销售喷码机零配件的包装上使用"FOR DOMINO"。

b. 改进、更换多米诺 E50 喷码机的供墨系统后出售。

c. 生产、销售仿多米诺 A200 型喷码机，含有回收的多米诺喷码机主板，型号 A200。

  d. 生产、销售仿多米诺 A200 型喷码机，但不含主板，为半成品，型号为 A200。

  在重审过程中，法院认为：假冒注册商标的商品只包括含有多米诺主板的 A200 型喷码机及更换多米诺供墨系统的 E50 型喷码机。

  （二）本案刑事诉讼的基本情况

  诉讼整体情况为：

  1. 一审：广州市越秀区人民检察院于 2012 年 9 月 28 日向广州市越秀区人民法院提起公诉，广州市越秀区人民法院于 2012 年 12 月 25 日判决谢汝周等各被告相应有期徒刑及罚金。

  2. 二审：原审被告人谢汝周等 14 人不服提起上诉。2013 年 10 月 15 日，广州市中级人民法院裁定将该案发回广州市越秀区人民法院重新审判。

  3. 重审：广州市越秀区人民法院重审后判决各被告相应有期徒刑及罚金。

  4. 目前，本案处于重审后二审上诉阶段。

  广州市越秀区人民法院重审情况：

  广州市越秀区人民法院依法另行组成合议庭公开开庭审理了该案。

  广州市越秀区人民检察院指控内容：被告人谢汝周于 2003 年 8 月 26 日成立广州市拓利喷码科技有限公司，2008 年 3 月 18 日与被告人谢汝标共同成立广州市杜高精密机电有限公司，招收被告人罗勇等人，在没有获得多米诺公司授权的情况下，按各自职能分工共同研发、生产、销售假冒该公司"多米诺"商标的喷码机、零配件及耗材等。公安机关在杜高公司缴获假冒多米诺商标的喷码机、零配件一批及相应的合同、单据等。广州市越秀区人民检察院认为谢汝周等 14 人的行为均已构成假冒注册罪。

  谢汝周等 14 名被告人均否认自己的行为构成假冒注册商标罪，广州市越秀区人民法院将被告人及其辩护人的辩解意见和辩护意见归纳如下：第一，多米诺公司在涉案喷码机上不享有注册商标权，其不能以其在第 9 类注册的商标在第 7 类商标核定使用的商品上主张注册商标权。第二，杜高公司生产并销售的仿多米诺 A200 型喷码机未出现任何"多米诺"的字眼；多米诺商品图形在涉案机器屏幕上显示是属于软件著作权的范畴，而改造墨路系统后再销售多米诺 E50 等型号的喷码机符合商标权用尽原则，多米诺公司不能因此再主张商标权。第三，本案立案在侦查阶段及鉴定程序上违法，被告人在侦查阶段供述系违反其本人真实意思的非法证据。

  广州市越秀区人民法院经审理查明：

  2008 年 3 月~2012 年 3 月，杜高公司在没有获取多米诺公司授权的情况下生产、销售假冒多米诺商标的 A200 型和 E50 型喷码机。被告人谢汝周等 14 人按各自职能分工共同参与生产、销售假冒多米诺商标的喷码机。公安机关在杜高公司缴获假冒多米诺商标的喷码机、零配件一批及相应的合同、单据等。经查，缴获假冒多米诺商标的喷码机 34 台，价值人民币 1054000 元。根据对查获的杜高公司送货单及国际订单进行审查检验，在 2010 年 1 月 4 日至 2012 年 3 月 14 日，该公司销售假冒多米诺商标的喷码机 134 台，销售金额为人民币 4175700 元。

对于被告人及辩护人所提的相关无罪辩解、辩护意见，广州市越秀区人民法院综合上述证据综合评判如下：

1. 被害单位多米诺公司享有"多米诺"和图形多米诺商标的专用权，其生产的"喷码机"属于核定使用的商品之一。

（1）根据国家工商行政管理总局商标局出具的商标函字〔2014〕10 号关于第 G709885 号"DOMINO"商标有关情况的复函，核定使用的商品"喷墨标识装置"包括符合第 9 类分类标准的喷码机，且证明"喷码机"并非为《类似商品和服务区分表》所列商品名称，其所及的商品较为宽泛，需要根据具体商品的功能、用途、销售渠道、消费对象等方面确定其所属的类别。

（2）根据上述复函第三点，"喷码机"的功能、用途等和"与计算机连用的打印机"类似的，属于第 9 类；功能、用途等和"塑料导线印字机""工业打标机"类似的，属于第 7 类。根据重审期间出庭作证的控方证人吴海峰（系多米诺公司技术方面员工）的证言及其对多米诺公司生产的喷码机予以当庭指证，证实多米诺喷码机的主板分为三层，每层都有一个中央处理器（CPU），此外主板上还有储存、输入输出装置，有外部接口可与其他计算机相连，故多米诺公司生产的喷码机在机器结构和功能上均可以与计算机连用，其属于第 9 类注册商标的商品。

（3）《类似商品和服务区分表》是行政机关和司法机关在处理商标案件时的重要标准，并非唯一标准。现阶段，"喷码机"商品有在第 7 类注册的情形，也有在第 9 类注册的情形，因此，喷码机产品在第 7 类和第 9 类并存的情形有其特定的现实原因。庭审中各被告人也确认喷码机就公众所理解之范畴均用于工业用途，而不存在办公用途的喷码机。因此，功能、用途等与"与计算机连用的打印机"类似的在第 9 类注册的喷码机也同样适用于工业用途。

因此，被害单位多米诺公司享有"多米诺"和图形多米诺商标在我国的注册商标专用权，其生产的"喷码机"属于核定使用的商品之一。

2. 杜高公司的行为系假冒注册商标的行为

（1）经查，杜高公司生产的 A200 型喷码机，据被告人供称该机型是仿制多米诺公司 A200 型喷码机，而 E50 型喷码机只是对墨路系统进行改造，由此可见，杜高公司涉案的上述两种型号喷码机不但在外形上与多米诺原厂生产的基本一致，最关键的是在功能和用途上是完全一致的，且均用于工业用途。综上，可以认定杜高公司生产、销售的涉案喷码机与多米诺公司注册商标核定使用的商品属于"同一种商品"。

（2）杜高公司是合法成立多年的公司，其主要产品是喷码机及其配件，也申请有自己的注册商标。但是，杜高公司并没有在涉案喷码机上标明自己公司的注册商标。反映出杜高公司具有假冒他人注册商标的主观故意。

（3）根据杜高公司的相关网页截图，证明杜高公司在其网站上以多米诺品牌的名义对外宣传、销售喷码机，而其并未得到多米诺公司的相关授权。从杜高公司生产的产品来看，大多都与多米诺品牌产品有关而没有使用自己的注册商标，由此可见其真正目的还是让公众误认为其产品是多米诺品牌产品。

（4）杜高公司生产的 A200 型喷码机，除了在外观上足以让公众产生一定的误导之外，还在开机界面显示"DOMINO"标识，公众在开机使用过程中必然会看到"DOMINO"标识。而该标识在庭审时控方证人和被告人均表示可以做更改，杜高公司在销售时并未做更改，意图亦在表明其商品与多米诺商标有特定联系。因此，本案中杜高公司生产、销售的未贴上商标标识的喷码机在开机后显示多米诺商标的标志图形，是属于对他人商标使用的方式之一。

（5）根据广东燕塘乳业股份有限公司等购买杜高公司产品的相关证人证言证明杜高公司推销喷码机时都是以多米诺品牌进行推销的，杜高公司卖给其的喷码机从外观、操作方法、型号、保养方式、适用墨水、配件等均与之前从多米诺公司采购的喷码机一样，开机界面同样显示"DOMINO"的商标，因此，其均认为从杜高公司购买的喷码机就是多米诺喷码机，直至公安机关向其调查取证，才知道购买的喷码机是假冒多米诺品牌的喷码机。

（6）杜高公司生产的 E50 型喷码机不适用商标权用尽原则。杜高公司批量生产的 E50 型喷码机其墨路系统与多米诺同类型机型相比较，其性质已完全改变，杜高公司改造的目的包括赚取墨水在内等耗材的利润。喷码机的供墨系统是整个机器的重要组成部分，多米诺公司并未将供墨材料单独销售而是作为多米诺 E50 型喷码机一体销售、该多米诺 E50 喷码机的供墨系统是该品牌独有的一体式设计，且同为多米诺品牌的注册产品。杜高公司擅自将该系统换掉，势必影响多米诺喷码机的整体质量，损害多米诺喷码机的品牌信誉，同时由于该部分系统包含了喷码机的耗材部分，也是整个机器获取利润的主要渠道，因此杜高公司的行为明显侵犯了商标所有人的经济利益，其行为损害了商标注册人的合法权益，属于侵权行为，不能适用"商标权用尽原则"。

综上，杜高公司生产装有主板的 A200 型喷码机及 E50 型喷码机的行为符合假冒注册商标罪的构成要件。

3. 被告人及其辩护人认为不构成假冒注册商标的辩解意见和辩护意见均不成立

（1）关于多米诺公司在涉案商品上是否享有注册商标权及杜高公司的行为是否构成假冒注册商标罪的问题，一审法院已在前述意见中予以论述，不再重复。

（2）一审法院对被告人及其辩护人认为被告人在侦查阶段的供述系非法证据的意见不成立的观点不予支持。

（3）本案中，被害单位多米诺公司所出具的机器认证报告只是针对涉案物证的说明，并不属于刑诉法证据种类的鉴定意见。因此，各被告人及其辩护人认为本案鉴定程序违法的理由不成立，一审法院不予支持。

（4）对部分证人证言所述的部分事实的摒弃不影响其能与其他证据相互印证部分的采纳。

（5）对于被告人谢汝周辩护人所提交证据的评判。

A. 关于辩护人提交的自然人李忠贵于 2008 年 7 月向国家商标局申请在商标分类第 7 类注册了"多米诺""domino"两个商标的证据。经查，2013 年国家商标局出具的异议复审裁定书，国家商标局支持了多米诺公司的申请，裁定被异议商标在复审商标上不予核准注册。

B. 关于辩护人提交杜高公司产品买家的证明，买家均证明只是向杜高公司购买不含主板的 A200 型半成品喷码机、零配件及其兼容耗材，本案中，认定假冒注册商标的商品只包括含主板的 A200 型喷码机及 E50 型喷码机。因此，上述证明与本案认定的事实无关，一审法院不予采纳。

C. 至于辩护人提交的其他证据包括商标法专家意见及专家论证意见书，均认为涉案商品"喷码机"属于第七类印刷工业用机械及器具，涉案"喷码机"与多米诺公司注册的核定使用商品不属于"相同商品"。鉴于一审法院在上述评判的第一、第二点中进行了详细论述，故不再重复评判。

一审法院认为，杜高公司未经注册商标所有人许可在同一种商品上使用与其注册商标相同的商标，情节特别严重，被告人谢汝周等 14 人均参与作案、其行为均构成假冒注册商标罪，公诉机关指控各被告人构成犯罪的事实清楚，一审法院予以支持，惟未认定本案属单位犯罪不当，一审法院经庭审查明后予以纠正。

2014 年 4 月 24 日，法院判决谢汝周等 14 人相应的有期徒刑并处相应的罚金，并扣押了假冒多米诺商标喷码机 34 台。

（三）商标局关于第 G709885 号"DOMINO"商标有关情况的复函

国家工商总局商标局于 2013 年 11 月 1 日收到广州市中级人民法院来函，经研究，就多米诺公司的第 G709885 号"DOMINO"商标的注册证明相关事宜于 2014 年 2 月 11 日作出商标函字［2014］10 号答复，关于"喷码机"所属类别的内容为：

"喷码机"并非为《类似商品和服务区分表》所列商品名称，且其所及的商品较为宽泛，需要根据具体商品的功能、用途、销售渠道、消费对象等方面确定其所属的类别。例如功能、用途等和"与计算机联用的打印机"类似的，属于第 9 类；功能、用途等和"塑料导线印字机""工业打印机"类似的，属于第 7 类。

第 G709885 号商标核定使用商品"喷墨标示装置"包括符合第 9 类分类标准的"喷码机"，其功能、用途等和"与计算机连用的打印机"类似。

（四）其他情况

1. 重审开庭时，证人吴海峰在庭上对比杜高公司的 A200 喷码机和多米诺公司的 A200 原装机时，发现多米诺公司的原装机的高压包上贴有多米诺公司未续展的第 938241 号" "商标，该商标属于第 7 类。

2. 李忠贵于 2008 年 7 月 16 日向商标局分别申请注册了第 6844051 号"DOMINO"、第 6844050 号"多米诺"商标，指定使用在第 7 类包装机（打包机）、贴标签机（机器）、印刷机器、喷码机（印刷工业用）等商品上，经商标局初步审定并公告后，被多米诺公司提出异议。商标局审理裁定异议理由不成立，被异议商标核准注册。多米诺公司部分向商标复审委申请复审。最终被异议商标不予核准注册，其中的理由有："DOMINO"商标与多米诺公司拥有的第 9 类第 G709885 号、第 1984308 号商标同时使用在上述关联性较强的商品上，易导致消费者对商品来源产生混淆，已构成了《商标法》第 28 条所指的"使用在类似商品上的近似商标"。

3. 委托方提供的一些客户证明，内容为：（1）杜高公司自己生产的喷码机及零件上没有多米诺公司的商标；（2）杜高公司喷码机及零件价格比多米诺公司便宜很多，且客户明确知道购买的为杜高公司产品。

二、研讨会依据的材料

1. 第 G709885 号"DOMINO"商标注册证明；

2. 第 1984308 号"多米诺"商标注册证明；

3. 广州市越秀区人民法院（2012）穗越法知刑初字第 17 号刑事裁定书；

4. 广州市中级人民法院（2013）穗中知刑终字第 39 号刑事裁定书；

5. 广州市越秀区人民法院（2013）穗越法知刑重字第 3 号刑事判决书；

6. 国家工商总局商标局关于第 G709885 号"DOMINO"商标有关情况复函；

7. 第 938241 号"DOMINO"商标注册信息；

8. 商评字〔2013〕第 105211 号、商评字〔2013〕第 105241 号关于李忠贵申请的多米诺/DOMINO 商标异议复审裁定书；

9. 客户证明。

三、研讨会的主要议题

（一）关于假冒注册商标罪的构成要件有哪些，《刑法》第 213 条所规定的"在同一种商品上使用与其注册商标相同的商标"应如何理解？

（二）本案中，杜高公司生产、销售含有多米诺公司 A200 旧主板的喷码机及改装墨水箱的 E50 喷码机的行为是否构成假冒注册商标罪？

1. 从假冒注册商标罪保护的客体来看，第 7 类"喷码机"商品上是否有合法注册的"多米诺"/"DOMINO"商标，多米诺公司第 9 类的注册商标相对于第 7 类的"喷码机"商品是否仅构成类似商品？

2. 从犯罪构成的客观方面来看：

（1）关于杜高公司改装墨水箱的 E50 喷码机是否适用商标权用尽原则，是否构成假冒注册商标及商标侵权的问题？

（2）杜高公司生产、销售含有多米诺公司 A200 旧主板的喷码机的行为是否构成假冒注册商标的行为？

3. 从犯罪构成的主观方面来看，假冒注册商标罪是否要求必须具备"在同一种商品上使用与其注册商标相同商标"的故意？

四、专家意见

与会专家围绕上述问题进行了热烈讨论，充分发表了意见。经过归纳整理，形成以下法律意见。

（一）关于假冒注册商标罪的构成要件有哪些，《刑法》第 213 条所规定的 "在同一种商品上使用与其注册商标相同的商标" 应如何理解的问题

与会专家认为，我国《刑法》分则第三章 "破坏社会主义市场经济秩序罪" 中第 213 条规定了 "假冒注册商标罪"，即 "未经注册商标所有人许可，在同一种商品上使用与其注册商标相同的商标，情节严重的，处三年以下有期徒刑或者拘役，并处或者单处罚金；情节特别严重的，处三年以上七年以下有期徒刑，并处罚金"。

从《刑法》具体条文的规定来看，"假冒注册商标罪" 的重点和难点在于对 "同一种商品"、商标 "使用" 两个概念理解，以及从犯罪客体上如何判断他人 "注册商标专用权" 的保护范围。需要特别指出的是，我国《刑法》中关于 "同一种商品" "商标使用" "注册商标专用权的保护范围" 等概念的理解和判断标准与《商标法》完全相同。

从假冒注册商标罪犯罪构成的四个要件具体来看：

1. 就犯罪主体而言，由于构成本罪的犯罪主体为一般主体，无须进行过多讨论。

2. 就客体而言，该罪侵犯的客体为他人合法的注册商标专用权，以及国家商标管理秩序。

首先，顾名思义，"假冒注册商标罪" 的前提是 "注册商标" 的存在，虽然我国《商标法》对于未注册商标也给予一定程度的保护，但是《刑法》第 213 条所规定的商标仅包括 "注册商标"，对未注册商标不能给予刑事保护。

其次，商标注册需要划分商品类别，根据我国《商标法》第 56 条的规定，注册商标的专用权，以核准注册的商标和核定使用的商品为限。因此，假冒注册商标罪的犯罪客体应由商标合法注册时核定使用商品的范围确定，而不是通过商标实际使用的商品来确定保护范围。

3. 从客观方面来看，对于本罪构成要件的理解，重点在于对客观方面的认识。

本罪在客观方面的表现为在未经注册商标所有人许可的情况下，在 "同一种商品上使用与其注册商标相同的商标，情节严重的行为"。该行为有以下三个方面的特征，首先，要未经注册商标所有人许可，这是构成本罪的前提；其次，行为人在同一种商品上使用了与其注册商标相同的商标，假冒的商标必须是其他企业已经注册的商标，如果是其他企业未经注册的商标，或者是以未注册的商标冒称已经注册的商标，或是超过续展期的商标，都不能构成本罪，同时，使用他人已经注册的商标，限于同一种商品，不包括类似商品；

最后，必须是情节严重的假冒行为，如果没有达到法定数额也不构成本罪。

4. 从主观方面来看，由于《刑法》第三章"破坏社会主义市场经济秩序罪"所规定的罪名基本上均为故意犯罪，因此，本罪的主观方面一定是故意，一般以非法营利为目的，过失不构成本罪。所谓"故意"，是指明知而为，即明知是他人的注册商标，而在同一种商品上使用。

此外，从《商标法》来讲，未经注册商标所有人的许可，在同一种商品或类似商品上使用与其注册商标相同或者近似商标的行为均是构成侵犯商标权的情形，具体来说，包括以下四种行为：第一，在同一种商品上使用与他人注册商标相同的商标；第二，在同一种商品上使用与他人注册商标相近似的商标；第三，在类似商品上使用与他人注册商标相同的商标；第四，在类似商品上使用与他人注册商标相近似的商标。

但是，我国《刑法》第213条仅将上述第一种行为，即"在同一种商品上使用与他人注册商标相同的商标"的行为规定为犯罪，对其他三类行为不以假冒注册商标罪论处，而只作为商标违法行为处理。对于本罪的理解应当严格依据我国《刑法》的有关规定来理解，坚持罪刑法定的原则，严禁类推，对于剥夺人身自由的刑法的适用必须严格加以限制，不能进行扩大的解释，不能把一般违法行为当作犯罪来处理。

（二）本案中，杜高公司生产、销售含有多米诺公司 A200 旧主板的喷码机及改装墨水箱的 E50 喷码机的行为是否构成假冒注册商标罪？

1. 从假冒注册商标罪保护的客体来看，第7类"喷码机"商品上没有合法注册的"多米诺"/"DOMINO"商标，多米诺公司第9类上的注册商标仅构成类似商品。

与会专家认为，结合本案的具体情况来看，多米诺公司的第 G709885 号商标和第 1984308 号商标核定使用的商品为国际分类第 9 类商品，根据国家工商行政管理总局商标局针对本案的答复可以看出，"喷码机"并非为《类似商品和服务区分表》所列商品名称，且其所及的商品较为宽泛，需要根据具体商品的功能、用途、销售渠道、消费对象等方面确定其所属的类别，例如，功能、用途等和"与计算机联用的打印机"类似的，属于第 9 类；功能、用途等和"塑料导线印字机""工业打印机"类似的，属于第 7 类。

多米诺公司早在 1997 年 1 月 28 日就已经在第 7 类上申请注册了第 938241 号" domino "商标，核定使用的商品为"印刷机械、喷墨印刷机的印刷头（机器零件）、喷墨印刷机、贴标签机、上述产品的零部件"，而该商标在 2007 年 1 月 27 日专用权期限届满后却未进行续展。由此造成李忠贵于 2008 年 7 月 16 日分别向商标局分别申请注册了第 6844051 号 "DOMI-NO"、第 6844050 号 "多米诺" 商标，指定使用在第 7 类包装机（打包机）、贴标签机（机器）、印刷机器、喷码机（印刷工业用）等商品上，经商标局初步审定并公告后，多米诺公司提出异议。商标局审理裁定异议理由不成立，被异议商标被核准注册。该商标后经异议复审程序被商标评审委员会不予核准注册，但商标局的理由认为 "多米诺" 商标和 "DOMINO" 商标与多米诺公司拥有的第 9 类第 G709885 号、第 1984308 号商标同时使用在上述关联性较强的商品上，易导致消费者对商品来源产生混淆，已构成了《商标法》第 28 条所指的 "使用在类似商品上的近似商标"。

以上事实说明，第一，多米诺公司曾经在第 7 类 "喷码机" 商品上合法拥有注册商标专用权，由于其未续展造成专用权过期；第二，商标局认为喷码机（印刷工业用）商品属于第 7 类；第三，商标评审委员会认为，注册在第 7 类 "喷码机（印刷工业用）" 商品上的 "多米诺" 商标和 "DOMINO" 商标与第 9 类多米诺公司的商标构成 "使用在类似商品上的近似商标"。

与会专家认为，首先，在第 7 类 "喷码机" 等相关商品上，并没有合法注册的 "多米诺" ／ "DOMINO" 商标，多米诺公司使用在喷码机商品上的 "多米诺" ／ "DOMINO" 商标实际上是未注册商标。"假冒注册商标罪" 的前提是他人 "注册商标" 的存在，如果假冒的是其他企业未经注册的商标，或是未续展而过期的商标，都不构成假冒注册商标罪。

其次，假冒注册商标罪的犯罪客体应当依据注册商标核准使用的商品确定保护范围，而不是通过把商标实际使用在哪些商品上确定保护范围。在喷码机商品上是否有合法注册的 "多米诺" 或 "DOMINO" 商标，要看多米诺公司在第 9 类上注册的第 G709885 号商标和第 1984308 号商标是否包括了喷码机，而并不因为多米诺公司将 "多米诺" ／ "DOMINO" 商标使用在喷码机商品上，就认为这个商标已经合法获得了注册，更不能据此给予刑事保护。

最高法院、最高人民检察院、公安部《关于办理侵犯知识产权刑事案件适用法律若干问题的意见》中第 5 条第 2 款中也规定：认定 "同一种商品"，应当在权利人注册商标核定使用的商品和行为人实际生产销售的商品之间进行比较。对于生产、销售涉案商品是否构成假冒注册商标罪，应当和已经合法注册商标的权利范围（核定使用的商品）进行比较，而不是与多米诺公司实际使用的商品进行比较。杜高公司的产品外形是否与多米诺公司的产品一致可能涉及侵犯外观设计专利权或者不正当竞争，但与商标无关；杜高公司的产品在功能和用途上与多米诺公司的产品一致，并不代表与多米诺公司的注册商标的核定使用商品的保护范围一致，因此，这些理由与是否构成假冒注册商标罪的认定无关。

最后，对于多米诺公司核准在第 9 类上的第 G709885 号商标和第 1984308 号商标，由于商标局、商标评审委员会的回复、裁定等官方文件均认为印刷工业用喷码机属于第 7 类，与第 9 类"喷墨打印机等"商品仅构成类似商品。假冒注册商标罪要求使用的商标，与他人已经注册的商标限于同一种商品，不包括类似商品，因此，在类似商品上使用他人注册商标的行为不构成犯罪。

2. 从犯罪构成的客观方面来看，与会专家认为，假冒注册商标罪的犯罪客观方面表现为违反商标管理法规，未经注册商标所有人许可，在同一种商品上使用与其注册商标相同的商标的行为。本案中，杜高公司的两种行为被认定为构成假冒注册商标的行为，一种是"改装墨水箱的 E50 喷码机的行为"，另一种是"生产、销售含有多米诺公司的旧主板 A200 喷码机的行为"。对于这两种行为要分别进行分析。

第一，关于杜高公司改装墨水箱的 E50 喷码机是否适用商标权用尽原则，是否构成假冒注册商标及商标侵权的问题。

与会专家一致认为，杜高公司改装墨水箱的 E50 喷码机的行为符合商标权利用尽原则，不构成侵权，是正当的合法行为。

首先，多米诺公司生产的 E50 型号喷码机一经售出，产品本身的经济利益已经实现，符合商标权权利用尽原则。杜高公司从多米诺经销商处购买的是正品的 E50 喷码机，机器设备及外包装上的所有商标均是多米诺原厂的标志，不存在伪造和假冒注册商标的行为。

其次，《商标法》规定的四种商标侵权行为都会侵犯商标所有人的经济利益，并损害商标注册人的合法权益，但是并不是所有上述行为都构成犯罪，只有"在同一种商品上使用与他人注册商标相同的商标"的行为才构成犯罪，因此，不能认为"侵犯了商标所有人的经济利益，其行为损害了商标注册人的合法权益"就构成假冒注册商标罪。

最后，多米诺公司生产的 E50 型喷码机的特点是采用了将墨水与溶解剂整合的一体化墨盒的方式，使用这种墨盒往往在溶解剂耗尽的同时却剩余了大量的墨水，但由于一体化结构，消费者不得不更换整个墨盒，由此导致耗材消耗增大，使多米诺公司从中国市场上获取更大的利益的同时，造成资源的极大浪费。杜高公司应客户需求对供墨箱的改进是必要和善意的，有利于客户降低成本和节约资源。这种类似的改装也普遍存在于办公打印耗材上，如惠普、爱普生等打印机墨盒的情形，这种针对原产品改进的行为本身并不存在恶意，并不是假冒注册商标的行为，也不构成侵权。

而且杜高公司的改装是在客户的要求下，首先从多米诺公司销售商购处入正品多米诺 E50 型号喷码机，对供墨箱进行改造后提供给客户，属于承揽合同中的定做行为，即依合同约定，由承揽人自己准备原料，并以自己的技术、设备和工作对该原料进行加工，按定做人的要求制成特定产品，将产品交付给定做人，定做人接受该产品并向承揽人支付报酬的合同。

杜高公司通过合法途径购买 E50 型喷码机，并应客户的要求对其供墨箱做合理的、更有利于客户需求的改进，符合定做合同中"承揽人自己准备原料""并按定作人要求制成特定产品"的特征，是正常的民事法律行为，具有合法性，不构成侵权，也不属于假冒注册商标行为。这一行为区别于首先大规模采购多米诺 E50 喷码机，自行改造好供墨箱，然后再对外销售的行为。对于后者可能涉及不正当竞争行为，但并不能构成假冒注册商标犯罪，而对于前者是正当的合法行为，不构成侵权。

第二，杜高公司生产、销售含有多米诺公司 A200 旧主板的喷码机的行为是否构成假冒注册商标的行为。

（1）产品外观未标注商标的行为，不属于假冒注册商标的行为。

与会专家一致认为，从外观来看，杜高公司生产、销售的含有多米诺公司旧主板的型号为 A200 的喷码机，其产品外观上并没有标有多米诺公司通常在喷码机外壳右上角标注的"**⫸ DOMINO**"商标，其他部位也没有标注能够区别商品来源的标识，实际上是没有商标的商品。从杜高公司的行为来看，并没有在自己生产的产品上标注多米诺商标的行为。从假冒注册商标罪的客观方面来看，其要求实施了"在同一种商品上使用与其注册商标相同的商标的行为"。从商品外在标识来看，由于杜高公司并没有在其生产、销售的产品上使用任何区分商品来源的标识，因此不可能构成假冒注册商标罪。从假冒注册商标罪的典型行为来看，该罪的客观方面要求"使用与他人注册商标相同的商标的行为"，实践中，"使用"行为体现在自己的商品上标注他人注册商标的行为，而本案中，涉案的 A200 喷码机机体上并没有标注多米诺公司的商标，因此不构成假冒注册商标罪。

（2）关于涉案的 A200 型喷码机开机显示多米诺商标图形是否构成商标"使用"的问题。

与会专家认为，商标"使用"的含义应当根据《商标法》的具体规定来加以理解，根据现行《商标法》第 48 条（原《商标法实施条例》第 3 条）的规定"商标的使用，是指将商标用于商品、商品包装或者容器等以及其他商业活动中，用于识别商品来源的行为"。《商标法》中的商标在商品上的"使用"可以从使用方式和使用效果两个角度上加以理解。商标使用方式应当尽最大可能区分商品的来源，即在可能的条件下要求商标固定连续附着于商品之上；商标使用效果是为了防止造成混淆，如果使用行为不会造成混淆，就不构成《商标法》意义上商标侵权的行为。对于有操作界面的硬件设备类商品，一般应当考虑硬件意义上的商标"使用"和软件意义上的商标"使用"两个方面。

就本案的具体情况来说，大多数与会专家认为：

第一，涉案的 A200 型喷码机开机显示多米诺商标图形不构成硬件意义上的"使用"。硬件的商标的使用方式一般是在硬件设备上直接进行标注，使标记可以固定附着于硬件设备的机体之上，就如同多米诺公司生产的 E50 喷码机所采用的标注方式。涉案的 A200 型喷码机开机显示多米诺商标图形并不符合硬件商标的使用习惯，通过开机后的操作可以看出，在其他操作界面并未持续显示多米诺商标图形，多米诺商标图形并未持续固定附着于喷码机本身。同时，开机画面可以选择显示机器型号 A200 或其他图形，不同显示方式呈现出的不同标记与喷码机没有形成唯一、确定的指代关系。因此，从硬件意义上的"商标使用"来看，涉案的 A200 型喷码机开机显示多米诺商标图形不构成商标的"使用"。

第二，涉案的 A200 型喷码机开机显示多米诺商标图形也不构成软件意义上的"使用"。

通常情况下，硬件设备开机时显示的往往并不是硬件设备的商标，而是搭载于其中的软件的商标，开机界面显示画面跟硬件产品一般没有必然的固定联系。如华硕、惠普公司的电脑，开机显示 WINDOWS 画面和商标，并不表示该电脑的硬件设备为微软公司的 WINDOWS 品牌。

由于杜高公司的 A200 喷码机本身采用的就是多米诺公司的旧主板，搭载于其中的软件是多米诺公司的产品，其开机显示多米诺公司的信息实属正常。开机显示的多米诺商标图形指向的是多米诺公司生产的主板中带有的操作软件，并不会造成相关公众对喷码机硬件设备造成混淆误认。而且，喷码机作为工业用途的生产机器，相关消费者是大量使用此类机器的矿泉水、牛奶、网线等厂商，在批量购进此类机器时还要通过产品外包装、说明书、配套设备等多种方式了解喷码机硬件设备，不可能因为开机显示了多米诺商标图形就认为是多米诺公司的产品，特别是在杜高公司明示是内含多米诺旧主板的机器的情况下就更不可能误认为是多米诺公司生产的产品，从而区分商品的来源。

此外，对于杜高公司回收多米诺公司 A200 旧主板以及将旧主板用于杜高公司生产的喷码机的行为，由于回收的旧主板已经在多米诺公司售出其生产的 A200 型喷码机时已经实现了其商品价值，符合商标权利用尽的原则。这种价值实现包括了主板硬件的价值和主板芯片中所包含的软件的价值。

杜高公司的喷码机虽然开机显示了多米诺公司的商标图形，但由于这本身就是多米诺公司的旧主板，其开机显示的软件中一定会包含多米诺公司的信息，这种信息应当认为是属于多米诺公司操作软件的组成部分。A200 型喷码机中的主板符合商标权用尽原则。杜高公司将多米诺公司的旧主板进行回收，说明多米诺公司在售出 A200 型喷码机时已实现其价值，其中所含的主板的价值自然也已实现，符合商标权用尽原则。开机显示商标图形虽然是对主板中固化的软件的显示，但是主板本身的商标权权利已经用尽，将其应用于自己生产的喷码机内再次使用不属于侵权行为。

因此，从商标使用方式和使用效果上看，涉案的 A200 型喷码机开机显示多米诺商标图形不构成硬件意义上的"使用"，而依据商标权用尽原则，不构成软件意义上的"使用"，因此涉案的 A200 型喷码机开机显示多米诺商标图形不构成《商标法》意义上的侵权行为，也不属于假冒注册商标罪规定的"使用"行为。

少数专家认为，由于涉案 A200 型喷码机开机显示了多米诺商标图形，由于主板在使用的过程中不可避免地表明了其商标的来源，组成整机以喷码机出售的行为与单纯回收出售旧主板的行为之间还是存在一定区别，有可能构成商标侵权。但是并不属于"在同一种商品上使用与其注册商标相同的商标"的行为，因此不构成假冒注册商标罪。假冒注册商标罪作为故意犯罪，要求主观上必须主动实施了使用他人注册商标的行为，而不是被动呈现了他人注册商标可能产生误解的行为。本案中，杜高公司主动实施的是回收再利用多米诺公司旧主板的行为，而由于旧主板为多米诺公司所生产，其芯片的软件中必然包含了多米诺公司的相关信息，这些信息如果包含了多米诺公司的商标，则在开机过程中难免会被动呈现出来，而这种被动呈现的方式不应当认定为假冒注册商标的行为。

3. 从犯罪构成的主观方面来看，假冒注册商标罪要求必须具备"在同一种商品上使用与其注册商标相同商标"的故意，主观上排除使用他人注册商标的故意和过失不构成犯罪。

与会专家认为，在本案中，针对杜高公司生产、销售含有多米诺公司 A200 旧主板的喷码机的行为，杜高公司并没有在涉案喷码机上标明自己公司的注册商标，这一行为恰好反映出杜高公司不具有假冒他人注册商标的主观故意。因为假冒注册商标罪作为故意犯罪，主观上应当具有"在同一种商品上使用与其注册商标相同商标"的故意，而不是"在商品上未使用自己注册商标"的故意。明知是他人的未注册商标，却不在自己的商品上使用，有意识地避开，恰恰是要排除使用他人商标的故意。

从行为的目的来看，杜高公司将旧主板用于杜高生产的喷码机的行为，结合杜高公司生产的贴有杜高商标的大字符喷码机等其他产品的实际情况，无论从经济效益考虑还是产品营销策略出发，如果杜高公司的技术水平具备A200主板的生产能力，一定会选择安装自己的主板。正是由于杜高公司不具备研发主板的能力，才只能选择回收安装旧主板的方式。从这一角度讲，回收并使用旧主板是为了利用旧主板的技术上的功能和效果，从而实现商品的生产，与主板的商标无关。

少数专家认为，由于杜高公司的A200喷码机本身采用的就是多米诺公司的旧主板，搭载于其中的软件是多米诺公司的产品，其开机显示多米诺公司的信息实属正常。杜高公司据此认为开机显示多米诺商标图形不会造成混淆的后果，可能会成立过于自信的过失，而过失不能构成假冒注册商标罪。

此外，还有专家认为，本案通过一审、二审、重审等多次审理，控辩双方和法院仍然对喷码机商品的类别归属存在重大争议，对于杜高公司生产和销售涉案的A200型喷码机开机显示多米诺商标图形是否构成商标"使用"的问题也存在较大争议，难以准确界定罪与非罪、出刑与入刑的界限，根据"疑罪从无"的刑法基本原则，本案存在的争议属于犯罪对象和犯罪行为不确定的法律状态，而犯罪对象和犯罪行为不确定则法律性质就不能确定，法律性质不确定就是疑罪，疑罪应当"从无"，因此，应当认定杜高公司的行为不构成犯罪。

以上意见系基于委托方提供的资料、根据专家学者发言归纳整理作出，仅供参考。

北京务实知识产权发展中心
2014 年 8 月 13 日

附件08-1 广东省广州市越秀区人民法院刑事判决书

[（2012）穗越法知刑初字第17号]（略）

附件08-2 广东省广州市中级人民法院刑事裁定书

[（2013）穗中法知刑终字第39号]（略）

附件08-3 广东省广州市越秀区人民法院刑事判决书

[（2013）穗越法知刑重字第3号]（略）

附件08-4

广东省广州市中级人民法院刑事判决书

[（2014）穗中法知刑终字第21号]

原公诉机关：广东省广州市越秀区人民检察院。

上诉人（原审被告人）：谢汝周，户籍地广东省广州市荔湾区紫东街141号904房。因本案于2012年3月21日被羁押，同日被刑事拘留，同年4月27日被逮捕。2014年12月18日被本院取保候审。

辩护人：梁剑兵，辽宁法大律师事务所律师。

辩护人：程跃华，广东三环汇华律师事务所律师。

上诉人（原审被告人）：谢汝标，户籍地广东省广州市荔湾区富力路36号之十六701房。因本案于2012年3月21日被羁押，同日被刑事拘留，同年4月27日被逮捕。2014年5月20日被原审法院取保候审。

上诉人（原审被告人）：淡颜，户籍地广西壮族自治区南宁市西乡塘区大学东路160号翠湖苑14栋A804号。因本案于2012年3月21日被羁押，同日被刑事拘留，同年4月27日被逮捕。2014年5月20日被原审法院取保候审。

辩护人：何传锋，广东三环汇华律师事务所律师。

上诉人（原审被告人）：罗勇，户籍地广东省阳春市崩塘村23号。因本案于2012年3月21日被羁押，同日被刑事拘留，同年4月27日被逮捕。

2014年5月20日被原审法院取保候审。

上诉人（原审被告人）：谢佩桃，曾用名谢永兴，户籍地广东省阳春市西沿江一路352号。因本案于2012年3月21日被羁押，同日刑事拘留，同年4月27日被逮捕，同年12月25日被原审法院取保候审。

上诉人（原审被告人）：李宏诗，户籍地广西壮族自治区钦州市钦北区新棠镇平况村委大廖村四队19号。因本案于2012年3月21日被羁押，同日被刑事拘留，同年4月27日被逮捕，同年12月25日被原审法院取保候审。

上诉人（原审被告人）：孔令明，户籍地湖北省京山县钱场镇南北路47号。因本案于2012年3月21日被羁押，同日被刑事拘留，同年4月27日被逮捕，同年12月25日被原审法院取保候审。

上诉人（原审被告人）：梁兴荫，户籍地广西壮族自治区南宁市邕宁区薄庙镇新生村六晚坡173号。因本案于2012年3月21日被羁押，同日被刑事拘留，同年4月27日被逮捕，同年12月25日被原审法院取保候审。

上诉人（原审被告人）：艾博，户籍地河南省驻马店市驿城区平等路41号附11号。因本案于2012年3月21日被羁押，同日被刑事拘留，同年4月27日被逮捕，同年12月25日被原审法院取保候审。

上诉人（原审被告人）：苏桂彬，户籍地广东省新兴县里洞梯鳌岗村三队97号。因本案于2012年3月21日被羁押，同日被刑事拘留，同年4月27日被逮捕，同年12月25日被原审法院取保候审。

上诉人（原审被告人）：李声武，户籍地海南省定安县龙河镇鸭塘村委鸭塘村六队。因本案于2012年3月21日被羁押，同日被刑事拘留，同年4月27日被逮捕，同年12月25日被原审法院取保候审。

上诉人（原审被告人）：胡民强，户籍地广东省高要市雅瑶村3（1）队。因本案于2012年3月21日被羁押，同日被刑事拘留，同年4月27日被逮捕，同年12月25日被原审法院取保候审。

上诉人（原审被告人）：刘志坚，户籍地广州市荔湾区西湾东二街1号210号。因本案于2012年3月21日被羁押，同日被刑事拘留，同年4月27日被逮捕，同年12月25日被原审法院取保候审。

上诉人（原声被告人）：郑凯，户籍地安徽省巢湖市中庙街道胜利村委会西周自然村8号。因本案于2012年3月21日被羁押，同日被刑事拘留，同年4月27日被逮捕，同年12月25日被原审法院取保候审。

辩护人：王红兵，北京市立方（广州）律师事务所律师。

广州市越秀区人民检察院以越检公刑诉〔2012〕第987号起诉书指控被告人谢汝周、谢汝标、淡颜、罗勇、谢佩桃、李宏诗、孔令明、梁兴荫、艾博、苏桂彬、李声武、胡敏强、刘志坚、郑凯犯假冒注册商标罪，于 2012 年 9 月 28 日向广州市越秀区人民法院提起公诉。原审法院于 2012 年 12 月 25 日作出（2012）穗越法知刑初字第 17 号刑事判决书，被告人谢汝周等人不服提出上诉。2013 年 10 月 15 日，本院以（2013）穗中法知刑终字第 39 号刑事裁定书，将该案发回原审法院重新审理。2014 年 4 月 22 日，原审法院作出（2013）穗越法知刑重字第 3 号刑事判决书，被告人谢汝周等人仍不服提出上诉。本院依法组成合议庭，于 2014 年 11 月 3 日、11 月 4 日公开开庭审理了本案。广州市人民检察院指派检察员刘旭宏出庭支持公诉，谢汝周等 14 名上诉人及其辩护人均到庭参加诉讼。本案现已审理终结。

广州市越秀区人民法院重审判决认定，广州市杜高精密机电有限公司（以下简称"杜高公司"）于 2008 年 3 月 18 日注册成立，法定代表人为被告人谢汝标，股东及实际经营者为被告人谢汝周。公司地址广州市荔湾区荷景路 23 号 5 楼，公司类型为有限责任公司。经营范围：销售精密机械，电子、电器设备及其耗材；精密机械、电子、电器设备及其耗材的开发和技术服务；精密机电产品的软硬件开发及系统安装调试服务；精密机械、电子、电器设备及其耗材的生产（由属下分支机构经营）。

多米诺印刷科学有限公司（Domino Printing Sciences plc，以下简称"多米诺公司"）是一家生产喷码产品的英国公司，该公司的国际注册第 G709885 号商标，1999 年根据《商标国际注册马德里协定》和《商标国际注册马德里有关议定书》的规定，通过领土延伸指定到我国并获得保护，申请使用在商标注册用商品和服务国际分类第 9 类商品上，该商标核定使用的商品包括：喷墨打印装置；喷墨标示装置；激光标示装置；喷墨打印机；上述商品的电动、电子控制装置；控制工业喷墨打印机、工业喷墨标示装置；激光标示装置；喷墨打印机；上述商品的电动、电子控制装置；控制工业喷墨打印机、工业喷墨标示装置和工业激光标示装置的运行状况的计算机软件等商品，有效期自 2009 年 1 月 28 日至 2019 年 1 月 28 日。

2008 年 3 月至 2012 年 3 月，杜高公司在没有获取多米诺公司授权的情况下，生产、销售假冒多米诺商标的 A200 型和 E50 型喷码机。被告人谢汝周是杜高公司的实际经营者，组织被告人谢汝标、罗勇、淡颜、谢佩桃、李宏诗、孔令明、秦晓辉（另案梳理）、梁兴荫、艾博、苏桂彬、李声武、胡敏强、刘志坚、郑凯等人，按各自职能分工共同参与生产、销售假冒多米诺商标的喷码机。2012 年 3 月 21 日，被告人谢汝周、谢汝标、罗勇、淡颜、谢佩桃、李宏诗、孔令明、梁兴荫、艾博、苏桂彬、李声武、胡敏强、刘志坚、郑凯被公安机关抓获归案。公安机关在杜高公司缴获假冒多米诺商标的喷码机、零配件一批及相应的合同、单据等。经查，缴获假冒多米诺商标的喷码机34台，价值人民币1054000元。根据对查货的杜高公司送货及国际订单进行审查检验，在2010年1月4日至2012年3月14日，该公司销售假冒多米诺商标的喷码机134台，销售金额4175700元。

重审法院认定上述事实的证据有证人汪涛、吴海峰、刘楚强、赵传华、黄雪娇、庞小禄、罗祖权、赵耀国、庞慧方、刘国乐、梁茶、柯远贞的证言、搜查笔录及扣押物证清单、缴获的涉案物品照片、案发现场照片、杜高公司网站截图、杜高公司与广东燕塘乳业股份有限公司（以下简称"燕塘公司"）签订的购买喷码机的合同、燕塘公司出具的关于使用杜高公司喷码机的情况汇报、杜高公司与广东风行牛奶有限公司（以下简称"风行公司"）签订的喷码机服务协议、购买喷码机合同、风行公司出具的关于使用杜高公司喷码机的情况汇报、从杜高公司财务室缴获的支付证明单及送货单、银行转账清单等材料、多米诺标识科技有限公司广州分公司的营业执照及法人授权委托书、发明专利证书、声明及机型一览表、杜高公司的工商登记资料、广州市拓利喷码科技有限公司的工商登记资料、广州市房屋租赁合同、广州心可工业设计有限公司（以下简称"心可公司"）的工商登记资料、广州市越秀区价格认证中心出具的穗越价鉴〔2012〕第458号涉案财产价格鉴定结论书、广州大同司法会计鉴定所出具的大同检字〔2012〕第20号、第59号司法鉴定检验报告、多米诺标识科技有限公司广州分公司出具的机器认定报告、公安机关出具的穗公网勘〔2012〕第23号远程勘验工作记录、公安机关出具的《接受刑事案件登记表》《受理报警登记表》《立案决定书》《抓获经过》《破案告知书》、国家工商行政管理总局商标局出具的商标函字〔2014〕第10号关于第G709885号"DOMINO"商标有关情况的复函及两份商标注册证、被告人谢汝周、谢汝标、淡颜、罗勇、谢佩桃、李宏诗、孔令明、梁兴荫、艾博、苏桂彬、李声武、胡敏强、刘志坚、郑凯在重审时的供述等证据，上述证据均经重审庭审出示并质证。

根据上述事实和证据，重审法院认为，对于被告人及辩护人所提的相关无罪辩解、辩护意见，重审法院综合评判如下：

1. 被害单位多米诺公司享有"多米诺"和图形多米诺商标的专用权，其生产的"喷码机"属于核定使用的商品之一。理由如下：

（1）多米诺公司在国家工商行政管理总局商标局第9类商品上注册的第G709885号"DOMINO及图"商标，其核定使用商品包括"喷墨标示装置"。根据国家工商行政管理总局商标局出具的商标函字〔2014〕第10号关于第G709885号"DOMINO"商标有关情况的复函，核定使用的商品"喷墨标示装置"包括符合第 9 类分类标准的"喷码机",且证明"喷码机"并非为《类似商品和服务区分表》所列商品名称,其所及的商品较为宽泛,需要根据具体商品的功能、用途、销售渠道、消费对象等方面确定其所属的类别。

(2)根据国家工商行政管理总局商标局复函第三点,"喷码机"的功能、用途等和"与计算机连用的打印机"类似的,属于第 9 类;功能、用途等和"塑料导线印字机""工业打标机"类似的,属于第 7 类。根据重审期间出庭作证的控方证人吴海峰(系多米诺公司技术方面员工)的证言及其对多米诺公司生产的喷码机予以当庭指证,证实多米诺喷码机的主板分为三层,每层都有一个中央处理器(CPU),此外主板上还有储存、输入输出装置,有外部接口可与其他计算机相连,故多米诺公司生产的喷码机在机器结构和功能上均可以与计算机连用,其属于第 9 类注册商标的商品。

(3)在商标注册审查实践以及商标侵权认定中,《类似商品和服务区分表》是行政机关和司法机关在处理商标案件时的重要标准,并非唯一标准。现阶段,"喷码机"商品有在第 7 类注册的情形,也有第 9 类注册的情形,因此,喷码机产品在第 7 类和第 9 类并存的情形尤其特定的现实原因。庭审中,各被告人也确认喷码机就公众所理解之范畴均用于工业用途,而不存在办公用途的喷码机。因此,功能、用途等与"与计算机连用的打印机"类似的在第 9 类注册的喷码机也同样适用于工业用途。

根据证据显示:"喷码机"并非《类似商品和服务区分表》所列商品名称,且其所涉及的商品较为宽泛,需要根据具体商品的功能、用途、销售渠道、消费对象等方面确定所属的类别。多米诺 A200 型和 E50 型喷码机在功能、用途和"与计算机连用的打印机"类似,是符合第 9 类分类标准的喷码机,包括在通过领土延伸指定到我国并获得保护的"多米诺"商标核定使用商品"喷墨标示装置"中,不能简单、片面地将商品的某项用途指向的销售渠道、消费对象就将其定义在"工业打标机"类似的商品上。

因此,被害单位多米诺公司享有"多米诺"和图形多米诺商标在我国的注册商标专用权,其生产的"喷码机"属于核定使用的商品之一。

2. 杜高公司的行为系假冒注册商标的行为,理由如下。

(1)经查,杜高公司生产的 A200 型喷码机,据被告人供称该机型是仿制多米诺公司 A200 型喷码机,而 E50 喷码机只是对墨路系统进行改造,由此可见,杜高公司涉案的上述两种型号喷码机不但在外型上与多米诺原厂生产的基本一致,最关键的是在功能和用途上是完全一致的,且均用于工业用途。综上,可以认定杜高公司生产、销售的涉案喷码机与多米诺公司注册商标核定使用的商品属于"同一种商品"。

（2）杜高公司是合法成立多年的公司，其主要产品是喷码机及其配件，也申请有自己的注册商标。但是，杜高公司并没有在涉案喷码机上注明自己公司的注册商标。基于多米诺喷码机在喷码机行业是权威、品牌机，在该项产品市场上占有很大一部分份额，而杜高公司在生产的喷码机上不使用自己公司的商标标识，反映出杜高公司具有假冒他人注册商标的主观故意。

（3）根据杜高公司的相关网页截图，证明杜高公司在其网站上以多米诺品牌的名义对外宣传、销售喷码机，而其并未得到多米诺公司的相关授权。从杜高公司生产的产品来看，大多都是与多米诺品牌产品有关，而没有使用自己的注册商标，由此可见其真正目的还是让公众误认为其产品是多米诺品牌产品。

（4）杜高公司生产的A200型喷码机，除了在外观上足以让公众产生一定的误导之外，还在开机界面显示"DOMINO"标识，公众在开机使用过程中必然会看到"DOMINO"标识。而该标识在庭审时控方证人和被告人均表示可以更改，杜高公司在销售时并未做更改，意图亦在表明其商品与多米诺商品有特定联系。因杜高公司在该款机型外观上未显示任何标识，其开机显示"DOMINO"标识更直接让公众误认为该商品来源于多米诺公司。因此，本案中杜高公司生产、销售的未贴上商标标识的喷码机在开机后显示多米诺商标的标志图形，是属于对他人商标使用的方式之一。

（5）根据燕塘公司等购买杜高公司产品的相关证人证言，证明杜高公司推销喷码机时都是以多米诺品牌进行推销的，杜高公司卖给其的喷码机从外观、操作方法、型号、保养方式、适用墨水、配件等均与之前从多米诺公司采购的喷码机一样，开机界面同样显示"DOMINO"的商标，因此，其均认为从杜高公司购买的喷码机就是多米诺喷码机，直至公安机关向其调查取证，才知道购买的喷码机是假冒多米诺品牌的。

（6）杜高公司生产的E50型喷码机不适用商标权用尽原则。商标权用尽原则是指注册商标经过权利人同意投入市场后，商标权利人对该商品的权利已经穷竭，购买人可使用或者进一步销售该商品，商标权人不得干预。杜高公司批量生产的E50型喷码机，其墨路系统与多米诺同类型机型相比较，其性质已完全改变，杜高公司改造的目的包括赚取墨水在内等耗材的利润。喷码机的供墨系统是该品牌独有的一体式设计，且同为多米诺品牌的注册产品。杜高公司擅自将该系统换掉，势必影响多米诺喷码机的整体质量，损害多米诺喷码机的品牌信誉，同时由于该部分系统包含了喷码机的耗材部分，也是整个机器获取利润的主要渠道，因此杜高公司的行为明显侵犯了商标所有人的经济利益，其行为损害了商标注册人的合法权益，属于侵权行为。因此，杜高公司对 E50 型喷码机的改造属于实质改变，不能适用"商标权用尽原则"。

综上，杜高公司生产装有主板的 A200 型喷码机及 E50 型喷码机的行为符合假冒注册商标罪的构成要件。

3. 被告人及其辩护人认为不构成假冒注册商标的辩解意见和辩护意见均不成立。

（1）关于多米诺公司在涉案商品上是否享有注册商标权及杜高公司的行为是否构成假冒注册商标罪的问题，重审法院已在前述意见中予以论述，不再重复。

（2）本案系被害单位多米诺公司举报，公安人员在举报人的带领下查获假冒注册商标商品的工厂地址，进而侦破本案，侦查机关的行为在程序上并没有违法相关规定。各被告人在公安机关供述的事实与庭审中的供述基本一致，且现无证据证实侦查机关在录取被告人口供时采用了暴力、威胁等非法方法；被告人所表述的"假冒"字样可视为其在侦查阶段的主观认识所致，本案性质亦不会仅仅根据被告人的供述确定。因此，被告人及其辩护人认为被告人在侦查阶段的供述系非法证据的意见不成立，重审法院不予支持。

（3）本案中，被害单位多米诺公司所出具的机器认证报告，是对查获的喷码机与自己生产的喷码机进行比对，指出两者的不同之处，实质只是针对涉案物证的说明，并不属于刑诉法证据种类的鉴定意见。因此，各被告人及其辩护人认为本案鉴定程序违法的理由不成立，重审法院不予支持。

（4）对于辩护人认为刘楚强等多名证人证言不属实应不予采信的意见，经查，上述证人在出具证言时程序合法，重审法院认定的查明事实部分是在结合证言及其相关证据的基础上予以认定的，而不是仅仅根据某个证人的证言予以认定。因此，对部分证人证言所述的部分事实的摒弃不影响其能于其他证据相互印证部分的采纳。

（5）对于被告人谢汝周辩护人所提交证据的评判。

关于辩护人提交的自然人李忠贵于 2008 年 7 月向国家商标局申请在商标分类第 7 类注册了"多米诺""domino"两个商标的证据。经查，2013 年国家商标局出具的异议复审裁定书，国家商标局支持了多米诺公司的申请，裁定被异议商标在复审商标上不予核准注册。

关于辩护人提交杜高公司产品买家的证明，买家均证明只是向杜高公司购买不含主板的 A200 型半成品喷码机、零配件及其兼容耗材，本案中，认定假冒注册商标的商品只包括含主板的 A200 型喷码机及 E50 型喷码机。因此，上述证明与本案认定的事实无关，重审法院不予采纳。

至于辩护人提交的其他证据包括商标法专家意见及专家论证意见书，均认为涉案商品"喷码机"属于第7类印刷工业用机械及器具、涉案"喷码机"与多米诺公司注册上表核定使用商品不属于"相同商品"。鉴于重审法院在上述评判的第一点、第二点中进行了详细论述，故不再重复评判。

重审法院认为，杜高公司未经注册商标所有人许可，在同一种商品上使用与其注册商标相同的商标，情节特别严重，被告人谢汝周、谢汝标、淡颜、罗勇、谢佩桃、李宏诗、孔令明、梁兴茵、艾博、苏桂彬、李声武、胡敏强、刘志坚、郑凯均参与作案，其行为均构成假冒注册商标罪。公诉机关指控各被告人均构成犯罪的事实清楚，重审法院予以支持，惟未认定本案属单位犯罪不当，重审法院经庭审查明后予以纠正。在本案中，被告人谢汝周起主要作用，是主犯；被告人谢汝标、淡颜、罗勇、谢佩桃、李宏诗、孔令明、梁兴茵、艾博、苏桂彬、李声武、胡敏强、刘志坚、郑凯起次要作用，是从犯，依法应当减轻处罚。辩护人对各被告人的相关辩护意见重审法院在量刑时已予以考虑。对于公安机关扣押在案的物品，在本案中未作处理的，由扣押机关依法处理。依照《中华人民共和国刑法》第213条、第220条、第25条第1款、第26条、第27条、第72条、第73条第2、3款、第64条、第53条，最高人民法院、最高人民检察院《关于办理侵犯知识产权刑事案件具体应用法律若干问题的解释》第1条、第13条、第15条及最高人民法院《关于适用财产刑若干问题的规定》第2条第1款之规定，判决如下：

（1）被告人谢汝周犯假冒注册商标罪，判处有期徒刑3年11个月，并处罚金人民币70万元。（刑期从判决执行之日起计算。判决执行以前先行羁押的，羁押一日折抵刑期一日，即从2012年3月21日起至2016年2月20日止。罚金应于本判决发生法律效力之次日起5日内向重审法院一次缴纳）（2）被告人淡颜犯假冒注册商标罪，判处有期徒刑2年2个月，并处罚金人民币30万元。（刑期从判决执行之日起计算。判决执行以前先行羁押的，羁押一日折抵刑期一日，即自2012年3月21日起至2014年5月20日止。罚金应于本判决发生法律效力之次日起5日内向重审法院一次缴纳）（3）被告人谢汝标犯假冒注册商标罪，判处有期徒刑2年2个月，并处罚金人民币30万元。（刑期从判决执行之日其计算。判决执行以前先行羁押的，羁押一日折抵刑期一日，即自2012年3月21日起至2014年5月20日止。罚金应于本判决发生法律效力之次日起5日内向重审法院一次缴纳）（4）被告人罗勇犯假冒注册商标罪，判处有期徒刑2年2个月，并处罚金人民币30万元。（刑期从判决执行之日起计算。判决执行以前先行羁押的，羁押一日折抵刑期一日，即自2012年3月21日起至2014年5月20日止。罚金应于本判决发生法律效力之次日起

5 日内向重审法院一次缴纳）（5）被告人谢佩桃犯假冒注册商标罪，判处有期徒刑 1 年 9 个月，缓刑 3 年，并处罚金人民币 3 万元。（缓刑考验期限，从判决确定之日起计算。罚金应于本判决发生法律效力之次日起 5 日内向重审法院一次缴纳）（6）被告人李宏诗犯假冒注册商标罪，判处有期徒刑 1 年 9 个月，缓刑 3 年，并处罚金人民币 3 万元。（缓刑考验期，从判决确定之日起计算，罚金应于本判决发生法律效力之次日起 5 日内向重审法院一次缴纳）（7）被告人孔令明犯假冒注册商标罪，判处有期徒刑 1 年 9 个月，缓刑 3 年，并处罚金人民币 3 万元。（缓刑考验期限，从判决确定之日起计算。罚金应于本判决发生法律效力之次日起 5 日内向重审法院一次缴纳）（8）被告人梁兴荫犯假冒注册商标罪，判处有期徒刑 1 年 9 个月，缓刑 3 年，并处罚金人民币 3 万元。（缓刑考验期限，从判决确定之日起计算。罚金应于本判决发生法律效力之次日起 5 日内向重审法院一次缴纳）（9）被告人艾博犯假冒注册商标罪，判处有期徒刑 1 年 9 个月，缓刑 3 年，并处罚金人民币 3 万元。（缓刑考验期限，从判决确定之日起计算。罚金应于本判决发生法律效力之次日起 5 日内向重审法院一次缴纳）（10）被告人苏桂彬犯假冒注册商标罪，判处有期徒刑 1 年 9 个月，缓刑 3 年，并处罚金人民币 3 万元。（缓刑考验期限，从判处确定之日起计算。罚金应于本判决发生法律效力之次日起 5 日内向重审法院一次缴纳）（11）被告人李声武犯假冒注册商标罪，判处有期徒刑 1 年 9 个月，缓刑 3 年，并处罚金人民币 3 万元。（缓刑考验期限，从判决确定之日起计算。罚金应于本判决发生法律效力之次日起 5 日内向重审法院一次缴纳）（12）被告人胡敏强犯假冒注册商标罪，判处有期徒刑 1 年 9 个月，缓刑 3 年，并处罚金人民币 3 万元。（缓刑考验期限，从判决确定之日起计算。罚金应于本判决发生法律效力之次日起 5 日内向重审法院一次缴纳）（13）被告人刘志坚犯假冒注册商标罪，判处有期徒刑 1 年 3 个月，缓刑 2 年，并处罚金人民币 2 万元。（缓刑考验期限，从判决确定之日起计算，罚金应于本判决发生法律效力之次日起 5 日内向重审法院以此缴纳）（14）被告人郑凯犯假冒注册商标罪，判处有期徒刑 1 年 3 个月，缓刑 2 年，并处罚金人民币 2 万元。（缓刑考验期限，从判决确定之日起计算。罚金应于本判决发生法律效力之次日起 5 日内向重审法院一次缴纳）（15）扣押在案的假冒多米诺商标喷码机 34 台予以没收。（该项判决由广州市公安局越秀区分局执行）

上诉人谢汝周等 14 名被告人均否认自己的行为构成假冒注册商标罪，均向本院提起上诉。

上诉人谢汝周、谢汝标、淡颜、罗勇及其辩护人的上诉意见和辩护意见归纳如下：（1）涉案注册商标核定使用商品是第 9 类，本案中，多米诺公司生产的 A200 型、E50 型喷码机及杜高公司生产的喷码机都属于第 7 类商品，我方提交的专家论证法律意见书也论证了喷码机均属于第 7 类商品而多米诺公司在第 7 类第 705 群组上的注册商标已失效。李忠贵于 2010 年 4 月 27 日获得了"多米诺""domino"商标在第 7 类第 705 群组"印刷机器"上的注册商标使用权，引证了多米诺公司在工业用数控喷码机上已经失去了上述商标的注册商标使用权。可见多米诺公司对涉案喷码机不拥有注册商标专用权，杜高公司仿制多米诺公司喷码机的行为不构成侵权。（2）杜高公司生产并销售的仿制多米诺 A200 型喷码机在外观、内部结构上虽和多米诺公司的商品有相似之处，但这种仿制行为不违法。杜高公司未将多米诺公司的商标标示在自己产品外观的显著位置上，多米诺商标图形在涉案机器屏幕上显示是属于软件著作权的范畴；按照《商标法》第 8 条及国家商标局就《电子商标》问题的复函，本案中以数据方式存储于喷码机主板中的"Domino"LOGO 并不属于商标的构成要素。（3）杜高公司是通过合法途径从多米诺公司正式授权的代理商处购得的 E50 型喷码机进行改造后再进行销售的，该机器上的商标是由多米诺公司标注的，并非杜高公司所标注，该行为应适用"商标权利用尽"原则，不构成假冒注册商标行为。（4）证人汪涛、刘楚强的证言与事实不符。汪涛的证言与多米诺公司有经销商、杜高公司合法购买行为、我方提交的多米诺公司总裁韩立新的授权代理书等客观证据相矛盾；刘楚强是燕塘公司的员工，其证言与燕塘公司出具的情况说明、合同等客观证据相矛盾。上述二人的证言不应予以采纳。（5）原审期间多米诺公司出具了《机器鉴定报告》，但在重审一审期间其又重新出具了《机器认定报告》，公诉人未说明该证据的形成过程及证据来源，系非法证据，不应采纳，且多米诺公司无权就涉案喷码机是否假冒作出鉴定。（6）涉案非法经营数额认定不当，其中，已销售的喷码机仅应认定含主板的 A200 型喷码机，现场扣押的喷码机中含主板的也没有原审认定的那么多。（7）本案未经工商局事先受理并移交司法机关，法院无权直接认定本案中存在假冒注册商标行为；重审法院未经工商局就本案中是否存在假冒商标行为进行认定，属于程序违法。据此，上诉请求：撤销原判，改判上诉人无罪，并判令向杜高公司返还被扣押的财务。

上诉人李宏诗上诉意见归纳如下：我于 2010 年 7 月 2 日加入心可公司，心可公司是一家独立经营、自负盈亏的公司，与杜高公司纯粹是业务往来。心可公司主要经营对来料、来图加工金属制品，我提交了详细的加工图纸，心可公司是按照杜高公司要求加工不锈钢箱，涉案不锈钢与假冒注册商标罪没有任何关系。据此，上诉请求：撤销原判决，改判上诉人无罪，并退还非法扣押的物品。

上诉人谢佩桃、梁兴荫、孔令明、艾博、苏桂彬、李声武、胡敏强、刘志坚的上诉意见归纳如下：（1）杜高公司生产的涉案喷码机属于第7类商品，涉案注册商标核定使用的商品是第9类商品，两者不是同一种商品。根据商标局的商标函字〔2004〕第10号的内容，杜高公司生产、销售的喷码机实际上的功能和用途应当属于第7类，多米诺公司的技术人员吴海峰也指出"涉案喷码机是用于工业用途的，不宜作为办公用品使用。""与计算机连用"仅仅是喷码机的技术特征，并非商品类别判定上的功能、用途等，原审判决错误地将"与计算机连用的打印机"这个技术特征当成了判别杜高公司产品和涉案注册商标核定使用商品"属于同一种商品"的依据，没有真正从功能、用途以及消费渠道和消费群体等必备要素方面加以综合分析。（2）杜高公司生产、销售的A200型喷码机外观上未标有涉案商标，仅在开机时显示涉案商标标识，但该标识是可更改的，故不属于商标，且杜高公司对主板的二次利用，也是物权人对物行使的处分权行为，无需取得多米诺公司的授权；杜高公司对多米诺原装E50型喷码机改装墨水盒后再销售，该改装行为并没有降低和改变喷码机的工作原理和性能，应适用商标权利用尽原则，该行为不构成假冒注册商标的行为。（3）杜高公司是一个合法公司，证照齐全，我们都是通过合法途径入职公司并签订了劳动合同。我们在公司从事工作不涉及商标问题，作为公司一名普通员工，不参与公司决策，也没有股份、获得分红，原审认定杜高公司构成假冒注册商标罪，作为普通员工不应对单位犯罪承担责任。据此，上诉请求：（1）撤销原判；（2）改判上诉人无罪，不承担刑事责任。

上诉人郑凯及其辩护人的上诉意见和辩护意见归纳如下：（1）涉案注册商标核定使用的商品与被控喷码机不是同一种商品。被控喷码机属于第7类705群组印刷工业用机械及器具，而"喷墨标示装置"属于第9类商品。被控喷码机属于工业生产用机械，用于食品、药品、饮料等工业生产企业标示生产日期等内容，"喷墨标示装置"属于办公用品，通常用于家庭或办公打印文件等。两者在售价、功能、用途、主要原料、消费对象、销售渠道等方面都有明显不同，不是同一种商品。（2）被控A200型喷码机使用了多米诺公司的主板，该主板内有多米诺公司控制开机的软件，故开机时界面会显示"DOMINO"标识，杜高公司销售时没有更改开机设置不能推断其故意向消费者表明该商品与多米诺公司有特定联系的。杜高公司以合法购买的主板生产外观没有任何标识的喷码机是合法的，不构成侵权。（3）被控E50型喷码机由于杜高公司更改墨路系统并未降低该机器的质量，反而延长了其使用寿命，不能认定是假冒注册商标行为。（4）郑凯于2011年7月11日入职杜高公司，在其入职前杜高公司的行为均与其无关。郑凯在杜高公司研发一部仅是一名普通的技术人员。没有任何职务，所从事的工作不涉及任何注册商标，也没有参与生产。销售环节；现在也没有证据证明，在郑凯任职期间杜高公司存在假冒注册商标行为。据此，请求：撤销原判，改判上诉人无罪。

广州市人民检察院出庭意见为，原审认定事实清楚，证据确实充分，定罪准确，量刑适当，建议维持原判。

经审理查明：

1. 多米诺公司第 G709885 号 商标注册权属情况。

多米诺公司（Domino Printing Sciences plc，又音译为度米农印刷科学有限公司）第 G709885 商标申请使用在第 1 类、第 2 类和第 9 类商品上，商标图样为：""，根据《商标国际注册马德里协定》和《商标国际注册马德里协定有关议定书》的规定于 1999 年通过领土延伸指定到我国并获得保护。多米诺公司申请使用英文提交相关文件，没有对申请使用的商品附对应的中文翻译件，且申请文件中并未包含对商品的图片或文字说明。商标局档案显示该商标国际注册信息中核定使用在第 9 类上的商品英文名称为："Ink jet printing apparatus; ink jet marking apparatus; laser marking apparatus; ink jet printers; electrical and electronic control apparatus for the aforesaid goods; computer software for use in controlling the operation of industial ink jet printers, of industrial laser marking apparatus; printheads for ink jet printers; parts and fittings for all aforesaid goods"。商标局档案记录该商标核定使用在第 9 类的中文商品名称为：喷墨打印装置；喷墨标示装置；激光标示装置；喷墨打印机；上述商品的电动、电子控制装置；控制工业喷墨打印机、工业喷墨标示装置和工业激光标示装置的运行状况的计算机等商品。该注册商标有效期自 2009 年 1 月 28 日至 2019 年 1 月 28 日。

2011 年 12 月 19 日，国家工商行政管理总局商标局出具了第 G709885 号 商标注册证明，核定使用商品包括：喷墨打印器具；喷墨绘图装置；激光打印机、喷墨打印机；上述商品的电气电子控制部件；控制工业用喷墨打印机；工业用喷墨绘图及工业用激光绘图器具运行用计算机软件；喷墨打印机头；上述商品的零配件。

2012 年 12 月 28 日，该局再次出具第 G709885 号 商标注册证明，核定使用商品包括：喷墨打印器具；喷码机；激光打码器具；喷墨打印机；上述商品的电气电子控制部件；用于控制工业用喷墨打印机、工业用喷墨打码器具及工业用激光喷墨打码器具运转的计算机软件；喷墨打印机头；上述商品的零配件。

多米诺标识科技有限公司出具了第 G709885 号 DOMINO 商标国际注册英文证书及其中文翻译件（由中国对外翻译出版有限公司翻译），内容如下：商标持有人是多米诺公司，基础申请：英国，1999 年 1 月 12 日。商品及其服务明细："9. 墨水打印器具；喷码机；激光打码器具；喷墨打印机；上述商品的电气电子控制部件；用于控制工业用喷墨打印机、工业用喷墨打码器具及工业激光打码器具运转的计算机软件；喷墨打印机打印头；上述商品的零配件。"英文证书中与中文翻译件中"喷码机"对应的英文单词为：ink jet marking apparatus。多米诺标识科技有限公司出具的第 G709885 号 DOMINO 商标在英国、澳大利亚、加拿大、欧共体的英文注册证书及其中文翻译件，上述证书的中文翻译件载明上述商标以多米诺公司的名义注册于下列商品上：第 9 类：喷墨打印器具；喷墨打码器具；激光打码器具；喷码机；上述商品的电器电子控制部件；用于控制工业用喷码机、工业用喷墨打码器具及工业用激光打码器具运转的计算机软件；喷码机打印头；前述所有产品的零配件。英文证书中与中文翻译件中"喷码机"对应的英文单词为 ink jet printers。

2. 国家工商行政管理总局商标局关于第 G709885 号"DOMINO"商标有关情况的复函。

2014 年 2 月 11 日，国家工商行政管理总局商标局出具了商标函字第〔2014〕第 10 号关于第 G709885 号"DOMINO"商标有关情况的复函（以下简称"商标局 2014 年 10 号复函"），主要内容有：①第 G709885 号"DOMINO"商标系国际注册商标，可以根据相关国际协定通过领土延展指定在我国得到保护。②第 G709885 号"DOMINO"商标于 1999 年通过领土延伸指定我国并获得保护，申请使用在商标注册用商品和服务国际分类第 1 类、第 2 类、第 9 类商品上。国家商标局于 2011 年 12 月 19 日及 2012 年 12 月 28 日出具了商标注册证明，外文商品名称译为中文时，中外文之间存在不是唯一对应的情况，第 G709885 号"DOMINO"商标核定使用在第 9 类上的中文商品名称以商标局数据库的记录为准。③"喷码机"并非《类似商品和服务区分表》所列商品名称，且其所涉的商品较为宽泛，需要根据具体商品的功能、用途、销售渠道、消费对象等方面确定所属的类别。例如，功能、用途等和"与计算机连用的打印机"类似的，属于第 9 类；功能、用途等和"塑料导线打字机""工业打标机"类似的，属于第 7 类。第 G709885 号"DOMINO"商标核定使用商品"喷墨标示装置"包括符合第9类分类标准的"喷码机"，其功能、用途和"与计算机连用的打印机"类似。

2014年10月16日，国家工商行政管理总局商标局作出商标函字［2014］第118号关于第G709885号"DOMINO"商标有关情况的复函（以下简称"商标局2014年118号复函"），复函内容如下：

（1）根据我局商标数据库的档案资料，最早一批在"喷码机"商品上申请注册的商标还有第100592号"达嘉"商标、第1023207号"DIAGRAPH"商标、第1171491号"威登巴赫"商标、第1171492号"WIEDENBACH HR P"商标、第1581714号"CESS"商标等，均申请注册在商标注册用商品和服务国际分类第7类商品上（附件1-5）。

（2）根据我局数据库的档案资料，在多米诺公司第G709885号"DOMINO及图"商标申请国际注册的同一时期（1997~2001年），其他在"喷码机"商品上申请注册的商标由第1171491号"威登巴赫"商标、第1171492号"WIEDENBACH HR P"商标、第1581714号"CESS"商标、第1581715号图形商标、第1705592号"DIATEC"商标、第1976026号"顺茂SOOMA"商标，均申请注册在第7类商品上（附件3-8）。

（3）第G709885号"DOMINO及图"商标申请使用在第1类、第2类和第9类商品上，依据我国加入的国际条约的相关规定于1999年通过领土延伸指定到我国并获得保护，该申请使用英文提交，其商品的表述及分类由世界知识产权组织国际局审查并确定。在国际局转交的申请文件中并未包含商品的图片或文字说明。多米诺公司在申请国际注册时，没有对申请使用的商品附对应的中文翻译件。

（4）区分属于第7类和第9类的喷码机并非以是否与计算机控制为准，而是根据功能、用途、销售渠道、消费对象等方面进行分类。属于第7类的喷码机主要为工业用机械设备或工业成套设备的组成部分，属于第9类的喷码机则为家用或普通商用的小型电子设备。商标注册申请人按照有关法律规定申请商标注册，我局对申请人申请的商品/服务名称、类别以及其他内容进行审查。

（5）根据我局数据库的档案资料，含"喷码机"商品的商标大多数在第7类申请注册，较少在第9类申请注册。最早申请注册在"喷码机"商品上的商标也在第7类。你院来函提及，随着计算机的普及和迅猛发展，许多机械设备都实现计算机控制，不能讲这些机械设备统统都划归"计算机控制的外围设备"，因此开始出现在第7类商品上注册"喷码机"商标的案例，并且呈现逐年增长，由主要处于第9类商品向第7类商品（机械类）过渡的趋势。

该观点无法从我局数据库获得佐证。

（6）多米诺公司于 2013 年 4 月在第 7 类商品上向我局提出了一系列商标注册申请，其中包括第 12385462 号"DOMINO 及图"商标、第 12385466 号"多米诺"商标、第 12385740 号"DOMINIO"商标、第 12385458 号图形商标（附件 9 – 12）。

3. 多米诺公司在第 7 类商品上的商标注册权属情况。

多米诺公司于 1995 年分别申请在第 7 类及第 9 类商品上注册商标。其中，第 969970 号"多米诺"商标、第 938241 号 DOMINO 商标核定使用商品为第 7 类，包括印刷机械、贴标签机，喷墨印刷机，喷墨印刷机的印刷头（机器零件），上述产品的零部件；第 975852 号"多米诺"商标、第 942701 号 DOMINO 商标核定使用商品为第 9 类，包括打印设备、打印机的电动机电子控制设备及上述产品的零配件。上述商标均于 1995 年申请注册并于 1997 年注册公告，且均未续展而于 2008 年被注销。

4. 涉案喷码机及其零配件生产销售的事实。

杜高公司于 2008 年 3 月 18 日成立，公司法定代表人为谢汝标，注册资本为 50 万元，股东为谢汝周、谢汝标。经营范围包括：喷码机零配件、耗材及标识设备研发、生产及销售。心可公司于 2009 年 1 月 9 日成立，注册资本为 20 万元，该公司法定代表人李宏诗，股东为谢汝周、谢汝标、李宏诗，经营范围包括：工业产品、日用品的设计；批发和零售贸易。

2008 年 3 月至 2012 年 3 月，杜高公司在没有获取多米诺公司授权的情况下，生产、销售外形与多米诺 A200 相似的喷码机，改装多米诺原装 E50 型喷码机后销售。其中，A200 型喷码机使用多米诺公司 A200 型喷码机的二手主板，该喷码机机箱、墨水箱等由杜高公司生产并组装，A200 型喷码机上无商标，但开机时会显示涉案注册商标图样，即显示 DOMINO；杜高公司购入多米诺原装 E50 型喷码机，将该机器的一体式墨水箱更换改装后予以销售，该喷码机上标有涉案注册商标。上诉人谢汝周是杜高公司的实际经营者，组织上诉人谢汝标、罗勇、淡颜、谢佩桃、李宏诗、孔令明、秦晓辉（另案处理）、梁兴茵、艾博、苏桂彬、李声武、胡敏强、刘志坚、郑凯等人，按各自职能分工共同参与生产、销售涉案喷码机。

2012 年 3 月 21 日，被告人谢汝周、谢汝标、罗勇、淡颜、谢佩桃、李宏诗、孔令明、梁兴茵、艾博、苏桂彬、李声武、胡敏强、刘志坚、郑凯被公安机关抓获归案。公安机关在杜高公司缴获了涉案喷码机、零配件一批及相应的合同、单据等。

上述事实，有公诉机关出示的证据如下：

（1）第 G709885 号商标在世界知识产权组织的国际注册信息、国家工商总局商标局的商标档案、国家工商总局商标局于 2011 年 12 月 19 日、2012 年 12 月 28 日出具的商标注册证明，证明第 G709885 号商标的权利状态及核定使用商品的范围等。

（2）国家工商行政管理总局商标局于 2014 年 2 月 11 日、10 月 16 日出具的商标函字［2014］第 10 号及［2014］第 118 号关于第 G709885 号"DOMINO"商标有关情况的复函两份，证明第 G709885 号商标的权利状态、核定使用商品的范围及喷码机商品商标注册情况。

（3）多米诺标识科技有限公司广州分公司的营业执照及法人授权委托书、多米诺标识科技有限公司商标授权函、商标注册证书、发明专利证书、发明及机型一览表，证明多米诺印刷科学有限公司（英国）对第 G709885 号商标等注册商标享有商标权，多米诺标识科技有限公司授权多米诺标识科技有限公司广州分公司"多米诺"和"DOMINO"商标的各项相关权益，包括对商标的真伪进行鉴别。

（4）多米诺标识科技有限公司出具的第 G709885 号商标在英国、澳大利亚、加拿大、欧共体的英文注册证书及其中文翻译件及《商标国际注册马德里议定书》中文版本。

（5）多米诺标识科技有限公司出具第 975852 号"多米诺"商标、第 942701 号 **domino** 商标、第 969970 号"多米诺"商标、第 938241 号 **domino** 商标注册公告及注销公告等。

（6）多米诺标识科技有限公司出具的《有关多米诺 A 系列喷码机所属商品分类的阐述》及多米诺喷码机的介绍。内容归纳如下：多米诺公司通过国际商标注册马德里体系注册了第 G709885 号商标，指定的商品包括"ink jet printers"等。"ink jet printers"是业界对喷墨打印机的宽泛称谓，包括各类用喷墨技术来进行打印的打印机。喷码机这一产品面世之时，英语系国家根据其喷墨打印机的特点将其称呼为"ink jet printers"，并未给其起新的名字。这一英文名称在中国也得到了官方及行业内的认可，即喷码机的英文通用名称是"ink jet printers"。从技术上喷码机可分为"连续式喷墨打印技术（CIJ，Continuous Ink Jet）"以及"按需喷墨技术（DOD，Drop On Demand）"。多米诺 A 系列属于 CIJ 技术，结构上有墨路系统、电子控制系统、显示及操作键盘以及喷头组成，其核心控制部件主控制板上有 3 枚中央处理器（CPU），主控制板上还有闪存器，用于存储喷印信息等，其构造符合标准的电脑定义（CUP + 存储器 + 外围设备）。多米诺公司认为其 A 系列产品在《类似商品和服务区分表》中应归属于第 9 类商品，即"与计算机连用的打印机"。综上，根据喷码机的产品构成、原理和功能，将其归于第 9 类商品无任何不妥。

（7）公安机关出具的《接受刑事案件登记表》《受理报警登记表》《立案决定书》《抓获经过》《破案告知书》，证明案件来源、案件受理及侦破情况。

（8）搜查笔录、扣押物品清单、案发现场照片及缴获的涉案物品照片，证明公安机关搜查案发现场情况及对搜获的涉案物品依法进行扣押的情况。

（9）案发现场查获的送货单、订单、支付证明单及银行转账清单一批，证明涉案喷码机及其零配件的销售情况。

（10）广州市越秀区价格认证中心出具的穗越鉴［2012］第 458 号涉案财产鉴定结论书，证明涉案扣押物品的价格清款。结论书是按照已销售价格或正品价格进行鉴定的，其中假冒多米诺 A200 型喷码机的单价是根据已销售价格认定的，鉴定单价为 34000 元。

（11）广州大同司法会计鉴定所出具的大同检字［2012］第 20 号、第 59 号司法鉴定检验报告，证明司法会计鉴定部门对涉案送货单据、订单等进行审计的情况。审计结果如下：杜高公司销售喷码机 141 台，价值 5496700 元。

（12）广州大同司法会计鉴定所于 2014 年 9 月 11 日出具《情况说明书》。内容如下：杜高公司 125 份送货单，在 2010 年 1 月 4 日至 2012 年 3 月 14 日，共销售机器 204 台，涉及销售的商品价值为 5496700 元。其中，多米诺 E50 机器共 26 台，涉及销售的货品价值人民币 1070000 元，A200 字样机器共 175 台，涉及销售的商品价值人民币 4381700 元，情况如下：标有 A200 字样的，95 台，2685000 元；标有 A200 不含主板字样的机器，56 台，1228000 元；标有 A200 含主板字样的机器，12 台，385700 元；标有 A200 旧机字样的机器 12 台，涉及销售商品价值 73000 元。

（13）杜高公司与燕塘公司签订的喷码机销售合同，证明 2008 年 12 月 22 日至 2010 年 9 月 28 日，燕塘公司向杜高公司购入 9 台多米诺 E50 号黑墨码机、免费借用了 A200 黑墨码机 1 台；2011 年 6 月至 9 月 19 日向其购买了 A200 黑墨码机 3 台。

（14）燕塘公司于 2012 年 3 月 28 日出具的《关于使用广州市杜高精密机电有限公司喷码机的情况汇报》，证明杜高公司向燕塘公司销售喷码机的情况。该情况汇报内容如下：燕塘公司于 2008～2009 年购买了杜高公司杜高公司代理的多米诺 E50 型黑墨喷码机 9 台。2010 年参观了杜高公司的工厂，杜高公司介绍了一款杜高公司开发的新产品 A200 黑墨喷码机，考虑它们介绍的新产品的技术性能和多米诺喷码机没什么区别，所以选购了，一共购买了8 台。

（15）杜高公司与风行公司于 2011 年 9 月签订的喷码机服务协议，证明杜高公司向风行公司提供喷码机及耗材等情况。该协议内容包括：合同涉及的喷码机所使用的耗材，风行公司必须向杜高公司购买，易耗品向原厂杜高公司购买；杜高公司免费租借风行公司备用喷码机一台，合作结束后喷码机归还杜高公司；现有 3 台多米诺 A100 喷码机，杜高公司提供半年的免费全保服务；杜高公司为风行公司现有的 1 台 E50 喷码机更改墨水箱、溶剂箱箱体结构。

（16）杜高公司与风行公司于 2011 年签订的喷码机销售合同，证明杜高公司向风行公司销售了一台总价为 49000 元的 A200 黑墨喷码机。该合同上未写明所售喷码机的商标或品牌等情况。

（17）风行公司于 2012 年 3 月 28 日出具了《关于广州风行牛奶有限公司与广州市杜高精密机电有限公司业务来往的情况说明》，内容如下：2011 年 4 月杜高公司提供一台喷码机试用，试用后因喷码机性能稳定，且杜高公司的喷码机耗材、配件报价比较优惠，经综合评价决定与杜高公司合作，并在2011 年 9 月与杜高公司签订了《广州风行牛奶有限公司喷码机服务协议》。我公司通过购买、换置、借用等形式有杜高公司 A200 型的喷码机共 5 台。

（18）杜高公司的工商登记资料、广州市房屋租赁合同，证明杜高公司的成立日期、法定代表人、股东以及杜高公司在 2011 年 4 月 1 日至 2014 年 5 月31 日向广州市志安物业管理有限公司承租荔湾区荷景路 23 号五楼作办公用途等情况。

（19）心可公司的工商登记资料，证明该公司法定代表人为李宏诗，股东为谢汝周、谢汝标、李宏诗，营业地为广州市荔湾区玉兰路 3－5 号留学生创业中心 306 室，成立日期为 2009 年 1 月 9 日。

（20）证人吴海峰（多米诺公司工程师）的证言及重审一审庭审出示的物证多米诺原装 A200 喷码机，扣押杜高公司生产的 A200 喷码机（即扣押的23 号机，序列号 N3C08043）予以比对，证明：从外观上看，多米诺原装A200 喷码机液晶屏上有一帽檐状遮光板，杜高公司生产 A200 机器没有，其他外观基本一致。多米诺公司生产的原装喷码机在机器外部键盘处右上角有 1个多米诺商标标识，机器内部在墨路门、高压电源、电子舱内维修点标签、墨盒等部件共有 5 个多米诺商标标识，在机器电源、墨路接口板、外部接口板上的标签包含了"domino"的字样（非商标），而杜高公司生产的 A200 上并无上述商标和标签（指该部件指定供应商的厂名或商标）是 Micopump，而杜高公司生产的 A200 喷码机上写的是 Minipump。杜高公司生产的 A200 机器开机会显示多米诺公司的商标图形，这一点与多米诺原装机器一样，多米诺公司生产的 A200 机器主板默认可以选择开机显示多米诺的商标图形，也可以选择显示机器型号 A200，客户可以通过制作新的图片程序插在主板上（如同将 U 盘插在电脑上），将开机画面修改为其他图形。多米诺 A200 喷码机的主板分为三层，每层都有一个中央处理器（CPU），每个中央处理器就相当于一个微电脑，此外主板上还有储存、输入输出装置，且多米诺 A200 喷码机有外部接口可与电脑相连，故属于"与计算机连用的打印机"类似。涉案喷码机是用于工业用途的，不宜作为办公用途使用。

（21）证人赵传华（广州嘉艺电子薄膜开关有限公司业务主管）的证言及辨认被告谢佩桃的照片辨认笔录，证明 2005 年，其找到了多米诺公司上海总部，并以公司的名义向多米诺公司承担了生产"多米诺"喷码机电子薄膜面板，双方签订了委托加工合同及保密协议。2011 年 11 月，其认识了杜高公司的采购员谢佩桃，谢佩桃称他们公司所使用的喷码机电子薄膜面板很容易坏、质量不行，问其公司能否提供多米诺公司的多米诺面板中拿一些给她。之后其到天河区赛格电子城一档口，找到了带有多米诺商标的喷码机电子薄膜，该面板的质量和其公司所生产的差不多。后由 2011 年 11 月起其先后交了大约三批带有"DOMINO"英文商标的喷码机电子薄膜面板给杜高公司的采购员谢佩桃，数量 310 件，价值 27900 元，该批面板的款项由杜高公司转账到其农业银行账户上。其每件面板卖给杜高公司可以赚取 10 元至 12 元，为此共获利约四千元。其公司与多米诺公司是签有保密协议的，所以不可能从其公司那里提供面板给杜高公司。

（22）证人黄雪姣（杜高公司销售人员）的证言，证明其于 2009 年 12 月到杜高公司工作，杜高公司生产多米诺（Domino）、依玛士、伟迪捷三个品牌的喷码机配件，其不清楚公司生产的上述三个品牌的喷码机配件是否得到相应品牌的授权。经其受销售的喷码机配件除了墨水外，其他的都是杜高公司自己生产的。杜高公司在自己的网页上介绍本公司的产品及价格等。客户是按照杜高公司在网页上的电话来联系他们的。

（23）证人庞小禄（杜高公司 T&D 部门主管）的证言，证明其于 2009 年 1 月入职杜高公司，在服务部担任维修工程师，服务部主管是艾博。维修工程师的职责是根据客户的电话，上门为客户维修喷码机。其为公司客户维修的喷码机是多米诺（Domino）品牌的喷码机，这些喷码机都是从其公司销售出去的。2012 年 1 月公司新成立 T&D 部门，其担任部门主管，其上级领导是谢汝周，他安排其负责公司自己研发生产的 D7 喷码机的组装与调试。其公司主要生产 D7、D16 喷码机以及多米诺（Domino）喷码机，主要销售喷码机、喷码机耗材、配件。喷码机与喷码机配件多数是多米诺品牌的。但喷码机耗材不是多米诺品牌的。其不知道公司是否得到多米诺公司的授权与委托，但其在公司没有见过多米诺品牌公司的授权与委托书。

（24）证人罗祖权（杜高公司工程师）的证言，证明其于 2009 年 11 月入职杜高公司、在研发部担任工程师。公司主要生产喷码机配件，该产品没有牌子，是仿多米诺牌子的产品，但没有得到多米诺品牌公司的授权与委托。公司的业务一般是通过电话联系或网上联系客户，双方谈好价格，再以快递的形式发货。公司的产品配件大部分是自己生产的。

（25）证人赵耀国（杜高公司结构工程师）的证言，证明其在杜高公司研发部从事机器研发工作，杜高公司主要生产、销售喷码机的零配件，例如泵、过滤器、阀、喷头盖、墨水盒等。其是负责研发工作的，对生产、销售的流程不是很清楚，但据其所知情况是这样的：一般是外面的客户需要时，就到杜高公司下订单，市场部经理就会根据客户的要求拿样品给他们研发部画出图纸，作为研发部的人员，他们只负责研究画出这些喷码机的零配件图纸，经理拿到他们画好的图纸后，就交由其他部门去生产，然后销售各客户。自其任职以来，他们研发部未研发出什么牌子，平时都是研发部经理谢汝标给其一些喷码机的零配件样品，其按该样品画出图纸，然后交给谢汝标。谢汝标给其的样品几乎都没有标明是哪种喷码机需要的零配件，但有些用标签贴着写明是什么牌子，例如多米诺、威利、依玛士、伟迪捷等。其到现在还没有研发出整部的喷码机，在部门里公司放了多米诺、威利、依玛士等喷码机，用于研发部测试零配件，然后画图纸，并未要求他们研发整台的喷码机。其不清楚上述品牌公司是否授权杜高公司研发、生产、销售这些喷码机的零配件。

（26）证人庞惠方（杜高公司销售员）的证言，证明其从 2011 年 3 月开始在杜高公司任销售员，负责广州地区的销售工作，客户包括广州市智力喷码设备有限公司、广州市达码士喷码设备有限公司和广州市瑞朗公司。其不清楚这些客户的地址，因其平时是用 QQ 与这些客户联系的。公司的客户是通过公司的网络和熟客介绍的。公司销售喷码机配件的牌子有美创力墨水空瓶、依玛士过滤器、威利过滤器、A 系列充电槽盒、A 系列高压偏转板；公司制造的喷码机配件有依玛士过滤器（依玛士喷码机配件）、A 系列充电槽和 A 系列高压偏转板（多米诺喷码机的配件）。其不清楚杜高公司生产上述零配件是否得到多米诺、依玛士喷码机商标持有人的许可或委托。这些产品主要销往国内，客户在其公司购买了喷码机配件后，再分销出去。

（27）证人刘国乐（心可公司员工）的证言，证明其在心可公司负责电脑绘图。其不清楚心可公司的老板和法定代表人是谁，平时负责管理他们的是李宏诗，其称呼他为李厂长。据其所知就是李宏诗负责管理心可公司，没有其他人负责管理。心可公司是杜高公司的分公司。心可公司的具体业务是做展柜、广告牌、机箱、洗碗机等物品的外壳。客户会给公司一些图纸或照片，其就根据这些图纸或照片在电脑上绘成图，公司根据电脑上的图提供原材料（钢板或铁板之类），让其他厂家切割，最后由心可公司制作成型交还给客户。心可公司帮杜高公司做过机箱及配件，其中有一型号的机箱是A200的。

（28）证人梁茶（心可公司生产车间主管）的证言，证明其于2010年7月开始在心可公司做生产车间主管，李宏诗和杜高公司的老板谢彪共同成立了心可公司，法人代表是李宏诗，公司其实就是一间工厂，主要从事生产不锈钢钣金件的业务。心可公司的厂长是李宏诗，负责工厂的全部业务，财务柯远贞是杜高公司的谢彪派来的，主要负责公司的财务工作和员工工资的发放等，其是工厂的生产主管，负责管理员工及按李宏诗提供的图纸进行生产。杜高公司的老板谢彪也是其公司的股东，其公司按照杜高公司提供的图纸生产不锈钢机箱，听李宏诗说是杜高公司做喷码机的外壳。谢彪仅有的几次在工厂和其见面，也一直是以老板的身份交代其要管好工厂的生产任务。

（29）柯远贞（杜高公司财务人员）的证言，证明其在杜高公司财务部工作，杜高公司主要是加工制造喷墨机的配件，然后帮助客户维护机器及更换配件。其记得杜高公司的客户有蒙牛牛奶公司、风行牛奶公司等。谢汝标是杜高公司法定代表人，也是心可公司的股东，另一股东（厂长）是李宏诗，另外还有一名股东。心可公司有工人十多人，梁茶是工人主管，心可公司有事梁茶会向李宏诗汇报请示。心可公司只有生产（加工）车间，没有其他部门。心可公司协助杜高公司加工制造喷墨机配件，其在心可公司负责行政工作，人员入职离职等。心可公司没有销售客户。

（30）被告人谢汝周在重审一审、二审庭审时的供述：其在2008年成立了杜高公司，该公司销售的机器有两种情况，一种是杜高公司仿多米诺A200型喷码机生产的不含主板的A200型喷码机半成品，该型号半成品喷码机未有任何商标。由于其一直未能攻克多米诺A200喷码机的主板技术，所以杜高公司无法自己制造喷码机主板。正是因为搭载了多米诺公司原装旧机的主板，所以公安机关从杜高公司处扣押的部分A200型机器开机会显示domino的标志，但该图形在屏幕上的显示不属于商标，该开机图形是可以修改为任意图形的。另一种是杜高公司从多米诺公司的授权经销商处购买来的原装多米诺E50、A100、GP、A＋等型号的原装多米诺喷码机，其中以E50为主，杜高公司改造E50墨路系统后再销售给客户或同行。上述两种情况的机器杜高公司在相关合同、网页上均有杜高公司生产和多米诺公司生产的明显区分，在网页上可以看出杜高公司生产的明显区分，在网页上可以看出杜高公司生产的机器与多米诺公司原装机器是在产品中心不同页面上显示的。杜高公司生产并销售的仿多米诺A200型喷码机未出现任何"多米诺"的字眼，在网站上明确写着"杜高A200"的字样，而从多米诺公司经销商处购买多米诺E50等型号的机器本身就是多米诺原厂生产机器，故杜高公司也明确标示了"多米诺"的字样。其对指控的涉案商品的数量及价格没有计算过，但确认卷宗内相关单据、扣押物品是从杜高公司处扣押的，但不认可多米诺公司出具的鉴定报告，认为由多米诺公司出具鉴定报告违法。

（31）被告人谢汝标在重审一审、二审庭审时的供述：其在2007年加入拓利公司，在案发前不久开始担任杜高公司法定代表人和副总经理，负责杜高公司的采购、研发等工作。杜高公司研发的是有关喷码机的相关产品，也有研发过喷码机的主板，但一直没有研发成功，杜高公司使用的主板是买来的，但其不清楚具体来源。杜高公司仿制的A200型号机器是与多米诺公司生产的机器兼容的，但上面没有任何商标。其同时也是心可公司的股东，但其没有实际出资，也不清楚占有多少股份。

（32）被告人淡颜在重审一审、二审庭审时的供述：其在2006年进入拓利公司工作，负责电脑维护、销售等方面工作。杜高公司销售的主要是A200型号的机器，杜高公司自己生产的机器是没有主板和商标的，如果销售时装有主板，也是多米诺公司的原装旧主板。其不清楚杜高公司时如何研发A200型号机器的，其也不负责采购，不知道多米诺原装旧主板的来源。其他型号的机器都是具有合法来源的多米诺原装机器，是有发票的。

（33）被告人罗勇在重审一审、二审时的供述：其在2008年下半年到杜高公司工作，案发前担任副总经理，其在杜高公司一开始是做维修工作，之后做过销售工作，期间很短一段时间做过采购工作，其在杜高公司工作后期主要负责杜高书画院的工作。其在做采购工作的时候，在网上发布采购多米诺旧主板的信息，有人出售就会联系他，因为市面上没有人可以仿制多米诺公司的主板，其从专业角度能判断这些主板都是多米诺公司的原装主板，采购的具体数量记不清楚了。采购回来的主板用杜高公司生产的A200喷码机产品上，开机会显示多米诺的图形标志，但该标志是可以屏蔽的，杜高公司还采购过多米诺公司生产的原装E50型号的新机，改装墨路系统后再出售，没有采购过多米诺公司生产的A200型号机器。杜高公司自己生产的产品有部分有杜高公司自己的标志，但绝对没有多米诺公司的标志，杜高公司也没有生产过整机。其在侦查阶段在相关单据上签字写下"假冒多米诺品牌"的字眼，不是其真实意思表示。

（34）被告人谢佩桃在重审一审、二审庭审时的供述：其在2009年7月到杜高公司工作，负责采购方面工作。杜高公司主要生产喷码机相关的一些产品，如接头、配件、泵等，杜高公司没有生产国喷码机的整机，生产的配件上也没有多米诺的标志。其主要是采购一些电子产品和办公用的文具，杜高公司曾采购过一些带有多米诺标志的电子薄膜面板，但是没有用在生产的喷码机上，其不清楚有无销售或其他方式使用了这些电子薄膜面板。

（35）被告人李宏诗在重审一审、二审庭审时的供述：其在2010年7月到心可公司工作并担任法定代表人，之前是谢汝周担任法定代表人，该公司主要是生产不锈钢制品。其实际出资12万元入股心可公司，谢汝周占50%的股份，其和谢汝标各占25%的股份，其每个月从心可公司领取5000元工资，没有分红。谢汝周曾拿图纸让心可公司制作不锈钢的机箱，总共制作过80多套，图纸上面没有商标、型号等其他说明，其也不清楚图纸是如何来的。

（36）被告人孔令明在重审一审、二审庭审时的供述：其在2010年11月22日入职杜高公司，2011年8月担任销售主管。销售部销售的是没有商标的A200型号喷码机配件。销售给客户时，会告诉客户机器是没有主板的，配件是兼容配件，都是没有商标的。杜高公司自己生产的机器都只标注机器型号，没有商标，如果是销售多米诺原生产的机器，就会标明是多米诺的机器。其经手的杜高公司自己生产的机器销售合同上没有多米诺的字眼，其在杜高公司期间只有刚入职时在研发部见过一台有多米诺标志的A200型喷码机，其他时候就没见过多米诺标志的机器。因不同业务员销售原装机方面的登记方式不同，其无法从公司登记单据上予以区分。

（37）被告人梁兴荫在重审一审、二审庭审时的供述：其是在2009年3月左右入职杜高公司的，开始是担任机器维修工，后从事组装机器的工作。组装机器的流程是按照销售部的单从仓库里领取配件，按照旧机组装的机器数量少则几台，多则二十多台。其总共只组装过五六台有主板的机器，其组装的大多数机器是没有主板的，主板只是装到半成品机器上测试下是否正常就会拆下。组装过主板的机器开机时会显示domino的英文单词图案。其见过的多米诺原装旧机器在机器右上角是有商标标志的，与开机时显示的图案相似，但其认为开机画面显示的图案不是商标，是可以修改为其他图案的。因其不负责销售，不知道杜高公司销售的机器是否有客户要求过修改开机图案，但见过客户送修的机器有修改过开机图案的。

（38）被告人艾博在重审一审、二审庭审时的供述：其在 2010 年 10 月担任杜高公司服务部主管，负责维修客户的机器，主要服务客户的地点是珠三角的几个城市，有多种型号的喷码机。喷码机的基本原理是一样的，维修机器不需要知道机器的品牌，只需要知道型号就行，老员工就是这么传下来的，其也没有在意维修的喷码机是否有多米诺品牌的。

（39）被告人苏桂彬在重审一审、二审庭审时的供述：其在 2010 年 10 月入职杜高公司，担任质检组组长，主要工作内容是检测杜高公司生产的零配件，但未检测过整机。检测的配件是没有商标的，检测的相关参数是其进入公司前就有的了。

（40）被告人李声武在重审一审、二审庭审时的供述：其在 2010 年入职杜高公司，后来担任 IT 部主管，主要工作内容是维修电脑、电话机，拉网线等。公司网页不是其负责制作的，公司网页的制作时间是 2012 年 2 月底，其当时请假了，网页制作工作是同时林士仁做的。其休假回来不久就被抓了，其并不清楚网页内容，被抓前也没有在公司网页上见过多米诺的标志，后公安机关给他看图片时才知道公司网页内容。其不清楚公司有否销售多米诺原装机器，也不清楚公司自己生产的机器开机是否会显示多米诺的界面。

（41）被告人胡敏强在重审一审、二审庭审时的供述：其在 2009 年 7 月入职杜高公司，担任研发一部主管，其部门只是按照老板的要求研发电路板方面的产品，其研发的电路板是没有商标的。其没有负责过研发主板，听说公司使用的主板是买来的。其研发的电路板并不一定都是在喷码机上，如曾按照客户的要求研发过一个防伪版的配件。

（42）被告人刘志坚在重审一审、二庭审时的供述：其在 2008 年 8 月入职拓利公司，开始从事维修工作，后来去了研发部，主要是按照主管胡敏强的要求购买并研发喷码机相关的电子配件，其研发的配件是没有任何商标的，其不认为仿制他人的额配件是违法行为。

（43）被告人郑凯在重审一审、二审庭审时的供述：其在 2011 年 7 月入职杜高公司，同年 10 月与杜高公司签订了劳动合同，在公司从事技术研发工作，做喷码机的配件测试，不做整机的测试，不知道是什么型号的喷码机。其就只做过一块电源板，电源上是没有商标的，电源板做得是否成功其也不清楚，其他产品没有做过成品。

（44）被告人谢汝周、谢汝标、淡颜、罗勇、谢佩桃、李宏诗、孔令明、梁兴茵、艾博、苏桂彬、李声武、胡敏强、刘志坚、郑凯的户籍材料，证明各被告人的身份情况。

（45）多米诺标识科技有限公司广州分公司出具的机器认定报告，证明公安机关依法扣押的杜高公司47台喷码机不是多米诺公司生产的"DOMINO"（注册商标）产品。

（46）证人汪涛（多米诺标识科技有限公司广州分公司总经理）的证言，证明其公司属英国多米诺集团在广州的独资分公司，经营范围为销售多米诺品牌喷码机，在国外及国内均有合法注册，为注册商标唯一持有人。该品牌至今都没有授权其他公司进行生产加工，均由公司自主生产及销售，由多米诺集团直接管理并负责生产、销售，从未授权过杜高公司、广州市拓利喷码科技有限公司生产、销售多米诺（Domino）品牌的喷码机，上述公司也从未在多米诺公司购买过多米诺或"Domino"注册商标的喷码机。

（47）证人刘楚强（燕塘公司设备部经理）的证言，证明其从2007年开始主管公司的设备维修工作，燕塘公司一直是使用多米诺品牌的喷码机，最初是从多米诺公司采购，后来在谢汝周的推销下才开始采购杜高公司代理的多米诺喷码机，杜高公司推销喷码机时都是以多米诺品牌进行推销的，杜高公司卖给其公司的喷码机，与之前燕塘公司从多米诺公司采购的喷码机从外观、操作方法、型号、保养方式、适用墨水、配件等全部都是一模一样的，每台机一开机就显示"DOMINO"的商标，所以他们一直认为杜高公司代理的是多米诺喷码机，而不知道是杜高公司自己生产的机器。

上述证据，分别经广州市越秀区人民法院重审庭审及本院庭审及本院庭审举证、质证，本院审核后认为，汪涛是多米诺标识科技有限公司广州分公司总经理，其证言部分与事实不符，即多米诺品牌喷码机未授权其他公司销售的陈述与本院多份证据存在矛盾，经查证不属实，对汪涛的证言依法不予采信；刘楚强是燕塘公司的设备部经理，其证言与燕塘公司出具的情况说明等证据不符，刘楚强与杜高公司的业务联系属于代表燕塘公司的职务行为，当其证言与燕塘公司出具的证明等不符时应当以燕塘公司的证据作为定案根据，故对刘楚强的证言依法不予采信；多米诺标识科技有限公司广州分公司出具的机器认定报告，是该公司在2014年重审一审期间重新提交的，该"机器认定报告"是基于早在2012年已经提交公安机关的初始"机器鉴定报告"等在案事实作出的，并非在重审阶段擅自对涉案机器进行了再次查看或重新鉴定，由于检察机关在重审阶段未提交"机器鉴定报告"作为本案证据，故该机器认定报告证据来源不合法，且无其他证据加以印证，依法不能作为定案依据；检察机关提交的其他证据，经查证属实，证据之间能相互印证，依法可以作为定案依据。

上诉人谢汝周等人及其辩护人在重审期间提交了如下证据。

（1）第 G709885 号注册商标档案。拟证明涉案注册商标的图案及其核定使用的商品名称，其核定使用的商品为尼斯分类表第 9 类"喷墨打印装置、喷墨标示装置"等商品。

（2）2011 年 12 月 19 日商标局出具的商标注册证明。拟证明商标局出具的该商标注册证明内容与涉案注册商标的档案不一致。

（3）2012 年 12 月 28 日商标局出具的商标注册证明。拟证明该商标注册证明内容与涉案注册商标的查底稿、商标档案均不一致，并与商标局 2011 年出具商标注册证明的内容不一致，应不予采信。

（4）第 G709885 号商标注册证明及内档信息一览表。该表为商标局 2011 年、2012 年商标注册证明、商标档案、马德里国际商标审查底稿及马德里原注册信息对比列表。

（5）第 7 版《类似商品和服务区分表》第 7 类、第 9 类部分内容。拟证明第 7 类商品属于印刷工业类机械、器具，第 9 类商品属于电子计算机及其外部设备，主要是办公室使用。

（6）第 10 版《类似商品和服务区分表》第 7 类、第 9 类部分内容。拟证明第 7 类商品属于印刷工业类机械、器具，第 9 类商品属于电子计算机及其外部设备，主要是办公室使用。从证据 5、6 综合来看，不存在原属于第 7 类的喷码机向第 9 类转化的可能性，或者原属于第 9 类的喷码机向第 7 类转化的可能性。

（7）商标局就多米诺公司对李忠贵申请的第 6844050 号"多米诺"商标、第 6844051 号"DOMINO"商标作出的（2012）商标异字第 24630 号、第 24633 号商标异议裁定书。商标局在该异议裁定书中认为，被异议商标与异议人引证在先经国际注册并领土延伸至中国受保护的"DOMINO 及图"商标以及在先注册的"多米诺"商标使用商品未构成类似。即商标局认为第 7 类"喷码机"商品与第 9 类"喷墨标示装置""喷墨绘图器具"等商品部类似。

（8）商评字〔2013〕第 105241 号、第 105211 号异议复审裁定书。内容如下：李忠贵在第 7 类商品上申请注册的"多米诺""DOMINO"商标指定使用的商品包括印刷机器、喷墨印刷机、喷码机（印刷工业用）等商品，多米诺公司在第 9 类商品上注册使用的第 1984308 号"多米诺"商标、第 G709885 号"DOMINO 及图"商标核定使用的商标包括喷墨打印装置、工业用喷墨打印机的电动、电子控制装置等商品，李忠贵申请的第 7 类商品与多米诺公司注册商标核定使用的第 9 类商品在功能用途、销售渠道、消费对象等方面关联性较强，具有一定的重叠性。综合考虑，李忠贵申请的商标与多米诺公司的注册商标构成《商标法》第 28 条所指的"使用在类似商品上的近似商标"。

（9）多米诺公司注册的第938241号商标档案。拟证明多米诺公司可以主张的权利第938241号"DOMINO及图"注册商标已于2007年因未续展而终止，且该商标图样与本案商标不一致。

（10）多米诺公司注册的第969970号商标档案。拟证明多米诺公司可以主张权利的第969970号"多米诺"注册商标已于2007年因未续展而终止。

（11）多米诺公司2013年4月8日申请商标的档案。多米诺公司于2013年4月8日申请在第7类商品上注册商标，其申请使用的商品为喷码机、工业打标机等，而该商标目前尚未初审合格，更未获准注册，拟证明本案缺乏追究谢汝周等被告人假冒注册商标罪的权利基础。

（12）国家统计局统计用产品分类目录。在国家统计局的分类表中喷码机分类为喷码机分类为3535030302，喷墨打印机为4011030103，拟证明两者属于完全不同的工业领域，分类也不相干。

（13）中国科学技术法学会华科知识产权司法鉴定中心司法鉴定意见书（华科司鉴中心［2014］知鉴字第004－1－3号）。拟证明：第一，杜高公司A200喷码机不需要连接计算机便可实现其基本喷码功能；第二，A200喷码机通信接口是可选套件，客户可以买，也可以不买；不买，则与计算机连接不了；现有的所有将销售单中均不包含这可选套件；第三，E50喷码机不提供与计算机连接的外部接口，因此无法与计算机连接，能直接独立地实现喷码功能；第四，多米诺E50型喷码机经杜高公司改动供墨箱后不需要连接计算机便可实现基本喷码功能；第五，E50喷码机改动墨水箱后没有改变墨水系统功能；第六，改动墨盒，改动前后未造成实质改变。

（14）杜高公司宣传光盘及其文字内容。说明杜高公司致力宣传自己研发的产品；在宣传光盘中，从未出现任何与多米诺或其他近似商标，杜高公司定期举办技术交流会和培训客户，其生产车间供客户参观，客户完全了解杜高公司生产的系自有品牌的产品。拟证明杜高公司及谢汝周不存在误导客户的情形，没有假冒"DOMINO"品牌的主观故意。

（15）风行公司喷码机服务协议。该协议第2条第6款第（4）项规定，"乙方为甲方现有的一台E50喷码机更改墨水箱、溶剂箱箱体结构"，拟证明更改墨水箱是应客户要求、双方协议一致的结果。

（16）荣誉证书。拟证明谢汝周曾因自主创业获广州市有关部门奖励。

（17）辩护人自制表格8份。表1－4是根据是依据广东大同司法会计鉴定所鉴定时所依据的送货单所作的统计，表1是"A200喷码机"不包含主板统计表，杜高公司已销售的不含主板的A200P喷码机总计122台，合计总额为 2333900 元；表 2 是 A200 喷码机（含主板）统计表，杜高公司已销售的含主板的 A200P 喷码机总计仅为 12 台，销售额为 385700 元；表 3 是 A200 "原装机"及"旧机"统计，销售单中"－Y"表示原装机、"A100（旧）"表示旧机器，上述机器总计 19 台，金额为 288800 元，上述机器符合商标权权利用尽范畴；表 4 是"E50"型喷码机统计表，杜高公司已销售的 E50 型喷码机共 26 台，金额为 944000 元，上述机器也符合商标权权利用尽范畴；表 5 是 2012 年公安部门扣押物证照片、2012 年多米诺公司机器鉴定报告、2014 年多米诺公司机器认定报告对照表。2012 年 5 月 4 日公安部门扣押机器的照片喷码机显示屏不亮的机器一共 32 台，亮的为 15 台，而 2012 年机器的鉴定报告及 2014 年的机器认定报告里面喷码机显示屏亮的是 34 台，不亮的是 13 台；表 6 是谢汝周签名公安部门扣押清单未显示开机状态但多米诺公司机器鉴定报告却显示为开机状态一览表。多米诺公司出具的机器认定报告时扣押机器 2 年后作出的，其该认定报告在重审一审出示时未该盖有多米诺的公章，而二审阅卷时该报告又出现了多米诺公章，故公诉机关应当说明机器认定报告的来源；表 7 是公安部门扣押清单机器自身不一致对照表；表 8 是涉案喷码机与工业打印机、塑料导线印字机及第 G709885 号商标核定使用商品比对图表，显然产品明显不一致，在功能、用途、消费对象、销售渠道、展会、配件等方面均不一致，杜高公司生产的喷码机应属于第七类商品。

（18）黑龙江省郭氏万德科技有限公司、长沙嘉尔华喷墨科技有限公司、宁波江东科强机电设备有限公司等向杜高公司出售 E50 等型号的喷码机增值税专用发票。拟证明内容为：①杜高公司从多米诺公司各经销商处购买 E50 型原装喷码机，并非杜高公司自行生产，可见重审判决关于"杜高公司生产的 E50 型喷码机""杜高公司批量生产的 E50 型喷码机"的认定与事实不符；②本案物证第 37 号 E50 机器系杜高公司财产，并非本案被告人的私人财产；③多米诺公司生产的 E50 机器的单台市场价格大约为 4 万～5 万元，并非多米诺公司所宣称的单台价格 8 万～9 万。

（19）多米诺公司向徐州优捷科技有限公司出售供墨的增值税专用发票。拟证明多米诺公司将供墨材料单独销售，可见重审判决书关于"多米诺公司并未将供墨材料单独销售"的认定与事实不符。

（20）多米诺公司向广州海若喷码技术有限公司出售 E50 喷码机的增值税专用发票。拟证明杜高公司所购买的 E50 喷码机是海若公司从多米诺公司购买得来的，具有合法来源。

（21）多米诺 E50 喷码机操作与维护手册（抽选）。拟证明多米诺 E50 喷码机供墨箱与供墨系统是可分离的。

（22）E50 型喷码机分解照片（含供墨箱、墨路系统、电路系统）。拟证明杜高公司只对供墨箱进行改进，并未对供墨系统和电路系统做出任何改变。

（23）厦门市冠德机械有限公司与多米诺公司签订的代理商合同协议。拟证明多米诺公司将供墨材料单独销售。

（24）证人柯远贞、黄雪娇、梁茶、刘国乐、罗祖权、庞惠方等人的书面证言。内容为：上述证人在原审出庭作证是拟证明杜高公司或心可公司无罪的。

（25）多米诺公司卖出喷码机 A－C 给终端客户广州市中昊装饰有限公司的发票。拟证明多米诺公司喷码机价格并不是鉴定报告中所称的 8 万~9 万元一台。

（26）杜高公司案发前发给多米诺公司的邮件。拟证明案发前杜高公司正在与多米诺公司积极对话，并积极配合对方，终止那些可能涉及误导消费者的行为。据此证明杜高公司没有假冒的主观故意。

（27）大连连鑫包装设备喷码技术有限公司、东莞市万丰科技有限公司、福州三龙喷码科技有限公司、广西桂林三花股份有限公司（供应部）、青岛威尔玛标识设备有限公司、上海捷驰印码科器材有限公司、上海麦格机械设备有限公司、上海墨宣机电设备有限公司 8 家公司及证人游亚军（自称在江苏从事维修多米诺喷码机的售后服务）出具的证明，证明内容包括：上述公司从杜高公司购买的喷码机及其配件、耗材等产品上均无多米诺商标，或配件上外包装写 "for domino" "兼容多米诺设备用" 等字样，杜高公司销售时明确告知上述客户杜高 A200 型喷码机是公司自己生产的，所提供的配件是杜高公司自己生产的兼容多米诺配件产品。上述证据拟证明谢汝周等人没有实施假冒多米诺喷码机的行为。

（28）杜高 A200 与多米诺 A200 机器外形对比照片。原装多米诺 A200 型喷码机机箱顶部有帽檐状突起，而杜高公司的 A200 型喷码机没有，拟证明杜高公司没有使用多米诺第 9 类商标的主观故意。

（29）燕塘公司与杜高公司的销售合同。拟证明杜高公司没有假冒多米诺公司第 9 类注册商标的行为。

（30）燕塘公司关于使用广州市杜高精密机电有限公司喷码机的情况汇报，拟证明原审证人刘楚强所做的证言与公司证据不一致以及杜高公司没有使用多米诺公司第 9 类商标。

（31）风行公司关于广州风行牛奶有限公司与广州市杜高机密机电有限公司业务往来的情况说明，拟证明杜高公司没有假冒多米诺公司注册商标的行为。

（32）上海大学知识产权学院2014年6月29日出具的专家咨询意见书。分析意见如下：①本案被告人生产销售的喷码机与第G709885号注册商标或第1984308号注册商标核定商品不属于"同一种商品"。国家工商总局的复函认为，喷码机的功能、用途等和"与计算机连用的打印机"类似的属于第9类，但未明确属于第9类的具体哪一项商品，且上述意见只能说明"喷码机"与"计算机连用的打印机"只构成类似商品。复函同时认为第G709885号注册商标核定使用的商品"喷墨标示装置"其功能、用途等与"与计算机连用的打印机"类似，可见两者最多构成类似商品。②根据第6844050号、第6844051号的商标异议裁定书和商标异议复审裁定书，被告人生产销售的"喷码机"与第G709885号注册商标、第1984308号注册商标核定商标不属于"同一种商品"。在第6844050号、第6844051号商标异议复审时，商标评审委员会认为，被异议的商标与引证商标第G709885号注册商标、第1984308号注册商标构成《商标法》第28条所指的"使用在类似商品上的近似商标"。可见，喷码机在第7类商品中有明确类属；另外，第7类的"喷码机"与第9类的商品不构成"同一种商品"。③《类似商品和服务区分表》第9类主要属于办公设备，由其与本案最为相关的系"与计算机连用的打印机"所在的0901类似群"电子计算机及其外部设备"。喷码机并不属于计算机的外部设备。喷码机不与"计算机连用的打印机"构成"同一商品"。《类似商品和服务区分表》第7类主要属于工业机械及器具，根据多米诺公司在相关商标申请异议复审中提供的证据表明，多米诺公司在其喷码机上将"DOMINO"作为未注册商标使用，且该未注册商标被商标评审委员会认为具有一定的知名度。论证结论：①杜高公司生产的A200型喷码机与第G709885号及第1984308号注册商标核定商品不属于"同一种商品"；②杜高公司改造其墨水箱后销售的E50型喷码机与第G709885号及第1984308号注册商标核定商品不属于"同一种商品"；③杜高公司及其涉案人员的行为不属于"在同一种商品上使用与其注册商标相同的商标"的行为，依法都不是侵犯第G709885号及第1984308号注册商标专用权的犯罪行为；④重审一审判决中关于"多米诺公司享有多米诺和图形多米诺商标的专用权，其生产的喷码机属于核定使用商品之一"的认定，显然错误；⑤原判有罪判决有悖法律，依法应予纠正。

（33）北京务实知识产权发展中心2014年8月13日出具的关于谢汝周等涉嫌假冒注册商标罪一案中的商标问题专家研讨会法律意见书，该意见书拟证明：杜高公司改装E50机器墨盒属于权利用尽，杜高公司自主生产的机器开机显示画面不属于使用多米诺公司的商标。

（34）杜高公司出具的《对〈关于多米诺公司产品销售渠道和模式说明〉

的回应》，拟说明多米诺公司称其公司品牌喷码机在中国境内只有直销、未授权其他任何经销商经营该品牌喷码机与事实不符。

（35）杜高公司出具的《对李顺德〈关于"多米诺"商标案件的法律意见书〉的回应》。拟说明李顺德的法律意见书是基于商标局 2012 年 12 月 28 日出具的《商标注册证》为依据的，而该注册证与商标局数据库的记录存在明显不同，即直接将数据库中"喷墨标示装置"更改为"喷码机"，故该法律意见书不具有权威性。

（36）杜高公司出具的《对〈关于多米诺及英文商标曾于第 7 类商品上注册相关情况说明〉的回应》。拟说明多米诺公司在进入中国时首先申请注册商标的商品是"喷墨印刷机"，而且其作为一家印刷科学有限公司应当了解喷码机就是喷墨印刷类机械，其所作的情况说明所称理由不成立。

（37）关于连续式喷码机的国家标准文件。该标准由全国包装机械标准化技术委员会提出，引用了三个包装机械类的国家标准，表明喷码机属于包装机械。拟证明喷码机是属于工业用的第 7 类商品，也属于尼斯分类表中第 7 类商品。

（38）多米诺标识科技有限公司工程师吴海峰在重审开庭时所作的证言。拟证明杜高公司 A200 型喷码机在墨路系统上印有杜高公司自己的 MINIPUMP 商标。

（39）第 7833357 号注册商标"DOCOD"商标档案。拟证明杜高公司具有商标意识，不存在给客户造成产品来源混淆的主观故意。

（40）第 7112818 号注册商标"杜高"商标档案。拟证明杜高公司具有商标意识。不存在给客户造成产品混淆的主观故意。

（41）第 5805095 号"MINIPUMP"商标申请注册档案。拟证明杜高公司的 A200 型喷码机并非完全没有任何商标的机器，不存在给客户造成产品来源混淆的主观故意。

（42）杜高公司前台照片。拟证明杜高公司前台明显表示了"DOCOD""杜高""MINIPUMP"商标，没有给客户造成商品来源的混淆。

（43）杜高公司产品宣传网站截图。杜高公司网上销售的商品上均有"DOCOD"水印，从售前阶段来看杜高公司的宣传上并没有给客户造成商品来源的混淆。

（44）杜高 A200 型喷码机宣传照片。拟证明杜高公司的宣传视频上明确告知客户该喷码机是"杜高公司自主研发生产的 CIJ 喷码机"，且宣传视频内出现杜高 A200 型喷码机的特写镜头时不是以开机状态显示的，客户不可能误认为这是多米诺的机器。

（45）客户到杜高公司参加培训的照片。拟证明客户定期到杜高公司参加培训交流会，从售后阶段来看不可能给客户造成商品来源的混淆。

（46）谢汝周在公安询问时供述的杜高公司A200机器出厂时的要求。谢汝周供述称杜高公司在机器出厂时，其交代过杜高公司员工开机时不要显示多米诺商标。

（47）客户证明。拟证明杜高公司所销售的A200型机器（含主板）开机后显示A200，机箱、零配件、包装等均没有使用多米诺商标，客户知道该喷码机是由杜高公司生产的。

上述证据，经本院庭审举证、质证，本院审核后认为，证据1～3、证据5～12、证据37均属于证实多米诺公司注册商标权属状态及喷码机分类情况的证据，虽然上述证据的内容未必能证实上诉人及其辩护人证明目的，但上述证据属于客观证据，依法可作为定案的根据；证据13中作为司法鉴定意见的送检材料、样本是由杜高公司送检，而案发现场查获的喷码机均依法被扣押，无证据证实上述送检材料、样本与涉案被扣押的喷码机一致，故该司法鉴定意见不能作为定案证据采信；证据14、42～45均为杜高公司的宣传资料，未涉及本案注册商标使用的情况，亦无法证实杜高公司生产、销售的喷码机是否造成客户混淆的问题，上述证据无法证实与本案有关联性，依法不能作为定案的根据；证据15、证据18、证据29～31部分与公安机关调取的证据一致，部分为发票，经审核属实，依法可作为定案的根据；证据16、证据19～20、证据23、证据25～27、证据39～41、证据47均无法证实与本案有关联性，依法不能作为定案的根据；证据21～22、证据28、证据38，经审核属实，依法可作为定案的根据；证据24是证人的书面证言、证据46是上诉人谢汝周在侦查阶段的供述片段，上述证据均是陈述人的主观想法，并非证明与本案有关的客观事实，依法不能作为定案的根据；证据32～33属于有专门知识的人就本案法律问题为支持辩方而发表的专家法律意见，上述专家法律意见不能作为证据表述，故上述专家法律意见书不能作为定案根据，应依法作为辩方辩护意见，上述证据依法不能作为定案根据。

本院认为，《中华人民共和国刑法》第213条规定，未经注册商标所有人许可，在同一种商品上使用与其注册商标相同的商标，情节严重的，处3年以下有期徒刑或者拘役，并处或者单处罚金；情节特别严重的，处3年以上7年以下有期徒刑，并处罚金。本案争议焦点问题是杜高公司生产、销售的喷码机与多米诺公司第G709885号注册商标核定使用的商品是否属于同一种商品。

最高人民法院、最高人民检察院、公安部《关于办理侵犯知识产权刑事案件适用法律若干问题的意见》第 5 条规定，关于刑法第 213 条规定的"同一种商品"的认定问题，"名称相同的商品以及名称不同但指同一事物的商品，可以认定为'同一种商品'。'名称'是指国家工商行政管理总局商标局在商标注册工作中对商品使用的名称，通常即《商标注册用商品和服务国际分类》中规定的商品名称。'名称不同但指同一事物的商品'是指在功能、用途、主要原料、消费对象、销售渠道等方面相同或者基本相同，相关公众一般认为是同一种事物的商品。认定'同一种商品'，应当在权利人注册商标核定使用的商品和行为人实际生产销售的商品之间进行比较。"本案中，"喷码机"并非《类似商品和服务区分表》中所列商品名称，而本案第 G709885 号注册商标是根据《国际商标注册马德里协定》和《商标国际注册马德里协定有关议定书》的规定于 1999 年通过领土延伸指定到我国并获得保护，多米诺公司申请时使用英文提交相关文件，并没有对申请使用的商品附对应的中文翻译件，且申请文件中并未包含商品的图片或文字说明，因此无法将杜高公司生产、销售的喷码机与涉案注册商标申请时的商品图片或文字说明进行对比分析。依据上述司法解释的规定，本案只能根据商品的功能、通途、销售渠道、消费对象等方面分析杜高公司生产、销售的喷码机与本案第 G709885 号注册商标核定使用的商品是否属于同一种商品。综合全案证据，本院分析认定如下：

第一，杜高公司生产、销售的喷码机属于工业用机械设备。

根据商标局 2014 年第 118 号复函，区分属于第 7 类和第 9 类的喷码机并非以是否与计算机控制为标准，而是根据功能、用途、销售渠道、消费对象等方面进行分类。属于第 7 类的喷码机主要为工业用机械设备或工业成套设备的组成部分，属于第 9 类的喷码机则为家用或普通商用的小型电子设备。经查，首先，多米诺 A200 型喷码机、E50 型喷码机及杜高公司生产的涉案喷码机属于工业用途，且多米诺 A200 型、E50 型喷码机属于连续式喷码机（Continuous ink jet printer），对上述事实，多米诺公司与各上诉人均无异议。其次，根据上诉人一方提交的《连续式喷码机（Continuous ink jet printer）》的国家标准，该标准是由全国包装机械标准化技术委员会提出并归口，且该标准的起草单位包括了多米诺标识科技有限公司，该标准引用的文件中包括了《工业产品使用说明书》。包装机械属于工业用机械设备，其在《类似商品和服务区分表》属于第 7 类商品中的 0721 群组。最后，从涉案喷码机的功能、喷印速度、销售渠道和消费对象看，其不属于家用或普通商业用的电子设备。由于涉案喷码机属于工业机械设备，故其应属于第 7 类商品。

第二，喷码机行业的倾向性意见是喷码机商品属于第 7 类商品。

根据商标局 2014 年第 118 号复函，最早一批在"喷码机"商品上申请注册的商标有第 1005292 号"达喜"商标、第 1023207 号"DIAGRAPH"商标、第 1171492 号"WIEDENBACH HR P"商标、第 1581714 号"CESS"商标等，均申请注册商标用商品和服务国际分类第 7 类商品上。在本案第 G709885 号注册商标申请国际注册的同一时期（1997～2001 年），其他在"喷码机"商品上申请注册的商标有第 1171491 号"威登巴赫"商标、第 1171492 号"WIEDEN-BACH HR P"商标、第 1581714 号"CESS"商标、第 1581715 号图形商标、第 1705592 号"DIATEC"商标、第 1976026 号"顺茂 SOOMA"商标，均申请注册在第 7 类商品上。根据商标局的数据库资料显示含"喷码机"商品的商标大多数在第 7 类申请注册，较少在第 9 类申请注册，且商标局亦不认可"喷码机"商品在商标注册方面处于第 9 类商品向第 7 类商品（机械类）过渡的趋势。可见，从最早在"喷码机"申请商标注册至今，喷码机行业的倾向性意见是喷码机属于第 7 类商品。

第三，本案现有证据不能证实第 G709885 号注册商标核定使用的第 9 类商品中具体哪一个商品包括了杜高公司生产的喷码机。权利人、商标局对于涉案喷码机应属于第 G709885 号注册商标核定使用的第 9 类商品的具体哪一种商品，意见不一致。

首先，商标局认为符合第 9 类分类标准的喷码机属于第 G709885 号注册商标核定使用的第 9 类商品中"ink jet marking apparatus"（喷墨标示装置）。经查，商标局就本案第 G709885 号注册商标出具过两份商标注册证明，其中 2012 年的商标注册证明中与中文商品名"喷码机"对应的英文商品名是"ink jet marking apparatus"，对应的中文商品名是"喷墨绘图器具"，而本案第 G709885 号注册商标档案中与英文商品名"ink jet marking apparatus"对应的中文商品名是"喷墨标示装置"，商标局在 2014 年 10 月号复函也认为本案第 G709885 号注册商标核定使用商品"喷墨标示装置"包括符合第 9 类标准的"喷码机"。

其次，权利人对涉案喷码机是第 G709885 号注册商标指定的第 9 类商品中具体哪一个商品，意见不明确。经查，在多米诺标识科技有限公司提交的第 G709885 号注册商标的中文翻译件中与喷码机对应的英文名称为"ink jet marking apparatus"，而在其提交的《有关多米诺 A 系列喷码机所属商品分类的阐述》中却称多米诺公司通过国际商标注册马德里体系注册了第 G709885 号商标指定的商品包括"ink jet printers"等，喷码机的英文通用名称是"ink jet printers"。但商标局却认为与英文商品名"ink jet printers"对应的中文商品名是"喷墨打印机"，而非喷码机。可见，权利人自身对中文"喷码机"

商品所对应的英文商品名意见不明确，并且权利人认为喷码机的英文通用名称是"ink jet printers"的意见并未得到商标局的认可。

第四，从多米诺公司的商标注册情况看，其最初在喷码机商品上使用的商标是申请注册在第 7 类商品上的。

经查，多米诺公司曾在 1995 年向国家商标局申请注册了四个商标，分别在第 7 类和第 9 类商品上申请注册了连个商标，其中，第 938241 号商标

domino、第 9699670 号多米诺商标，核定使用商品为第 7 类，包括印刷机械、贴标签机，喷墨印刷机，喷墨印刷机的印刷头（机器零件），上述产品的零部件；第 942701 号 **domino** 商标、第 975852 号多米诺商标。

核定使用商品为第 9 类，包括打印设备、打印机的电动机电子控制设备及上述产品的零配件。上述商标均于 1995 年申请并于 1997 年经商标局核准注册，2007 年均因期满未续展而在专用权期限届满后归于无效。从多米诺公司在国内申请注册的 4 个商标核定使用的商品来看，其在第 9 类上申请使用的商品"打印设备、打印机的电动机电子控制设备及上述产品的零配件"显然不包括喷码机，而多米诺公司迄今为止仅生产一种机器即喷码机，故其生产的喷码机应当属于上述注册商标中在第 7 类上申请使用的商品"印刷机械、喷墨印刷机"。据此分析，多米诺公司在最初进入中国时，其在喷码机商品上使用的商标是申请注册在第 7 类上。

第五，商标局商标评审委员会认为第 7 类的印刷机器、喷墨印刷机、喷码机（印刷工业用）等商品与第 9 类的喷墨打印装置等商品不属于"同一种商品"。

经查，商标局商标评审委员会在"关于第 6844050 号多米诺商标的异议复审裁定书"以及"关于第 6844050 号 DOMINO 商标的异议复审裁定书"中认定：李贵忠在第 7 类商品上申请注册的"多米诺""DOMINO"商标指定使用的商品包括印刷机器、喷墨印刷机、喷码机（印刷工业用）等商品，多米诺公司在第 9 类商品上注册使用的第 1984308 号"多米诺"商标，第 G709885 号"DOMINO 及图"商标核定使用的商标包括喷墨打印装置、工业用喷墨打印机的电动、电子控制装置等商品，李忠贵申请的第 7 类商品与多米诺公司注册商标核定使用的第 9 类商品在功能用途、销售渠道、消费对象等方面关联性较强，具有一定的重叠性。综合考虑，李忠贵申请的商标与多米诺公司的注册商标构成《商标法》第 28 条所指的"使用在类似商品上的近似商标"。从上述裁定书的意见分析，商标局商标评审委员会认为第 7 类的印

刷机器、喷墨印刷机、喷码机（印刷工业用）等商品与第9类的喷墨打印装置等商品属于类似商品，并不属于"同一种商品"。

第六，原审判决根据多米诺公司生产的喷码机在机器结构和功能上均可与计算机连用来判断涉案喷码机属于第9类商品，理由不成立。商标局2014年第118号复函已明确表明"区分属于第7类和第9类的喷码机并非以是否与计算机连用控制为标准，而是根据功能、用途、销售渠道、消费对象等方面进行分类"，故该意见已经推翻了商标局2014年第10号复函中关于喷码机"功能、用途等与计算机连用的打印机类似的喷码机，属于第9类；功能、用途等和塑料导线印字机、工业打标机类似的，属于第7类"的意见。

综上所述，涉案喷码机属于《类似商品和服务区分表》中的第7类商品，即杜高公司生产、销售的喷码机与多米诺公司第G709885号注册商标核定使用的第9类商品并非"同一种商品"。因此，原判认定杜高公司、心可公司、上诉人谢汝周、谢汝标、淡颜、罗勇、谢佩桃、李宏诗、孔令明、梁兴荫、艾博、苏桂彬、李声武、胡敏强、刘志坚、郑凯构成假冒注册商标罪适用法律不当。原公诉机关指控上诉人谢汝周、谢汝标、淡颜、罗勇、谢佩桃、李宏诗、孔令明、梁兴荫、艾博、苏桂彬、李声武、胡敏强、刘志坚、郑凯所犯罪名不成立。本案经本院审判委员会讨论决定，依照《中华人民共和国刑事诉讼法》第225条第1款第（2）项的规定，判决如下：

1. 撤销广州市越秀区人民法院（2013）穗越法知刑重字第3号刑事判决。

2. 上诉人谢汝周、谢汝标、淡颜、罗勇、谢佩桃、李宏诗、孔令明、梁兴荫、艾博、苏桂彬、李声武、胡敏强、刘志坚、郑凯无罪。

本判决为终审判决。

审 判 长　龚麒天
审 判 员　邓永军
审 判 员　彭 盎
2014 年 12 月 18 日
书 记 员　韩亚圻

著 作 权

案例 09

关于"吴全林涉嫌侵犯著作权罪案"的法律意见书

务实（2012）第 012 号

　　受上海朱妙春律师事务所委托，北京务实知识产权发展中心于 2012 年 9 月 29 日召开了"'吴全林涉嫌侵犯著作权罪案'专家研讨会"。中国社会科学院法学研究所研究员、博士生导师、中国科学院研究生院法律与知识产权系主任、中国知识产权研究会副理事长李顺德，中国政法大学民商法学院教授、博士生导师张今，北京大学知识产权学院教授、博士生导师张平，中国社会科学院法学研究所副研究员周林，北京理工大学法学院院长、教授、博士生导师曲三强，中国版权保护中心副主任索来军，原最高人民法院知识产权庭法官段立红，原北京市高级人民法院民三庭副庭长、北京务实知识产权发展中心主任程永顺等资深知识产权法律专家、学者参加了研讨。

　　研讨会由北京务实知识产权发展中心主任程永顺主持。

　　与会专家在认真审阅委托方提供的与本案有关的材料、了解案件相关背景情况的基础上，围绕我国《著作权法》的相关规定，对以下与本案相关的法律问题进行了深入研讨，并充分发表了各自的意见：已有绘画、摄影等作品进行拼接、组合所形成的合成作品属何种作品？此类作品的作者拥有何种权利？应当如何受到保护？本案中，新际公司及全盛公司所使用的窗帘布合成图案，其权属究竟如何界定？作品登记的效力如何认定？各地版权局的作品登记证与国家版权局的著作权登记证的效力有何区别？我国著作权刑事保护的立法本意是什么？本案中的情形是否属于我国《刑法》关于侵犯著作权犯罪所规定的情形？《刑法》第 217 条关于侵犯著作权罪第一项中所规定的"其他作品"的范围是什么，具体是指哪些作品等。

一、背景情况

（一）嘉兴市盛世装饰布有限公司及其与常州新际装饰材料有限公司纠纷历史的基本情况

嘉兴市盛世装饰布有限公司（法定代表人吴君，系吴全林之子，以下简称"盛世公司"）与常州新际装饰材料有限公司（以下简称"新际公司"）都是专业生产窗帘布的公司。两家公司生产的窗帘布使用的图案均是委托专业设计人员完成的，设计人员按要求从正片出租公司出租、网络图库下载或扫描挂历、油画，从中选择相应的素材，将若干图片或素材进行整合，形成相应的图案。

盛世公司系嘉兴市秀洲区油车港镇的一家民政企业，现有职工 150 名，其中残疾职工 31 名，2011 年公司产值近 1 亿元，上缴税收 180 万元，公司主要生产印花窗帘。

因盛世公司与新际公司同业竞争及经济纠纷等原因，新际公司曾于 2006 年 6 月以盛世公司生产的窗帘布上的图案侵犯其著作权为由，向武汉市中级人民法院提起著作权侵权诉讼。与此同时，新际公司又向郑州市公安局中原分局刑事报案。经武汉市中级人民法院开庭审理查明，新际公司并不享有盛世公司生产的印花窗帘图案的著作权。故在法院审理后，新际公司撤回了共计 18 件著作权侵权案诉讼，并承担了全部诉讼费用及律师费。同时，郑州市公安局中原分局在查明事实后也撤销了对该案的立案。

（二）本案的基本事实

2012 年 5 月 16 日，江苏省常州市公安局新北分局经侦大队（以下简称"新北分局"）一行 28 人（后经查明除 8 名公安干警外，其余 20 名为新际公司员工），突击检查浙江省嘉兴市全盛纺织有限公司（盛世公司的关联企业，法定代表人吴全林，以下简称"全盛公司"）。新北分局称该局于 3 月 5 日受理新际公司报案，指控全盛公司生产的窗帘布上的图案侵犯了新际公司所拥有的著作权，其权利依据是新际公司在江苏省版权局的作品登记证。新北分局依法办案，进行侦查、取证，并强行扣押 63 卷近千米窗帘布。

2012 年 8 月，全盛公司法定代表人吴全林被江苏公安机关逮捕。目前，此案仍在刑事侦查阶段。

2012 年 5 月 28 日，全盛公司找到当年为新际公司制作合成图片的工作人员赵永贤，向其了解涉案作品的创作情况，该工作人员出具了一份创作情况说明（见附件 3），根据她的说明介绍，在 2001～2004 年，其分别在东莞运城制版公司与义乌丁豪制版公司的设计部任设计工作，在此期间，她设计的部分卷帘作品被常州新际公司选中后制版。作品的著作权登记证是由新际公司所办。作品的创作思路与过程主要是通过阅读大量素材，有了创作灵感后，再经过电脑软件组合加工、喷绘设计完成，且使其富有美感。而素材的主要来源是图库、正片、挂历等。针对其完成的 19 幅作品，她大体回忆了设计过程及素材来源。上述绝大多数作品素材来源不明，部分内容涉嫌侵犯他人著作权。

关于新际公司作为权利依据的江苏省版权局的作品登记证，大部分登记日期为 2006 年 7 月，少量为 2004 年 2 月或 8 月，个别为 2003 年 10 月。部分相同作品全盛公司的关联公司也拥有在浙江省版权局的作品登记证或国家版权局的著作权登记证，时间为 2006 年 10 月。据介绍，双方之所以进行大量的版权登记主要是为应对 2006 年双方的侵权诉讼进行的准备。

通过对比新际公司主张著作权的设计图案与全盛公司生产的窗帘布上使用的设计图案，二者并不完全相同，从主体上来看，内容应当来源于相同的底图及元素图案，一些修饰及编排并不完全相同，区别于对窗帘布设计图的直接扫描，二者来源于不同的设计（详见附件 1、2）。

（三）与案件有关的背景情况介绍

近十年来，窗帘布设计行业发展有了较大的变化，随着数码相机及数码照片的引入，传统通过正片出租、图库扫描等方式的设计手段，大量地被数码照片及数码图片的设计编排所取代。十年前较大的设计公司共有约 20 家，时至今日，该领域较大的设计公司仅剩 4 家。就设计人员而言，由于此类设计需要一定的积淀与传承，此类设计人员主要来自于山西运城等地区。在行业内，同一设计被多家机构的多名设计人员所采用是较为常见的事实，由于都是亲戚、老乡的关系，正片、图库包括设计成品图常常在设计人员间共享。就设计成品图本身而言，一般为设计人员根据客户的描述按照客户的需求所创制。特别是随着数码编排的发展，由于印染行业主要利润在于所制印版，区别于早期制版公司将制作费作为重要经济收入来源，目前的设计费仅为象征性收取或少量收取。

据为全盛公司设计图样的主要设计人员王小莉介绍，2001～2006 年，王小莉夫妇作为山西运城制版集团驻上海、临安分公司的业务员和图案设计师为公司设计了大量窗帘图案，其中部分图案卖给了新际公司，但按当时的约定，新际公司仅有两年的使用权，后山西运城制版集团又将上述图案中的部分（近百幅）图案再次卖给全盛公司。2006 年后，王小莉又与丈夫宋永青作为临安运锦制版有限公司员工的身份为全盛公司设计了高清图样约 40～50 幅。

随着全盛公司不断壮大，其市场份额逐年增加，从 2006 年市场占有率仅有百分之十几，逐渐发展为今天 60%～70% 的市场占有率。与此同时，业内的龙头企业新际公司则由十年前的 80%～90% 下滑为 20% 左右的市场占有率。二者之间是同业竞争关系，两家企业作为全国最大的两家窗帘布生产企业对窗帘布市场拥有绝对的支配地位。

二、研讨会依据的材料

北京务实知识产权发展中心接受委托后，将委托方提交的相关材料送交专家阅读。本次研讨会依据的材料包括：

1. 新际公司主张著作权的设计图案；
2. 全盛公司生产的窗帘布上使用的设计图案；
3. 为新际公司制作合成图片的工作人员赵永贤出具的情况说明；
4. 新际公司作为权利依据的江苏省版权局的作品登记证汇总表；
5. 全盛公司的关联公司嘉兴市栖真华祥织造厂所持有的一系列国家版权局著作权登记证及浙江省版权局作品登记证；
6. 王小莉夫妇关于全盛公司与新际公司窗帘图案著作权纠纷证言及浙江开发律师事务所对宋永青所作的调查笔录。

三、研讨会的主要议题

根据委托方的委托及所提交的材料，专家研讨会主要围绕下述问题进行了研讨。

1. 依据我国《著作权法》的相关规定，对已有绘画、摄影等作品进行拼接、组合所形成的合成作品属何种作品，此类作品的作者拥有何种权利？应当如何受到保护？
2. 本案中，新际公司及全盛公司所使用的窗帘布合成图案，其权属究竟如何界定？作品登记的效力如何认定？各地版权局的作品登记证与国家版权局的著作权登记证的效力有何区别？
3. 我国著作权刑事保护的立法本意是什么？本案中的情形是否属于我国《刑法》关于侵犯著作权犯罪所规定的情形？《刑法》第 217 条关于侵犯著作权罪第 1 项中所规定的"其他作品"的范围是什么，具体是指哪些作品？

四、专家意见

与会专家围绕上述问题进行了热烈讨论，充分发表了意见。经过归纳整理，形成以下法律意见。

（一）依据我国《著作权法》的相关规定，对已有绘画、摄影等作品进行拼接、组合所形成的合成作品属何种作品？此类作品的作者拥有何种权利？应当如何受到保护？

多数与会专家认为，对于诸如本案中所涉及的窗帘布设计图案等已有绘画、摄影等作品进行拼接、组合所形成的合成作品，从作品的表现形式来看，依据我国《著作权法》第3条第1款第（4）项的有关规定，此类作品应当被认定为"美术作品"。也有专家认为，依据《保护文学和艺术作品伯尔尼公约》第2条第1款的规定，本案中涉及的窗帘布设计图案应当归为"实用艺术作品"较为准确，虽然我国现行的《著作权法》中没有明确进行规定，但是此次《著作权法》（修改草案）中已经明确将"实用艺术作品"作为作品类型的一种，也说明了这种趋势。

与会专家一致认为，无论此类作品属于"美术作品"抑或是"实用艺术作品"，利用既有或已有的作品，在此基础上通过演绎、改编、汇编、编辑等产生新的作品，只要作品本身有独创性，符合《著作权法》规定的作品构成的法定要件，就应当受到《著作权法》的保护，这一点毋庸置疑。

相比之下，对于此类作品从表现形式上的划分并不重要，因为无论其作为哪种作品类型都应当受到我国《著作权法》的保护，而对此类作品权属关系的划分则显得更为重要，只有对作品权属关系的划分才涉及作品的权利归属问题。从作品的权属关系来看，此类作品属于"演绎作品"。由于我国《著作权法》中没有"演绎"这一术语，所以依据我国《著作权法》第9条的规定，可以将其认定为"改编作品"。在原有作品或者素材的基础上进行改编创作，只有创作水平达到一定程度以后才能形成改编作品，改编作者对原始素材并不享有权利，仅对其改编完成体现其独创性的部分享有著作权，对于原始素材如果未经授权，还存在侵犯他人著作权的可能性。此外，如果原始素材属于知识共享（Creative Common）的摄影、美术作品，其本身就放弃了有关权利，则改编者在此基础上的创作也必须符合知识共享的要求，所完成的作品也属于知识共享作品，他人在此基础上的合法使用也未必构成侵权。因此，对于此类作品的保护，首先要清楚界定其权利归属，在此基础上才能够明确其具体的保护范围和形式。

（二）本案中，新际公司及全盛公司所使用的窗帘布合成图案，其权属究竟如何界定？作品登记的效力如何认定？各地版权局的作品登记证与国家版权局的著作权登记证的效力有何区别？

关于著作权权利归属问题，与会专家认为，本案涉案的窗帘布设计图案，每一张图分别构成单独的作品，拥有不同的著作权，63卷窗帘布对应63张设计图，属于 63 项独立的作品，分别拥有 63 项著作权，因此，不能打包成一项权利来理解。由于 63 张图差异较大，情况复杂，为了清楚界定著作权的权利归属，必须首先通过民事诉讼程序，根据具体的证据情况，对每一项作品进行分析最终由法院作出认定。

从当前案件的实际情况出发，由于不能确定著作权权利转让的具体情况，涉案的窗帘布设计图案的权利归属难以确定。仅依据现有证据来看，新际公司和全盛公司仅是作品的使用人，很难证明 63 项著作权归争议双方所有，多数与会专家认为著作权归设计公司或设计者所有的可能性更大。

关于作品登记的问题，与会专家认为，我国的作品登记是从 1994 年开始的，其依据是国家版权局于 1994 年 12 月 31 日发布并于 1995 年 1 月 1 日开始实施的《作品自愿登记试行办法》，依据该办法第 2 条、第 3 条的规定，作品实行自愿登记。作品不论是否登记，作者或其他著作权人依法取得的著作权不受影响。各省、自治区、直辖市版权局负责本辖区的作者或其他著作权人的作品登记工作。国家版权局负责外国以及中国台湾、香港和澳门地区的作者或其他著作权人的作品登记工作。依据该规定，国家版权局只负责涉外作品登记，各地方版权局以当事人户口所在地为区划负责辖区内的作品登记。1998 年中国版权保护中心成立，新闻出版总署的批复中批准中国版权保护中心可以负责国内外各类作品登记，因此，国内作者可以选择在户口所在地进行作品登记也可以选择在中国版权保护中心登记。

关于作品登记的效力问题，与会专家认为，目前我国的作品登记只是作为著作权权利归属的初步证据，其主要是一种形式上的证据。由于申请作品登记时登记机构并不进行实质性审查，只是初步依照申请人自己提交的材料推定其享有著作权，所以只有在没有权属争议的情况下，才能认定作品登记的申请者为著作权人。作品登记的作用只是在没有相反证据的情况下推定著作权权利归属。仅凭作品登记证本身并不能证明著作权权属的真实情况，还需要权利人在实际完成作品创作过程中的证据才能证明著作权的权利归属、权利的产生时间、权利是否合法、最终形成哪些权利等，仅凭作品登记证本身并不能作为主张权利的依据。如果争议双方对著作权权属存有争议，则作品登记证明本身并没有实际意义，法院需要通过对案件中作品创作及权属确立的各项证据进行全面审查，最终才能确定作品的权利归属。

各地方版权局的作品登记证和中国版权保护中心出具的著作权登记证，二者效力完全相同。由不同机关对同一作品进行登记的效力也是完全相同的，不会因为时间的先后顺序而认定在先登记的效力更高或者证明力更强。由于目前我国没有设立作品登记后的异议程序或复议程序，所以对于已经在不同机关登记的同一作品，并不会因时间先后顺序而撤销在后登记。

（三）我国著作权刑事保护的立法本意是什么？本案中的情形是否属于我国《刑法》关于侵犯著作权犯罪所规定的情形？《刑法》第217条关于侵犯著作权罪第一项中所规定的"其他作品"的范围是什么，具体是指哪些作品？

与会专家认为，我国《刑法》第217条第1款第（1）项中所规定的"未经著作权人许可，复制发行其文字作品、音乐、电影、电视、录像作品、计算机软件及其他作品的"，该条款所规定的"其他作品"并没有作品类型方面的限制，对于受到《著作权法》保护的各类作品，只要违反了《刑法》第217条的有关规定，主观上以营利为目的，客观方面采取了侵犯著作权的行为，违法所得达到了数额较大或者有其他严重情节的，就构成了侵犯著作权罪。本罪的争议焦点不在于犯罪构成的客体，而在于对客观方面的判断。

从犯罪构成的客观方面来说，多数专家认为，对于"复制发行"行为的认定在实践中一直存在争议，2007年《最高人民法院、最高人民检察院关于办理侵犯知识产权刑事案件具体应用法律若干问题的解释（二）》第2条对这一问题作出了具体规定，即认定《刑法》第217条侵犯著作权罪中的"复制发行"包括复制、发行或者既复制又发行的行为。

少数专家认为，《刑法》确立了罪与非罪最为严格的边界，《刑法》界定了公民行为最基本的底线，"法无明文规定不为罪"是《刑法》的基本原则，在法律没有明文规定某种行为构成犯罪的时候不能作扩大化的解释。根据经典的刑法理论，我国《刑法》第217条所规定的侵犯著作权罪的客观方面表现为侵犯著作权和与著作权有关的权益，情节严重的行为。具体到该条第1款第（1）项的规定，应当是未经著作权人许可的"复制发行"行为，该条的立法本意在于复制与发行是一个紧密联系的整体行为，应同时具备才构成本罪，仅仅具备一个方面不符合本罪行为特征。此外，区别于对文字作品、音乐作品等作品的复制发行，本案中所涉及的将实用美术作品或美术作品使用在窗帘布上的行为，并不属于《刑法》中所规定的"复制发行"行为。

除上述犯罪行为本身的客观方面要件外，构成侵犯著作权罪还需要犯罪行为导致的"违法所得数额较大或者有其他严重情节"。与会专家一致认为，关于侵犯著作权犯罪情节的判断，对于诸如本案中将设计图案印制在商品表面作为商品的外观或外包装的情节的认定，与文字、音乐、电影、电视、录像作品、计算机软件等作品直接以复制作品为目的的复制发行存在明显区别，图书、电影、录像作品、计算机软件等产品本身的价值直接来源于作品的使用价值，而窗帘布还有其自身作为窗帘的功能和使用价值，附着于其上的图案并不能单独带来价值，外观或者外包装所起到的只是包装、装潢和装饰的作用。消费者购买该商品时，首先考虑的是购买窗帘的功能，同时还要兼顾窗帘的材质、质量等多种因素，其所购买的并不是窗帘布的图案，因此，在认定情节计算数额时，不能把作为物质载体的窗帘的整体价值作为作品本身的价值加以计算，计算违法所得数额时应将两者区分开来，合乎情理地加以计算，这样才能比较准确地计算出侵权数额，在此基础上才能最终认定是否符合《刑法》侵犯著作权罪客观方面关于情节的规定。

此外，与会专家一致认为，对于本案中涉及侵犯著作权的情形应当慎重加以考虑，先民后刑，首先从民事诉讼出发，从63项著作权权利归属着手，将每一项权利的归属界定清楚，再考虑是否侵犯了民事权利以及是否构成刑事犯罪的问题。在权利归属没有确定的情况下，首先应由法院进行权属认定，只有在权利归属明晰的情况下，才能对是否构成侵权以及是否构成刑事犯罪作出判断。

随着社会经济的发展，虽然市场竞争日益激烈，企业间的竞争达到了白热化的程度，但是公安机关应当注意公检法部门的形象，不能动用公权力参与企业间的市场竞争，杜绝"民事责任刑事化"、将刑事手段纳入市场竞争的情形。

以上意见系基于委托方提供的材料、根据专家学者的意见归纳整理作出，仅供参考。

北京务实知识产权发展中心

2012 年 10 月 12 日

附件 09 - 1

江苏省高级人民法院刑事裁定书

[（2014）苏知刑终字第 0003 号]

原公诉机关：江苏省常州市人民检察院。

上诉人（原审被告人）：吴全林，系嘉兴市全盛纺织有限公司法定代表人、嘉兴市盛世装饰布有限公司实际负责人，住浙江省嘉兴市秀洲区油车港镇池湾村池湾港 10 号。2012 年 8 月 18 日因涉嫌犯侵犯著作权罪被刑事拘留，2012 年 9 月 21 日被逮捕，2014 年 9 月 22 日被取保候审。

辩护人：朱妙春，上海朱妙春律师事务所律师。

辩护人：申本金，北京大成（南京）律师事务所律师。

江苏省常州市中级人民法院审理江苏省常州市人民检察院指控原审被告人吴全林侵犯著作权罪一案，于 2014 年 1 月 10 日作出（2013）常知刑初字第 12 号刑事判决。原审被告人吴全林不服，提出上诉。本院受理后依法组成合议庭，于 2014 年 9 月 19 日公开开庭审理了本案。江苏省人民检察院指派检察员张桂彤、代理检察员吴晓敏出庭履行职务。上诉人吴全林及其辩护人朱妙春、申本金，北京浩天信和律师事务所律师马晓刚、史倩倩受被害单位常州依丽雅斯纺织品有限公司（以下简称“依丽雅斯公司”）的委托到庭参加诉讼。本案现已审理终结。

原审判决认定：

常州市新际装饰材料有限公司（以下简称“新际公司”）成立于 2002 年 5 月 31 日，法定代表人张天安，住所地江苏省常州市新北区时代商务广场南 A906 室，现经营范围包括装饰材料、窗帘的销售等；依丽雅斯公司成立于 2005 年 11 月 9 日，法定代表人万杏花（现法定代表人沈莉萍），注册资本 1350 万元，住所地江苏省常州市新北区汉江西路 118 号，现经营范围包括纺织制成品的设计、加工、制造等。

新际公司委托东莞运城制版有限公司（以下简称“运城公司”）的李光

煜、赵永贤创作《静》《其乐融融》《两小无猜》《海上长堤》《椰树情怀》《闲趣》《梦之旅》《雅室生辉》《园艺》《月亮惹的祸》《九天瀑布》《金玉满堂》《蓝色海豚》《千帆竞逐》《快乐家园》《瑞雪》《盛夏果实》《家》《碧水涟漪》《绿色家园》《古马书情》《四季飘香》《海滨度假》《休闲时分》《一帆风顺》《幸福之家》《窗外美景》《春意浓浓》《海滨乐园》《世外桃源》《小桥流水》《香》《海滨飞鸟》《窗纱》《芬芳四溢》35 份美术作品，新际公司与前述作者约定美术作品著作权归属新际公司，并由新际公司作为著作权人在江苏省版权局予以登记；新际公司还印制了《金鸡窗饰2005 2》窗饰图案宣传册，该宣传册包含前述美术作品；2006 年 12 月 15 日，新际公司将其名下登记的所有的产品图案著作权转让给依丽雅斯公司。依丽雅斯公司将前述美术作品用于窗帘布的生产、销售。

嘉兴市全盛纺织有限公司（以下简称"全盛公司"）成立于2004 年11 月4 日，法定代表人吴全林，住所地浙江省嘉兴市秀洲区油车港镇池湾村，经营范围包括化纤织品的生产、销售等；嘉兴市盛世装饰布有限公司（以下简称"盛世公司"）成立于2006 年1 月19 日，法定代表人吴君，住所地浙江省嘉兴市塘汇工业园区平一路西，经营范围包括装饰布的加工、批发等。被告人吴全林为该两公司实际负责人。

2005～2006 年，被告人吴全林经宋永青介绍，以盛世公司的名义委托杭州运锦制版有限公司（以下简称"运锦公司"）制版。被告人吴全林向运锦公司提供窗帘布样布、光盘（内含窗帘布照片或图案扫描件等素材）等并要求运锦公司按样制版，运锦公司打出的罗兰样经被告人吴全林所实际负责的公司确认后，运锦公司即制作出印刷版辊并交由盛世公司生产带有图案的印花纸，全盛公司再将印花纸印制到窗帘布上并予以销售。盛世公司、全盛公司通过前述方式生产并销售窗帘布，其使用名称为《诚信》《自得其乐》《闲情逸致》《天真浪漫》《海上竞技》《亲密无间》《一帘幽梦》《瀑布美景》《美满幸福》《长堤美景》《浪漫满屋》《无忧无虑》《皑皑白雪》《河畔椰景》《园中曲径》《海豚之恋》《春华秋实》《锦绣山河》《滴水情》《熊猫宝贝》《书香世家》《四季果香》《海滨之旅》《休闲一刻》《乘风破浪》《天伦之乐》《湖光山色》《春意盎然》《海滨游乐场》《秋色韵律》《双宿双飞》《飘香》《海鸥戏水》《轻纱飘拂》《香溢浓浓》的图案（与前述新际公司美术作品依序对应），经中国版权保护中心版权鉴定委员会鉴定，分别与依丽雅斯公司使用在其窗帘布上的美术作品相同，构成复制关系。盛世公司印制《盛世窗饰超高清晰系列》《盛世窗饰特超高清晰》窗饰图案宣传册，该二份宣传册包含前述35 幅图案。盛世公司、全盛公司将前述图案印制到窗帘布上并销售，未获得新际公司或依丽雅斯公司的许可。

2012 年 5 月 16 日，常州市公安局新北分局在见证人施海英的见证下，从全盛公司王再兴处扣押了该公司生产的包含印有涉案 35 份美术作品的窗帘布在内的 63 种窗帘布各 1 卷，共计 695.7 米。2012 年 6 月 19 日，常州市公安局新北分局在见证人何丽琴的见证下，在"红达窗饰经营部"（经营地址为浙江省绍兴县柯桥轻纺城北二区二楼一号）的仓库（位于绍兴县齐贤镇陶里村）内对名为《海上竞技》《天伦之乐》等若干种窗帘布进行清点，其中印有涉案 35 份美术作品的窗帘布经原审法院核计 23 511 米。2012 年 8 月 27 日，常州市公安局新北分局在见证人薛建成的见证下，以涉案美术作品著作权登记样图的完整图案为依据，对前述查扣的窗帘布进行测量，涉案被控侵权窗帘布一幅图案的长度为 1 米、1.2 米、1.3 米、1.4 米不等。根据各被控侵权窗帘布的长度及其图案的长度，计算出涉案被控侵权复制品数量为 19000 余份；根据被控侵权窗帘布的价格（幅宽 2 米的销售价格为每米 4.3 元，幅宽 2.3 米的销售价格为每米 5.3 元），计算前述两万余米被查获的已销售及未销售的被控侵权产品价值至少为十万余元。

被告人吴全林在归案后向常州市公安局新北分局检举揭发他人存在偷漏税情况，该局于 2013 年 12 月 10 日出具材料表明现尚未查实且 3 个月内难以查证；被告人吴全林在庭审中检举揭发他人存在或侵占或诈骗的情况，常州市公安局新北分局于 2013 年 12 月 30 日出具材料表明不能查实。

原审法院认为：

（1）根据本案相关证人证言及摄影素材物证，涉案 35 幅图案的创作过程为，设计者将已有的摄影素材或图片经过挑选、编排并利用制图软件制作其他元素、场景，并配以合适色彩融汇而成的具有审美意义的平面绘画，设计者对构成完整图案的相应素材的选择和安排以及整体构图的场景布置方面均展示出源自于设计者自身的个性印记，体现设计者独特的智力选择与判断，达到了一定水准的智力创造高度，符合我国法律法规关于作品独创性的要求，且具有可复制性，应当认定为经演绎而成的美术作品，演绎者对其演绎作品享有著作权。（2）《刑法》第 217 条第（1）项规定，"未经著作权人许可，复制发行其文字作品、音乐、电影、电视、录像作品、计算机软件及其他作品的"，未明确列举美术作品。从法律解释的角度，在我国《著作权法》对作品类型予以列举的情况下，应当根据著作权法对于作品类型的规定来解释刑法条文中的"其他作品"，显然"美术作品"应解释为刑法条文中的"其他作品"的一种。（3）窗帘布仅是涉案美术作品的载体，制版印刷只是对涉案美术作品的复制，窗帘布上的图案与窗帘布分离后，并不影响窗帘布的实用性，因此印花窗帘布并不属于同时具备实用性和艺术性两个方面的实用艺术品。（4）根据书证涉案35份美术作品的作品登记资料、转让协议、著作权登记证书的相关内容以及相关作者的言词证据，在登记资料中"作品创作完成形式"均注为"委托创作"；从相关作者的表述可以看出其均认为自己是相应图案的创作者；没有证据显示涉案美术作品的创作代表的是运城公司的法人意志，且包含涉案美术作品的宣传册《金鸡窗饰2005 2》上新际公司予以署名，故涉案35幅美术作品不应视为运城公司的法人作品，亦不应视为由运城公司享有著作权的特殊职务作品。另外，根据运城公司经理杨伟的证言，运城公司对于当初李光煜设计的图案未予保存，为本案提供证言时也没有对新际公司或依丽雅斯公司相关登记著作权的美术作品主张权利，故本案中尚未出现可以推翻当初涉案美术作品著作权归属新际公司的相反证据。综上所述，盛世公司、全盛公司以营利为目的，未经著作权人许可，复制发行他人美术作品，其要求运锦公司按样制版并将制版图案印制于窗帘布予以销售的行为具有侵犯他人著作权的直接故意，被告人吴全林作为该两公司上述行为直接负责的主管人员，其应当负责的侵权复制品数量为1900余份，非法经营数额达十万余元，属情节特别严重，其行为已构成侵犯著作权罪。江苏省常州市人民检察院指控被告人吴全林犯侵犯著作权罪，事实清楚，证据确实、充分，指控罪名成立。依照《中华人民共和国刑法》第217条第（1）项、第220条、第61条、第52条、第53条、第64条及《最高人民法院、最高人民检察院关于办理侵犯知识产权刑事案件具体应用法律若干问题的解释》第12条第1款，《最高人民法院、最高人民检察院关于办理侵犯知识产权刑事案件具体应用法律若干问题的解释（二）》第1条、第2条第1款、第3条、第4条之规定，判决：（1）被告人吴全林犯侵犯著作权罪，判处有期徒刑3年6个月，并处罚金人民币80000元。（2）扣押的印有涉案35份美术作品的窗帘布予以没收。

吴全林上诉请求撤销原审判决，改判其无罪。吴全林的主要理由：（1）重大事实不清。李光煜、赵永贤的设计人身份不清；没有原始创作底稿和创作资料；本案定案的主要证据是证人证言，而很多证人证言内容前后相互矛盾，且涉案34万元设计费去向没有查清。（2）定性不当。运城公司的法人作品和特殊职务作品被定性为个人作品；著作权中的使用权被等同于著作权本身；其没有侵犯著作权的故意，但被认定为有犯意。（3）法律适用不当。涉案作品属于实用艺术品，不应当用刑法加以保护；原审系以有罪推定取代疑罪从无，吴全林的行为不构成犯罪。

被害单位认为，原审判决认定事实清楚，适用法律正确，量刑适当。

经庭前会议充分协商，检辩双方及被害单位诉讼代理人一致同意就本案一审证据已发表的质证意见，不再重复发表质证意见，二审庭审主要围绕新证据组织质证。

辩护人提供下列证据：（1）2006 年湖北省武汉市中级人民法院审理相关案件（以下简称"武汉中院相关案件"）开庭笔录等诉讼材料；（2）证人王再兴证言笔录及相关图样；（3）辩护人咨询海宁运城制版公司专业人员制作的调查记录；（4）吴全林公司生产窗帘样布实物。上述证据，用以证明因新际公司对武汉中院相关案件所争议图片未提供合法来源，且未能提供作品原件和原始创作材料，并因此而撤诉；通过提供样布扫描方式制版，不可能达到高质量和高清晰度窗帘布的效果，吴全林不存在提供样布制版的情况，涉案图样系宋永青提供。

二审开庭时，辩护人申请证人王再兴出庭作证。关于涉案窗帘布图案究竟是谁提供，王再兴作证称，是"制版公司提供的，宋永青帮我们拿过来的"；关于吴全林安排其送过的两次东西究竟为何物，王再兴作证称，"有两种布，一种是常熟的漂白布，另外一种是客户寄过来的要求返工的窗帘布。常熟公司我们合作了许多年。我们的坏布拿过去，他们帮我们漂白炔干"，"拿到制版厂后打样的时候他们要用"。

对上述证据，检察员和被害单位诉讼代理人分别发表了质证意见；辩护人、检察员和被害单位诉讼代理人分别对证人王再兴进行了询问。

检察机关提供下列证据：（1）李光煜于 2014 年 7 月 12 日署名的"情况说明"；（2）谢荣华等 5 人的社保缴费查询记录表；（3）2006 年武汉中院相关案件诉前停止侵权行为和证据保全等民事裁定书；（4）无锡红宝等 4 家公司分别出具的制版流程说明；（5）送达、执行笔录一份。上述证据，用以证明所有涉案作品创作素材以及费用都是由沈莉萍提供，李光煜等对作品转让毫无异议；谢荣华等人是依丽雅斯公司的员工，2006 年被盛世公司挖过去；2006 年新际公司在武汉中院撤诉的真正原因是因为法院采取证据保全被拒；制版过程是由客户提供样稿，王再兴证言与此有重大矛盾。

二审开庭时，检察机关申请的证人被害单位依丽雅斯公司法定代表人沈莉萍出庭作证。关于涉案图案著作权权属，沈莉萍作证称，"我提供素材，委托李光煜进行设计，但是思路都是我的，是口头约定。提到了作品著作权的归属，委托设计的时候就约定了，所有的著作权归我们公司所有，李光煜他们没有意见。李光煜当时在东莞运城制版厂工作，运城公司也没有主张过著作权"；关于支付给李光煜等设计人员多少设计费用，沈莉萍作证称，"每幅300～500 元"；关于涉案相关转让协议为何出现"作品使用权"和"作品著作权"的不同表述，沈莉萍作证称，"真实意思是著作权转让"。

对上述证据，辩护人和被害单位诉讼代理人分别发表了质证意见；检察员、被害单位诉讼代理人和辩护人分别对证人沈莉萍进行了询问，本院亦进行了询问。

被害单位依丽雅斯公司二审未提供新的证据。

在庭审辩论阶段，各方结合一审、二审证据举证和质证意见，原审判决认定的事实和法律适用，重点就著作权犯罪案件的定罪标准和证明标准等问题，发表了辩论意见。

吴全林自我辩护：涉案制版全权委托宋永青；所有 170 万元制版和设计费用都支付了，其行为不构成犯罪。

辩护人的辩护意见：（1）关于涉案作品著作权归属的认定。原审判决认定著作权权属的直接证据只有作品登记资料。作品登记资料系著作权初始证据，不是确权证据，根据《刑事诉讼证据规则》的要求，不能排他性的确认依丽雅斯公司是著作权人。在 2006 年武汉中院相关案件中，吴全林即对新际公司的著作权提出异议，新际公司因没有提供原稿证据而撤诉。如果真的有原稿，当时完全可以让作者拿出原稿。在刑事诉讼中拿不出原稿，就不能证明是权利人，就存疑，不能作为定案根据。李光煜、赵永贤证言中存在一些足以影响到对作者和著作权真实性判定的有关情况，不能排除新际公司擅自进行登记的情形，不具有证明力。（2）关于侵权行为方式的认定。原审判决认定与侵权行为方式存在关联的证据只有宋永青、王小莉、杨齐善、王再兴 4 份证人证言，都是言辞证据，具有不确定性。公诉机关没有充分的证据证明涉案图案是从哪里来的，只说是吴全林提供的，但他是怎么提供的，如果提供的是样布，能否生产出查封产品的效果，这些都直接影响本案是否构成犯罪的认定。（3）关于对《刑法》第 217 条第（1）项规定的"其他作品"的理解。从罪刑法定的角度看，将美术作品或实用艺术品纳入"其他作品"的范畴是不适当的，应当慎重。

被害单位诉讼代理人发表辩论意见：（1）本案作品权属明确。我国著作权登记确实是自愿登记，但作品登记证也是权利主张的基础。著作权登记已经足以证明创作的状况，还有双方的协议和事后明确的书面主张；权利人的窗帘布图案宣传册，也是著作权对外的一种申明。（2）本案侵权行为确实，被告人侵权故意明显。（3）被害单位依丽雅斯公司的市场份额原占 70%，但吴全林的公司进入市场后，现在只占 30% 左右。因为吴全林的公司使用了未经许可的图案。证人沈莉萍所说每幅 300～500 元的创作费并不是实际产生的价值。

检察员发表出庭意见：（1）关于权属问题。著作权登记证，是一个初步证据，但在没有相反证据情况下，结合李光煜、赵永贤等人的证人证言，可以证明新际公司享有著作权。李光煜、赵永贤与新际公司签订转让协议，新际公司又将著作权转让给依丽雅斯公司，虽然作品使用权和作品著作权表述用语不同，但因不是专门法律人员，用语不规范也属正常。至于辩护人提到原稿问题，因案件发生在十多年前，这些素材或者原稿是否还保管存在，但也不能推翻之前的结果。（2）关于吴全林是否有侵权事实问题。证人王再兴出庭作证，其证言与宋永青证言存在冲突；王小莉的证言出现了反复，但作出了合理解释。杨齐善作为制版厂负责人，没有利害关系。因此，杨齐善、宋永青、王小莉的证言是合法可信的。（3）涉案图案符合作品的构成要件，符合《刑法》第 217 条第（1）项的规定。检察员也注意到有些证据存在矛盾，建议二审法院发回重审。

本院认为：本案的争点主要集中于侵犯著作权罪案件证明标准究竟应当如何把握。从现有一审、二审证据看，原审判决认定吴全林构成侵犯著作权罪，系认定事实不清，证据不足。具体分析意见如下。

首先，侵犯著作权罪的侵犯客体是著作权人的著作权和国家著作权管理秩序，因此，认定构成侵犯著作权罪，前提是著作权权属必须具有确定性。根据我国《著作权法》的规定，作品创作完成后著作权自动产生，无需履行任何手续。我国对作品登记采取自愿登记主义，对登记材料只进行形式审查，故作品登记证只是证明著作权权属的初步证据。同时，《著作权法》第 11 条第 4 款规定，"如无相反证明，在作品上署名的公民、法人或者其他组织为作者"。该规定亦明确对于著作权权属，允许他人提出反证。本案中，尽管新际公司在江苏省版权局对涉案 35 幅作品进行了版权登记，并将涉案作品收进窗饰图案宣传册，但原审判决对涉案作品著作权权属的认定，证据存疑：一是新际公司进行版权登记时，同时提交备案的涉案 35 份新际公司与设计人李光煜、赵永贤之间的作品转让协议，其约定转让的作品权属性质不同。其中，注明为作品"著作权"转让的有 16 份，其余 19 份注明为作品"使用权"转让。在二审阶段，李光煜出具的"情况说明"称，涉案图案设计系其与新际公司之间的私下交易，而这与李光煜系运城公司设计部主任、赵永贤系公司设计人员的身份不符；二是新际公司委托运城公司制版，其与运城公司之间就作品著作权归属，目前仅有沈莉萍主张存在口头协议，但没有证据予以证实，且运城公司现负责人杨伟的证言笔录对著作权归属也没有作出任何说明；三是新际公司与依丽雅斯公司于 2005 年 12 月 15 日签订的《知识产权无偿提供使用协议》明确约定合同期限为 10 年；双方于 2006 年 11 月 1 日签订的

《知识产权无偿提供使用补充合同书》亦明确约定"合同结束权"归新际公司。而上述协议和补充合同书均明确约定将新际公司已登记的所有窗帘布图案的知识产权无偿供依丽雅斯公司使用。一审诉讼中，新际公司于2013年8月8日提供了"确认函"，确认将所有印花图案、印花图案设计开发和制作技术资料的知识产权转让给依丽雅斯公司，上述涉案著作权权属方面的证据，虽然在侦查阶段通过沈莉萍、李光煜、赵永贤等人的证言笔录进行了弥补，沈莉萍在二审出庭作证时也表示前述转让协议中所使用的"使用权"概念就是指"著作权"，但这些证人证言与在案的原始书证之间存在矛盾。综上，在证明本案权属证据明显存疑的情况下，认定吴全林构成侵犯著作权罪证据不足。

其次，《刑法》第217条第（1）项规定侵犯著作权罪的行为，是指未经著作权人许可，"复制发行"其文字作品、音乐、电影、电视、录像作品、计算机软件及其他作品。本案中，原审判决对吴全林侵犯著作权犯罪行为的认定是吴全林向运锦公司提供了窗帘样布、光盘（内含窗帘布照片或图案扫描件等素材）等，并要求运锦公司按样制版。但原审判决据以定罪的证据中没有上述窗帘样布、光盘等实物证据，且证明上述窗帘样布、光盘存在并由吴全林向运锦公司提供的证人证言之间相互矛盾：（1）关于宋永青、王小莉的证言。其二人称，吴全林向运锦公司提供样布和光盘，再由运锦公司通过扫描方式制版。对此，吴全林予以否认，并辩解其不懂业务，设计制版全部交由宋永青负责，并支付运锦公司约30余万元的设计费，且宋永青出具了尚欠42万元发票的欠条。一审中，吴全林申请法院传唤宋永青出庭作证，宋永青明确表示拒绝出庭；吴全林申请调查30余万元费用的去向，公安机关给出了无法查实的结论。在二审庭审中，全盛公司原生产负责人王再兴出庭作证，称系由宋永青提供样图供他们选择。由于宋永青、王小莉与吴全林的侵权行为之间存在利害关系，且该二人因吴全林侵犯著作权罪一案同时被公安机关刑事拘留，故其证言明显存疑，且与王再兴上述证言之间存在矛盾。（2）关于杨齐善的两次证言。杨齐善于2012年9月7日证言称："宋永青作为客户，带了窗帘布样品或者光盘到公司来的，让我们公司根据样品或者光盘里的窗帘布图案制出印版来"，而杨齐善于2013年4月23日证言称："吴全林提供了部分的卷帘花样布，还有光盘，光盘里面有拍的卷帘布的图案照片，或图案的扫描件之类的制版原稿。"杨齐善两次证言不同，原审判决在未能给出合理解释的情况下，直接采信其第二次证言，依据不足。

综上所述，本院认为，原审判决认定吴全林犯侵犯著作权罪事实不清，证据不足，依照《中华人民共和国刑事诉讼法》第225条第1款第（3）项之规定，裁定如下：

（1）撤销江苏省常州市中级人民法院（2013）常知刑初字第 12 号刑事判决；

（2）发回江苏省常州市中级人民法院重新审判。

本裁定为终审裁定。

审　判　长　许前飞
审　判　员　宋　健
审　判　员　顾　韬
2014 年 9 月 25 日
书　记　员　顾正义

技术合同

案例 10

关于三维公司、长征医院与兰陵制药、大陆药业技术合同纠纷专家研讨会法律意见书

务实（2013）第 002 号

受常州高新技术开发区三维工业技术研究所有限公司委托，北京务实知识产权发展中心于 2013 年 1 月 25 日召开了"关于三维公司、长征医院与兰陵制药、大陆药业技术合同纠纷专家研讨会"。全国人大副研究员、北京大学教授、法律硕士生导师何山，中国社会科学院法学研究所研究员、中国科学院大学法律与知识产权系主任、博士生导师、中国知识产权研究会副理事长李顺德，中国政法大学民商法学院教授、博士生导师张今，北京理工大学法学院院长、教授、博士生导师曲三强，中国人民大学法学院副教授、原北京市第一中级人民法院知识产权庭负责人张广良，国家食品药品监督管理局法规司原处长袁劲屹，原最高人民法院知识产权庭法官段立红，北京务实知识产权发展中心主任程永顺等资深知识产权法律专家、学者参加了研讨会。原国务院法制办公室教科文卫司司长史敏，原国家工商总局法规司司长、合同法的主要起草人之一王学政等出具了书面意见。

研讨会由北京务实知识产权发展中心主任程永顺主持。

参与本案研讨的专家在认真审阅委托方提供的与本案有关的材料、了解案件相关背景情况的基础上，围绕我国《药品管理法》第 14 条规定"无《药品经营许可证》的，不得经营药品"的立法本意是什么；本案合作协议中关于"销售""销售推广"的合作条款是否违反了我国《药品管理法》的有关规定；本案合作协议约定的知识产权归属是否违反我国《药品管理法》的有关规定；本案三方《合作协议书》及其补充协议、结算协议的性质和效力认定；本案中的三方协议是否应当被认定为"委托加工药品"协议；关于《合同法》第 52 条第（5）所规定的"违反法律、行政法规的强制性规定"中"强制性规定"具体是指哪些情形，"行政法规"的范围如何理解；从探究我

国"产学研"一体化合作模式，以及当前我国药品审批制度改革，《药品管理法》修改以及研究建立药品上市许可人制度的背景出发，对于此类因制度原因造成的研发机构与药品生产企业特殊的合作模式，由此产生的纠纷应当如何公平合理地妥善解决等与本案相关的法律问题进行了深入研讨，并充分发表了各自的意见。

一、背景情况

（一）案件的基本事实

本案为常州高新技术开发区三维工业技术研究所有限公司（以下简称"三维公司"）、上海长征医院（以下简称"长征医院"）与常州兰陵制药有限公司（以下简称"兰陵制药"）、上海大陆药业有限公司（以下简称"大陆药业"）发生的技术合同纠纷。

1. 三维公司与兰陵制药于 1998 年 7 月签订合作协议及相关审批手续情况

1996 年 5 月，三维公司、长征医院在我国首家共同合作研制左旋卡尼汀原料药、注射液和口服液，在完成了该新药的药学研究、生产工艺研究、处方研究、结构确证、分析检测方法研究、药物稳定性研究、药理毒理研究、质量标准制定等临床前研究工作后，1997 年 5 月 18 日，三维公司、长征医院共同向江苏省卫生厅申请了该新药的临床研究（《新药临床研究申请表》，四类新药，编号（97）苏药申临字第 76～78 号），经江苏省卫生厅组织新药评审专家进行评审、江苏省药品检验所出具新药（临床）技术审核意见及对新药样品出具检验报告，江苏省卫生厅于 1997 年 7 月 25 日作出"左旋卡尼汀及注射液、口服液申请临床研究资料初审意见"："本品为四类新药，有关申报资料经专家评审后，研制单位进行了补充、整理，经审查，所申报的对本品药学、药理毒理学等方面的研究资料基本符合要求，临床研究用药品质量标准。经省药检所审核，同意报卫生部备案并进行临床研究"，同日江苏省卫生厅对三维公司、长征医院作出"关于同意左旋卡尼汀注射液及口服液进行临床研究的批复"（苏卫药政（1997）第 205 号），同意在南京军区总医院、南京鼓楼医院、上海华山医院、上海仁济医院、上海长海医院等单位进行本品的临床验证工作，南京军区总医院为临床研究组长单位。随后，该药品按照批复进行了临床研究，研究经费由三维公司负责。

1998 年上半年，三维公司、长征医院完成了本品临床研究。为了加快该新药上市并投入生产，在常州市医药管理局的促进和安排下，三维公司、长征医院选择常州市医药管理局下属的常州第二制药厂（即兰陵制药）进行产学研合作，三维公司代表合作研制该新药的两个单位于 1998 年 7 月 8 日与兰陵制药签订了一份协议，其主要内容为三维公司和长征医院合作在我国率先研制四类新药左旋卡尼汀原料液和注射液、口服液等制剂，现正在申请新药证书和生产文号准备上市，由于三维公司缺少生产场地，现需找有药品生产许可证和合格证的企业进行生产，取得该新药批准生产的文号，加快新药上市。兰陵制药具有生产新药的能力，遂双方达成协议，三维公司委托兰陵制药生产三维公司研制成功的左旋卡尼汀原料药、注射液、口服液，兰陵制药自愿以自己名义配合三维公司申请本品的生产文号，但本品所有的知识和工业产权包括生产文号归三维公司所有。双方还约定了其他一些事项。

协议签订后，1998 年 6 月 27 日，三维公司、长征医院和兰陵制药三方共同通过江苏省卫生厅向卫生部药政局（当时负责药品注册）提出了左卡尼汀原料药、注射液和口服液新药证书和新药生产申请（《新药证书、生产申请表》，编号（98）苏药申产字第 136 ~ 138 号，原申请临床编号（97）苏药申临字第 76 ~ 78 号）。1998 年 7 月 7 日，江苏省卫生厅作出"左旋卡尼汀及注射液、口服液申请生产及新药证书申报资料初审意见"，意见结论为"本品为四类新药，相关申报资料经专家评审后，研制单位已进行了补充、整理，经审查，所申报的对本品药学、药理毒理学等方面的资料基本符合要求，临床研究结果表明，本品通过对长期透析患者体内肉碱的补充，能改善患者继发性肉碱缺乏引起的食欲不振、精神萎靡、全身无力、心律失常、透析肌痉挛和低血压等症状，在临床研究过程中，未见有严重毒副作用发生。同意报卫生部申请生产和新药证书。"

协议签订后，三维公司、兰陵制药和长征医院三方于 2000 年 7 月 28 日正式签订了三方合作协议，取代了 1998 年的双方签订的协议，三方互相配合申请办理了以下相关审批手续：

（1）2000 年 8 月 26 日，三维公司、兰陵制药和长征医院三方共同取得国家药品监督管理局（以下简称"国家药监局"）颁发的左旋卡尼汀原料药、左旋卡尼汀注射液、左旋卡尼汀口服液的新药证书及生产批件（批件号：2000X0523、2000X0545）。批件注明：研究单位为三维公司和长征医院、生产单位为兰陵制药，药品批准文号为国药准字 X20000521、国药准字 X20000543，药品商品名为"雷卡"，保护期 6 年，至 2006 年 8 月 25 日。

（2）2000 年 8 月 26 日，三方共同取得了国家药监局颁发的左旋卡尼汀原料药、左旋卡尼汀注射液和口服液的新药证书。左旋卡尼汀原料药的新药证书注明正本持有者为三维公司、副本持有者为兰陵制药（新药证书编号为国药证字 X20000393）。左旋卡尼汀注射液的新药证书注明正本持有者为三维公司、长征医院，副本持有者为兰陵制药（新药证书编号为国药证字 X20000418）。

（3）2002 年 8 月 16 日，国家食品药品监督管理局执行药品注册证制度，根据原批准的新药证书和生产批件及药品批准文号增加颁发药品注册证，兰陵制药取得本品药品注册证，生产企业注明为兰陵制药。

（4）2002 年兰陵制药取得雷卡商标注册证。2004 年 8 月兰陵制药将该雷卡商标转让给三维公司。

2. 2000 年 7 月 28 日，长征医院、三维公司与兰陵制药签订的合作协议的情况

2000 年 7 月 28 日，三维公司、兰陵制药和长征医院三方重新签订了合作协议，三方协议取代了 1998 年二方签订的协议，三方协议约定了三方合作内容是合作开发、申报本品的新药证书和生产批件，三维公司负责研究开发、新药申报和销售推广，并负责本品标准转正和上市后继续开展技术工艺研究、降低生产成本和提高产品标准的工作，兰陵制药予以配合。兰陵制药负责本品生产并保证药品质量，按照三维公司的工艺技术完善生产和检测设备，按照国家药品生产管理要求对本品生产车间进行药品生产质量管理规范（GMP）改造和论证，并承担全部费用，长征医院协助三维公司进行新药的研究和推广，负责左旋卡尼汀药理学研究以及临床试验，本品所有的知识产权属于三维公司和长征医院，新药试行标准转正后的后续技术成果知识产权也归三维公司和长征医院，兰陵制药应做好本品的保密工作，兰陵制药取得每支 1.5 元的固定生产费用，剩余利益由三维公司取得，由兰陵制药向三维公司支付原料款的方式支付给三维公司，原料粗品的质量标准由双方另行协商，长征医院从三维公司销售额中提取 5% 提成，合作期限暂定 3 年，到期愿意继续合作则续签协议，如未继续签订协议，本合作结束，三维公司有权将本品转移到其他厂家生产或自行生产，如国家不允许将本品转到其他厂家生产，则兰陵制药继续承担本品生产任务，合作向后延期，延期时间由三维公司确定。合作期间，三维公司不得无故终止合作或到其他厂家生产，不论在合作期间或合作期满后，兰陵制药未经三维公司同意不得擅自生产、销售、申报、仿制、转让本品，否则将所有的销售收入赔偿给三维公司，并停止侵权。限于当时三方处于联合申报新药证书阶段，药品还没有投入生产销售，因此协议中约定的有关将来药品得到批准后生产销售的条款比较模糊，有些甚至互相矛盾，如兰陵制药必须按照 GMP 进行改造和论证进行生产销售，三维公司负责销售推广、拥有全部销售权、负责包销等条款。当新药获得批准投入生产时，双方根据三方协议中约定的兰陵制药必须符合 GMP 的要求为前提，对协议中的一些比较模糊、甚至相互冲突以及不符合 GMP 的生产销售条款进行了调整，兰陵制药完全按照 GMP 要求进行生产销售，三维公司负责技术和市场

推广。

协议确定了新药项目名称和新药成果背景、项目合作的主要内容、合作各方任务分工和要求，新药成果使用期限、技术资料保管和技术、商业秘密的保密、收益的分配办法、新药成果等无形资产的归属、违约金约定和违约金赔偿计算办法、合同履行完毕后的义务、解决争议的办法等内容，协议基本约定了《合同法》第 324 条规定的一般技术合同需包括的主要条款。

（1）项目名称及技术成果背景（三方协议前言部分）。

三维公司与长征医院合作，从 1996 年开始在我国率先研制国家四类新药左旋卡尼汀原料药及注射液、口服液等制剂（合称"该系列产品"），用于治疗缺血性心脏病和尿毒症透析病人等发生的肉碱缺乏症。1998 年该项目已经完成了临床试验。为了尽快让新药上市，三维公司（甲方）、兰陵制药（乙方）和长征医院（丙方）三方决定联合起来，合作开发本项目，为此，特订立本协议。

（2）项目合作的主要内容（三方协议第一项、合作内容）。

甲、乙、丙三方合作研究开发、生产销售左旋卡尼汀原药料及注射液、口服液（合称"本品"）。三维公司负责研究开发、申报、销售和推广，兰陵制药负责生产，长征医院负责临床研究及药代动力学研究并协助三维公司推广应用。三方确认，对本品所有的无形和有形资产的投入，三维公司占 89%，兰陵制药占 1%，长征医院占 10%，合计 100%。

（3）合作各方任务分工和要求（三方协议第 2～4 项，甲、乙、丙三方的权利和义务）。

三维公司负责本产品的研究开发、新药申报以及销售推广。负责本品的工艺技术以及临床使用过程中的药理、病理及毒理等技术问题。负责提供本品原料药的粗品，粗品质量指标由三维公司与兰陵制药另行商定。有权对本品的生产及检测过程进行跟踪检查。做好本品的标准转正工作。

兰陵制药负责本品的生产及质量管理、原材料和成品的检验、包装。对本品的质量负有全部责任。配合三维公司申报生产文号、商品名称及商标，所有的申报费用由三维公司承担。根据三维公司工艺要求完善生产及检测设备。兰陵制药在本品取得生产文号后，负责物价申报工作，三维公司必须配合有关工作。兰陵制药应配合三维公司，在本品上市后继续开展对本品的技术研究工作，配合三维公司做好本品的标准转正、降低生产成本、提高产品质量等工作。

长征医院协助三维公司进行新药的研究和推广。负责左旋卡尼汀的药理学研究以及左旋卡尼汀治疗尿毒症透析患者的临床试验。委托三维公司全权处置本品，并委托三维公司全权处理与兰陵制药发生的业务、经济往来。

（4）新药成果等无形资产的归属（三方协议第8条、第10条、第11条、第18条、第34条）。

三维公司和长征医院二方共同拥有本品全部的知识和工业产权及完全的处置权。本品转正后的知识和工业产权仍然归三维公司所有。三维公司拥有本品的商品名称以及自己申请的商标所有权。在合同到期前6个月，兰陵制药将尚未交与三维公司的新药证书副本和生产批件、商标证书、生产技术资料等全部移交给三维公司，兰陵制药、三维公司和长征医院三方商定是否继续合作。

（5）新药获得批准后的生产销售（三方协议第2～4项）。

兰陵制药应根据国家药品生产管理的有关规范，及时对原料药、注射液和口服液车间进行GMP改造、论证，并承担全部费用。兰陵制药根据三维公司的通知生产本品原料药、注射液、口服液、不得擅自生产。兰陵制药将本品的生产检测记录与兰陵制药的其他产品分开，单独建册，用完交三维公司保管，如果有关部门检查该项目，由兰陵制药负责，三维公司做好配合工作，但兰陵制药要及时通知甲方做好准备工作。为了便于三维公司工作，兰陵制药向三维公司无偿提供所需的工作、仓储的场所及水电气供应，三维公司工作人员的工资由三维公司承担。兰陵制药为本产品单独设立销售部门，提供销售发票，单独设立银行账户，该销售部门由三维公司负责。

三维公司负责本产品的研究开发、新药申报以及销售推广，三维公司拥有本品全部的销售权，兰陵制药生产的所有左旋卡尼汀原料药及注射液、口服液均由三维公司包销。三维公司有权决定本品的销售方式，三维公司在销售过程中发生的经济、法律责任由三维公司负责。

（6）收益的分配办法（三方协议第14条、第22条、第32条）。

兰陵制药负责生产本品，取得新药销售收入后，在扣除应得的生产费用后，其余收益归三维公司所有，兰陵制药通过支付粗品原料货款的方式将其余收益支付给三维公司，三维公司负责提供粗品原料给兰陵制药。

本品原料药的生产费用为人民币50元/千克，注射液的生产费用为人民币1.5元/支，口服液的生产费用为人民币0.5元/支，所有的生产制造、检验、包装、储存及生产用辅料、内包装材料（如PE袋、安倍瓶、易拉瓶）等与生产相关的费用均包括在内，生产费用总额按照实际收到的合格成品计算。本品如因市场竞争导致价格下降，三维公司和兰陵制药在互惠互利的前提下协商下调此生产费用。

长征医院从三维公司的销售收入中获得5%提成。3年后长征医院和三维公司再协商适当下调此提成。

（7）技术资料保管和技术、商业秘密保密的约定（三方协议第 6 条、第 23 条、第 24 条、第 34 条）。

三维公司负责存档保管本品的所有资料，包括新药证书正本和副本、生产批文、研究资料、生产及分析检验记录、商标证书和成果证书等。

兰陵制药应做好本品的技术和商业保密工作，不得擅自利用本品的新药证书等无形资产从事商业活动。

兰陵制药必须将本品所有的资料，包括新药证书正本和副本、生产批文、研究资料、生产及分析检测记录、商标证书和成果证书等均交给三维公司保管存档。

（8）新药成果等知识产权的使用期限（三方协议第 5 项、合作期限）。

三方约定，本合作期限为 3 年，时间自本品获得国家的生产文号之日起计算。如果在 3 年内三方合作愉快，没有产生未弥合的分歧，三方签订协议继续合作，续签 3 年合作期限。如果三方未继续签订合作协议，本合作结束。兰陵公司同意本协议一旦期满即放弃本品的生产，本品由三维公司负责转到其他生产厂家生产或自行生产。兰陵公司承诺即使合作期满后也不再申报、仿制、生产和销售左卡尼汀系列产品。本合作期满后，三维公司不得利用兰陵公司名义和注册商标等兰陵公司拥有的无形资产，但兰陵公司允许三维公司继续利用兰陵公司名义和注册商标等兰陵公司拥有的无形资产，销售在合作期内兰陵公司生产的本品，直至销售结束。本合同期满时，如果国家药品监督局不允许三维公司将本品转到其他厂家生产，兰陵公司继续承担本品的生产任务，合作向后延期，延期时间由三维公司确定。

（9）违约金约定和赔偿金计算办法（三方协议第 6 项、违约责任）。

一方违约，必须承担另两方的经济损失。三维公司在合同期内无故终止与兰陵制药的合作；或合作到期不再续签协议后，仍以兰陵制药名义到其他厂家生产，三维公司赔偿兰陵制药人民币 1000 万元。

如发生下列情况之一，兰陵制药赔偿三维公司人民币 1000 万元：兰陵制药生产的本品因质量不合格而被国家药监局通报，以致吊销生产文号。兰陵制药不配合三维公司将本品的标准转正。合作期间兰陵制药提前终止本合作，或合同到期时，兰陵制药明知国家药监局不允许三维公司将本品转到其他厂家生产，兰陵制药不继续承担本品的生产任务，不肯继续合作。

无论在合作期间或合作期满之后，兰陵制药未经三维公司同意擅自生产、销售、仿制、申报左旋卡尼汀系列制剂，都构成违约。兰陵制药除了向三维公司支付违约金 1000 万元人民币以外，兰陵制药还必须将该系列产品所有的销售收入赔偿给三维公司，并停止侵权。

（10）合同履行完毕后的义务（三方协议第35条）。

如果三方未继续签订合作协议，本合作结束。兰陵制药同意本协议一旦期满即放弃本品的生产，本品由甲方转到其他生产厂家生产或自行生产。兰陵制药承诺即使合作期满也不再申报、仿制、生产和销售左卡尼汀系列产品。

（11）解决争议的办法（三方协议第6项）。

协商解决；协商不成，提请上级医药管理或行政机关调解。

3. 三方合作协议的履行情况

在三方签订协议后，三方于2000年8月26日获得国家药监局颁发的新药证书和生产批件，药品在投入生产时三维公司和兰陵制药对协议中有关约定不明确、甚至相互矛盾、无法实施的生产销售条款进行了调整。如一些约定模糊不清的条款，如协议中约定的三维公司负责销售推广、负责包销等条款约定不明确，销售推广和包销的概念是不同的，包销是购买所有药品后自行进行销售，而销售推广只是从事药品的学术宣传和品牌推广等工作，药品获得批准时三维公司还没有取得药品销售资格，因此，不能进行包销，但是三维公司可以进行销售推广，这也是新药上市后必须做的一件工作，否则药品无法销售出去。有些相互矛盾的条款，如兰陵公司必须按照GMP通过改造和论证，GMP对药品生产企业的生产、销售过程进行了严格的规定，兰陵制药必须将药品销售给具备药品销售资质的企业，而三维公司当时还不具备药品销售资质，兰陵制药不能将药品销售给三维公司。因此，双方按照三方协议中约定的兰陵公司必须符合GMP规范进行生产销售的约定，对协议中有关约定模糊甚至相互矛盾以及不符合GMP规范的生产销售的条款进行了调整，由兰陵制药按照GMP要求进行生产销售，不实施三方协议中约定的"将本品交与三维公司包销和销售"等有关不符合GMP规范的有关条款，三维公司除负责技术以外，负责联络客户、新药的销售推广等工作。当时三方为此未签订补充协议，但在药品获得批准投入生产后，双方按照协商调整的约定进行了实施。

三方取得新药证书和生产批件、该新药开始投入生产销售时，一开始就由兰陵制药按照GMP（国家药品监督管理局局令第9号，1999年8月1日起施行）的规定进行生产、销售。为便于独立核算本品的销售收入，兰陵制药以其公司名义到银行申请开立了兰陵制药的专门的银行账户用于回笼本品的销售款。合作协议虽然约定兰陵制药为三维公司单独设立销售部门，但一直没有实际履行这一条约定，三维公司只是开展新药推广，派出人员到兰陵制药协调和联络双方的合作，并监督兰陵制药与本品的生产、质量检验、仓储和发运、销售等相关的过程，以保证自己的合法权益。

在合作期间，由三维公司购买粗品给兰陵制药，兰陵制药生产成原料药后再将原料药生产成注射液药品，兰陵制药再以自己的名义将注射液直接对外销售给全国销售商，并由兰陵制药直接开具相应销售发票给全国销售商，销售所得款项均进入兰陵制药的专门账户，然后兰陵制药将销售所得扣除兰陵制药生产费用后的所得折算为每公斤的粗品价格，再以兰陵制药购买三维公司粗品的形式支付给三维公司。双方就此操作至 2009 年 9 月。

2002 年，兰陵制药取得雷卡商标注册证。2004 年 8 月，兰陵制药将该雷卡商标转让给三维公司。

三方合作开始将本品推向市场后，所有的后续技术提高和质量标准转正等技术工作均由三维公司负责。1997 年，三维公司和长征医院共同申报本品提出的试行标准高于美国药品 23 版，为当时国际上最高的左卡尼汀药品标准，是少有的质量标准高于欧美发达国家的国产药品之一，2005 年，欧洲发布左卡尼汀药品标准，与三维公司和长征医院于 2000 年提出并试行的我国左卡尼汀标准一致，三维公司通过提高和改进工艺再一次提高了本品的标准，并与兰陵制药一起向国家药典委员会提出申请，将本品的质量标准再次提高到国际上的最高水平。

2008 年，三维公司负责改进了左卡尼汀原料药生产工艺，与兰陵制药一起向国家药监局提出工艺变更的补充申请，但未获国家药监局药品审评中心批准。当时情况是，改进的工艺与老工艺相比，原料药减少一半有害副产物的排放，保护了环境，并提高了质量标准。但由于兰陵制药在京杭大运河边，受国家太湖流域环保条例限制，不允许进行化学合成反应，因此，新工艺的化学反应部分的工艺变更申请转移到浙江嘉善诚达药化有限公司进行，兰陵制药在自己的 GMP 车间将在浙江诚达公司化学合成的粗品精制成原料药，2009 年该补充申请被国家药监局药品审评中心退回，理由不是工艺存在问题，而是将化学合成部分的生产转移到浙江诚达药化有限公司不利于质量控制，这与兰陵制药的生产条件不够有关，而与三维公司负责的技术工艺无关。

2009 年，国家药监局提高原料药生产要求，常州市药监局对兰陵制药发出通知，不同意兰陵制药使用未经批准的、改进的新工艺生产左卡尼汀原料药，要求兰陵制药在自己厂区按照原先申报的工艺生产左卡尼汀原料药，该通知未涉及左卡尼汀注射液的生产工艺。

2009 年 9 月，兰陵制药以国家药监局药品审评中心不同意申请变更的新的原料药生产工艺、常州药监局不同意兰陵制药按照未获批准的改进的新的工艺生产原料药、必须在自己厂区按照原先申报的工艺生产原料药、不得从三维公司购买原料粗品以及三维公司不具备药品销售资格而销售药品、违反了国家强制性规定等为理由，未经任何协商，中止了与三维公司的合作，独自生产销售本品，这是兰陵制药中止合作关系的借口。

根据国家药监局药品审评中心的退审意见和常州市药监局的通知，兰陵制药应该根据三维公司原先研制申报的工艺在自己厂区生产原料药，协议本来就约定了兰陵公司应按照三维公司的生产工艺完善生产设备并按照 GMP 要求生产，三维公司只是技术提供方，如何按照申报的工艺和 GMP 规范生产是兰陵制药的责任，可是兰陵制药为了独占该新药技术进行生产，却将自己应尽的责任反过来说成是三维公司的责任。

以上通知没有禁止三维公司和兰陵制药的合作模式，没有禁止三维公司向兰陵制药提供原料粗品。由于国家对药品生产质量管理的要求越来越高，因此三方协议没有规定三维公司提供给兰陵制药的粗品的种类和质量标准，约定原料粗品的种类和质量标准由双方另行协商，兰陵制药必须按照 GMP 要求采购原料进行生产。协议约定三维公司提供粗品给兰陵公司，兰陵制药将药品销售出去取得销售收入后将应分配给三维公司的利益分成通过支付原料粗品的方式结算给三维公司，三维公司提供粗品给兰陵制药公司只是双方支付利益分成的一种方式，并没有规定提供何种原料粗品。兰陵公司应按照 GMP 规范和药品监督管理部门的要求对三维公司提供的原料粗品提出具体要求并进行协商，以利于双方结算利益分成。如果不通过支付原料款的方式结算利益分成，兰陵公司如果需要生产该新药，应与三维公司协商如何结算利益分成的办法，但绝对不应未经三维公司和长征医院同意，不支付技术使用费擅自生产销售。

此外，按照双方对新药获得批准投入生产后按照 GMP 要求对生产销售条款进行的调整，本品自始至终均是由兰陵制药按照 GMP 要求进行生产并对外直接销售的，兰陵制药从未将药品销售给三维公司，再由三维公司销售出去，三维公司只是进行销售推广和学术宣传，并未销售任何药品，这可以从兰陵制药的药品销售流向和收取的货款得到证实，也可以从兰陵制药每月提交给常州市药监局的生产销售台账、常州市药监局派驻兰陵公司的驻厂监督员进行的日常监管和兰陵制药的生产销售批记录得到证实，兰陵制药从未因违反 GMP 规范生产销售本品受到处罚，说明兰陵制药对本品的一切生产销售行为均符合 GMP 规范的，三维公司并不存在对外销售药品的事实。

三维公司从 1994 年开始研发本品，1996 年与长征医院联合开展研制，2000 年才获得批准开始在兰陵制药投入生产销售，本品的研发共用了 6 年时间才取得成功，但宣传推广却花费了 10 年时间才使市场接受这一新药。由于本品是国内首家研制并上市销售，许多医生和病人不了解该药品，医生和病人不敢用，医药公司没兴趣销售，因此，本品获得批准后没有市场。早在1996年三维公司和长征医院开始合作研发时，三维公司就在海南三亚举行的全国肾脏病会议上开始宣传本品，2000年本品获得批准后由于没有市场，进一步加大了市场宣传推广力度，至今十多年从未间断，先后在104次全国性和省一级的肾脏病、心脏病等医学学术会议上开展本品临床应用的学术交流和推广活动，与全国各地医生合作发表本品上市后临床应用研究论文100多篇，在全国率先组织出版专著《心脏能量学》，开创了我国心脏能量代谢治疗学，并在中央电视台"走近科学"栏目合作拍摄并播出专题科教片"为心脏搬运能量"，介绍本品在心脏能量代谢领域进行的研究和取得的进展，普及心脏能量代谢治疗知识，推动本品的临床应用。

三维公司通过投入大量人力和财力，不断提高药品质量标准，使本品一直保持国际上的最高左卡尼汀药品标准，不断改进生产工艺，保证技术领先性和竞争优势，并用了近十年时间在全国进行宣传推广，本品终于取得显著的市场效应。据2005年国际权威的IMS数据报告，从2004年开始一直至2009年，本品的品牌"雷卡"成为全国市场左卡尼汀第一品牌，在有20多家国产药品和2家进口药品的激烈竞争中，雷卡连续五年的市场占有率保持在50%以上，本品所有的质量标准转正和提高、工艺改进和市场推广工作均是由三维公司和长征医院两个研发单位投入巨大的费用和精力所完成的，而兰陵制药在本品的研发、生产和销售过程中从未投资一分钱，所有雷卡的生产都是兰陵制药利用原有的生产车间和设备、利用空余生产能力进行生产的。

三方通过发挥产学研合作优势合作该项目，三方均取得显著效益。2000～2009年，兰陵制药取得3000多万元的收益。因协议规定，不论该药品是否盈利，兰陵制药每支取得1.5元的收益，该收益远远高于兰陵制药其他药品的绝对收益。以2012年该公司的老产品三磷腺苷（ATP）为例，其销售价格为每支8分钱，该价格包括原料、辅料、包装和生产费用，而三方合作的本品，兰陵制药在除去原料、辅料、包装等费用每支取得1.50元收益，每支的收益是其老产品销售价格的20倍。三维公司通过合作该药品也取得显著的效益，并用取得的效益继续投入新药研发，申请了65项药物发明专利，3个新药研发项目被列入"十一五"和"十二五"国家科技重大专项"重大新药创制"课题立项，多项成果在治疗心肌梗死、糖尿病方面取得重大突破，此外，三维公司还将取得的新药收益用于投资建设"中国科学院上海药物研究所常州药物研究开发中心"。

自三方合作申报本品获得新药证书和生产批件并投入生产销售后一直至今，所有的药品均是由兰陵制药的人员负责生产和检验，成品在兰陵制药仓库并由兰陵制药人员负责保管，所有的药品均经过兰陵制药的管理部门审批后在兰陵制药的仓库由兰陵制药的仓库管理人员直接发运给全国的销售商，所有的药品销售发票均在兰陵制药的财务科由兰陵制药的财务人员开具给全国的销售商，所有的药品货款均由兰陵制药专门的银行账户收取，三维公司未发运任何药品、未开具任何药品销售发票、未收任何货款，这有兰陵制药的药品仓库存储和发运记录、财务销售发票和专门的银行账户证实。三维公司作为合作方，只是做了产品的宣传和推广，仅是把客户推荐给兰陵制药，由兰陵制药与客户签订协议、发运药品、开具发票并收款，药品销售的决定权和取得的货款的所有权在兰陵制药，三维公司只有等兰陵制药取得药品销售收入后按照收益分成办法从兰陵制药结回应得的收入，该收入是三维公司提供给兰陵制药的粗品货款收入，不是三维公司销售药品取得的收入，三维公司从本品取得的所有收入均开具了粗品发票给兰陵制药。

4. 补充协议及每年的结算协议情况

（1）2005年3月1日，三维公司作为甲方，兰陵制药作为乙方签订一份补充协议，其主要内容为：兰陵制药目前不能为甲方设立具有独立法人资格的销售部门销售左旋卡尼汀原料药及其制剂，故该产品的销售暂时以兰陵制药的名义进行。为明确双方在销售过程中的职责和利益，特对原协议作了如下补充：兰陵制药同意在其所在地设立专门的销售部门——雷卡销售推广部，专门用于左旋卡尼汀原料药及其制剂的销售。该部门不具有独立的法人资格，但独立核算，人员由甲方负责组成。除此部门外，兰陵制药的其他部门不得销售左旋卡尼汀原料药及其制剂。兰陵制药专门设立银行账户，用于专门回笼往来左旋卡尼汀原料药及其制剂货款。该账户由双方共同管理，银行印鉴除加盖兰陵制药单位财务专用章和法人代表印章外，还需加盖甲方法定代表人印章。兰陵制药未取得甲方法人代表签字的书面同意书，不得擅自使用该专用账户。

事实上，兰陵制药至今未成立"雷卡销售推广部"，兰陵制药一直按照当初的方式和GMP进行生产销售，三维公司继续予以配合寻找客户和宣传推广。

对于专用账户，兰陵制药也没有另外重新专门去银行开户，还是使用以往该公司到银行申请开立的该公司专用银行账户，2009年，兰陵制药停止与三维公司合作后，兰陵制药未通知三维公司，到银行撤销了该公司的专门账户，并将该账户上的200多万元左卡尼汀注射液货款转走。事实上该专门账户的所有权和控制权均属于是兰陵制药，与三维公司无关。

（2）2007 年 1 月 5 日、12 月 29 日，双方又分别签订了结算协议。其主要内容为在 2005 年补充协议的基础上对相关生产服务费作了相应的变更，其他未涉款项有效并执行。有效期分别自 2007 年 1 月 5 日至 2007 年 12 月 31 日，2008 年 1 月 1 日起至 2008 年 12 月 31 日。

（3）2009 年 2 月 25 日双方再次签订一份结算协议。协议说明是在 1998 年 7 月 8 日签订的合作协议和 2005 年 3 月 1 日签订的补充协议的基础上作了几点变更，主要仍是对兰陵制药的生产费用作相应的调整。有效期自 2009 年 1 月 1 日起至 2009 年 12 月 31 日。

（4）长征医院于 2009 年 8 月 31 日起，向兰陵制药、三维公司出具了一份确认函：2000 年我院与你们俩公司签订了合作协议，同意并确认 2005 年 3 月 1 日、2007 年 1 月 5 日、2007 年 12 月 29 日、2009 年 2 月 25 日你们俩公司之间所签订补充协议及结算协议。确认从 2000 年我们三方签订的合作协议之后至目前为止，你们俩公司之间所签署的雷卡对账清单上所确认的左旋卡尼汀原料粗品、中间体供应的数量及价格；原料药及其制剂生产费用、销售及服务费用等事项。

5. 兰陵制药提出中止履行合作协议的情况

2009 年 9 月 22 日，兰陵制药致函三维公司，内容为：据我司调查证实，贵司经营范围并无药品经营资格。我司除对贵司日前未能配合药品批发证明文件归档表示遗憾外，根据《江苏省药品监督管理条例》第 14 条规定药品生产、经营企业知道或应当知道他人无药品生产、经营资格而从事药品生产、经营活动的，不得为其提供药品。药品生产、经营企业不得为他人以本企业的名义经营药品提供资质证明文件、票据等便利条件。自即日起暂停与贵司在左旋卡尼汀品种方面的合作。并提供国家食品药品监督管理局于 2009 年 8 月 25 日审批意见通知件：兰陵制药申请内容第四项为因受国家太湖环保条例限制，将原料药粗品制备合成工艺过程转移到诚达公司内专门合成车间，由我公司派人组织定点生产粗品并负责质量，再将粗品返还本公司 GMP 车间进行精制。药监局经审查不予批准申请事项，理由为：本次补充申请是将本品粗品的生产转移至其他单位进行，仅精制工艺在本申报单位进行，变更后的制备工艺缺乏对产品合成的全程监控，不利于产品的质量控制，难以有效保证产品数量。

三维公司同年 9 月 28 日回函兰陵制药，主要内容是要求兰陵制药在协议有效期内继续履行协议。兰陵制药收函后未按三维公司要求支付相应款项，三维公司遂向常州市中级人民法院提起民事诉讼。

6. 大陆药业与兰陵制药之间的关系及药品销售情况

上海大陆公司药业有限公司（以下简称"大陆药业"）于 1992 年成立，性质为有限责任公司，注册资金 500 万元，虞小虎出资 495 万元，王正国出资 5 万元，虞小虎为法定代表人。虞小平、虞小虎系兄弟。虞小平为大陆药业的董事，又系兰陵制药的法定代表人。虞小平享有常茂生物化学工程股份有限公司股权，常茂公司又是兰陵制药股东之一（兰陵制药法定代表人虞小平间接持有兰陵制药 30% 左右的股权，处于该公司的相对控股地位，是公司的董事长，对兰际公司实际控制）。三维公司认为虞小平间接持有兰陵制药股权，大陆药业与兰陵制药是关联公司。

2012 年 3 月 16 日，常茂生物化学工程股份有限公司（股份代号：8208）在香港证券交易所发布的"须予披露及关联交易出售兰陵药厂 38.78% 的股本权益"公告，称虞小平和其配偶拥有的香港嘉傲公司以 2811 万元人民币收购常茂生物化学工程股份有限公司拥有的兰陵制药 38.78% 的股份，以 906 万元人民币收购常茂生物化学工程股份有限公司董事长芮新生个人拥有的利天公司拥有的兰陵制药 12.5% 的股份，常茂生物化学工程股份有限公司和董事长芮新生彻底退出兰陵制药，虞小平连同原先拥有的兰陵制药 32% 的股份，自 2012 年 3 月 16 日之后虞小平合计拥有兰陵制药 83.28% 的股份，取得完全控股权。

三维公司到常州市国家税务局摘录了兰陵制药于 2009 年 10 月销售给大陆药业左旋卡尼汀注射液的 12 张增值税发票，证明兰陵制药与大陆药业销售价格为每支 6.49 元。同时提供兰陵制药销售给其他单位的增值税发票，证明左旋卡尼汀注射液的市场销售单价为 12～13 元。三维公司认为兰陵制药以市场价一半的低价销售给大陆药业，非法转移了兰陵制药的资产，损害了债权人的利益。因此要求大陆药业在非法转移兰陵制药资产的范围内对兰陵制药的债务承担连带责任。

在该案的二审庭审过程中，兰陵制药当庭承认兰陵制药以 6.5 元/支的价格将左卡尼汀注射液销售给大陆公司。

（二）双方民事诉讼的基本情况

2009 年 11 月，三维公司、长征医院向常州市中级人民法院提出诉讼，诉讼请求为：（1）依法判令兰陵制药按照协议约定支付原告供应的左旋卡尼汀原料药粗品（中间体）货款 68918635 元；（2）依法判令兰陵制药因违约承担违约金 10000000 元；（3）依法判令大陆药业在违法转移兰陵制药的公司财产金额范围内对第 1 项诉讼请求金额承担连带责任。（4）本案诉讼费、财产保全费等费用均由兰陵制药与大陆药业承担。

2010 年 4 月，三维公司、长征医院向常州市新北区人民法院提出诉讼，诉讼请求为：（1）依法判令兰陵制药按照合作协议书及补充协议约定停止生产、销售左旋卡尼汀原料药及注射液、口服液等制剂；（2）依法判令兰陵制药因违约擅自生产、销售左旋卡尼汀原料药及注射液、口服液等制剂承担违约金 1000 万元；（3）依法判令兰陵制药停止使用左旋卡尼汀原料药及注射液、口服液等制剂的所有生产工艺技术、分析检测技术并返回上述相应的全部生产和技术资料；（4）依法判令兰陵制药停止使用左旋卡尼汀原料药及注射液、口服液等制剂新药证书及生产批文；（5）依法判令兰陵制药履行合同项下的未经原告同意不得擅自将左旋卡尼汀原料药及注射液、口服液的药品生产技术转让给第三方的义务；（6）依法判令兰陵制药履行合同项下的未经原告同意不得擅自将左旋卡尼汀原料药及注射液、口服液的药品批准文号转让给第三方的义务；（7）依法判令兰陵制药停止使用原告拥有注册商标专有权的"雷卡"商标。

2010 年 8 月 23 日，常州市新北区人民法院将其受理的上述案件移送至常州市中级人民法院，常州市中级人民法院将上述二案合并审理。

关于作为本案争议焦点的合作协议效力问题，常州市中级人民法院经审理认为，应认定当事人双方的合作协议无效。主要理由是：

（1）从 2000 年 7 月合作协议约定的权利义务看，三维公司、长征医院拥有左旋卡尼汀药品的生产技术，然后委托兰陵制药加工生产，再由三维公司负责销售。兰陵制药的义务就是配合三维公司领取生产左旋卡尼汀药品所需的相关审批手续进行生产该药品，再将生产的药品交给三维公司销售，三维公司拥有药品的销售权。兰陵制药的权利是获得加工费，利润由三维公司所得。

（2）在双方履行合作协议的过程中，有证据证明三维公司负责联系销售事宜：三维公司庭审中陈述其将客户推荐给兰陵制药。且双方按合作协议履行到 2005 年又签订了补充协议，再次明确了兰陵制药为三维公司设立专门的销售部门，该部门不具有独立的法人资格，但独立核算，人员由三维公司负责组成。兰陵制药也根据合作协议的要求为销售左旋卡尼汀药品单独设立一个银行账户，该账户的个人印鉴章为三维公司法定代表人顾书华。2009 年 9 月 22 日，三维公司发给兰陵制药的函中陈述"贵司停止向我司联系的销售部门发货，违反合作协议约定"。这些事实足以证明三维公司是本案药品的实际销售人。

（3）根据《药品管理法》第 14～20 条的规定，无药品经营许可证不得经营药品。三维公司销售本案药品需经省级药监部门批准领取药品经营许可证。

而三维公司经营范围为药物、诊断试剂、保健品、化学品的研究开发、转让、咨询和服务；化工原料的零售、批发、代购代销及左旋卡尼汀原料中间体加工等，并不具有药品经营资质，也没有取得药品经营许可证。

（4）根据《江苏省药品监督管理条例》第14条规定，药品的生产、经营企业知道或应当知道他人无药品生产、经营资格而从事药品生产、经营活动的，不得为其提供药品，不得为他人以本企业的名义经营药品提供资质证明文件、票据等便利条件。本案中，虽然药品名义上是以兰陵制药名义销售，由兰陵制药开具发票并回笼资金，但实质均由三维公司联系客户等负责销售。从药品销售所得来看，兰陵制药只是取得加工费，利润均由三维公司所得。因此，本案实质是三维公司借用兰陵制药名义在销售左旋卡尼汀药品。

（5）双方在合作期间，由三维公司向兰陵制药提供粗品。根据2009年8月28日国家药监局作出的不准许兰陵制药提出的将粗品制备合成工艺过程转移到诚达公司内的专门合成车间再将粗品返还兰陵制药进行精制的批件。该批件表明原由三维公司从诚达公司等单位购买粗品再供给兰陵制药加工合作方式不符合药品管理的相关规定。综上，三维公司、长征医院与兰陵制药签订的合作协议、补充协议约定三维公司拥有药品销售权及履行行为违反法律的强制性规定，应认定为无效。对此，三维公司明知自己没有销售权而借用兰陵制药的名义进行销售存在过错。兰陵制药明知三维公司没有销售权而出借自己公司的名义给三维公司销售药品也存在过错。

2011年6月16日，常州市中级人民法院作出（2009）常民二初字第123号民事判决书，依据《中华人民共和国合同法》第5条、第52条第（5）项、《中华人民共和国药品管理法》第14条之规定，判决：1. 兰陵制药于本判决生效之日起10日内向三维公司、长征医院支付粗品货款3545573.15元；2. 兰陵制药于本判决生效之日起10日内向三维公司、长征医院支付左旋卡尼汀药品的销售所得款项45761142元；3. 兰陵制药停止使用三维公司的左旋卡尼汀原料药及注射液、口服液制剂生产技术、工艺等生产、销售左旋卡尼汀原料药及注射液、口服液制剂。4. 驳回三维公司、长征医院的其他诉讼请求。

2011年7月5日，三维公司提出上诉；2011年7月8日，兰陵制药也提出上诉。

此外，在三维公司与兰陵制药上述纠纷二审审理期间，江苏省高级人民法院依法组织调解，三维公司与兰陵制药分别于2011年8月8日及2011年11月21日提出了调解方案，虽然双方各自提出的调解方案差异较大，但双方均明确表达了继续合作的意愿。

（三）案件主要涉及的法律法规的具体规定

于 2001 年 2 月 28 日修订通过并自 2001 年 12 月 1 日起施行《中华人民共和国药品管理法》第 14 条规定：开办药品批发企业，须经企业所在地省、自治区、直辖市人民政府药品监督管理部门批准并发给《药品经营许可证》；开办药品零售企业，须经企业所在地县级以上地方药品监督管理部门批准并发给《药品经营许可证》，凭《药品经营许可证》到工商行政管理部门办理登记注册。无《药品经营许可证》的，不得经营药品。

修订前，于 1984 年 9 月 20 日公布，并于 1985 年 7 月 1 日施行的《中华人民共和国药品管理法》并无"无《药品经营许可证》的，不得经营药品"的规定，其第 10 条规定：开办药品经营企业必须由所在地药品生产经营主管部门审查同意，经县级以上卫生行政部门审核批准，并发给《药品经营企业许可证》。无《药品经营企业许可证》的，工商行政管部门不得发给《营业执照》。

自 2008 年 5 月 1 日起施行的《江苏省药品监督管理条例》第 14 条规定药品生产、经营企业知道或应当知道他人无药品生产、经营资格而从事药品生产、经营活动的，不得为其提供药品。药品生产、经营企业不得为他人以本企业的名义经营药品提供资质证明文件、票据等便利条件。

关于合同无效的法定情形，《中华人民共和国合同法》第 52 条规定，有下列情形之一的，合同无效：

（一）一方以欺诈、胁迫的手段订立合同，损害国家利益；

（二）恶意串通，损害国家、集体或者第三人利益；

（三）以合法形式掩盖非法目的；

（四）损害社会公共利益；

（五）违反法律、行政法规的强制性规定。

国家食品药品监督管理局《药品流通监督管理办法》（暂行）（1998 年 8 月 1 日施行，2007 年 5 月 1 日失效）第 21 条规定，严禁无《药品经营企业许可证》的单位或个人从事药品经营活动。有下列情况之一的，按无证经营处理：

……

（七）无《药品经营企业许可证》的，借药品经营企业提供的条件参加药品经营的；

……

国家食品药品监督管理局《药品流通监督管理办法》第 14 条规定，药品生产、经营企业不得为他人以本企业的名义经营药品提供场所，或者资质证明文件，或者票据等便利条件。

（四） 争议双方其他相关民事纠纷的情况

三维公司、长征医院向江苏省高级人民法院起诉兰陵制药和大陆公司侵权一审案件（（2011）苏知民初字第 1 号），要求兰陵制药按照协议约定，停止合作后不得继续使用三维公司和长征医院的技术和商标，不得继续生产左卡尼汀药品，按照合同约定兰陵制药和大陆公司按销售额赔偿。提起诉讼时，兰陵制药已经违反合同约定生产销售左卡尼汀注射液 1800 多万支，销售额 2.1 亿元，三维公司、长征医院要求兰陵制药赔偿 2.1 亿元，支付 1000 万元违约金，并停止生产销售左卡尼汀药品，要求大陆公司连带承担从兰陵制药非法转移财产部分民事责任。目前，该案正在审理之中。

此外，兰陵制药向常州中级人民法院起诉三维公司撤销权及返还原物纠纷案（（2010）常商初字第 48 号），兰陵制药提出诉讼请求，（1）2000 年 7 月 28 日签订《合作协议书》及基于合作协议相关补充协议、结算协议因与国家法律规定相冲突而无效；（2）三维公司立即返还兰陵制药左旋卡尼汀药品生产、销售的合法证照、批件及资料。常州市中级人民法院认为兰陵制药的诉讼请求与该法院受理的（2009）常民初字第 123 号一案基于同一事实。在该案中，兰陵制药已提出抗辩认为合作协议及相应的补充协议、结算协议与国家法律规定相冲突为无效协议。且该案先于本案立案受理。兰陵制药就该请求提起本案诉讼违反了一事不再理的原则，常州市中级人民法院于 2010 年 9 月 25 日裁定驳回原告兰陵制药对第一项请求的起诉。江苏省高级人民法院于 2010 年 11 月 13 日，裁定驳回上诉维持原裁定（（2010）苏商终字第 0150 号）。目前，针对该案，兰陵制药提出了再审申请。

（五） 其他相关背景情况

该案件已引发国内司法界、医药界和新闻界的广泛关注。最高人民法院民三庭、国家知识产权局生物医药部、国家药监局注册司联合调查组和中国药学会知识产权分会于 2011 年 8 月 25 日到江苏省调研医药知识产权保护工作，通知该案件当事人各方参与专题调研，了解该案件的情况。

由于该药品是由三方共同申请并取得新药证书和生产批件，该药品的商品名"雷卡"的注册商标权属于三维公司，兰陵制药中止与三维合作后，为了规避商标侵权，兰陵制药单独对该药品原批准证明文件审批事项提出的补充申请未获批准违规进行生产，又引发一系列行政诉讼案件。

2009 年 12 月，兰陵制药单独向国家药监局提出取消左旋卡尼汀药品商品名"雷卡"的补充申请，兰陵制药在未获批准的情况下，擅自修改经核准的左旋卡尼汀药品说明书、标签和包装上的内容，将左旋卡尼汀药品说明书、标签和包装上的商品名"雷卡"删除掉，生产销售左卡尼汀药品，违反了药品管理法。

2010 年 9 月 7 日，国家食品药品监督管理局和江苏省食品药品监督管理局责成常州市食品药品监督管理局对常州兰陵制药有限公司下达"行政处罚决定书"（常药行罚［2010］第 5 号），确认兰陵制药自 2012 年 12 月 26 日至 2010 年 8 月 20 日，未经国家药监局批准，擅自对左卡尼汀注射液的标签、说明书进行修改，删除了原标签、说明书上的商品名"雷卡"，生产销售了标签、说明书与国家药监局批准的内容、式样、文字不一致的左卡尼汀注射液共 32 批次，不符合《药品生产质量管理规范》第 49 条的规定，按照《中华人民共和国药品管理法》的规定，对兰陵制药予以警告处罚，并责令 15 天内改正违法行为。

2011 年 1 月 6 日，国家药监局在将三维公司作为利害关系人征求意见后，对兰陵制药发出"关于左卡尼汀商品名有关问题的函"，告知兰陵制药，鉴于左卡尼汀注射液是由你公司、三维公司和长征医院共同申报注册的品种，商品名是新药证书和生产批件（批件号：2000X0545）载明的审批事项，且同时载有三个单位的名称，经研究就定，取消商品名的补充申请应由三方共同提出或征得其他两方同意，故请你公司完善申报要求后再予申报。

2011 年 1 月 14 日，以国家工商总局副局长付双健为组长的"国务院打击侵犯知识产权和制售假冒伪劣商品行动领导小组"督查组到常州督查了该违法生产销售药品案件。

2011 年 1 月 23 日，兰陵制药向北京市第一中级人民法院提起行政诉讼，起诉国家药监局没有在规定的时限内批准其提出的取消商品名"雷卡"的补充申请，起诉的理由是由于国家药监局违法不作为，导致兰陵制药两次被常州药监局处罚，已停产停销，企业损失巨大，严重威胁企业生存和员工的基本生活，社会稳定受到严峻考验。事实上，兰陵制药从未因处罚停止过违法生产，生产销售活动一直未受到审批和处罚的影响，2009 年兰陵制药销售 970 万支左卡尼汀注射液，2010 年和 2011 年销售增长 30% 以上，分别达到 1200 万支和 1500 万支。三维公司和长征医院作为第三人参加了该行政诉讼。2011 年 2 月 22 日，兰陵制药主动撤销了该行政诉讼（北京市第一中级人民法院行政裁定书（2011）一中行初字第 353 号）。

2011 年 1 月 25 日，常州市法制办作出"停止执行具体行政行为通知书"（［2010］常行复第 97 号），理由是"需要向国家药监局提出法律适用的请示、常州兰陵制药有限公司起诉国家药监局"依法履行审批职责"并经北京市第一中级人民法院受理、而（常药行罚［2010］第 5 号）行政处罚的复议案件的审理需要以该行政诉讼案件的审理结果为依据等。兰陵制药继续违法生产药品。

2011年12月28日，三维公司向国家药监局举报投诉中心举报了兰陵制药一直违法生产销售药品、侵占三维公司知识产权、常州市药监局充当兰陵制药的保护伞和代言人涉嫌渎职的行为，2013年3月19日，国家药监局举报投诉中心回函给三维公司："我中心对你公司举报投诉非常重视，专程派调研小组赴常州了解情况，向国家局有关领导专题汇报，邀请有关部门对举报事项分析协商，经研究决定将案件转交江苏省药监局立案调查，我中心将继续对案件的办理过程进行跟踪"。

兰陵制药在2010年向国家药监局提出取消商品名"雷卡"的补充申请未获批准的情况下，于2012年继续向江苏省药监局提出取消商品名"雷卡"的补充申请，至今江苏省药监局按照国家药监局的要求未予批准。

2012年11月1日，国家药监局发出"国家食品药品监督管理局办公室关于办理撤销商品名补充申请有关事项的通知"（食药监办〔2012〕第130号），规定企业提出删除药品商品名的补充申请必须征得原药品批件上署名的研发单位的意见方可提出。

国家药监局多次召开会议研讨类似纠纷，认为国内目前出现大量类似的医药知识产权纠纷，与我国药品注册管理办法与国外相关国家药品管理规定差异性所致。国外通常规定，充分保护研究机构的知识产权为出发点，规定研究单位拥有新药证书后就拥有了新药的知识产权和新药上市生产销售的资格，可以到任何符合GMP要求的药品生产企业生产，生产文号依据双方合作的期限而决定，合作到期，生产文号自动作废，研究单位可以寻找其他生产单位合作生产。而在我国，依据相关药品管理规定，当研究单位获得新药证书与生产企业合作取得生产批件后，生产批件是永远有效的，生产企业（生产企业自行研发新药除外）可以不根据知识产权许可协议约定永远生产下去，国家药监局对此无相应具体规定，新药研发单位与生产企业发生纠纷，只能通过法院解决，这是导致目前研究单位和生产企业出现大量医药知识产权纠纷的根源之一。国家药监局对目前药品研发单位知识产权保护引起高度重视，正在进一步研讨完善药品管理规定，以充分保护药品研发单位知识产权，减少类似纠纷发生。

二、研讨会依据的材料

北京务实知识产权发展中心接受委托后，将委托方提交的相关材料送交专家阅读。本次研讨会依据的材料包括：

（一）合作协议

1. 三维公司与兰陵制药（原常州第二制药厂）于 1998 年 7 月 8 日签订的合作协议书；

2. 三维公司、兰陵制药与长征医院于 2000 年 7 月 28 日签订的合作协议书；三维公司与兰陵制药 2005 年 3 月 1 日签订的《关于左卡尼汀原料药及其制剂销售结算的补充协议》；三维公司与兰陵制药分别于 2007 年 1 月 5 日、2007 年 12 月 29 日、2009 年 2 月 25 日签订的《关于左卡尼汀原料药及其制剂的生产服务费用结算协议》；

3. 长征医院的确认函。

（二）起诉状、上诉状、法院的民事裁定书和判决书

1. 常州市中级人民法院（2009）常民二初字第 0123 号民事判决书；三维公司的民事起诉状、民事上诉状以及兰陵制药的民事上诉状；

2. 常州市中级人民法院（2010）常商初字第 48 号民事裁定书；江苏省高级人民法院（2010）苏商终字第 0150 号民事裁定书；兰陵制药的民事起诉状和民事上诉状；

3. 三维公司（2011）苏知民初字第 0001 号民事起诉状；

4. 北京市第一中级人民法院（2011）一中行初字第 353 号行政裁定书；兰陵制药诉国家药监局的行政起诉状、国家药监局的答辩状。

（三）三维公司左卡尼汀新药研究申报、批准文件

1. 国家药品监督管理局左旋卡尼汀新药证书及生产批件（2000X0523）；左旋卡尼汀注射液新药证书及生产批件（2000X0545）；左旋卡尼汀口服溶液新药证书及生产批件（2000X0524）；

2. 左旋卡尼汀新药证书（正本、副本）（国药证书 X20000393）；左旋卡尼汀注射液新药证书（正本、副本）（国药证书 X20000418）；左旋卡尼汀口服溶液新药证书（正本、副本）（国药证书 X20000394）；

3. 国家药品监督管理局左卡尼汀《标准》（试行）、左卡尼汀注射液《标准》（试行）、左卡尼汀口服溶液《标准》（试行）；

4. 国家药品监督管理局《左卡尼汀注射液使用说明书》《左卡尼汀口服溶液使用说明书》；

5. 国家食品药品监督管理局左旋卡尼汀药品注册证、左旋卡尼汀注射液药品注册证。

（四）三维公司学术推广、成果

1. 雷卡（左卡尼汀注射液）上市后临床疗效、安全性研究的资料汇编；

2. 三维公司学术活动情况汇总；

3. 左卡尼汀代谢与治疗专著《心脏能量学》；

4. 2004～2009 年国内左卡尼汀注射剂市场份额（数据来源：IMS 医院统计数据）。

（五）商标注册证、核准商标转让证明

1. 国家工商行政管理局商标注册证核准商标转让证明核准续展注册证明。

（六）其他

1. 常州市食品药品监督管理局行政处罚决定书（常药行罚［2010］第 5 号）；

2. 国家食品药品监督管理局关于左卡尼汀注射液商品名有关问题的函（国食药监注函［2011］第 1 号）；

3. 国家食品药品监督管理局办公室关于办理撤销商品名补充申请有关事项的通知（食药监办注［2012］第 130 号）；

4. 国家食品药品监督管理局投诉举报中心关于对投诉举报人回复的函；

5. 三维公司致国家食品药品监督管理局举报投诉中心举报信；

6. 常州市人民政府停止执行具体行政行为通知书；

7. 三维公司致全国打击侵犯知识产权和制售假冒伪劣商品专项行动领导小组要求依法打击常州兰陵制药有限公司侵犯知识产权和制售假冒伪劣药品的紧急报告；

8. 江苏省食品药品监督管理局"改变左旋卡尼汀原料药生产工艺"补充申请药品注册申请受理通知书（受理号：CYHB0900737）；

9. 国家食品药品监督管理局关于改变左旋卡尼汀原料药生产工艺的审批意见通知件；

10. 常州市食品药品监督管理局关于加强左旋卡尼汀原料药生产管理的通知；

11. 2012 年 3 月 16 日，常茂生物化学工程股份有限公司须予披露及关联交易出售兰陵药厂 37.78% 的股本权益报告。

三、研讨会的主要议题

根据委托方的委托及提交的材料，专家研讨会主要围绕下述问题进行了研讨。

1. 我国《药品管理法》第 14 条规定"无《药品经营许可证》的，不得经营药品"的立法本意是什么？

2. 本案合作协议中关于"销售""销售推广"的合作条款是否违反了我国《药品管理法》的有关规定？

3. 本案协议中有关新药知识产权归属的约定是否违反药品管理的法律法规？

4. 本案三方合作协议书及其补充协议、结算协议的性质如何界定？效力是怎样的？

5. 本案合作协议是否可以认定为委托生产药品协议？

6. 关于《合同法》第52条第（5）款所规定的"违反法律、行政法规的强制性规定"中"强制性规定"具体是指哪些情形，"行政法规"的范围如何理解的问题？

7. 从探究我国"产学研"一体化合作模式，以及当前我国药品审批制度改革，《药品管理法》修改以及研究建立药品上市许可人制度的背景出发，对于此类因制度原因造成的研发机构与药品生产企业特殊的合作模式，由此产生的纠纷应当如何公平合理地妥善解决？

四、专家意见

参与研讨的专家围绕上述问题进行了热烈讨论，充分发表了意见。经过归纳整理，形成以下法律意见。

（一）关于我国《药品管理法》第14条规定"无《药品经营许可证》的，不得经营药品"的立法本意问题

专家们认为，结合本案的实际情况，应当首先明确我国《药品管理法》第14条规定的确切含义及其立法本意，这是探讨本案其他法律问题的基础。2001年2月28日修订通过并自2001年12月1日起施行的《中华人民共和国药品管理法》第14条规定："开办药品批发企业，须经企业所在地省、自治区、直辖市人民政府药品监督管理部门批准并发给《药品经营许可证》；开办药品零售企业，须经企业所在地县级以上地方药品监督管理部门批准并发给《药品经营许可证》，凭《药品经营许可证》到工商行政管理部门办理登记注册。无《药品经营许可证》的，不得经营药品"。

对于上述规定的确切含义及其立法本意的理解应当结合其所在的章节具体加以判断。我国《药品管理法》第14条所在的"第三章"规定的内容为"药品经营企业管理"。与"第二章 药品生产企业管理"相并列，我国《药品管理法》第三章是专门针对"药品经营企业"作出的有关规定。第14条规定的"无《药品经营许可证》的，不得经营药品"针对的对象为药品经营企业，具体是指药品经营企业通过购销其他药品生产企业的药品，进行药品经营时，必须首先取得《药品经营许可证》。其立法本意在于禁止不具备经营条件的企业经销药品，通过监督药品质量及流通安全，以保障药品本身的安全

性。该规定并不是针对药品生产企业销售本企业所生产的药品的行为，对于已经取得《药品生产许可证》的生产企业而言，当然有合法销售自己生产的药品的权利，药品生产企业销售本企业生产的药品并不需要办理《药品经营许可证》。因此，我国《药品管理法》第三章与第二章的内容所规制的法律主体、法律客体完全不同，所规制的是完全不同的两种法律关系。

本案所涉及的情形是，作为药品研发机构的三维公司与合法取得《药品生产许可证》作为药品生产企业的兰陵制药开展产学研合作，联合研究开发、申报生产新药左旋卡尼汀原料药及其注射液、口服液。协议中对上述三方合作研究开发、申报新药证书和生产批件后获得成功后新药投入生产后的有关销售进行了约定，以上销售条款约定是基于三方合作研发开发本品并向国家药监局申报新药证书和生产批件后获得批准后由兰陵制药生产出来的新药的销售约定，不是基于单纯从事买进卖出的药品经营销售行为的约定。

从以上协议可以看出，本案协议约定的药品销售条款与药品管理法对药品经营企业规定的药品销售要求不同。主要区别如下：

第一，《药品管理法》对研究开发、申报新药的行为都是鼓励的。1985年7月1日起施行的《药品管理法》（主席令第18号）第21条规定"国家鼓励研究、创制新药"。2001年12月1日起施行的《药品管理法》（主席令第45号）第4条规定"国家鼓励研究和创制新药，保护公民、法人和其他组织研究、开发新药的合法权益。"药品管理法鼓励研制新药，但规定没有禁止科研单位和生产单位联合开展新药研究开发和申报生产，也没有禁止联合研制申报的新药获得批准投入生产后申报单位之一的研究单位参与联合研制新药的销售或销售推广。因此，本协议中有关三维公司在全国率先研制并与兰陵制药共同申报新药证书和生产批件获得批准后与兰陵制药一起进行"销售"或"销售推广"的约定，是有效的约定。其性质与三维公司单独从事买进卖出经营药品的行为是完全不一样的，有关对药品经营企业的法律法规不适用于本案。

第二，本案协议中第20条"兰陵制药应根据国家药品生产管理的有关规范，及时对原料药、注射液及口服液车间进行GMP的改造、论证，并承担全部费用"，该约定明确了三方合作开发申报新药并获得批准后必须通过国家药监局有关药品生产质量管理规范（GMP）论证，这是约束合作各方行为的基础条款，只有通过GMP论证，药品生产企业才能合法生产销售药品，药品监督管理部门也是按照GMP要求依法行使监督权，以保证药品在符合规定的质量保证体系中生产出合格药品，以保证用药安全。在符合GMP条件下的药品销售与独立的、不受GMP控制的药品销售行为是不一样的。

依据 1999 年 8 月 1 日起施行的《药品生产质量管理规范（1998 年修订）》，药品生产质量管理规范（GMP）共分 14 章 88 条，分别描述了总则、机构与人员、厂房与设施、设备、物料、卫生、验证、生产管理、质量管理、文件、产品销售与收回、投诉与不良反应报告、自检、附则等。结合自 2003 年 2 月 1 日起施行《药品生产监督管理办法（试行）》关于 GMP 的有关规定可以看出，在符合 GMP 的情况下生产销售药品，是受到严格的法律法规所控制的。本协议于 2000 年 7 月 28 日签订，而在此之前的 1999 年 8 月 1 日国家药监局已经实施 GMP，既然协议中约定兰陵制药必须按照国家药监局 GMP 要求进行改造、论证，说明在该条件下的药品生产销售是受到 GMP 控制的，是合法的销售。该协议签订时本品还没有获得批准，三方要等待本品获得批准后投入生产才能销售，是有前置条件的销售，如果新药得不到审批，或者兰陵制药没有按照 GMP 生产，该销售均无法实现，因此本案中约定的"销售"或"销售推广"的前提条件是协议中约定的兰陵制药必须通过 GMP 改造、论证。

本案协议约定兰陵制药在其内部成立独立核算的"销售"或"销售推广"部门，并有三维公司员工参与销售推广并对销售加以控制，该部门对内处于双方的共同控制之下，对外为兰陵制药的一个销售推广部门。这一法律行为不属于《药品管理法》第三章所规范的"药品经营企业"的"经营药品"的行为。《江苏省药品监督管理条例》第 14 条所规定的情形与上述《药品管理法》规定的情形是完全一致的，《江苏省药品监督管理条例》第 14 条的规定也是在规制其他无药品经营资格的企业进行药品经营的行为，而不是约束药品生产企业销售本企业生产的药品的行为。

除此之外，本案合作协议书签订时为 2000 年 7 月 28 日，而作为法律依据的我国现行《药品管理法》是 2001 年 2 月 28 日修订通过并自 2001 年 12 月 1 日起施行的，在双方合同签订时，现行《药品管理法》尚未修订，而在合同签订时施行的 1984 年公布的《药品管理法》中还没有关于"无《药品经营许可证》的，不得经营药品"的规定。因此，该规定不应对本案合同效力产生影响。

（二）本案合作协议中关于"销售""销售推广"的合作条款是否违反了我国《药品管理法》的有关规定问题

专家们认为，在讨论本案合作协议中关于"销售""销售推广"的合作条款是否违反了《药品管理法》的有关规定前，必须首先明确双方在合作协议中约定的"销售""销售推广"的实质含义是什么，具体指哪些行为。

1. 什么是药品的"销售推广"？

本案中，双方当事人于2005年3月1日签订的补充协议中约定设立专门的销售部门——雷卡销售推广部，该部门不具有独立法人资格，但独立核算，人员由三维公司负责组成。这是一审法院认定三维公司存在药品销售行为的主要依据之一。

一般而言，在一家药品生产企业中，销售推广部的职责是从事学术宣传、品牌推广的工作，并不是在市场中实际销售企业生产的药品，而是通过召开医学学术会议、拜访医院，向医生提供相关药品的详细资料宣传药品。由于在我国80%的药品是通过医院实现销售的，因此市场宣传推广工作对于药品的销售尤为重要。虽然医生精通医术，富有医疗经验，但并不一定十分了解一个刚研发成功的新药，对于新药功能、疗效、用药方法和安全性缺乏了解，往往不敢使用新药，但生产企业的销售推广人员更为清楚，特别是对于新药的推广来说，这一点非常重要。当药品生产企业研发成功一个新药后，要让广大医生了解新药的作用机理、临床疗效、临床使用方法、药物副反应及其处理方法，使医生能够在众多老药品中开始使用新药，当市场有同类药品后，药品生产企业的推广人员还要宣传本企业的药品与其他企业生产的药品相比的竞争优势，如质量、生产技术、疗效、副反应、品牌、价格以及服务等方面的优势，使广大医生能够从众多同类药品中选择使用本企业的药品。这些都是目前药品生产企业，尤其是名牌企业必须开展的工作，否则新药再好，没有人了解，没有人使用，即使发明出来，也没有市场。此外，销售推广部门承担的另一项重要工作是通过组织专业的医药会议、医生论坛等形式，邀请广大医生参与，并在会议中通过对药品本身疗效的推介，提升自己的品牌形象。

从药品监管角度来讲，上述药品销售推广并不是药品监管意义上的药品销售行为。正因为如此，很多药品生产企业的销售推广都是外包给专业的销售推广公司进行的，如百润集团。这种做法并不违反《药品管理法》的有关规定。因此，需要区分药品监管意义上的药品经销行为和市场中实际发生的药品销售推广这两个不同的概念。药品监管意义上的药品经销行为就是直接的药品销售行为，典型的药品企业中，负责销售推广的部门被称为医药销售部或销售推广部，而负责药品监管意义真正销售药品的部门是渠道部门。一审法院仅因为兰陵制药设立了有三维公司人员参与的销售推广部就认定三维公司从事了《药品管理法》第14条所规范的"药品经营企业"的药品的"经营销售"行为，这种判断显然与《药品管理法》的规定不符。

从三维公司提供的有关情况来看，由于本品是国内首家研制并上市销售，许多医生和患者不了解该药品，医生和患者不敢用，医药公司没兴趣销售，因此，本品获得批准上市后开始并没有市场。三维公司加大市场宣传推广力度，十多年从未间断，通过先后在 104 次全国性和省一级的肾脏病、心脏病等医学学术会议上开展本品临床应用的学术交流和推广活动，与全国各地医生合作发表本品上市后临床应用研究论文 100 多篇，在全国率先组织出版专著《心脏能量学》，并在中央电视台"走近科学"栏目合作拍摄并播出专题科教片"为心脏搬运能量"，介绍本品在心脏能量代谢领域进行的研究和取得的进展，普及心脏能量代谢治疗知识，推动本品的临床应用，这种销售推广行为是正当合法的。

2. 在药品生产、经营实践中，什么是药品监管意义上的"经营""销售"行为，做出此类行为的判断依据有哪些？

专家们认为，我国《药品管理法》中关于生产、经营药品必须取得《药品生产许可证》《药品经营许可证》的规定，其目的在于保证药品本身的安全性，药品生产企业的 GMP 认证与药品经营企业的 GSP 认证均旨在通过一系列强制性规范标准，对药品的生产、仓储、流通各个环节进行规范。特别是在药品"经营""销售"领域，通过相关认证，规定了一系列具体的规范措施，如入库规范、仓储规范、出库规范、运输规范、人员管理规范等等，以保证药品的安全。因此，药品监管意义上的"经营""销售"行为要从此类行为是否有可能导致药品本身的质量问题，是否会影响到药品本身安全性的角度加以理解，而不是一般民法意义上对"销售"行为的理解。

以此出发，判断一家企业是否存在药品监管意义上的"经营""销售"行为，具体应当考虑四方面因素：第一，药品销售时出具的发票；第二，药品的销售合同；第三，销售药品取得的货款；第四，药品的实际销售行为是由哪个主体作出的。发票是记录经营活动的一种原始证明，具有法律证明效力，出具发票的主体是谁，可以证明"经营""销售"行为，发票也是销售商或者消费者用以证明其药品来源或维护消费者正当权益的合法依据，本案中的药品全部由兰陵制药开具发票，一旦出现质量问题和药物副作用，则销售商或普通消费者只能向实际产销药品的兰陵制药主张权利；药品的销售合同，主要是看订立合同的双方当事人究竟是谁；药品的货款是谁收取的，这是判断药品发生销售的重要特征。在上述三方面因素中，一般药品监督管理机关主要是根据是否收取了货款来确定是否发生了销售药品行为，即使发生了销售假药、劣药等行为也是根据收取的货款来确定违法所得进行处罚，因为有的销售主体销售药品不开具发票也不签订合同，但一定会收取货款。以上三方面的证据相对比较确凿，一般比较容易作出判断。

从药品管理的角度来看，判断经销行为的主体还要看药品销售的一整套管理体系具体是由哪个主体控制的。对于药品经营企业来说，需要考察包括成品入库、入库检验、仓储条件、仓储维护、出库记录、对购买方资质的审查等一整套质量管理体系究竟是哪个主体完成的。上述涉及的主要内容就是通常所说的GSP认证，GSP（Good Supplying Practice）是《药品经营质量管理规范》的英文缩写，是药品经营企业统一的质量管理准则，这个体系才是药品监管意义下的药品经营或药品销售。当然，对于药品生产企业而言适用的是GMP认证，即"良好作业规范"，是一种特别注重在生产过程中实施对产品质量与卫生安全的自主性管理制度。它是一套适用于制药、食品等行业的强制性标准，要求企业从原料、人员、设施设备、生产过程、包装运输、质量控制、药品销售、发运、药品不良反应报告、问题药品及时召回等方面按国家有关法规达到强制性的管理要求，形成一套可操作的作业规范帮助企业改善生产环境，及时发现生产过程中存在的问题并加以改善，其中关于药品经营的规定与GSP认证是一致的。

3. 左旋卡尼汀药品在药品监管意义上的"经营""销售"行为是由哪个主体做出的？

专家们认为，通过上述四方面要求可具体分析三维公司在左旋卡尼汀药品的销售过程中的行为和作用。从药品销售发票来看，发票均是由兰陵制药出具的；从销售合同来看，涉案药品销售合同均是由兰陵制药签订的；从收取货款的行为来看，涉案药品的货款均由兰陵制药到银行申请开立的公司账户收取，该账户的性质是兰陵制药账户，加盖有兰陵制药的公章，是兰陵制药到银行申请开立的，也是兰陵制药到银行注销的，该账户的所有权和控制权属于兰陵制药。

GMP控制主体包括药品仓储和发运主体的角度来看，我国《药品管理法》所监管的药品经营、销售，主要是针对"药品经营企业"。对于"药品生产企业"在经营、销售环节的监管，主要是不得将自己的产品销售给没有药品经营资质的企业、不得经销其他企业的药品。从药品生产、经营质量管理规范对于药品销售的一整套管理体系来看，"药品生产企业"药品的成品入库、入库检验、仓储条件、仓储维护、出库记录、对购买方资质的审查等一整套质量管理体系究竟是由哪个主体完成的是判断该药品的实际经销行为究竟是由哪个主体作出的判断标准。考察三维公司是否存在实际的销售行为就要看三维公司是否能够控制上述整套质量管理体系，如果上述质量管理体系均是包含在兰陵制药的GMP体系之内由其实际进行控制的，则毋庸置疑，左旋卡尼汀药品的"经营""销售"行为只能认定为是由兰陵制药作为一个

"药品生产企业"作出的"经营""销售"行为,亦不是《药品管理法》第14条所规范的"药品经营企业"的药品的"经营销售"行为。

本案合作协议中虽然约定了"销售""销售推广"的合作条款,但是,明显不是由兰陵制药将药品销售给三维公司再由三维公司进行对外销售的违法销售行为,而是在兰陵制药GMP体系中的销售行为,并不存在三维公司实施《药品管理法》第14条所规范的"药品经营企业"的"经营""销售"行为。因此,本案合作协议中关于"销售""销售推广"的合作条款并不违反《药品管理法》的有关规定,涉案合同是有效的。

(三)关于本协议约定新药知识产权归属是否与药品管理法相冲突问题

专家们认为,目前我国的药品注册管理制度客观上造成了实践中认为只要拥有新药生产文号,就拥有了新药知识产权的观点,这种认识是目前发生大量医药知识产权纠纷的根源之一。

我国目前实行药品上市许可和生产许可捆绑的做法,新药研发单位完成新药研究向国家提出申请上市获得批准后会取得新药证书,证明该新药可以投入生产并上市销售,但必须在拥有药品生产许可证的企业按照批准新药证书时核准的工艺、包装、标签和说明书进行生产、在取得新药生产批件和药品批准文号后才能将该新药投入生产并上市销售,生产的药品还必须注册,凭新药证书、生产批件、药品批准文号申请取得药品注册证。因此,在我国新药研究单位完成新药研究并取得新药证书后还不能生产销售该新药,该新药必须通过药品生产企业取得药品生产批件、药品批准文号和药品注册证后才能投入生产销售,一般将新药证书颁发给研究单位,将药品生产批件、药品批准文号和药品注册证颁发给药品生产企业,如果研究单位和生产单位联合申请新药证书和生产批件,则将新药证书和生产批件颁发给联合申请的研发单位和生产单位。新药研究单位取得新药证书后不能到具有药品生产许可证的药品生产企业委托加工新药并自行进行销售,只有药品生产企业可以凭药品生产批件、药品批准文号和药品注册证到拥有药品生产许可证的药品生产企业委托生产药品并由委托生产企业进行销售。

在我国药品生产企业不一定要拥有新药证书,只要拥有药品生产批件、药品批准文号和药品注册证后就可以合法生产药品。目前新药证书、药品生产批件和药品批准文号是无期限的,只有药品注册证有 5 年期限。虽然药品注册管理办法规定,药品再注册需要原药品注册申请人共同提出,但在药品再注册实践中却没有严格按照这个规定,往往药品生产企业可以不经过其他共同申请人同意而独自提出药品再注册申请,人为造成药品再注册也是无期限的。

2007 年 10 月 1 日起施行的《药品注册管理办法》第 10 条规定，"药品注册申请人（以下简称'申请人'），是指提出药品注册申请并承担相应法律责任的机构"。第 11 条规定，"药品注册申请包括新药申请、仿制药申请、进口药品申请及其补充申请和再注册申请"。第 12 条规定，"新药申请，是指未曾在中国境内上市销售的药品的注册申请；……再注册申请，是指药品批准证明文件有效期满后申请人拟继续生产或者进口该药品的注册申请"。第 17 条规定，"两个以上单位共同作为申请人的，应当向其中药品生产企业所在地省、自治区、直辖市药品监督管理部门提出申请；……"第 46 条规定，"多个单位联合研制的新药，应当由其中的一个单位申请注册，其他单位不得重复申请；需要联合申请的，应当共同署名作为该新药的申请人。新药申请获得批准后每个品种，包括同一品种的不同规格，只能由一个单位生产。"第 120 条规定，"国家食品药品监督管理局核发的药品批准文号、进口药品注册证或者医药产品注册证的有效期为 5 年。有效期届满，需要继续生产或者进口的，申请人应当在有效期届满前 6 个月申请再注册。"根据以上规定，药品再注册申请属于药品注册申请，多个单位作为联合申请人的，不得重复提出药品注册申请，应由药品生产单位提出并共同署名，药品再注册申请由申请人提出。本品是由三维公司、长征医院和兰陵制药三方共同提出的注册申请，因此药品再注册申请也应由三方共同提出。但第 122 条规定，"药品再注册申请由药品批准文号的持有者向省、自治区、直辖市药品监督管理部门提出，按照规定填写《药品再注册申请表》，并提供有关申报资料。"有些药品监督管理部门因此理解为药品再注册申请只需要药品生产企业提出，许多药品生产企业得以未经其他联合申请人同意，单独办理药品再注册手续，使药品生产企业申请药品再注册也变成无期限的。

当药品生产企业持有无有效期的药品生产批件、药品批准文号和药品注册证后就可以无期限合法生产药品，而作为共同申请人的研发单位却无法禁止，唯一具有有效期的药品注册证因为某些药品监督管理部门对药品再注册规定进行断章取义的理解，使研发单位失去唯一可以行使共同申请人权利的机会。如果药品联合申请人之间发生纠纷，目前无法通过药品注册途径解决，只有诉诸司法途径，这是目前我国大量医药知识产权纠纷发生的原因之一。我国现行的药品上市许可和生产许可捆绑的制度还停留在计划经济时代，目前已经成为我国新药成果产业化的障碍，已经引起国家药监局和医药界、学术界的一致重视。

而国外的药品上市许可与生产许可是分离的，就没有上述的矛盾。如欧盟实行的是药品"上市许可人（marketing authorization holder, MAH）"和

"生产许可人（production license holder）"相分离的药品市场准入制度。上市许可证是发给药品上市申请人（marketing authorization application，MAA）的，上市许可人可以将产品委托不同的生产商生产，生产的地点也可以在不同的企业。在上市许可制度下，获得药品上市许可的单位可以将产品委托给任何一家达到 GMP 标准的生产企业进行生产。而药品的质量、不良反应、召回等一切责任都由拥有产品上市权的单位负责，被委托的生产者只对生产负责。药品的安全、有效和质量可控均由上市许可人对公众负责，药品的生产许可人和销售许可人对药品的上市许可人负责。

专家们认为，在认清上述问题产生根源的基础上，关于新药知识产权归属和生产文号权属之间的关系问题，应当依据《合同法》《药品管理法》《新药审批办法》《新药保护和技术转让的规定》的具体规定加以理解，不能简单推断只要拥有药品生产文号就拥有药品知识产权。

第一，从《合同法》的相关规定特别是 2001 年《最高人民法院关于印发全国法院知识产权审判工作会议关于审理技术合同纠纷案件若干问题的纪要的通知》及 2004 年《最高人民法院关于审理技术合同纠纷案件适用法律若干问题的解释》的规定来看，新药成果属于技术成果，依法受到《合同法》的保护，其权利归属可以由双方当事人约定。本案三方合作协议约定三方共同向国家药监局申请左旋卡尼汀新药证书和生产批件，该新药的知识产权归三维公司和长征医院所有，因此，三维公司和长征医院拥有的本品新药证书和生产技术等技术成果权利受到法律保护。

第二，根据在三方协议签订前后生效实施的如 1985 年《药品管理法》、1989 年《药品管理法实施办法》、1999 年《新药审批办法》、1999 年《新药保护和技术转让的规定》等法律、法规只是对申请新药证书和生产文号提出了具体要求，并未对新药研究单位和生产单位之间有关的知识产权归属做出规定。对于研究单位与生产单位联合研制的新药，只是规定应向生产单位所在地省级药品监督管理部门申报，两家以上的生产单位联合研制的新药，应向制剂生产单位所在地省级药品监督管理部门申报，而新药知识产权的归属则可以由联合申报的单位之间约定。国家只在新药申请获得批准后发给新药证书，如需生产则需要由生产单位依据新药证书申请生产批件在取得药品批准文号后方可生产。而在 2001 年《药品管理法》、2002 年《药品管理法实施条例》、2002 年《药品注册管理办法（试行）》、2005 年《药品注册管理办法》等药品管理法律、法规也没有关于技术授权或技术许可生产药品的禁止性规定。

第三，我国《新药保护和技术转让的规定》中也要求技术转让方和技术受让方之间要签订合同，双方均受合同约束。

依据我国《新药保护和技术转让的规定》第16条，若干单位联合研究的新药，申请新药技术转让时，其各项转让活动须经新药证书共同署名单位一同提出申请与签订转让合同。第17条，接受新药技术转让的生产企业必须取得"药品生产企业许可证"和"药品GMP证书"。第18条，新药技术转让应由新药证书（正本）拥有单位申请办理。转让申请最迟应在新药保护期满前6个月提出。第19条，新药证书（正本）拥有单位申请技术转让时，须向所在地省级药品监督管理部门提交以下资料：（一）申请新药证书（副本）的报告。（二）新药证书（正本）（复印件）、新药生产证书批件（复印件）、质量标准、说明书。（三）提供受让单位的"药品生产企业许可证"（复印件）、药品GMP证书（复印件）、双方签订的技术转让协议或合同（原件副本）。以上资料经审查合格后转报国家药品监督管理局，由国家药品监督管理局审核同意后核发给注明受让单位名称的新药证书（副本）。

从以上规定可以看出，药品技术转让是药品研制单位取得新药证书后将新药技术转让给药品生产企业生产该药品，技术转让也需要向国家药监局提出申请，获得批准后国家颁发药品批准文号给生产企业，生产企业可以投入生产销售。提出技术转让申请，还需要提交技术转让合同。《新药保护和技术转让的规定》第15条之所以做出"新药证书（正本）拥有者转让新药时，必须将全部技术及资料无保留地转让给受让单位，并保证受让单位独自试制出质量合格的连续3批产品"的规定，是国家药监局出于保证用药安全角度的考虑作出的规定，并不是对技术成果权利归属的界定依据。

第四，从本案的具体情况来看，从三方协议的技术背景和新药申报过程中江苏省卫生厅作出的新药临床审批意见和新药证书、生产审批初步审批意见可以看出，三维公司和长征医院在与兰陵制药签订协议前，已经完成了该新药的全部研究工作，其处方、工艺、质量标准、临床研究均已经完成，三方共同向国家药监局申请新药证书和生产批件并获得批准，因此，该新药技术是一项成熟的技术成果，由三维公司和长征医院共同完成，兰陵制药虽然参加共同申报新药证书和生产批件，但未参与研发，不应享有新药技术成果的知识产权，三方协议也明确约定知识产权归三维公司和长征医院所有。

此外，根据1999年5月1日起施行的《新药保护和技术转让的规定》第16～19条的规定，药品技术转让是药品研制单位取得新药证书后将新药技术转让给药品生产企业生产该药品，技术转让也需要向国家药监局提出申请，获得批准后国家颁发药品批准文号给生产企业，生产企业可以投入生产销售。提出技术转让申请，也一定要提交技术转让合同。国家药监局出于保证人民用药安全考虑，规定技术所有方要将经核准的新药工艺技术完整地转让给受让方，使受让方能掌握完整的技术独立生产出符合质量标准的药品。我国《新药保护和技术转让的规定》中也要求技术转让方和技术受让方之间要签订合同，双方还要受合同约束。

（四）关于本案合作协议的性质和效力应当如何认定问题

专家们认为，合作协议是一种特别宽泛的称谓，当事人之间任何一种合同都可以被称为合作协议。关于合同性质的确定，通常情况下，实践当中特别常见的是混合型或者说综合性的合同。本案中的合作协议书及其补充协议、结算协议就是典型的包含多种内容的混合型的合同。确定合同的性质的时候，不能单纯从合同的标题出发加以认定，而是要根据合同实际约定的权利义务的内容以及合同的标的具体加以判断。判断合同的性质和效力也不能仅从合同约定的字面含义出发，要根据合同的具体约定判断合同中采用词汇的具体含义最终得出结论。特别是通过《合同法》第 52 条判断合同是否有效的时候，其中尤其是以《合同法》第 52 条第（5）项判断是否违反强制性规范从而导致合同无效的时候，要明确合同中使用的词语的真实含义，以及实践当中一方当事人是否从事了约定的行为，最终判断该合同是不是因违反了法律的强制性规定而导致合同无效。

从合同的性质来看，本案的合作协议约定的双方权利义务内容比较多，属于综合性的技术合同，即属于集研究、生产、临床不同环节医药商品市场主体，为实现各自利益，发挥各自优势，进行技术合作的共同意思表示。它的签订符合《合同法》第 323 条"有利于科学技术的进步，加速科学技术成果的转化、应用和推广"的规定。三方合作协议书约定了新药成果技术背景、新药成果名称、各方的分工和要求、新药成果的知识产权、包括新药投入生产的试行标准转正后的新药知识产权归属和处置的权利、商业秘密和技术秘密的保密、技术资料的保管、新药成果收益的分配比例、合作期限、新药成果使用的期限、兰陵制药违约使用新药技术的违约金和赔偿金的计算方法、三维公司在合作期内无故终止新药成果合作的违约金等约定，具备了《合同法》第 324 条关于技术合同内容一般包含的条款。

从三维公司的权利义务来看，合同中约定了有关药品开发、技术提供、标准转正、质量提高、技术所有权和处置权、保管技术文件资料、原料供应、监控生产和销售、技术收益的计算和支付方式、技术被侵占获得的赔偿等内容，所规定的内容都是涉及药品的生产技术、技术实施等，合同的标的是左旋卡尼汀药品的技术成果。因此，本案合作协议的性质属于技术合同，更确切说属于技术独占实施许可合同。常州市中级人民法院认定合同无效的 4 条理由中的第一条恰恰印证了该合作协议书属于技术独占实施许可合同的属性。

基于合作协议书技术合同的属性，则该合同当然可以适用2001年《最高人民法院关于印发全国法院知识产权审判工作会议关于审理技术合同纠纷案件若干问题的纪要的通知》与2004年《最高人民法院关于审理技术合同纠纷案件适用法律若干问题的解释》的相关规定。

虽然2004年《最高人民法院关于审理技术合同纠纷案件适用法律若干问题的解释》第一条中并未明确将新药成果列为技术成果的内容之一，但2001年出台的《最高人民法院关于印发全国法院知识产权审判工作会议关于审理技术合同纠纷案件若干问题的纪要的通知》是一个司法解释性文件，是对当时关于审理技术合同纠纷案件的经验总结，2004年最高人民法院在此基础上进一步出台了相应的司法解释，两者关于技术成果的界定本身是一致的。多年来的司法实践表明，有关药品的研发、转让、实施等均明确属于技术成果领域。依据该司法解释的第8条规定，生产产品或者提供服务依法须经有关部门审批或者取得行政许可，而未经审批或者许可的，不影响当事人订立的相关技术合同的效力。当事人对办理前款所称审批或者许可的义务没有约定或者约定不明确的，人民法院应当判令由实施技术的一方负责办理，但法律、行政法规另有规定的除外。因此，在本案中即使当事人所约定的相关药品的经营、销售属于"须经有关部门审批或者取得行政许可，而未经审批或者许可的"情况，也"不影响当事人订立的相关技术合同的效力"，该合同不应被认定为无效。

关于合同的效力问题，专家们认为，应当区分合同订立行为和合同履行行为。对于合同订立行为而言，在认定本案合作协议的性质为技术实施许可合同的前提下，合同的标的进一步明确为新药技术，对于技术成果的交易、转让、许可、实施等约定并不是行政许可的对象，只要满足了技术许可合同的基本条件，合同就已经生效了。即使三维公司依据本案合作协议实际上实施了药品的销售行为，也是在合同的履行过程中的行为，如果由此产生违反《药品管理法》的问题，只会导致对这种行为承担相应的民事及行政法律责任后果，但不会影响到合同的效力。

同时，认定合同效力时，还应当把握《合同法》的立法精神和基本原则，《合同法》的立法精神是意思自治、合作自由，体现在应当尽量维护合同的效力，保证交易的安全性、稳定性，并促进合同的持续履行。对于协议双方所约定的合作方式，既然《药品管理法》中并没有明确作出规定，根据民事法律关系"法无明文禁止即自由"的原则，双方订立的合同应当是有效的。

此外，在双方合作的近十年时间，左旋卡尼汀药品的生产一直在当地药监局的日常监管下进行，并没有相关部门认为双方存在违反《药品管理法》强制性规定的行为，如果三维公司存在无证销售药品的行为，或无证委托兰陵制药生产药品的行为，但没有被有关部门予以查处，因此不应认定该合同无效。

有个别专家认为，合作协议书中明确约定了"销售"行为，与《药品管理法》第 14 条的规定相违背，有关双方约定"销售"内容的条款应当被认定为无效，该合同应当认定为部分无效。

还有专家表示，涉案合同纠纷从性质上来看仅仅是一般的合同纠纷，合作协议书的性质仅是一般性合作协议，并不具有特殊性。只是因为其内容涉及药品方面而使其带有一定的特殊性，而这一特殊性也只是基于药品本身而言的，合同本身并不具备特殊性。从效力上讲，该合同属于约定存在瑕疵的有效合同。经过近 10 年的实际履行，无论对双方当事人还是对国家、社会公众利益都是有益的，不应因其约定中存在的瑕疵而否定其有效性。简单地将合同认定为无效所带来的一系列法律后果，特别是恶劣的社会影响以及由此导致三方可能面临的刑事、行政责任都需要法院能够认真对待，审慎处理。

此外，还有专家认为，如果直接认定本案中的合作协议因违反我国《药品管理法》的强制性规定而导致合同无效，不仅仅只涉及合同是否有效的问题，还会产生一系列法律后果。根据我国《药品管理法》第 73 条、第 82 条的规定，还应追究相关责任人的行政责任；构成犯罪的，还要依法追究刑事责任。从这一点出发，在无确凿事实根据和法律依据的前提下，轻易断言双方合作协议完全无效是过于草率的。

（五）关于本案中的三方协议是否应当被认定为"委托加工药品"协议问题

专家们认为，从药品监督管理法律、法规的规定来看，关于"委托生产药品"，在 1985 年《药品管理法》和 1989 年《药品管理法实施办法》以及 1999 年 8 月 1 起施行的《药品生产质量管理规范》均没有关于委托生产药品的相关规定。关于药品"委托生产"的具体规定是 2001 年修改的《药品管理法》新增加的条款，第 13 条规定，"经国务院药品监督管理部门或者国务院药品监督管理部门授权的省级人民政府药品监督管理部门批准，药品生产企业可以接受委托生产药品。"2004 年 8 月 5 日施行的《药品生产监督管理办法》第 24 条规定药品委托生产的委托方应当是取得该药品批准文号的药品生产企业。

从上述规定来看，药品生产企业接受委托生产药品需要经国务院药品监督管理部门或者国务院药品监督管理部门授权的省级人民政府药品监督管理部门批准，委托生产药品拥有严格的审批程序和监管要求。对于药品委托生产行为而言，能够合法进行"委托生产"的委托方必须具备两个条件：首先，委托方必须是药品生产企业；其次，作为生产企业，委托方应当取得所委托生产药品的药品批准文号。

结合本案中的情形来看，首先，三维公司不是药品生产企业，其不是"委托生产"药品的合法主体；其次，2000年8月26日取得的经国家药监局批准的左旋卡尼汀、左旋卡尼汀注射液、左旋卡尼汀口服液的生产批件中注明：研究单位为三维公司、生产单位为兰陵制药。实际取得药品批准文号的是兰陵制药，而非三维公司。从客观行为上来看，从药品监督管理法律、法规的角度出发，三维公司不是药品生产企业也没有取得药品批准文号，不可能实施"委托生产药品"的行为；从《合同法》意思自治出发，从主观上判断，作为研发单位的三维公司既不是"委托生产"的合法主体，也没有取得药品批准文号，三维公司不存在签署一份"委托生产药品"协议的意思表示。同时，兰陵制药已经合法取得了"左旋卡尼汀、左旋卡尼汀注射液、左旋卡尼汀口服液"的药品批准文号，生产此类药品是该公司本身具备的正当合法行为，其生产此类药品无需经由他人委托。三维公司无法委托，兰陵制药无需受托，双方之间的合作无需签署一份"委托生产药品"协议，因此，将本案中的三方协议理解为"委托加工药品"协议是错误的。

从合同的实际履行来看，虽然1998年双方协议中提出过委托生产药品，但在2000年三方协议中删除了该条款。在实际履行合同过程中，兰陵制药拥有本品的批准文号，兰陵制药所生产的左卡尼汀药品均为兰陵制药自行销售，兰陵制药未将所生产的药品交于三维公司销售，因此，本案药品不存在兰陵制药受三维公司委托生产的行为；三维公司向兰陵制药提供粗品原料，主要是便于双方结算利润，合同中对三维公司提供原料粗品有前置条件，即约定三维公司提供的原料粗品的质量由双方协商确定，兰陵制药按照GMP的要求对药品生产车间进行改造、论证，兰陵制药应按照GMP要求完善生产条件并进行生产销售，三维公司提供原料粗品的质量条件由兰陵制药决定。因此，本案无论是协议约定，还是实际履行合同的事实，均不存在三维公司委托兰陵制药生产药品的行为。

（六）关于《合同法》第52条第（5）项所规定的"违反法律、行政法规的强制性规定"中"强制性规定"具体是指哪些情形，"行政法规"的范围如何理解的问题

关于我国《合同法》第52条第（5）项所规定的"强制性规定"具体是指哪些情形的问题，专家们认为，"强制性规定"一般分为效力性强制规定和

管理性强制规定，导致合同被认定为无效的"强制性规定"仅为"法律或者行政法规"中的"效力性强制规定"，不包括"管理性强制规定"。最高人民法院《关于适用〈中华人民共和国合同法〉若干问题的解释（二）》第 14 条明确规定，《合同法》第 52 条第（5）项规定的"强制性规定"，是指效力性强制性规定。一般认为违反效力性强制规范的合同条款是无效的。

多数专家认为，在司法实践中，对于管理性强制规定和效力性强制规定的划分，并没有明确的标准，无论是法律规定本身还是司法解释对此至今尚无明确诠释，实践当中区分也不是特别清楚。一般认为，所谓效力性规定是指，绝对不允许特定类型民事行为发生效力的强制性规定；所谓管理性规定是指，授权管理机关可以就特定类型的民事行为对民事主体采取行政处罚措施的强制性规定，违反管理性规定，发生行政责任，但不当然影响民事行为的效力。

对于违反效力性强制规定，是指违反合同本质的规定，违反了此类规定，合同就不成为合同或丧失了应有的意义和作用；违反管制性强制规定，则指违反国家对特定合同行为的规制要求。前者具有不变性，后者具有可变性。区别于国家对于烟草、盐的专卖制度，除医疗用毒性药品、麻醉药品、精神药品、放射性药品和预防性生物制品的核定按照国家特殊药品管理和预防性生物制品管理的有关规定执行外，对于一般药品的经营属于经营许可审批制度。因此，《药品管理法》第 14 条规定的"无《药品经营许可证》的，不得经营药品"，应当认为属于管理性强制规定，该条款不能作为认定合同无效的法律依据。

少数专家认为，我国《药品管理法》规定的药品生产、经营许可制度是药品监管法律中的一项重要制度，是为了保证药品安全性的强制性规定，它对保证药品质量，保障人体用药安全，规范药品生产经营管理秩序起到了很大作用。未经监管部门许可的药品生产、经营行为可能会造成严重的社会危害性，因此，《药品管理法》中的相关规定应当属于效力性强制规定。当然，即使认为合同中的销售条款违反了《药品管理法》第 14 条的强制规定，也只是合同约定的销售条款的无效，并不影响合同其他内容的效力。

关于《合同法》第 52 条所规定的"违反法律、行政法规的强制性规定"中"行政法规"的范围如何理解的问题，专家们认为，最高人民法院《关于适用〈中华人民共和国合同法〉若干问题的解释（一）》第 4 条规定，合同法实施以后，人民法院确认合同无效，应当以全国人大及其常委会制定的法律和国务院制定的行政法规为依据，不得以地方性法规、行政规章为依据。因此，在本案中，《江苏省药品监督管理条例》《药品流通监督管理办法》

（暂行）《药品流通监督管理办法》作为地方性法规或部门规章不应作为认定合同无效的依据。一审法院以《江苏省药品监督管理条例》作为依据认定三维公司、兰陵制药行为性质以及合同效力，不符合最高人民法院《关于适用〈中华人民共和国合同法〉若干问题的解释（一）》第4条的规定。

（七）关于从探究我国"产学研"一体化合作模式，以及当前我国药品审批制度改革，《药品管理法》修改以及研究建立药品上市许可人制度的背景出发，对于此类因制度原因造成的研发机构与药品生产企业特殊的合作模式，由此产生的纠纷应当如何公平合理地妥善解决问题

专家们认为，对于技术成果实施，多年来我国一直在鼓励"产学研"一体化发展，各级政府也一直在努力促进"产学研"相结合，但是在技术成果转化方面，我们始终没有寻找到好的办法，这个问题困扰多年，却一直无法解决。这一点突出体现在生物医药领域，目前我国药品生产企业已有六千多家，药品研发机构也达上千家。但由于我国药品注册管理办法与国外其他国家药品管理规定存在差异，依据国外的通常规定，以充分保护研发机构的知识产权为出发点，规定研发机构拥有新药证书后，可以到任何符合GMP要求的药品生产企业生产药品，生产文号依据双方合作协议的期限而定，合作到期，生产文号自动作废，研发机构可以寻找其他生产单位合作生产。

而在我国，依据现行药品管理的相关规定，药品研发机构的技术成果新药证书属于研发单位，如果要将新药技术成果投入实际的生产经营，自身不投资建厂，就只能选择将技术成果转让给生产企业，否则无法获得药品批准文号，也就不能生产新药。在本身就有待健全、规范的药品研发现状和药品技术转让体系下，研发机构面临只能一次性卖断而无法保障长远合法权益的困境，"卖青苗"的现象相当普遍。其后果是：研发机构卖青苗卖不出好价钱，研发投入不能得到很好的回报，研发经费不足，新药研发的良性循环局面难以形成；因为"卖青苗"，研发者因责任心问题有可能会使得研发资源挖掘不充分，造成研究资源的浪费。新药研发者将技术成功转让给药品生产企业后，药品上市之后所带来的收益往往与研发者无关或关联性不大，这一方面可能会使研发者将一个技术多次转让（暗箱操作）或分阶段转让，出现"一女多嫁"现象，导致生产的低水平重复、药品市场的无序竞争；另一方面会降低研发者进一步研究改进技术的积极性，对相关新药研发动态的关注也会减少。

药品从生产到上市的前期投入过大，如果研发机构选择自行建厂，资金的周转往往遇到困难，必然导致其科研资金的短缺，这也在一定程度上限制了对新药研发的再投入。同时，作为研发机构的科技研发及其管理人员，往往缺乏药品生产管理及市场营销的经验，其从事药品生产经营很难取得较为理想的经营成效。

为了解决上述面临的药品技术转让之后所带来的收益往往与研发者无关或关联性不大导致新药技术成果无法转化的问题，在本案中，三维公司和兰陵制药联合长征医院，创造性地采取了研发机构与药品生产企业紧密合作，在技术实施许可的同时严格控制药品销售的合作模式，在该模式下，由于药品的销售受到了研发单位的监控和制约，因此研发单位能够在药品销售的过程中真正享受到药品研发的实际效益，而研发投入的回报又可以将更多的资金投入后续技术改进以及其他新药开发领域，同时生产企业也可以通过这一模式取得应得的利润。双方合作能够持续约十年时间的事实，说明这是药品技术成果转化的一种可行的尝试，正是通过研发机构严格控制药品的销售，才能够维持与生产企业的长期合作。如果药品销售不能得到有效控制，研发机构很难取得实际获益，2009 年以后双方产生争议后的结果正说明了这一点。在技术成果转化"产学研"相结合的方面，本案双方的合作模式是一种有益的尝试、通过双方的共同努力也取得了一定的经验，值得同行业的研发机构和生产企业学习和借鉴，在如何推进药品技术成果转化，"产学研"相结合方面进一步进行探索。如果本案能够得到法院的妥善解决，则很可能会大大促进我国新药技术成果转化，"产学研"相结合的良性发展；如果法院处理不当，则药品领域技术成果转化新方式的探索之路就此阻断。因此，专家建议有关法院够能审慎处理此案。

此外，专家们认为，目前我国药品研发机构、生产企业、经营企业之间的合作需要寻求新的出路。我国现行《药品注册管理办法》是在 2007 年修订后颁布的，其对药品审批制度的规定是上市许可（批准文号）持有人与生产许可持有人合并的管理制度。由生产企业统一持有药品的批准文号，最明显的好处一是生产者稳定，便于监督管理；二是生产者作为经济实体，有较强的承担责任的能力。但是随着社会经济的不断发展，对药品上市科学监管的要求也越来越迫切。一些新问题、新情况不断出现，亟须对此进行分析研究。从整个药品上市许可制度的发展来说，欧美的规定较为详细，在发展过程中凸显出其优越性，促进了欧美各国新药的研发和创新；此外，我国与日本的情况比较类似，我国的药品管理制度的建立也借鉴了日本的早期经验，而日本在 2004 年药品法修改时，也已经建立了上市许可持有人制度。专家建议通过初步设计适合我国国情的上市许可制度模式，完善我国药品监管的法律法规，与现行制度实现平稳过渡，促进和保障我国制药行业的健康快速发展。

在上述背景下，对于此类因制度原因造成的研发机构与药品生产企业特殊的合作模式，由此产生的纠纷应当如何公平合理地妥善解决的问题，专家们认为，对于争议双方而言，在当前我国药品管理制度下，研发单位和生产企业之间是一种绑定的关系。左旋卡尼汀药品的相关知识产权均属于研发单位，而药品的生产许可证则掌握在兰陵制药，因此，只有双方通力合作、共同努力才是该药得以正常生产的唯一出路。如果合同被认定为无效，造成双方实际无法生产药品，不仅双方的利益会受到损害，也会严重损害广大消费者的利益。从二审调解的情况来看，双方实际上都明确表达了继续合作的意愿。合则两利、分则两害，如果双方合作没有损害国家利益、对广大患者有利、对合同双方当事人有利，双方所争只是利多利少、利益分配不平衡的原因，专家建议，本案的处理应当从案件的实际情况出发，针对现有协议可能存在争议之处，进一步加以完善，在法院的组织下进行调解，可以实现多方共赢，而不应轻易认定合同无效。

以上意见系基于委托方提供的材料、根据专家学者的意见归纳整理做出，仅供参考。

北京务实知识产权发展中心
2013 年 2 月 5 日

江苏省高级人民法院民事判决书

[（2011）苏商终字第 0128 号]

上诉人（原审原告）：常州高新技术产业开发区三维工业技术研究所有限公司，住所地在江苏省常州市新北区创业中心第二基地 454、456、469、471 单元。

法定代表人：顾书华，该公司董事长。

委托代理人：周坚，江苏博爱星律师事务所律师。

上诉人（原审被告）：常州兰陵制药有限公司，住所地在江苏省常州市劳动东路 352 号。

法定代表人：虞小平，该公司董事长。

委托代理人：匡鹤，江苏源博律师事务所律师。

委托代理人：朱新荣，上海市万隆众信律师事务所律师。

被上诉人（原审原告）：上海长征医院，住所地在上海市凤阳路 415 号。

法定代表人：郑兴东，该院院长。

委托代理人：束学安，上海市康正律师事务所律师。

被上诉人（原审被告）：上海大陆药业有限公司，住所地在二海市肇嘉浜路 446 弄 1 号 1905 – 1906 室。

法定代表人：虞小虎，该公司董事长。

委托代理人：任静，江苏源博律师事务所律师。

委托代理人：杨洁，上海市万隆众信律师事务所律师。

上诉人常州高新技术产业开发区三维工业技术研究所有限公司（以下简称"三维公司"）、常州兰陵制药有限公司（以下简称"兰陵公司"）因与被上诉人上海长征医院（以下简称"长征医院"）、上海大陆药业有限公司（以下简称"大陆药业"）合作合同纠纷一案，不服江苏省常州市中级人民法院（2009）常民二初字第 123 号民事判决，向本院提起上诉。本院于 2011 年 8

月 9 日受理后，依法组成合议庭，2011 年 9 月 1 日公开开庭审理了本案。上诉人三维公司的委托代理人周坚，上诉人兰陵公司的委托代理人匡鹤、朱新荣，被上诉人长征医院的委托代理人束学安，被上诉人大陆药业的委托代理人任静、杨洁到庭参加了诉讼。本案现已审理终结。

　　三维公司、长征医院一审诉称：1996 年 5 月，三维公司、长征医院开始合作研究开发、生产左旋卡尼汀原料药、注射液、口服液系列药品的相关技术。2000 年 7 月 28 日，三维公司、长征医院就合作研究开发、生产左旋卡尼汀原料药、注射液、口服液系列药品与兰陵公司签订了合作协议。合作协议签订后，三维公司、长征医院及兰陵公司根据《中华人民共和国药品管理法》规定，向原国家药品监督管理局（现为国家食品药品监督管理总局，以下简称"国家药监局"）申请取得了新药证书及生产批件（2000X0545）。三维公司、长征医院为新药证书正本持有者，兰陵公司为副本持有者。在三方合作基础上，兰陵公司于 2002 年 8 月取得了左旋卡尼汀注射液的《药品注册证》。2000 年 7 月 28 日至 2005 年 2 月，三方根据合作协议约定履行各自的合同义务，并按约定各自取得了相应的利益分成。2005 年 3 月 1 日，三维公司与兰陵公司又签订了关于左旋卡尼汀原料药及其制剂销售结算的补充协议（以下简称"补充协议"），同意继续履行合作协议，并就结算方式、结算分成、履行期限顺延等作了具体约定。该补充协议得到长征医院同意和确认。三方仍按合作协议约定的权利、义务继续履行各自相应义务并各自取得相关利益分成。2007 年 1 月 5 日、2007 年 12 月 29 日，三维公司与兰陵公司分别签订了关于左旋卡尼汀原料药及其制剂的生产服务费用结算的协议（以下简称"结算协议"），对合作协议、补充协议又作了补充约定，有效期分别为 2007 年 1 月 5 日至 2007 年 12 月 31 日、2008 年 1 月 1 日至 2008 年 12 月 31 日。结算协议就结算方式进行了调整。2009 年 2 月 25 日，三维公司与兰陵公司又签订了结算协议，有效期为 2009 年 1 月 1 日至 2009 年 12 月 31 日。上述结算协议同样得到长征医院同意和确认。2000 年 7 月至 2009 年 9 月 21 日，三方当事人均严格依照合作协议、补充协议及结算，协议履行了各自的义务，并按约定取得相关利益分成权利。期间，三维公司向兰陵公司供左旋卡尼汀原料药粗品（以下简称"粗品"）共 41445.25 千克。但 2009 年 9 月 22 日，兰陵公司在未征得三维公司、长征医院同意的情况下，突然单方提出暂停与三维公司左旋卡尼汀系列药品方面的合作。兰陵公司停止向约定的销售商供货，拒绝由三维公司向其供应粗品（中间体），也不履行支付三维公司粗品的货款义务，其行为已构成违约。2000～2009 年 8 月，三维公司与兰陵公司根据合作协议和补充协议约定结算方式，对每月粗品货款结算均有对账单予以确认。

2008 年 1 月至 2009 年 8 月的雷卡对账单所确认的粗品的单价为 8300 元/千克。兰陵公司应按 8300 元/千克支付粗品货款。到 2009 年 9 月，兰陵公司尚有 8303.45 千克粗品未结算，应支付三维公司粗品贷款 6891.8635 万元。兰陵公司上述行为，严重违反了双方所签订的合作协议及补充协议、结算协议约定，构成违约，并给三维公司、长征医院造成了巨大经济损失。

2009 年 9 月 23 日至 12 月 31 日，兰陵公司未经三维公司同意，私自购买粗品，擅自生产、销售左旋卡尼汀注射液，构成违约。2010 年 1 月 1 日至今，合作协议有效期限届满，兰陵公司未经三维公司、长征医院同意，擅自生产、销售左旋卡尼汀注射液也构成违约。现合作协议有效期已届满，兰陵公司仍在使用"雷卡"商标，并非法销售三方合作协议项下的左旋卡尼汀系列药品，擅自将上述药品以原销售价约 60% 的低价销售给大陆药业，从而非法转移兰陵公司的资金和财产。兰陵公司法定代表人虞小平间接持有兰陵公司 30% 左右的股权，处于该公司相对控股的地位，担任该公司的董事长，又是大陆药业董事会董事，其名片上印大陆药业董事长，并参与大陆药业重大问题决策。大陆药业法定代表人虞小虎名义上拥有大陆药业 99% 股权（但该股份实际是由虞小平个人投资拥有），处于该公司的控股股东地位，是公司董事长。虞小虎和虞小平系亲兄弟关系。兰陵公司法定代表人虞小平与大陆药业法定代表人虞小虎利用各自公司实际控制人地位，恶意串通以低价转让方式即兰陵公司原来销售价约 60% 的低价销售左旋卡尼汀系列药品，从而非法转移兰陵公司的资金和财产至大陆药业名下。上述行为违反了《中华人民共和国公司法》第 20 条的规定，损害了兰陵公司其他股东利益，同时损害了兰陵公司债权人即三维公司、长征医院的利益。

综上，请求判令：1. 兰陵公司按照协议约定支付三维公司、长征医院供应的粗品货款 6891.8635 万元。2. 兰陵公司承担违约金 1000 万元。3. 大陆药业在违法转移兰陵公司的财产范围内对兰陵公司的上述债务承担连带责任。4. 兰陵公司按照合作协议及补充协议约定停止生产、销售左旋卡尼汀系列药品制剂。5. 兰陵公司因违约擅自生产、销售左旋卡尼汀系列药品制剂承担违约金 100 万元。6. 兰陵公司停止使用左旋卡尼汀系列药品制剂的所有生产工艺技术、分析检测技术并返回上述相应的全部生产和技术资料。7. 兰陵公司停止使用左旋卡尼汀系列药品制剂新药证书及生产批文。8. 兰陵公司履行合同项下的未经三维公司同意不得擅自将左旋卡尼汀系列药品的生产技术转让给第三方的义务。9. 兰陵公司履行合同项下未经三维公司同意不得擅自将左旋卡尼汀系列药品批准文号转让给第三方的义务。10. 兰陵公司停止使用三维公司拥有注册商标专有权的"雷卡"商标。11. 本案诉讼费、财产保全费等费用均由兰陵公司、大陆药业承担。

兰陵公司一审辩称：1. 三维公司与兰陵公司之间形成的粗品买卖关系已经全部结清，不存在遗留款项。2. 兰陵公司不存在任何违约行为，双方之间也并没有就相关事项的终止、暂停关系有过违约金的约定。3. 兰陵公司和大陆药业之间的买卖关系是企业之间的自主经营行为，不受任何第三方的约束。三维公司诉请大陆药业承担连带责任，而本案中没有任何关于连带责任的书面约定，也不存在共同侵权。4. 三维公司诉状的内容是围绕合作关系和补充协议等，而三维公司诉讼请求又是买卖关系，并不是合作关系。2000 年 7 年 28 日的合作协议有效期为 3 年，至 2003 年 8 月 25 日终止。2005 年 3 月 1 日的补充协议没有提出是 2000 年 7 月 28 日协议的连续和补充，所以 2005 年 3 月 1 日的补充协议独立于 2000 年 7 月 28 日的合作协议。该协议约定两项内容，第一是左旋卡尼汀药品销售，第二是粗品的结算方法。2007 年 1 月和 2007 年 12 月的两份协议明确指明是对 2005 年 3 月 1 日协议的补充说明，而且在 2007 年 1 月的协议中也没有提到以 2000 年 7 月 28 日的合作协议为补充。2009 年 2 月 25 日的补充协议出现了 1998 年 7 月 8 日的协议，但同时又提及 2005 年 3 月 1 日的协议。三维公司诉请都是围绕 2005 年 3 月 1 日的协议而展开。2005 年 3 月 1 日的补充协议没有约定有效期限，可以视为大合同。2009 年 9 月 23 日兰陵公司要求暂停双方合作，是因为在 8 月 25 日国家药监局向兰陵公司发出了书面的禁止性批件，兰陵公司提出暂停合作是接受国家命令的合法行为。三维公司对兰陵公司提供的关于粗品供应的结算原始凭证，包括付款记录、金额，双方都已经质证确认。三维公司也没有提供送货的有效证据证明还有 8300 千克粗品未结算，三维公司主张以 8300 元/千克结算粗品也没有事实和法律依据。

对三维公司在常州市新北区人民法院起诉现与本案合并审理部分的 8 项诉讼请求，兰陵公司辩称：1. 三维公司要求兰陵公司按合作协议约定停止生产、销售左旋卡尼汀系列药品制剂的诉讼请求，按照相关的药证法定原则，兰陵公司作为生产企业依法享有所有合法的审批手续，兰陵公司的生产符合国家的相关法律规定。2. 关于 100 万元的违约金问题，双方合作协议中约定的违约金即使存在，也是 1000 万元，而在前诉请中已有了 1000 万元违约金的诉请，现又另外主张 100 万元的违约金超出了合作协议的约定。3. 三维公司要求兰陵公司停止使用生产技术及新药证书和生产批文的问题。兰陵公司是根据国家药监局的规定，依法使用相关的批文，不存在侵犯三维公司权益的行为，相关的证件中生产企业均是兰陵公司。4. 关于三维公司提起的第 5～6 项诉请，因没有发生该情况，且兰陵公司不可能也没有向第三方转让任何技术。三维公司要求停止尚未发生的也不可能发生的行为于法无据。5. 三维公司要求兰陵公司停止使用"雷卡"商标，但事实上兰陵公司没有再使用"雷卡"商标。综上，三维公司的诉讼请求均不能成立，请求驳回三维公司的诉请。

大陆药业一审辩称：对合作协议的效力问题与兰陵公司的答辩意见相同。从双方 2005 年 3 月 1 日签订的补充协议看，粗品的结算方式是对合作利润的分配而不是价格的结算。按照国家药监局 2009 年批件，兰陵公司没有权利违反国家药监局备案的生产工艺流程向任何第三方直接采购粗品，工艺流程必须在兰陵公司的厂区内完成。兰陵公司之前与三维公司的合作违反了国家强制性规定。合作协议约定的销售方案明确是借用兰陵公司的销售资格进行，三维公司的销售行为违反法律规定。三维公司主张大陆药业承担连带责任没有事实依据。从兰陵公司和大陆药业的工商登记看，没有投资与被投资关系，是不同的两个法人。三维公司推定兰陵公司、大陆药业恶意串通没有依据。兰陵公司、大陆药业的销售行为完全合法。根据《中华人民共和国公司法》第 20 条第 3 款的规定，大陆药业不是兰陵公司的股东，也没有损害兰陵公司的利益，所以三维公司要求大陆药业承担责任没有依据。

原审法院经审理查明：

第一，三维公司与兰陵公司于 1998 年 7 月签订合作协议及相关审批手续情况。1998 年，三维公司与兰陵公司签订一份协议，其主要内容为三维公司与长征医院合作在我国率先研制四类新药左旋卡尼汀系列药品制剂，现正在申请新药证书和生产文号，准备上市，由于三维公司缺少生产场地，现需找有药品生产许可证和合格证的企业进行生产，取得该新药批准生产的文号，加快新药上市。兰陵公司具有生产新药的能力，遂双方达成协议，三维公司委托兰陵公司生产三维公司研制成功的左旋卡尼汀系列药品，兰陵公司自愿以自己的名义配合三维公司申请本品的生产文号，但本品所有的知识产权包括生产文号归三维公司所有。双方还约定了其他一些事项。

协议签订后，双方互相配合申请办理了以下相关审批手续：

（1）2000 年 8 月 26 日取得国家药监局批准的左旋卡尼汀、左旋卡尼汀注射液、左旋卡尼汀口服液的新药证书及生产批件。批件注明：研究单位为三维公司，生产单位为兰陵公司，保护期 6 年，至 2006 年 8 月 25 日。

（2）2000 年 8 月 26 日取得了国家药监局批准的左旋卡尼汀、左旋卡尼汀注射液的新药证书。左旋卡尼汀新药证书注明正本持有者为三维公司，副本持有者为兰陵公司。左旋卡尼汀注射液的新药证书注明正本持有者为三维公司、长征医院，副本持有者为兰陵公司。

（3）2002年8月16日国家食品药品监督管理局颁发的药品注册证。药品注册证注明药品生产企业为兰陵公司。

（4）2002年兰陵公司取得"雷卡"商标注册证。2004年8月兰陵公司将该"雷卡"商标转让给三维公司。

以上证照均由三维公司持有。

第二，2000年7月28日，长征医院、三维公司与兰陵公司签订的合作协议及履行情况。

2000年7月28日，三维公司、兰陵公司、长征医院签订一份合作协议，其主要内容为三方合作研究开发、生产销售左旋卡尼汀系列药品。三维公司负责研究开发、申报、销售和推广，兰陵公司负责生产，长征医院负责临床研究及药代动力学研究，并协助三维公司推广应用。三方确认，对本品所有的有形资产和无形资产的投入，三维公司占89%，兰陵公司占1%，长征医院占10%，合计100%。三维公司负责本品的研究开发、新药申报以及销售推广；负责提供本品的粗品，粗品质量指标由三维公司、兰陵公司双方另行商定；拥有本品的商品名称以及自己申请的商标所有权。三维公司销售本品可以无偿使用兰陵公司的注册商标。三维公司拥有本品全部的销售权，兰陵公司生产的所有左旋卡尼汀系列药品均由三维公司包销，三维公司有权决定本品的销售方式，三维公司在销售过程中发生的经济、法律责任由三维公司负责。三维公司负责保管所有本品的原材料、包装材料以及成品，由兰陵公司无偿提供符合要求的保管场所。三维公司负责本品的销售。兰陵公司为本品设立单独的销售部门并提供销售发票、单立银行账号。由三维公司提供原材料开票给兰陵公司财务入账，兰陵公司计入本品的生产成本。三维公司按成品数支付生产费用。兰陵公司以单位原料成本和生产费用之和为单价，开具销售发票，即本品的原材料费用加上生产费用的总和与兰陵公司开具的销售发票的总额相等。三维公司支付给兰陵公司生产费用后不再承担其他费用，包括兰陵公司开具的本品销售发票的应税费用。兰陵公司根据三维公司的通知生产左旋卡尼汀系列药品，不得擅自生产。由三维公司提供粗品及外包装。协议还约定，粗品的生产费用为50元/千克，注射液的生产费用为1.50元/支，口服液的生产费用为0.50元/支。为了便于三维公司工作，兰陵公司向三维公司无偿提供所需的工作、仓储的场所及水电气供应，三维公司工作人员的工资由三维公司承担。兰陵公司为本品单独设立销售部门，提供销售发票，单独设立银行账号，该销售部门由三维公司负责。三方约定，本合作期限为3年，时间自本品获得国家的生产文号之日起计算。如果三方未继续签订合作协议，本合作结束。兰陵公司同意本协议一旦期满即放弃本品的生产，本品由三维公司负责转到其他生产厂家生产或自行生产。兰陵公司承诺即使合作期满后也不再申报、仿制、生产和销售左旋卡尼汀系列药品。本合作期满后，三维公司不得利用兰陵公司的名义和注册商标等兰陵公司拥有的无形资产。但兰陵公司允许三维公司继续利用兰陵公司的名义和注册商标等兰陵公司拥有的无形资产，销售在合作期内兰陵公司生产的本品，直至销售完毕。本合同到期时，如果国家药监局不允许三维公司将本品转到其他厂家生产，兰陵公司继续承担本品的生产任务，合作向后延期，延期时间由三维公司确定。一方违约，必须承担另两方的经济损失。三维公司在合作期间，无故终止与兰陵公司的合作，或合作到期不再续签协议后，仍以兰陵公司名义到其他厂家生产，三维公司赔偿兰陵公司1000万元。兰陵公司发生下列情况之一，兰陵公司赔偿三维公司1000万元，合作期间兰陵公司提前终止本合作……无论在合作期间或合作期满之后，兰陵公司未经三维公司同意擅自生产、销售、转让、仿制、申报左旋卡尼汀及其系列制剂，都构成违约，兰陵公司除了向三维公司支付违约金1000万元以外，还必须将该系列产品所有的销售收入赔偿给三维公司，并停止侵权。合作协议签订后，兰陵公司以其名义为销售该药品设立专门的银行账户，该账户的私人印鉴章是三维公司法定代表人顾书华。合作协议虽然约定兰陵公司为本药品设立单独的销售部门，但之后因受药政管理政策的限制未设立。在审理过程中，兰陵公司称实际存在专门的销售人员，其人员的劳动关系、工资发放等由三维公司负责，与兰陵公司无关。三维公司则提出所有的药品销售由兰陵公司实施，有销售发票证实。三维公司作为合作方，只是做了产品的宣传和推广，仅是把客户推荐给兰陵公司，由兰陵公司决定是否销售，三维公司是配合兰陵公司做些辅助工作。在合作期间，由三维公司购买粗品给兰陵公司，兰陵公司加工成药品后，以兰陵公司名义销售，并由兰陵公司开具相应的销售发票，销售所得款项进入专门账户，然后将销售所得扣除兰陵公司加工费后的所得折算为每千克的粗品价格，再以兰陵公司购买三维公司粗品的形式返还给三维公司。双方就此操作至2009年9月。

第三，补充协议及每年的结算协议情况。

1. 2005年3月1日，三维公司、兰陵公司签订一份补充协议。主要内容为：兰陵公司目前不能为三维公司设立具有独立法人资格的销售部门销售左旋卡尼汀原料药及其制剂，故该产品的销售暂时以兰陵公司名义进行。为明确双方在销售过程中的职责和利益，特对原合作协议作如下补充：兰陵公司同意在兰陵公司所在地设立专门销售部门——雷卡销售推广部，专门用于左旋卡尼汀原料药及其制剂的销售。该部门不具有独立法人资格，但独立核算，人员由三维公司负责组成。除此部门外，兰陵公司的其他部门不得销售左旋卡尼汀原料药及其制剂。兰陵公司专门设立银行专户，用于专门回笼和往来左旋卡尼汀原料药及其制剂货款。该账户由双方共同掌管，银行印签除加盖兰陵公司单位财务专用章和法人代表印章外，还需加盖三维公司法人代表印章。结算有关生产费用金额：左旋卡尼汀原料药50元/千克，左旋卡尼汀注射液1.30元/支，左旋卡尼汀口服液0.10元/支。

2. 2007年1月5日、12月29日，双方又分别签订了结算协议。其主要内容为在2005年补充协议的基础上对相关生产服务费用作了相应的变更，其他未涉款项继续有效并执行。有效期分别自2007年1月5日起至2007年12月31日止，2008年1月1日起至2008年12月31日止。

3. 2009年2月25日双方再次签订一份结算协议。协议载明是在1998年7月8日签订的合作协议和2005年3月1日签订的补充协议的基础上作几点变更，主要仍是对加工费作相应的调整。有效期自2009年1月1日起至2009年12月31日止。

4. 长征医院于2009年8月31日向兰陵公司、三维公司出具一份确认函："2000年7月我院与你们俩公司签订了合作协议，同意并确认2005年3月1日、2007年1月5日、2007年12月29日、2009年2月25日你们俩公司之间所签订补充协议及结算协议。确认从2000年我们三方签订的合作协议之后至目前为止，你们俩公司之间所签署的雷卡对账清单上所确认的左旋卡尼汀原料、粗品、中间体供应的数量及供应价格；原料药及其制剂生产加工费用、销售及服务费用等事项。"

第四，兰陵公司提出中止履行合作协议的情况。

2009年9月22日，兰陵公司致函三维公司，主要内容为："据我司调查证实，贵司经营范围并无药品经营资格。我司除对贵司日前未能配合药品批准证明文件归档表示遗憾外，根据《江苏省药品监督管理条例》第14条规定药品生产、经营企业知道或者应当知道他人无药品生产、经营资格而从事药品生产、经营活动的，不得为其提供药品。药品生产、经营企业不得为他人以本企业的名义经营药品提供资质证明文件、票据等便利条件。自即日起暂停与贵司在左旋卡尼汀（原料药、注射液、口服液）品种方面的合作。"并提供了国家药监局于2009年8月25日审批意见通知件：兰陵公司申请内容的第四项为因受国家太湖环保条例限制，将原料药粗品制备合成工艺过程转移到浙江嘉善诚达药化有限公司（现更名为诚达药业股份有限公司，以下简称"诚达公司"）内的专门合成车间，由兰陵公司派人组织定点生产粗品并负责质量，再将粗品返还兰陵公司GMP车间进行精制。国家药监局经审查不予批准申请事项，理由为：本次补充申请是将本品粗品的生产转移至其他单位进行，仅精制工艺在本申报单位进行，变更后的制备工艺缺乏对产品合成的全程监控，不利于产品的质量控制，难以有效保证产品的质量。

三维公司于同年 9 月 28 日回函兰陵公司："1. 三方于 2000 年 7 月 28 日签订的合作协议及 2005 年 3 月签订的补充协议及 2009 年 2 月 25 日签订的结算协议均系规范双方权利义务的法律文件，双方均应本着诚实信用的原则，全面切实履行。2. 贵司于 9 月 22 日来函以所谓的我司经营范围并无药品经营资格且未能配合药品批准证明文件归档为由，阻止我司派遣的协助贵司工作的人员进入贵司并停止向我司联系的销售商发货，并公然宣布暂停我司在左旋卡尼汀系列药品方面的合作。贵司上述行为，严重违反了双方签订的上述协议的约定，属严重不履行合约的违约行为。鉴于贵司上述严重违约行为，我司现依据合作协议书及相关规定，作出决定如下：1. 再次要求贵司切实履行三方间的合作协议，并以书面形式通知我司，同时，对于贵司的前述违约行为，我司保留依法予以追究的权利，2. 如贵司仍然拒绝履行合作协议，则由此产生的一切后果及法律责任均由贵司承担。"三维公司于同年 11 月 23 日致函兰陵公司要求继续履行三方合作协议和补充协议。主要内容为"贵公司于 9 月 22 日发函我公司宣布暂停与我公司在左旋卡尼汀系列药品方面的合作，这是贵公司单方面宣布不履行三方签订的合法有效的合作协议和相关补充协议。我公司再次通知贵公司在 2009 年 12 月 31 日合同有效期内，全部履行三方合作协议和相关补充协议并结算货款。在此期间，我公司允许贵公司继续使用雷卡商标。请贵司将所欠贷款三日内支付。如贵公司不履行合作协议及相关补充协议，不支付货款，我公司将通过法律途径予以解决。"兰陵公司收函后未按三维公司要求支付相应款项，三维公司遂诉至原审法院。

第五，合作期间，双方履行协议的结算情况。

无争议的部分：三方当事人对三维公司于 2001 年 3 月 1 日至 2009 年 9 月向兰陵公司供应粗品 8275.25 千克、兰陵公司向三维公司开具金额为 7658.3670 万元增值税发票及兰陵公司已经付清发票载明的金额 7658.3670 万元的事实均无异议。

争议部分：三维公司提出除以上已开票数外，还有 8303.45 千克粗品未结算，按已结算的最低价格每公斤 8300 元计算，兰陵公司还应支付 6891.8635 万元。兰陵公司认为双方所有往来就是开票数额，并已结清。

对此，三维公司主张有 8303.45 千克粗品未结算的主要依据是雷卡对账单，并提供了 2001 年 3 月 1 日至 2009 年 9 月 30 日每月的雷卡对帐清单 90 张，除第 14 页、第 54 页、第 58 页、第 66~69 页、第 85~86 页、第 102 页的对账单上没有兰陵公司职员签字外，其余的均有兰陵公司职员签字。2001年至 2007 年 3 月的对账清单主要有三项内容：生产情况、销售情况及结算情况。2007 年 4 月开始的对账单增加了一项来票情况。其中生产情况一栏内标有粗品的入库及累计的数量等。三维公司认为该对账单即是双方供应的数量及价格结算的依据。兰陵公司则认为该对账单是其公司内部统计资料，因管理漏洞才到三维公司。

雷卡对账单反映粗品供应商除三维公司外，还有其他三家即上海雷卡生物科技有限公司（以下简称"上海雷卡"）、常州善美药物研究开发中心有限公司（以下简称"常州善美"）、诚达公司，实际均由三维公司负责联系，上述三家供应商的粗品款项也是按三维公司与兰陵公司结算方法另行结算，与本案款项没有关系。90 张雷卡对账单反映粗品总量为 41445.25 千克。兰陵公司对此总量并无异议，但认为雷卡对账单不能作为三维公司的供货依据。

经核对雷卡对账单，三维公司等共供给兰陵公司粗品总量为 41445.25 千克。其中上海雷卡供货数量为 9100.23 千克，常州善美供货数量为 10581.32千克，诚达公司供货数量为 5185 千克。扣除以上三家供应商的供货量，三维公司的供货总量为 16578.70 千克，已开票的 8275.25 千克粗品金额为7658.3670 万元，兰陵公司已支付 7658.3670 万元。

第六，关于粗品价格的问题。

在本案审理过程中，兰陵公司提出双方签订的合作协议无效，对三维公司供应的粗品，已结算的结算价是按合作协议约定的利润分配，即使存在未结算的粗品也应按粗品的市场价格结算。并提供证据证明兰陵公司于 2009 年9 月向诚达公司购买的粗品价格为 393 元/千克，大陆药业于 2008 年 4 月至2009 年 11 月向东北制药总厂购买的粗品价格为 427 元/千克。

原审法院要求三维公司提供其向兰陵公司所供粗品的购买价格，但三维公司未提供。兰陵公司则向该院申请调查三维公司向诚达公司购买粗品的数量和价格。原审法院向兰陵公司开具了调查令，授权兰陵公司的两位代理人到诚达公司调查。根据诚达公司提供的增值税发票反映：诚达公司从 2006 年4 月起向三维公司供应粗品至 2008 年 12 月。2008 年 3 月至 6 月所供的粗品价格为 341 元/千克，10 月至 12 月所供的粗品价格为 393 元/千克。

第七，大陆药业与兰陵公司之间的关系及药品销售情况。

大陆药业于 1992 年成立，性质为有限责任公司，注册资金 500 万元，虞小虎出资 495 万元，王正国出资 5 万元，虞小虎为法定代表人。虞小平、虞小虎系兄弟。虞小平为大陆药业的董事，又系兰陵公司的法定代表人。

虞小平享有常茂生物化学工程股份有限公司（以下简称"常茂公司"）股权，常茂公司是兰陵公司股东之一。三维公司认为虞小平间接持有兰陵公司股权，大陆药业与兰陵公司是关联企业。

三维公司到常州市国家税务局摘录了兰陵公司于2009年10月销售给大陆药业左旋卡尼汀注射液的12张增值税发票的号码、日期、金额、税额，证明兰陵公司与大陆药业销售价格为6.49元/支。同时提供兰陵公司销售给其他单位的增值税发票，证明左旋卡尼汀注射液的市场销售单价为12～13元。三维公司认为兰陵公司以市场价一半的低价销售给大陆药业，非法转移了兰陵公司资产，损害了债权人的利益，因此要求大陆药业在非法转移兰陵公司资产的范围内对兰陵公司的债务承担连带责任，并申请法院调查兰陵公司销售给大陆药业左旋卡尼汀药品的销售价格及数量。为此，原审法院根据三维公司的申请到上海市徐汇区国家税务局进行调查，该局提供了大陆药业2009年10月的8张增值税发票认证记录，但认证记录仅记载发票的代码、号码、税号、金额、税率、税额，不能反映销售的价格及数量。

本案一审的争议焦点是：（1）三维公司、长征医院与兰陵公司签订的合作协议的效力。（2）三维公司、长征医院要求兰陵公司支付粗品货款6891.8635万元是否成立及如何结算的问题。（3）兰陵公司是否应承担1000万元的违约金。（4）三维公司、长征医院要求大陆药业在违法转移兰陵公司资产的范围内对兰陵公司的债务承担连带责任是否有依据。（5）三维公司要求兰陵公司应根据合作协议停止生产、销售左旋卡尼汀药品；停止使用、转让该药品的生产工艺、技术；停止使用"雷卡"商标权等请求是否成立。

原审法院认为：

第一，于合作协议的效力问题应认定合作协议无效。理由：（1）从合作协议约定的权利义务看，三维公司、长征医院拥有左旋卡尼汀药品的生产技术，然后委托兰陵公司加工生产，再由三维公司负责销售。兰陵公司的义务就是配合三维公司领取生产左旋卡尼汀药品所需的相关审批手续进行生产该药品，再将生产的药品交给三维公司销售，三维公司拥有药品销售权。兰陵公司的权利是获得加工费，利润由三维公司所得。（2）双方在履行合作协议过程中，有证据证明三维公司在负责联系销售事宜：三维公司庭审中陈述其将客户推荐给兰陵公司，且双方按合作协议履行到2005年又签订了补充协议，再次明确兰陵公司为三维公司设立专门销售部门，该部门不具有独立法人资格，但独立核算，人员由三维公司负责组成。兰陵公司也根据合作协议的要求为销售左旋卡尼汀药品单设一个银行账户，该账户的个人印鉴章为三维公司法定代表人顾书华的印鉴章。2009年9月22日三维公司发给兰陵公司的函中也陈述"贵司停止向我司联系的销售部门发货，违反了合作协议的约定……"这些事实足以证明三维公司为本案药品的实际销售人。（3）根据《中华人民共和国药品管理法》第14～20条的规定，无《药品经营许可证》的不得经营药品。三维公司销售本案药品需经省级药监部门批准领取药品经营许可证。而三维公司经营范围为药物、诊断试剂、保健品、化学品的研究开发、转让、咨询和服务；化工原料的零售、批发、代购代销及左旋卡尼汀原料中间体加工等，并不具有药品经营资质，也没有取得药品经营许可证。（4）根据《江苏省药品监督管理条例》第14条规定，药品生产、经营企业知道或应当知道他人无药品生产、经营资格而从事药品生产、经营活动的，不得为其提供药品，不得为他人以本企业的名义经营药品提供资质证明文件、票据等便利条件。本案中，虽然药品名义上是以兰陵公司名义销售，由兰陵公司开具发票并回笼资金，但实质均由三维公司联系客户等负责销售。从药品销售所得看，兰陵公司仅取得加工费，其余利润均由三维公司所得。因此，本案实质是三维公司借用兰陵公司名义销售左旋卡尼汀药品。（5）双方在合作期间，由三维公司向兰陵公司提供粗品。2009年8月28日国家药监局作出的不准许兰陵公司提出的将粗品制备合成工艺过程转移到诚达公司内的专门合成车间再将粗品返还的批件，表明原由三维公司从诚达公司等单位购买粗品再供给兰陵公司加工的合作方式不符合药品管理的相关规定。综上，三维公司、长征医院与兰陵公司签订的合作协议、补充协议约定三维公司拥有药品销售权及履行行为违反法律的强制性规定，应认定无效。对此，三维公司明知自己没有销售权而借用兰陵公司的名义进行销售存在过错。兰陵公司明知三维公司没有销售权而出借自己公司的名义给三维公司销售药品也存在过错。

第二，关于三维公司要求兰陵公司支付粗品货款6891.8635万元是否成立及应如何结算的问题。

该争议焦点的关键首先要确定三维公司向兰陵公司供应粗品的数量，是否已全部结算完毕。如未结算完毕，应如何处理。关于数量问题，根据三维公司提供的兰陵公司的雷卡对账单，除11张对账单无兰陵公司职员签字外其余均由兰陵公司的职员签字。虽然兰陵公司提出对账单上签字是否是其公司职员所签未经核实，但兰陵公司也没有完全否认公司员工签字的事实。故在无相反证据的情况下，应认定签字的对账单的真实性。对没有签字的对账单的真实性问题，因每月对账单是连续的，每月对账单记载了上月的库存及本月的入库数量，即使部分对账单没有兰陵公司职员签字，但根据前后的对账单也能反映每月入库数量及库存总量，根据每月入库量及库存量能推定没有签字的对账单的真实性。因此，对三维公司提供的雷卡对账单的真实性应予认定，可作为三维公司与兰陵公司的结算依据。兰陵公司提出该对账单是其内部统计资料，是因公司管理漏洞造成的。但从 2001 年开始合作期间所有对账单的原件均由三维公司持有，兰陵公司的该陈述不具有说服力，不能成立。根据雷卡对账单，粗品总量为 41445.25 千克。扣除上海雷卡供货 9100.23 千克、常州善美供货 10581.32 千克、诚达公司供货 5185 千克，三维公司的所供粗品总量为 16578.70 千克。三维公司已向兰陵公司开具了数量为 8275.25 千克、金额为 7658.3670 万元的增值税发票，兰陵公司已将开票金额 7658.3670 万元支付给了三维公司。据此，可以认定兰陵公司还有 8303.45 千克的粗品未与三维公司结算，兰陵公司提出三维公司所供的粗品已结清的抗辩理由不能成立。关于未结算的 8303.45 千克的粗品问题。兰陵公司在庭审中明确三维公司所供的粗品已生产完，没有库存。结合兰陵公司于 2009 年 10 月向大陆药业销售本案药品及兰陵公司在双方合作协议终止后向其他单位购买粗品的事实，可认定未结算的 8303.45 千克粗品兰陵公司已使用完毕并已销售。双方已结算的粗品价格反映每公斤结算价在 8300 元以上，该结算价实际是按合作协议约定粗品生产成药品的销售所得款项的结算，并不是粗品的成本价格结算。以三维公司主张的已结算的最低价每千克 8300 元计算，8303.45 千克粗品生产成药品销售所得款项的结算价应为 6891.8635 万元。该结算价包括三维公司购买粗品的成本价格。

关于粗品的成本价问题。法院要求三维公司提供购买粗品的相关发票等，但三维公司至今未提供。对此，兰陵公司提供的 2009 年购买粗品的价格及大陆药业购买的粗品价格分别为 393 元/千克、427 元/千克。结合诚达公司提供的发票看，三维公司于 2008 年 10 月至 12 月向诚达公司购买粗品的价格为 393 元/千克。以兰陵公司提供的粗品价格中的最高价即 427 元/千克计算，8303.45 千克粗品的成本价为 $427 \times 8303.45 = 3545573.15$ 元。兰陵公司应向三维公司支付 8303.45 千克粗品的成本价 3545573.15 元。8303.45 千克粗品生产成药品的结算价为 6891.8635 万元，扣除粗品成本价 3545573.15 元，销售所得款项 65373061.85 元。关于 65373061.85 元如何处理的问题。原审法院认为，因本案是合作纠纷，三维公司、长征医院拥有左旋卡尼汀药品的专有技术。技术开发本身目的就是在技术领域根据拥有的技术生产产品，从而获得高额利润，取得独占地位。三维公司、长征医院研发了左旋卡尼汀药品的技术，拥有该药品的专有技术，从而将专有技术投放市场取得高额利润是法律允许的。而本案中，在三维公司拥有药品专有技术而没有销售权的情况下，采取与兰陵公司合作方式取得药品销售权不符合相关的法律规定。作为合作一方的兰陵公司在订立合作协议时就知道本案药品的技术属三维公司、长征医院所有，兰陵公司只是受三维公司的委托生产药品，获得的仅是加工费，利润归三维公司。双方多年的合作也是按约定操作结算。而本案药品销售所得利润归三维公司也没有实际损害到兰陵公司的利益。因此，鉴于兰陵公司、三维公司对导致合作协议无效均存在过错，在合作协议无效并已产生销售所得的实际情况下，考虑三维公司拥有左旋卡尼汀药品的专有技术的特殊性，并兼顾各方当事人的利益平衡，法院酌情对本案已产生的销售所得65373061.85元，由三维公司、长征医院得4576.1142万元，其余19611919.85元归兰陵公司。

第三，关于三维公司、长征医院要求兰陵公司承担1000万元违约金的问题。

因合作协议无效，故三维公司、长征医院主张根据合作协议兰陵公司违约并应按协议约定承担1000万元的违约金的请求不能成立。

第四，关于大陆药业是否应对兰陵公司债务承担连带责任的问题。

根据谁主张谁举证的原则，从三维公司、长征医院举证看，现有证据不能证明兰陵公司与大陆药业存在投资与被投资关系。也没有证据证明兰陵公司与大陆药业存在低价销售的事实，原审法院才根据三维公司的申请到上海市徐汇区国家税务局调查兰陵公司与大陆药业左旋卡尼汀药品的销售情况，该局提供的大陆药业部分增值税发票认证情况，只记载发票的代码、号码、税号、金额、税率、税额，仅能证明兰陵公司与大陆药业间存在销售关系，但不能反映销售的数量及价格问题。因此，不能证明兰陵公司与大陆药业间存在左旋卡尼汀药品低价销售的情形。故三维公司、长征医院要求大陆药业在违法转移资产范围内对兰陵公司的债务承担连带责任的诉讼请求无事实和法律依据，不予支持。

第五，关于三维公司要求兰陵公司停止生产、销售左旋卡尼汀药品；停止使用、转让左旋卡尼汀药品的生产工艺、技术等请求是否成立的问题。

因三维公司、长征医院与兰陵公司签订的合作协议无效不再履行，各方基于合作协议产生的权利义务也已终止。因此，兰陵公司基于合作协议使用三维公司拥有的左旋卡尼汀药品的专有生产技术、生产工艺等进行加工生产左旋卡尼汀药品的相应权利也应终止。故在合作协议终止后，三维公司要求兰陵公司停止使用三维公司的左旋卡尼汀原料药及注射液、口服液制剂的生产技术、工艺生产销售左旋卡尼汀原料药及注射液、口服液制剂的诉讼请求符合法律规定，予以支持。

　　关于三维公司要求兰陵公司返还相应的生产工艺技术、分析检测技术等相关技术资料的请求。因三维公司未能举证证明其将这些资料交付给兰陵公司。况且，合作协议也约定由三维公司负责存档保管药品的所有技术资料，包括新药证书正本和副本、生产批件、研究资料、生产及分析检测记录、商标证书和成果证书。事实上，药品的新药证书、药品注册证、生产批件等原件均由三维公司持有和保管。因此，三维公司上述主张缺乏事实依据，不予支持。因合作协议无效，故三维公司主张兰陵公司因违约擅自生产、销售左旋卡尼汀原料药及注射液、口服液制剂承担违约金 100 万元的诉讼请求也不能成立。

　　关于三维公司请求兰陵公司应停止使用左旋卡尼汀原料药及注射液、口服液制剂新药证书及生产批文的问题。前已阐述，因合作协议无效并已终止，兰陵公司应停止使用三维公司的左旋卡尼汀原料药及注射液、口服液制剂的生产技术、工艺生产销售左旋卡尼汀原料药及注射液、口服液制剂。因药品的新药证书及生产批件的审核使用等属药品管理部门的职责范围，三维公司提出兰陵公司不可使用该药品的新药证书及生产批件的问题，并不属法院处理事项。关于三维公司要求兰陵公司履行合作协议项下的未经三维公司同意不得擅自将左旋卡尼汀原料药及注射液、口服液制剂生产技术、批准文号转让给第三方的诉讼请求。因三维公司没有证据证明兰陵公司有转让本案药品相关技术、生产批件等，该请求基于的事实尚未发生，故该请求显然不能成立。

　　关于三维公司主张的兰陵公司停止使用三维公司拥有注册商标专有权的"雷卡"商标。根据商标法规定，商标权属专用权，任何人未经商标权人许可不得使用。本案中，三维公司未有证据证明兰陵公司终止合作协议后尚在使用"雷卡"商标权。因此对该请求也不予支持。

　　综上所述，三维公司、长征医院与兰陵公司签订的合作协议及补充协议因违反法律强制性规定，应认定无效。兰陵公司应支付三维公司、长征医院 8303.45 千克粗品的成本价 3545573.15 元。对 8303.45 千克粗品生产成药品产生的销、售所得款项，鉴于三维公司、长征医院拥有左旋卡尼汀药品的专有技术，并兼顾利益平衡原则，兰陵公司应支付三维公司、长征医院 4576.1142 万元，三维公司、长征医院请求中的合理部分予以支持。因合作协议无效，双方并已终止履行，兰陵公司基于合作协议取得的相关权利义务也应终止。三维公司要求兰陵公司停止使用三维公司的左旋卡尼汀原料药及注射液、口服液制剂生产技术、工艺生产、销售左旋卡尼汀原料药及注射液、口服液制剂的诉讼请求符合法律规定，应予支持。对三维公司、长征医院的其他诉讼请求因无相应证据佐证，不予支持。依照《中华人民共和国合同法》第5条、第52条第（5）项，《中华人民共和国药品管理法》第14条之规定，该院判决：（1）兰陵公司于判决生效之日起10日内向三维公司、长征医院支付粗品货款3545573.15元；（2）兰陵公司于判决生效之日起10日内向三维公司、长征医院支付左旋卡尼汀药品的销售所得款项45761142元；（3）兰陵公司停止使用三维公司的左旋卡尼汀原料药及注射液、口服液制剂生产技术、工艺等生产、销售左旋卡尼汀原料药及注射液、口服液制剂；（4）驳回三维公司、长征医院的其他诉讼请求。如未按判决指定的期间履行给付义务，应当依照《中华人民共和国民事诉讼法》第253条之规定，加倍支付迟延履行期间的债务利息。案件受理费454993元，财产保全费10000元，合计464993元，由三维公司负担180882元，兰陵公司负担284111元。

三维公司不服原审判决，向本院提起上诉称：第一，原审判决部分事实认定错误。（1）原审判决认定三维公司有药品销售行为错误。三维公司向兰陵公司供应原料粗品，由兰陵公司生产并销售药品，药品销售合同系由兰陵公司与药品一级代理商签订，并由兰陵公司发货、开具销售发票，销售药品所有货款全部进入兰陵公司开设的银行账户，兰陵公司收到货款后，再将应付原料粗品货款按雷卡对账单记载的数量、价格分批支付给三维公司。故不存在三维公司销售药品的事实。（2）原审判决对粗品价格认定错误。原审判决认定诚达公司从2006年4月起向三维公司供应的粗品价格为300余元，但诚达公司粗品供应价格与本案事实并无关联性。根据合作协议及补充协议约定，粗品价格包含三方合作协议约定的原料粗品供应价格、合作利益分成、技术许可费用、商标许可费用及其他服务费用，兰陵公司收取的生产费用也包含了药品生产实际成本、利益分成和销售费用及税金等，故三方约定的粗品价格并不是通常意义上的原料市场价格。（3）原审法院虽向上海市徐汇区国家税务局进行调查，但因大陆药业的增值税发票未反映销售价格及数量，故对大陆药业低价销售案涉药品未予认定。三维公司已提交部分证据证明兰陵公司销售给大陆药业的部分药品中左旋卡尼汀注射液价格为6.5元/支，而大陆药业又以13元/支的价格倒卖给一级代理商，原审法院应当责令大陆药业提供证据，以查清该部分事实。

第二，原审判决认定合作协议、补充协议无效，缺乏事实和法律依据。（1）三方合作协议的核心条款是三维公司、长征医院将药品技术、商标许可兰陵公司生产、销售，原料粗品由三维公司供应，兰陵公司支付三维公司、长征医院粗品货款等，上述内容未违反法律、行政法规强制性规定，是有效的合同条款，由此决定了合同整体的有效性。原审判决认定三维公司有销售行为无任何证据证明，且药品销售合同、仓库发货单、销售发票、银行资金入账单、常州药监局药品生产及销售监管记录、药品质量检验单等证据证明药品系由兰陵公司销售，故原审判决认定三维公司的行为违反了《中华人民共和国药品管理法》第14条规定错误。(2)《中华人民共和国药品管理法》第14～20条规定是管理性规定，不是效力性强制规定，不能作为合同无效的法律依据。《江苏省药品监督管理条例》第14条不是法律、行政法规强制性规定，不能作为确认合同效力的依据。

第三，兰陵公司存在违约事实，应当承担1000万元违约金。兰陵公司在三方合作协议有效期内，单方终止合作协议构成根本违约；兰陵公司从2009年9月起停止对三维公司原料粗品的货款结算构成违约；兰陵公司擅自从其他公司购入原料粗品3000千克构成违约；兰陵公司单方向国家药监局提出左卡尼汀药品的补充注册申请构成违约；兰陵公司以低于药品成本价向大陆药业销售左卡尼汀注射液构成违约；兰陵公司从2010年1月1日继续使用"雷卡"注册商标构成违约。

第四，兰陵公司、大陆药业恶意串通，利用虞小平对两公司的控制地位，以低价销售药品手段，非法转移兰陵公司资产和利润，损害了兰陵公司合法财产权、股东利益和公司债权人的利益，构成共同侵权，应当在非法转移兰陵公司资金、财产、利润的范围内承担连带赔偿责任。综上，请求依法改判支持三维公司的全部诉讼请求。

兰陵公司亦不服原审判决，向本院提起上诉及答辩称：第一，原审判决认定合作协议无效于法有据。双方长达10余年的合作期内共有7份协议，约定药品生产后的销售权由三维公司掌握和操作；原料粗品的供应由三维公司负责提供；将法律授予兰陵公司的工业产权归入三维公司，根据药证法定原则，任何主体不能以协议转让该权利，但协议可约定利润分配。本案中除加工费外利益均归三维公司，根据相关法律规定，没有药品经营许可证的单位不能从事药品销售行为。而双方合作期间，一直由三维公司完成药品销售，2005年的协议明确载明为规避国家监管，由兰陵公司为三维公司成立专门账户，该账户的私人印鉴就是三维公司法定代表人顾书华，往来款由三维公司掌控。兰陵公司原审中也提供了三维公司法定代表人对外签署的药品销售合同，故三维公司是实际进行销售的主体。兰陵公司无权违反国家药监局备案的生产工艺流程向任何第三方直接采购粗品，工艺流程必须在兰陵公司的厂区内完成，三维公司提供粗品亦违反国家强制性规定。因此，原审判决认定合作协议无效有事实和法律依据。第二，原审判决存在漏项判决。兰陵公司认为本案所涉一系列书面协议均因违反法律规定而无效，并向常州市新北区人民法院提起另案诉讼，后该案被移送原审法院审理，原审法院认为系列协议的效力已包含在本案的审理范围，兰陵公司的起诉违反了一事不再理原则，故裁定驳回了兰陵公司该项诉请的起诉。既然原审法院将兰陵公司另案中的诉讼请求并入本案审理，则应当在本案判决中将协议无效作为一条判项予以列明。原审判决对三维公司与兰陵公司1998年签订的合作协议的效力未予认定，亦属遗漏。第三，案涉货款已经结清。（1）三维公司未提供直接供货的证据。三维公司在原审中并未提交能证明其向兰陵公司供应8303.45千克粗品的直接证据。双方之间没有买卖合同、送货单或者未结算的发票等，无法证明向兰陵公司供货的主体就是三维公司。（2）原审判决认定的供货凭证"雷卡对账单"不具有真实性、客观性及排他的证明效力。该对账单系兰陵公司内部统计资料，签字者均为兰陵公司工作人员，没有三维公司对内容的确认。该对账单载明向兰陵公司供货的主体为4家，故不能作为三维公司是唯一交货主体的证据或双方债权债务的证明使用。该对账单中有部分页面没有任何人签字，丧失连续性，更丧失了证明效力。在三维公司无法证明其供货行为的情况下，应当承担举证不能的不利后果。原审判决应当驳回三维公司对货款的诉讼请求。（3）实际供货方为案外人，根据兰陵公司的财务记录，三维公司在2009年仅有110千克的供货，未结算的8303.45千克粗品为案外人常州善美所供。（4）原审判决对粗品成本认定错误。兰陵公司已举证证明三维公司从诚达公司进货的历年平均价为388.54元/千克，但原审判决未按此认定，却按进货的最高价427元/千克计算，显失公平。第四，三维公司提出的诉讼请求是粗品的货款，而非产品销售所得款，原审判决超出诉请范围。（1）三维公司主张兰陵公司支付粗品的货款，并未主张销售所得款，货款与销售所得款性质不同，依据的事实和法律条款也不同，原审判决第二项已超出三维公司的诉请范围，侵害了兰陵公司的利益。（2）原审判决存在逻辑错误。原审判决认定案涉协议无效，就不得再引用协议中确定的合作模式下利益分配的约定，也无权依据无效协议计算出65373061.85元的销售款，并滥用自由裁量权按比例进行分割。（3）销售所得款的构成缺乏依据。原审判决认定粗品生产成药品销售所得款为8300元/千克缺乏事实和法律依据，不具有合法性，且未扣除加工成本、税费、生产损耗、人工费用等。第五，原审判决兰陵公司停止使用三维公司的生产技术和工艺等错误。三维公司并未举证证明兰陵公司得到或知道了三维公司的药品生产技术和工艺，从双方长期合作的模式可以看出，药品的生产技术和工艺始终由三维公司掌握，至今都未交付或告知兰陵公司，兰陵公司进行的后期精加工和小水针常规生产，不涉及药品独有的生产技术和工艺。退一步讲，即使兰陵公司掌握了药品的生产技术和工艺，因该项技术和工艺已不具备独创性、新颖性、秘密性，已过6年的新药保护期，且国内多家药厂已申请生产该药品，故对该药品予以特殊的法律保护已无意义。兰陵公司系合法的药品生产企业，拥有生产自主权，也拥有案涉药品所必须的证照和手续，因此，原审判决第三项内容违反了公平公正原则。综上，请求依法改判，驳回三维公司的全部诉讼请求。

针对兰陵公司的上诉，三维公司辩称：第一，原审判决不存在漏判。兰陵公司一审中未提出反诉，三维公司要求继续履行合同的请求隐含了法院要对合同效力作出认定的主张。第二，兰陵公司主张与三维公司的货款已经结清不能成立。原审中兰陵公司已确认4个单位供货的总数量，而另三个单位已经出具证据证明没有结算的8303.25千克的原料粗品由三维公司所供。原审判决以雷卡对账单作为认定事实的依据正确，该对账单有兰陵公司负责人及有关部门的人员签字，反映了供货数量、单价、库存等数据，系兰陵公司真实意思表示，兰陵公司将该对账单原件交给三维公司确认，三维公司均予以确认。三维公司与兰陵公司始终按雷卡对账单进行结算，近三年来最低供应价为8300.00元/千克，三维公司据此主张货款是合理的。第三，兰陵公司主张未使用三维公司的技术不是事实。三维公司、长征医院向国家药监局申报的材料内容证明，该药品的生产工艺、技术是三维公司、长征医院研究的技术成果，生产企业必须严格按照国家批准的药品生产技术和工艺生产，故兰陵公司生产案涉药品的技术是三维公司和长征医院的。

被上诉人长征医院辩称：三维公司上诉认为合作协议有效是正确的，合作协议的内容主要是技术合作的问题，销售权的争议仅是合作协议中的一小部分，原审判决从销售权的角度认定合作协议无效忽视了协议本身的内容。三维公司请求支付费用有事实依据，各方合作多年，结算方式、利润的计算方式均不违反法律规定，应得到支持。兰陵公司的上诉请求缺乏事实和法律依据。案涉结算协议是各方签字确认的，不违反法律规定，应予维持。三维公司提供了原料粗品，原审中兰陵公司称已经使用完毕，就应按照结算协议支付相关费用。

被上诉人大陆药业辩称：现有证据不能证明兰陵公司与大陆药业存在投资与被投资的关系以及存在低价销售的行为。三维公司要求大陆药业承担股东侵权责任，实际上混淆了侵权和合同关系，请求驳回三维公司对大陆药业的上诉请求。

本院经审理查明，原审查明的事实正确，本院予以确认。本院另查明，兰陵公司对外签订的销售合同加盖了兰陵公司公章，兰陵公司一方代表人一栏有顾书华的签字，职务为雷卡推广部经理。

本案二审中的争议焦点是：（1）三维公司、长征医院与兰陵公司签订的合作协议、补充协议的效力如何认定。（2）三维公司、长征医院要求兰陵公司支付粗品货款6891.8635万元是否成立及如何结算。（3）兰陵公司是否应承担1000万元的违约金。（4）三维公司、长征医院要求大陆药业在违法转移兰陵公司资产的范围内对兰陵公司的债务承担连带责任是否有依据。（5）兰陵公司是否应停止使用案涉药品的生产工艺、技术，停止生产、销售案涉药品。

本院审判委员会认为：第一，关于合作协议、补充协议的效力问题。（1）合作协议约定，三维公司、长征医院拥有左旋卡尼汀系列药品的生产技术，兰陵公司配合三维公司领取生产左旋卡尼汀系列药品所需的相关审批手续并受委托生产该药品，三维公司负责药品的销售。补充协议还约定，兰陵公司同意在其所在地设立专门销售部门——雷卡销售推广部，专门用于案涉药品的销售，该部门不具有独立法人资格。兰陵公司专门设立银行专户，用于专门回笼和往来案涉药品货款。上述内容表明，三维公司、长征医院是案涉药品的研发单位，对案涉药品拥有相关的知识产权，上述协议虽约定由三维公司负责联系销售，但同时约定三维公司的销售活动由设在兰陵公司的销售部门完成，该销售部门无独立法人资格，对外销售仍以兰陵公司名义进行。从实际履行过程看，对外签订药品销售合同的主体系兰陵公司，销售合同加盖兰陵公司公章，三维公司法定代表人顾书华虽在销售合同的代表人一栏签名，但其身份为雷卡推广部经理。案涉药品实际由兰陵公司负责发货、开具销售发票，销售药品所得款项进入兰陵公司开设的银行账户。由此可见，案涉药品的销售并不违反《药品管理法》的有关规定。（2）《药品管理法》第10条规定，除中药饮片的炮制外，药品必须按照国家药品标准和国务院药品监督管理部门批准的生产工艺进行生产，生产记录必须完整准确。药品生产企业改变影响药品质量的生产工艺的，必须报原批准部门审核批准。该条规定了药品生产必须符合审批的生产工艺，且只有改变影响药品质量的生产工艺，才须报原批准部门审核批准，但对于药品的全部生产工艺是否必须由同一药品生产企业完成未作出明确规定。本案中，三维公司提供的粗品的生产工艺、兰陵公司加工案涉药品的生产工艺均符合三维公司报批的生产工艺流程，且药品不存在质量问题。兰陵公司认为三维公司提供粗品使药品不能在其生产场所内完成全部生产工艺的生产，违反了上述法律规定，对此，本院认为，三维公司提供粗品由兰陵公司生产并未改变国家药监局批准的药品生产工艺，且未对药品质量产生影响，故合作协议的该约定不违反法律规定。（3）三维公司遵循现有管理模式，为新药的研制开发上市寻求合作伙伴，使新药早日生产并应用于临床，符合国家鼓励科技创新的要求，该合作经营方式不为法律、行政法规所禁止。综上，本案合作协议、补充协议系各方当事人真实意思表示，不违反法律、行政法规的禁止性规定，应认定合法有效。三维公司关于案涉协议有效的上诉主张，本院予以支持。原审判决认定合作协议、补充协议无效缺乏法律依据，本院予以纠正。

第二，关于三维公司要求兰陵公司支付粗品货款 6891.8635 万元是否成立及应如何结算的问题。（1）关于未结算粗品的数量问题。首先，根据雷卡对账单反映的数据，每月形成的对账单均记载了上月的库存及本月的入库数量，且时间连续，虽然部分对账单没有兰陵公司职员签字，但未签字的对账单记载的上月库存与签字的对账单当月库存数量并无变化。因此，该雷卡对账单能够作为三维公司与兰陵公司的结算依据。其次，根据雷卡对账单，粗品总量为 41445.25 千克。扣除上海雷卡供货 9100.23 千克、常州善美供货 10581.32 千克、诚达公司供货 5185 千克，三维公司所供粗品总量为 16578.70 千克。三维公司已向兰陵公司开具了数量为 8275.25 千克、金额为 7658.3670 万元的增值税发票，兰陵公司已将开票金额 7658.3670 万元支付给了三维公司。据此，可以认定兰陵公司还有 8303.45 千克的粗品未与三维公司结算。（2）关于未结算粗品的价格问题。兰陵公司在庭审中明确三维公司所供的粗品已生产完，没有库存。结合兰陵公司于 2009 年 10 月向大陆药业销售本案药品及兰陵公司在双方合作协议终止后向其他单位购买粗品的事实，可以认定未结算的 8303.45 千克粗品兰陵公司已全部用于生产并已销售。双方已结算的粗品价格反映每千克结算价在 8300 元以上，该结算价实际是按合作协议约定粗品生产成药品的销售所得款项的结算，并不是粗品的成本价格结算。以三维公司主张的按已结算的最低价 8300 元/千克计算，8303.45 千克粗品生产成药品销售所得款项的结算价应为 6891.8635 万元，该结算价已包括三维公司购买粗品的成本价格。因此，三维公司、长征医院主张兰陵公司应支付该部分款项有事实和法律依据，本院予以支持。兰陵公司上诉认为双方货款已结算完毕，其不应承担给付义务的理由无事实依据，本院不予采信。

第三，关于三维公司、长征医院要求兰陵公司承担 1000 万元违约金的问题。合作协议虽约定履行期限为 3 年，但各方后续签订的补充协议、结算协议已经将合作协议的履行期限延长至 2009 年 12 月 31 日。因合作协议、补充协议、结算协议均有效，兰陵公司在合作协议期限届满前，未经双方协商一致，擅自终止合作协议的履行，擅自生产、销售案涉药品，构成违约，应承担相应的违约责任。兰陵公司对合同约定的违约金数额未申请法院调整，故三维公司、长征医院按合作协议约定主张兰陵公司应承担 1000 万元违约金的请求，本院予以支持。

第四，关于大陆药业是否应对兰陵公司债务承担连带责任的问题。因现有证据尚不足以证明兰陵公司与大陆药业之间存在低价销售案涉药品的情况，故三维公司、长征医院要求大陆药业在违法转移资产范围内对兰陵公司的债务承担连带责任的诉讼请求缺乏事实依据，本院不予支持。

第五，关于兰陵公司是否应停止生产、销售左旋卡尼汀系列药品，停止使用、转让左旋卡尼汀系列药品的生产工艺、技术的问题。因三维公司、长征医院与兰陵公司签订的合作协议的履行期限已经于2009年12月31日期满，各方基于合作协议产生的权利义务已经终止，且双方在协议中明确约定，合作期满后，兰陵公司未经三维公司同意不得生产、销售、转让、仿制、申报左旋卡尼汀及其系列制剂。因此，三维公司要求兰陵公司停止使用左旋卡尼汀系列药品的生产技术、工艺生产销售左旋卡尼汀原料药及系列药品的诉讼请求符合法律规定。兰陵公司认为其拥有生产自主权，可以继续生产案涉药品的上诉理由不能成立，本院不予支持。

综上，三维公司主张案涉合作协议、补充协议有效，兰陵公司应当给付未结算货款以及承担违约责任的上诉理由成立，本院予以支持。三维公司主张大陆药业在违法转移兰陵公司财产范围内对兰陵公司的上述债务承担连带责任的上诉理由缺乏事实依据，本院不予支持。兰陵公司的上诉理由缺乏事实和法律依据，本院不予支持。原审判决认定事实有误，适用法律不当，本院予以纠正。依照《中华人民共和国合同法》第8条、第44条、第114条，《中华人民共和国民事诉讼法》第170条第1款第（2）项的规定，判决如下：

1. 维持江苏省常州市中级人民法院（2009）常民二初字第123号民事判决第三项、第四项；

2. 撤销江苏省常州市中级人民法院（2009）常民二初字第123号民事判决第一项、第二项及案件受理费负担部分；

3. 兰陵公司于本判决生效后10日内向三维公司、长征医院支付销售所得款项6891.8635万元；

4. 兰陵公司于本判决生效后10日内向三维公司、长征医院支付违约金1000万元。

如果兰陵公司未按本判决指定的期间履行给付金钱义务，应当依照《中华人民共和国民事诉讼法》第253条之规定，加倍支付迟延履行期间的债务利息。

一审案件受理费454993元，财产保全费10000元，合计464993元，由兰陵公司负担。三维公司预交的一审案件诉讼费用由一审法院予以退还。兰陵公司应负担的一审案件诉讼费用于本判决生效之日起 10 日内向一审法院缴纳。二审案件受理费 454993 元；由兰陵公司负担。三维公司预交的二审案件受理费由本院予以退还。本判决为终审判决。

审　判　长　史承豪
代理审判员　林　佳
代理审判员　孙晓琳
2014 年 3 月 20 日
书　记　员　杨璇璇

中华人民共和国最高人民法院民事裁定书

[（2014）民申字第 967 号]

　　再审申请人（一审被告、二审上诉人）：常州兰陵制药有限公司。住所地：江苏省常州市劳动东路 352 号。

　　法定代表人：虞小平，该公司董事长。

　　委托代理人：申本金，北京大成（南京）律师事务所律师。

　　委托代理人：匡鹤，江苏源博律师事务所律师。

　　被申请人（一审原告、二审上诉人）：常州高新技术产业开发区三维工业技术研究所有限公司。住所地：江苏省常州市新北区创业中心第二基地 454、456、469、471 单元。

　　法定代表人：顾书华，该公司董事长。

　　委托代理人：周坚，江苏博爱星律师事务所律师。

　　委托代理人：蒋小俭，江苏博爱星律师事务所律师。

　　被申请人（一审原告、二审被上诉人）：上海长征医院。住所地：上海市凤阳路 415 号。

　　法定代表人：郑兴东，该院院长。

　　委托代理人：束学安，上海市康正律师事务所律师。

　　一审被告、二审被上诉人：上海大陆药业有限公司。住所地：上海市肇家浜路 446 弄 1 号 1905 - 1906 室。

　　法定代表人：虞小虎，该公司董事长。

　　委托代理人：周进华，上海市罗顿律师事务所律师。

　　再审申请人常州兰陵制药有限公司（以下简称"兰陵公司"）因与被申请人常州高新技术产业开发区三维工业技术研究所有限公司（以下简称"三维公司"）、上海长征医院（以下简称"长征医院"）及一审被告、二审被上诉人上海大陆药业有限公司（以下简称"大陆药业"）合作合同纠纷一案，不服江苏省高级人民法院（以下简称"江苏高院"）（2011）苏商终字第128号民事判决，向本院申请再审。本院依法组成合议庭对本案进行了审查，现已审查终结。

兰陵公司申请再审称：第一，兰陵公司与三维公司于1998年7月8日签订的合作协议书是双方实际履行的协议，2000年7月28日兰陵公司、三维公司及长征医院签订的协议从未履行过。原审法院对1998年7月8日的协议未进行质证，导致事实认定错误，程序违法。

第二，兰陵公司于2010年2月1日向常州市新北区人民法院提起请求确认三方当事人于2000年7月28日签订的合作协议书无效之诉（一审（2010）新商初字第112号，该案于2010年9月28日移送至常州市中级人民法院（以下简称"常州中院"）审理（2010）常商初字第48号），2010年9月25日，常州中院作出（2010）常商初字第48号裁定，以一事不再理为理由驳回兰陵公司起诉。兰陵公司上诉后，江苏高院于2010年11月13日作出（2010）苏商终字第150号民事裁定，维持原裁定。兰陵公司向最高人民法院申请再审，最高人民法院于2013年7月9日作出（2012）民申字第1293号裁定，指令江苏高院再审本案。江苏高院于2013年11月18日作出（2013）苏商再终字第6号民事裁定，撤销一审、二审裁定，发回重审，中止审理。另外，三维公司、长征医院于2011年3月24日向江苏高院对兰陵公司提起知识产权诉讼（（2010）苏知民初字第1号）。兰陵公司认为，合同效力问题是本案审理的前提，江苏高院中止审理（2013）苏商再终字第6号案件，程序错误，应先中止本案及（2010）苏知民初字第1号案件的审理。

第三，原审认定兰陵公司与三维公司有8303.45千克的粗品未结算，认定事实错误。

（1）新证据显示，2008年5月13日至2009年3月16日，常州善美药物研究开发中心有限公司（以下简称"常州善美"）总计向兰陵公司提供粗品18665千克，原审认定为10581.32千克，二者相差8083.68千克。（2）案涉所有粗品均由浙江嘉善诚达药化有限公司（以下简称"诚达公司"）直接或通过三维公司、上海雷卡生物科技有限公司（以下简称"上海雷卡"）、常州善美间接提供。一审兰陵公司请求调查诚达公司向三维公司供应的粗品全部数量及价格，但法院的调查令仅调查了2008年10月至2009年3月的数量和价格。诚达公司于2011年4月20日出具的证明材料证明三维公司在2006年4月21日至2008年12月17日总计向诚达公司购买了1800千克。而兰陵公司与三维公司之间未结算的粗品是在2008年之后的，由于三维公司并不生产粗品，三维公司不可能向兰陵公司供应8303.45千克。原审法院仅依据雷卡对账清单即认定三维公司尚有 8303.45 千克粗品未计算，认定事实错误。

第四，原审依据三维公司的单方表述认定粗品价格为 8300 元/千克，认定事实错误。粗品价格应当以兰陵公司与三维公司于 2005 年 3 月 1 日签订的关于左卡尼汀原料药及其制剂销售结算的补充协议第 4 条第（2）项的约定来确定。该价格应为动态价格，应进行司法审计。

第五，案涉合作协议书的约定在四个方面违反了法律的强制性规范，应认定为无效。一是根据《中华人民共和国药品管理法》（以下简称《药品管理法》）第 7 条、第 29 条和第 31 条以及《新药保护和技术转让的规定》（国家药品监督管理局令第 4 号，1999 年 5 月 1 日实施，2002 年 12 月 1 日废止）第 11 条、第 15 条、第 19 条等规定所确立的药品上市许可制度，药品开发者必须将新药技术转让给药品生产者。本案中，三维公司虽然声明将新药技术转让给兰陵公司，但通过案涉协议书采取委托加工名义替代技术转让，违反了上述强制性规定，应属无效。二是根据《药品管理法》第 9 条、第 10 条、第 13 条、第 48 条以及《中华人民共和国药品管理法实施条例》（以下简称《药品管理法实施条例》）关于药品生产的强制性规定和药品监督管理部门批准的生产流程，案涉药物的生产必须在兰陵公司内完成。本案协议书约定由三维公司提供原料药的粗品，违反了上述药品生产方面的强制性规范，应为无效。三是根据《药品管理法》第 14 条、第 73 条和第 82 条等规定的药品销售制度，案涉协议书第 11 条、第 13 条约定的销售方案说明，案涉药物实际由三维公司以兰陵公司的名义对外销售，因此构成借用兰陵公司药品经营许可证的行为，违反了强制性规定，应为无效。四是案涉合作协议书约定由三维公司负责提供药品原料药粗品，违反了《中华人民共和国合同法》（以下简称《合同法》）第 329 条以及《最高人民法院关于审理技术合同纠纷案件适用法律若干问题的解释》第 10 条第（4）～（5）项的规定，应为无效。因此，案涉协议书应当认定为无效，二审判决认定错误。

综上，根据《中华人民共和国民事诉讼法》第 200 条第（1）项、第（6）项之规定，请求撤销（2011）苏商终字第 128 号民事判决和（2009）常民二初字第 123 号民事判决，改判驳回三维公司的全部诉讼请求。

三维公司提交意见称，第一，合作协议书是三方当事人的真实意思表示，内容和形式都符合法律规定，未违反法律行政法规的强制性规定。合同实际履行了 9 年 9 个月，监管部门从未对案涉药物的生产销售作出处罚。第二，另案中关于合同效力应否审理与本案的程序问题无关，本案程序合法。第三，雷卡对账单是 9 年 9 个月履行期间的完整记录，原审法院以之作为认定供货数量和价格的依据，并无不当。第四，三维公司与兰陵公司之间并非委托加工生产药品，也不存在案涉药品的技术转让问题，兰陵公司以合同法有关技术转让的规定否定案涉协议书的效力，不能成立。

长征医院提交意见称，第一，原审法院以 2000 年的合作协议书为裁判依据是证据认定问题，并不存在程序瑕疵。另案诉讼所涉案涉协议的效力问题，是另案的程序问题，本案无理由以另案的裁判结果为前提。第二，本案所涉药品目前为止是合格产品，不存在违法情形。以兰陵公司的名义生产和销售，也不存在违法情形。兰陵公司主张本案协议阻碍了技术进步的观点显然亦不能成立。

本院再审审查查明，2010 年 9 月 8 日，常州中院受理兰陵公司诉三维公司、长征医院撤销权纠纷一案（（2010）常商初字第 48 号），兰陵公司请求：（1）兰陵公司与三维公司、长征医院于 2000 年 7 月 28 日签订的合作协议及基于该合作协议签订的补充协议和结算协议因违反国家法律规定而无效；（2）三维公司立即返还兰陵公司左旋卡尼汀药品生产、销售的合法证照、批件及资料。常州中院一审认为兰陵公司的第一项请求与 2009 年 12 月 7 日该院立案审理的（2009）常民二初字第 123 号案件（即本案）基于同一事实，兰陵公司在本案中已提出抗辩认为合作协议及相应的补充协议、结算协议与国家法律规定相冲突为无效协议，且本案先于（2010）常商初字第 48 号案件立案受理，故兰陵公司就该请求提起诉讼违反了一事不再理原则，就此作出（2010）常商初字第 48 号民事裁定，驳回兰陵公司第一项请求。兰陵公司不服提起上诉，江苏高院于 2010 年 11 月 13 日作出（2010）苏商终字第 150 号民事裁定，以相同理由驳回兰陵公司上诉，维持原裁定。兰陵公司向本院申请再审，本院于 2013 年 7 月 9 日作出（2012）民申字第 1293 号民事裁定，指令江苏高院再审此案。江苏高院于 2014 年 9 月 9 日作出（2013）苏商再终字第 6 号民事裁定，撤销了江苏高院（2010）苏商终字第 150 号民事裁定及常州中院（2010）常商初字第 48 号民事裁定，发回常州中院重审。

综合当事人的主要观点及理由，本院认为，关于本案程序问题。一审、二审法院以 2000 年 7 月 28 日签订的合作协议书作为确定三方当事人权利义务的依据，是证据评价问题而非程序问题。兰陵公司认为应以 1998 年 7 月 8 日签订的合作协议书为准的主张不能成立。首先，2000 年 7 月 28 日签订的合作协议书和 1998 年 7 月 8 日签订的合作协议书均是关于案涉药物的生产销售合作事宜的约定，在无明确约定的情况下，时间在后的协议书自然是双方当事人关于该事项的最终意思表示。其次，从兰陵公司与三维公司于 2005 年 3 月 1 日签订的关于左卡尼汀原料药及其制剂销售结算的补充协议的内容来看，双方签订该补充协议的原因之一是，兰陵公司不能为案涉药物设立具有独立法人资格的销售部门。而关于设立独立销售部门的义务仅在 2000 年 7 月 28 日的合作协议书中有约定而在 1998 年 7 月 8 日的协议书中并无涉及。另外，2007 年 1 月 5 日签订的关于左卡尼汀原料药及其制剂的生产服务费用结算的协议载明是对 2005 年补充协议的变更；2007 年 12 月 29 日签订的关于左卡尼汀原料药及其制剂的生产服务费用结算的协议明确载明是对 2000 年的合作协议书和 2005 年补充协议的变更。尽管 2009 年 2 月 25 日双方签订的关于左卡尼汀原料药及其制剂的生产服务费用结算的协议中载明是在 1998 年的合作协议书和 2005 年的补充协议的基础上作出的变更，但是从其内容来看，该结算协议与 2007 年 12 月 29 日的结算协议内容相同。因此，可以认定，双方实际履行的是 2000 年签订的合作协议书及 2005 年的补充协议。兰陵公司主张 1998 年 7 月 8 日签订的合作协议书是双方实际履行的协议，依据不足。

关于本案未中止审理程序是否错误的问题，本院认为，本案立案时间先于兰陵公司诉三维公司、长征医院撤销权纠纷一案（常州中院（2010）常商初字第 48 号），在本案中，案涉合同的效力问题是人民法院应依职权认定的问题，同时也是兰陵公司在本案诉讼中的主要抗辩理由之一。无论兰陵公司在另案中请求确认合同无效的诉讼请求是否与本案构成重复诉讼，都不构成本案中止审理的正当理由。因此，兰陵公司主张本案一审、二审程序错误的理由不能成立。

关于合同效力问题。第一，关于案涉协议书是否违反药品的生产许可制度问题。《药品管理法》第 7 条、第 29 条和第 31 条等规定的主要内容是，开办药品生产企业应当申请药品生产许可证、研制新药应当经过审批并发给新药证书、生产新药须经批准并获得药品批准文号。案涉合作协议书约定的主要内容是由三维公司负责研究、开发、销售和推广并许可兰陵公司生产，兰陵公司负责生产。兰陵公司是具有药品生产许可证药品生产厂家，案涉药品也获得了药品监督管理部门颁发的新药证书、生产批件、药品注册证等，符合药品管理法的上述规定。因此，兰陵公司以《新药保护和技术转让的规定》（国家药品监督管理局令第 4 号，1999 年 5 月 1 日实施，2002 年 12 月 1 日废止）这一部门规章的规定为依据，认为三维公司必须向兰陵公司转让新药生产技术但实际上并未转让为理由，主张案涉合作协议书无效，无法律依据，不予支持。

第二，关于案涉协议书约定由三维公司提供原料药的粗品是否违反《药品管理法》的强制性规定问题。《药品管理法》第 9 条、第 10 条、第 13 条以双第 48 条规定的主要内容是，药品生产企业生产药品应当遵守《药品生产质量管理规范》的相关规定，如果改变影响药品质量的生产工艺的，必须报批准部门批准。本案中，无证据证明三维公司提供的粗品工艺、兰陵公司加工案涉药品的生产工艺违反了由药品监督管理部门批准的生产工艺。并且，在长达将近十年的合同履行期间，也无证据证明合作协议书约定的生产流程有违法现象并受到了药品监督管理部门的处罚，并且也无证据证明药品存在质量问题。因此，兰陵公司以所有的生产流程必须在兰陵公司内完成为理由，主张合作协议书违反了药品管理法的强制性规定而应认定为无效的主张，不能成立。

第三，关于合作协议书约定的销售模式是否违反《药品管理法》第14条、第73条和第82条等规定的药品销售制度的问题。本院认为，案涉药品的销售以兰陵公司的名义由设在兰陵公司内的销售部门实际完成，兰陵公司负责发货、开具销售发票以及回收款项，对外也应由兰陵公司承担生产者和销售者的责任。至于兰陵公司与三维公司之间的利益分配等问题，则属于二者之间的内部关系。合作协议书约定的销售模式满足了药品管理法所规定的条件，满足了药品经营许可证制度的要求，并不违反法律的强制性规定。兰陵公司以此为理由主张合作协议书无效，不能成立。

第四，关于合作协议书是否违反《合同法》第329条及《最高人民法院关于审理技术合同纠纷案件适用法律若干问题的解释》第10条第（4）～（5）项的问题。本院认为，本案合作协议书的实质内容是，由三维公司授权兰陵公司生产案涉药品并以三维公司提供粗品的方式获得包括技术许可费用在内的所有利益，且该粗品是生产案涉药品的必不可少的原材料，因此，并不违反上述合同法及司法解释的规定。

综上所述，案涉合作协议书及其补充协议并不违反法律行政法规的强制性规定，应认定合法有效，兰陵公司的申请理由不能成立。

关于未结算的粗品数量和价格问题。关于未结算的粗品数量，三维公司在本案诉讼中提供了由三维公司、上海雷卡、常州善美三家公司盖章确认的《常州兰陵制药有限公司与常州三维公司之间未结算的左旋卡尼汀粗品数量及金额（依据：2001～2009年雷卡对账清单)》一份，三维公司、上海雷卡和常州善美共同确认未清算的8303.45千克粗品系三维公司提供。因此，兰陵公司以常州善美的供货记录、增值税发票等证据证明未结算的粗品系常州善美提供，不能成立。

关于粗品的结算价格问题，二审判决以双方已结算的粗品最低价格8300元/千克为依据，认定该价格实际是按照合作协议约定粗品生产成药品的销售所得款项的结算价，并非粗品的成本价。该认定并无不当，兰陵公司以应进行司法审计为理由申请再审，不予支持。

综上所述，兰陵公司的再审申请不符合《中华人民共和国民事诉讼法》第200条第（1）项、第（6）项规定的情形。依照《中华人民共和国民事诉讼法》第204条第1款之规定，裁定如下：

驳回常州兰陵制药有限公司的再审申请。

审　判　长　李明义
审　判　员　贾劲松
代理审判员　姜　强
2015 年 3 月 24 日
书　记　员　王慧娴